国家发展和改革委员会

国际合作中心丛书资助出版项目

国合
丛书

中国不动产税优化研究

ZHONGGUO BUDONGCHANSHUI YOUHUAYANJIU

王希岩◎著

人民出版社

策划编辑:郑海燕
封面设计:吴燕妮
责任校对:吕　飞

图书在版编目(CIP)数据

中国不动产税优化研究/王希岩 著. -北京:人民出版社,2015.10
ISBN 978－7－01－015212－7

Ⅰ.①中…　Ⅱ.①王…　Ⅲ.①不动产-税收制度-研究-中国
　Ⅳ.①F812.422

中国版本图书馆 CIP 数据核字(2015)第 216957 号

中国不动产税优化研究
ZHONGGUO BUDONGCHANSHUI YOUHUA YANJIU

王希岩　著

人民出版社 出版发行
(100706　北京市东城区隆福寺街 99 号)

北京汇林印务有限公司印刷　新华书店经销
2015 年 10 月第 1 版　2015 年 10 月北京第 1 次印刷
开本:710 毫米×1000 毫米 1/16　印张:23
字数:342 千字

ISBN 978－7－01－015212－7　定价:68.00 元

邮购地址 100706　北京市东城区隆福寺街 99 号
人民东方图书销售中心　电话 (010)65250042　65289539

目　录

序

（一）

为传承 1984 年的莫干山会议精神，在以高尚全先生等为代表的前辈改革领导者的支持下，国际合作中心自 2012 年以来已经连续举办了三届中青年改革开放论坛（新莫干山会议），吸引了各界代表参加。新莫干山会议以中青年知识分子为参与主体，以务实探讨改革开放的战略和战术为永恒主题，继续发扬 1984 年莫干山会议"敢于担当、勇于创新、自由争鸣"的精神，鼓励和动员广大中青年积极为我国改革开放的宏伟大业与中华民族的伟大复兴献智献策。

本书的作者王希岩博士是新莫干山会议的中青年代表之一，我认识他始于 2012 年的中青年改革开放论坛，当时他向大会提交的有关房地产税改革的文章引起了我的注意，他在小组讨论和大会汇报时的务实发言也给我留下了较深的印象。2013 年的中青年改革开放论坛以财税体制改革为讨论主题，王希岩博士再上莫干山，结合自己在房地产领域的实践经验，进一步向与会代表介绍了他在房地产税研究方面的最新进展，体现了新一代中青年勤学、慎思、精进的优良品质。2014 年我正好主持一项有关公积金与房地产税改革的重点研究课题，很自然地将王希岩博士吸纳进课题写作组，其间他多次从甘肃往返北京参与课题讨论，为其中的房地产税改革部分贡献了不少辛劳与智慧，这一经历也让我看到了新一代中青年坚定、尽责、公义的精神风貌。

最近，王希岩博士以其对不动产税持续和深入的研究获得了华东师范大学的博士学位，本书即是其博士学位论文的研究成果。财税体制改革是当前全面深化改革的突破口，而不动产税改革更是牵一发而动全身，但不动产税如何优化，其功能如何定位，至今仍是众说纷纭。王希岩博士在书中致力于探讨土地制度与不动产税制度的联动改革，主张从地方公共财政的角度来设计我国土地物权和房地产税制度的优化方案，并就建立相关的激励引导机制提出了具体的政策建议。全书紧扣党的十八届三中全会有关财税体制改革的精神，深入剖析了中国土地制度与不动产税制度的历史演变，较为充分地把握了中国不动产税制的现实特点与存在的问题，同时积极借鉴土地物权与不动产税方面的国际经验，书中提到的"对房产和地产分别课税""以公共财政约束地方政府"以及确立"长期土地使用权"等观点均值得有关部门和研究人员参考借鉴。

作为对王希岩博士的一种肯定，我们决定将本书纳入国家发改委国际合作中心的国合丛书系列，但书中的观点并不代表国家发改委以及国际合作中心的立场或倾向。我们借此也希望能够鼓励更多的中青年知识分子勤于钻研、勇于创新。北宋张载提出知识分子的使命在于"为天地立心，为生民立命，为往圣继绝学，为万世开太平"。改革开放尤其需要汇聚众人智慧，广大中青年知识分子们也应有自觉的历史担当，努力为中华民族的伟大复兴贡献自己的力量。莫干山会议的精神永不过时！

国家发改委国际合作中心主任

2014 年 12 月 5 日

（二）

本书的作者王希岩博士是保利地产营销战线的一名高级管理人员，作为公司董事长，共事多年以来，他以严谨思辨的工作作风、格物致知的求学态度给我留下了深刻的印象，成为公司内学习型人才的典型代表。喜闻他攻读华东师范大学世界经济专业国际房地产方向博士即将顺利毕业，我很高兴也很荣幸能为他的作品写序。

保利地产成立于1992年，经过十年扎实发展，2002年成功完成股份制改造，遂开始实施全国化战略，加强专业化运作，连续实现跨越式发展。经过20余年的发展，保利地产已完成以广州、北京、上海为中心，覆盖56个城市的全国化战略布局，拥有292家控股子公司，品牌价值突破300亿元，年销售额突破1000亿元，公司总资产突破3000亿元。但是公司在2002年完成股份制改造以前，业务仅限于广州一隅，自2003年保利地产开始实施全国化战略，出于公司长远发展的战略考虑，当时想招一批具有不同学科背景的员工作为人才储备，此时，我多次在专业期刊上看到王希岩同志发表的文章，文字和观点让我颇有印象，在这样的背景下，王希岩同志作为中山大学哲学系的应届研究生加入保利地产，从事广州百合花园等楼盘的营销策划工作。哲学专业背景却投身房地产营销领域，王希岩迈出了"跨界"第一步。

2004年保利地产进军上海，公司决定将王希岩同志派去上海工作。在沪工作期间，哲学系出身的他为了补强自己的经济学和房地产领域的专业知识，报考了华东师范大学商学院的博士，并选择了世界经济专业国际房地产方向。接下来随着公司全国化战略的深入推进，他又先后调到天津和兰州工作，每年少有的几次见面，也没怎么听他提起过学业的事情。近日，收到他寄来的博士论文，略有些诧异，又觉得惊喜，很佩服他的毅力和坚持。花了八年时间，换了三个工作地点，还是坚持把一件事情做完了。作为身处房地产市场一线的营销干部，面对变幻莫测的市场变化、略显残酷的市场竞争压力和沉重的销售去化压力，他用八年时间展开了一场理论与实践的"抗战"。我想，王希岩博士给保利地产全国的领导干部树立了一个很好的榜样。

不动产税是房地产行业的热门话题，当然是反对开征的意见居多，但不动产税开征也是大势所趋，党的十八届三中全会明确提出，要"加快房地产税立法并适时推进改革，加快资源税改革"。反对也好，支持也罢，王希岩博士在他的论文里对不动产税的国际经验进行了分析和借鉴，世界各国（甚至包括古巴和朝鲜）都开征了不动产保有税，在中国不动产税的开征反而阻力重重，这相当于给中国的普世价值论者提出了一个难题，因为恰恰是那些宣扬"西方的月亮比中国圆"的普世价值论者反对不动产税开征最为有力。对于不动产税的研究，王希岩博士既能站在一线公司营销总监的角度现身说法，对沪渝房地产税试点的经济效果进行实证检验，又能从房地产专业的视角提出解决方案，对中国土地制度与不动产税制度进行优化设计。相信这部"八年磨一剑"的作品一定会给学界和业界带来一些启发和思考。

王国维说，"哲学上之说，大都可爱者不可信，可信者不可爱"，对很多人来说，开征不动产税应该不怎么可爱，但是否可信，背后有没有道理，还是读一读王希岩博士的著作再作判断。去杠杆化使中国经济进入新常态，房地产税的实施是否会将房地产市场带进新常态？作为房地产行业的从业者，要关注房地产税开征会带来的一系列影响，未雨绸缪，才能抢占商机。

保利房地产（集团）股份有限公司董事长

2014 年 12 月 9 日

（三）

本书是王希岩同志前后历时八年时间，数经修改精心完成的博士论文。在他通过博士学位论文答辩后，又得知这一研究成果已纳入国家发改委国际合作中心的国合丛书系列，我感到十分高兴。这对他本人来说，则是对其学术研究及多年心血的一个充分肯定。

王希岩是 2007 级的博士生。八年前第一次见面时，他对学术研究的浓厚兴趣和孜孜以求的上进精神就给我留下了深刻的印象。他在修完博士研究生学位课程之后，由于工作的需要，被单位先后派往天津、兰州等地工作。由于工作的紧张，加上没有置身校园的学习环境，这使得他的学术研究工作只能更多地依靠自己的独立思考和业余时间。在撰写博士学位论文期间，除了邮件、电话外，他与我见面探讨论文的观点、内容、结构、进展等，只能在节假日或周末，通常是晚上的时间。为此，我们是上海一家咖啡馆的常客，往往是别的客人都散了，我们还讨论得不亦乐乎。即使在校园是师生，单纯的学术交流并由此带来的愉悦，也不是都有的。正是基于他浓厚的学术追求，才使他有足够的动力去完成一篇有质量的论文。

希岩的博士学位论文的研究主题是不动产税制。在当今中国，这是一个有重要意义但又颇有分歧的领域，既是社会各界关注的热点，又有相当的研究难度。在研究过程中，他从历史的纵向分析入手，阐述了土地物权与不动产税两者之间的相互关联，并结合土地制度探讨了不动产税制的优化。其研究既充分顾及中国历史形成的路径依赖因素，又充分考虑了对国际经验的吸收借鉴。在实证部分，他结合实际分析了沪渝房产税试点的经济效应，并以此为基础探讨了我国不动产税的功能定位。其研究结论认为，不动产税制的优化，不但在于为地方政府提供财政收入以及促进对于土地资源的合理利用，还在于规范地方公共财政体系，完善国家治理机制以及消除房地产市场失灵，促进经济内生增长。这些研究成果，在相关领域中对学术研究有所推进，对实际工作也有着积极的参考价值。

希岩取得博士学位，且学位论文出版之时，正值他的不惑之年。这是人生中最富有创造力的一个阶段。期盼希岩能以此为新的起点，取得更好、更多的成果，以专业知识为社会做出新的贡献。

华东师范大学终身教授

上海市经济学会副会长

2014 年 12 月 5 日

前　言

　　本书从新制度主义经济学与机制设计理论的角度出发对中国土地制度与不动产税制度进行优化设计，借鉴了土地制度与不动产税制度的国际经验，分析了中国土地制度与不动产税制度的历史演变与当前现状，从地方公共财政的角度提出中国土地物权制度及房地产税制度的优化方案。为便于房地产税的顺利实施，还给出了设定与房地产税开征激励相容的引导机制的建议方案。

　　历史的纵向分析表明，中国具有对房产和地产分别课税的传统。国别的横向比较表明，房地产税可分为对房产和地产分别课税或对房屋和土地分别课税的个别财产税以及对房屋和土地合并课税的一般财产税两类三种模式。结合历史的纵向分析与国别的横向比较，本书认为中国房地产税应采取对房产和地产分别课税的个别财产税模式，在这样的指导原则下，本书设计出包括房产税、土地使用税、闲置土地税在内的中国房地产税优化方案。作为对房地产税的补充，本书同时探讨了中国资源税的优化。

　　由于不动产税与不动产物权密切相关，在探讨不动产税的同时，本书也对中国不动产物权制度的历史演变以及国际不动产物权制度的借鉴进行了研究。为配合房地产税顺利开征，在明清永佃权、清租界永租权、新中国成立后农村宅基地使用权的基础上，借鉴波兰和苏联曾实施过的永久土地使用权，本书提出中国应采取"免费续期，定期登记"的长期土地使用权制度，赋予土地使用者长期、稳定的土地使用权。

通过对人口、疆域、经济总量这三项指标的综合排名，本书界定出美国、俄罗斯、日本、巴西、澳大利亚、加拿大、印度、印尼这八个"大国"，分析其"大国"财政的特点。就财政体制而言，这几个"大国"的共同特征是均实行财政联邦制，通过征收不动产税为地方政府提供公共服务筹集资金。中国唐朝中叶一度出现地方财政现象，但没有形成地方公共财政体制，反而因藩镇割据导致王朝覆灭。借鉴国际经验，吸取历史教训，本书提出以公共财政约束地方政府，通过开征房地产税引入地方政府与辖区纳税人利益相容的激励机制，让地方纳税人通过地方人民代表大会加强对于地方政府的监督，让广大人民群众来分解中央政府与日俱增的政治压力。

利用双重差分法（DID），本书对沪渝房产税试点的经济效果进行了实证检验，发现房产税开征对两地房价的影响方向截然相反。在已有研究成果的基础上，本书区分了房地产税的消费税成分与资本所得税成分，探讨了房地产税与房地产市场的关系以及房地产税与经济增长的关系。在上述研究的基础上，本书提出了中国开征房地产税的功能定位。世界各国开征不动产税的主要功能在于为地方政府提供财政收入以及促进对于土地资源的合理利用，在中国开征房地产税，除了这两项基本功能之外，其实际功能还在于规范地方公共财政体系，完善国家治理机制以及消除房地产市场失灵，促进经济内生增长。

就路径实现而言，本书设计了与房地产税开征激励相容的引导机制，包括结构性减税、对房地产税纳税人开放户籍、小产权房有条件合法化、建立不动产统一登记制度及社会信用体系、推行预算民主等。由于土地批租时间早、产业升级效果佳、外来人口及小产权房占比较高，深圳适宜列为推行房地产税试点的第一批城市。当前中国应从大战略的视角出发，以房地产税改革为突破口，积极试点，稳步推进，在地方政府层面大力推行地方公共财政建设，创造制度红利，凝聚社会共识，建立起一个符合社会历史发展规律、具有中国特色并有助于加快推进中国社会主义现代化进程的包括房地产税和资源税在内的不动产税制。

导　论

本书提到的不动产税特指不动产保有税。狭义的不动产税特指房地产税，但鉴于自然资源是"准不动产"，因此，广义的不动产税应包括房地产税和资源税。世界各国普遍将保有环节的房地产税用于为地方提供公共服务。中国不同地区房地产市场发育程度相差较大，新疆、甘肃等西部省份房地产市场不发达，但自然（矿产）资源丰富，资源税可以在一定程度上弥补房地产税的不足。结合中国的实际情况，中国地方政府的财政收入应以房地产税为主，资源税为辅。本书取不动产税的广义概念，探讨包括房地产税和资源税在内的广义不动产税制优化及其与地方财政的关系，由于相对而言房地产税问题更为复杂且覆盖千家万户，本书在讨论过程中以房地产税的优化设计为主，资源税为辅。

第一节　研究背景

2003年10月，中国共产党第十六届三中全会在《关于完善社会主义市场经济体制若干问题的决定》中首次提出："实施城镇建设税费改革，条件具备时对不动产开征统一规范的物业税，相应取消有关税费"，从此物业税开征成为学术界讨论的热点话题。

由于缺乏对房地产保有环节的课税，中国的房地产市场从物业市场转变为投资市场，社会形成房地产投资的风潮，甚至出现以温州炒房团为代表的职业炒家，大批资金从实体经济转投虚拟经济，使得中国制造业的升级换代缺乏动力。房地产炒作使得房价飞涨，先富一族与房奴一族形成两极分化，地方政府过于依赖土地出让金的土地财政模式广受诟病，开发企业因其利润丰厚被指为奸商，各地"地王"频现，圈地与囤地所在皆是。

然而，物业税的开征并不顺利，受房地产物权、土地批租等制度瓶颈的影响，物业税千呼万唤出不来，始于2011年的沪、渝两地房产税扩大开征试点本想另辟蹊径，绕过立法上的障碍，结果事与愿违。以熊伟（2011）为代表的法学教授们明确地指出，目前中国的地方政府无税收立法权，对房产税试点需进行合法性审查。2013年11月12日党的第十八届中央委员会第三次全体会议通过《中共中央关于全面深化改革若干重大问题的决定》，提出要"加快房地产税立法并适时推进改革，加快资源税改革"，为不动产税改革指明了方向，但具体如何开征仍有待商榷。

研究中国不动产税改革，不但要熟悉自身的国情，对国外不动产税开征的背景也要了然于胸。与中国相同，西方的不动产税有一个漫长的演化过程。盎格鲁-撒克逊时期，英格兰受到维京人（主要是丹麦人）的持续侵扰，公元991年至1018年克努特登基丹麦国王，英国多次向丹麦缴纳"丹麦金"（Denegeld）以换取和平，丹麦金按土地面积征收，为土地税。1066年诺曼底公爵威廉一世入主英国，丹麦金作为财产税恢复征收，同样为不定期，至12世纪中叶，曾作为常税征收，每年一次。由于封建主反对，以及计税方法混乱过时，丹麦金于1169年废止，但政府新设税率相当的土地税卡路卡奇（Carucage）代之。由于卡路卡奇征收范围仅限于封建领主，税额少，且征收过程中经常遇到封建主抵制，1224年宣告废止。以后英国的土地税作为非常时期的特殊举措只是偶尔为之，15世纪末叶以后文献已少有记载（顾銮斋，2003）。不同于实物地租，丹麦金或卡路卡奇是以货币的形式缴纳，对土地面积征收。

与中国不同，西方的不动产税目前已臻于成熟。如果说以实物地租的形式征收田赋是前工业化时期世界各国存在的普遍现象，那么对土地价值征税，则是从西方国家才开始的。对土地价值课税可以看作是西方国家对人类制度文明的增量贡献，它对于缩小贫富两极分化，缓解资本主义社会矛盾，发挥了重要的作用。在西方不动产税的建立过程中，从古典到新古典经济学家进行了持续而卓有成效的理论探索。

对土地价值课税的思想最早由英国人配第提出。配第在 1662 年发表《赋税论》，提出"土地是财富之母，劳动是财富之父"的思想，认为可以通过征收以土地估价为税基的土地税与以房屋租金为税基的房屋租金税来为国家筹集经费。但他同时指出，与地价税相比，房屋租金税具有更多的不确定性，而且地价税相对适用于新成立的国家，比如爱尔兰，人们甚至在还没有占用任何土地之前，就已经对采取地价税这种税收方法达成了一致意见（配第，2010）。

法国重农学派的创始人魁奈最早提出单一土地税思想，主张除针对土地价值的税赋以外，废除其他所有税收。魁奈认为农业是唯一生产和创造财富的部门，是所有社会产品的最终来源，因而主张只对土地的收入征税。在成于 1758 年的《经济表》一书中，魁奈再次系统阐释了他的土地单一税思想。

亚当·斯密于 1776 年发表《国富论》，在这本书的最后部分特辟了专门的章节讨论赋税问题。斯密归纳了一般赋税的四项原则，包括：（1）量能负担原则，即一国国民，都须在可能范围内，按照各自能力的比例缴纳国赋；（2）确定原则，即各国民应当完纳的赋税，必须是确定的，不得随意变更；（3）便利原则，即各种赋税完纳的日期及方式，须予纳税者以最大便利；（4）征收成本最小化原则，即一切赋税的征收，须设法使人民所付出的，尽可能等于国家所收入的。斯密讨论了土地税收的归宿问题，认为在一切场合，地主都是真正的纳税者。斯密的另一贡献是把房租区分为建筑物租与地皮租，其中建筑物租是建筑房屋所费资本的利息或利润，地皮租则是房租中超过提供合理利润的部分，即剩余租金。斯密认为，与房租相比，地皮租是更妥当的课税对象，对地皮租的课税将全由地皮所有者负担，不会抬高房租，这一特点被后来的马歇尔归纳为"税收中性原则"。同时，斯密指出，地皮租是国家善政的结果，对于因国家的善政而升值的资源课以特别的税以支援国家的费用，是再合理不过的。这种观点可以视为蒂布特"以脚投票模型"财产税受益论的思想起源。由于对地皮租的课税难以转嫁，斯密还提出可以针对土地和建筑物分别课税并设定不同税率的税制设计建议（斯密，1997）。

1817年，李嘉图发表《政治经济学及赋税原理》，提出根据耐久性的大小将一国资本分为固定资本与流动资本，这两个概念分别对应于我们今天常说的不动产与动产。在这本书里李嘉图辟专门的章节讨论了地租税、土地税与房屋税，认为针对单纯地租课征的地租税全部落在地主身上，不能转嫁，但事实上我们日常所说的地租不仅包括单纯的地租即为使用土地的原有的和不可摧毁的生产力而付给地主的那一部分土地产品，还包括因使用地主用于改良土壤以及修建建筑物、固定设备等所需资本而支付的部分，针对这一部分地租所课征的地租税由农产品消费者承担（李嘉图，1962）。李嘉图的地租理论认为土地是大自然的赐予，人口的增加以及人类的需求决定了土地的价值，而非出于地主的贡献，因此，刨除地主投入资本之后的土地地租是不劳而获的收入，社会应以地价税的形式予以回收。

作为对斯密与李嘉图学说的综合与发展，穆勒于1848年发表了《政治经济学原理》一书，认为地租是自然垄断的结果，地租的产生源于土地的存在量小于其需要量，某一土地的地租由其收获超过已耕作的最劣等土地的收获的部分构成，由于地租的自然增长额是地主不劳而获的财富，依据社会正义的一般原则，应对其课征土地税。穆勒认为，严格来讲，土地税不应被看作是一种赋税，而应看作是为公众利益收取的一种租费，或者是本应为国家保有的土地所有权在经济上的体现。穆勒分析了直接税与间接税的区别，谈到英国几乎所有的地方税都是直接税；讨论了地方税，认为有些公共开支最好由地方政府控制和管理，地方税用于支付这类开支，并且地方税的绝大部分都落在了土地所有权上。在税收归宿上，穆勒认为地租税完全落在地主身上，无法转嫁，房屋税包括加在建筑物租金上的赋税和加在地皮租金上的赋税，前者在供过于求的情况下暂时会落在房主而非房客身上，但在住宅市场的自发调节作用下最终还是落在房客身上，后者由房主与房客共同承担，当房屋区位较好地皮租金在房屋租金中所占比例较高时房主承担较多的部分，反之则房客承担较多的部分。为促进土地流转，提高土地使用效率，穆勒认为应废除所有地产转让税，基于维持健康生存所必不可少的生活必需品应予以免税的原则，穆勒提出，低于一定价值的房屋应免交房屋税（穆勒，1991）。穆勒建立了土地制度改革论的基础思想，1870 年穆勒组织成立“土地制度改革协会”（Land Tenure Reform Association），从事实际运动，为近代土地改革运动开风气之先（苏志超，1999）。

作为对近代美国土地制度的批判，亨利·乔治 1879 年发表《进步与贫困》一书，主张土地是公共财产，在税制形式上应实行取消除地价税之外的全部税收的单一税制。乔治认为土地是所有财富的来源，在土地、劳动、资本三者的排序中，土地是第一位的。从李嘉图关于土地级差地租的分析入手，乔治探讨了地租、工资、利息与产品四者之间的关系，发现不管生产能力增加多少，如果地租以同样速度增加的话，工资和利息都不会增加，从而导致凡土地价值相对较高的地方，工资和利率相对较低，财富更容易集中在少数人手里，出现地租吞噬增益、贫困伴随进步的不良社会现象。乔治分析了影响地租增长的主要因素，包括人口增加为土地赋予更多效用、技术改进通过提高劳动生产率使生产（耕作）边际降低、对日后土地价值提高充满信心的人类期望以及由此而带来的被乔治认为引起美国周期性工业萧条的土地投机。由于没有土地就没有生产，乔治指出，地租或地价的投机性上涨成为每次产业萧条周期的先声。乔治认为，财富分配不平等主要源于土地所有权不平等，由于土地所有权的不平等是土地私人所有导致土地垄断的结果，乔治主张用土地公有制取代土地私有制，使土地成为公有财产。土地不是个人制造或生产的东西，因此没有任何人对土地享有独占权利，在大自然面前，所有人地位平等，有平等的权利，人类唯有对自己施展劳动得到的产品才享有独占的权利——从这种自然的正义观念出发，乔治认为财产不应像法律制定者含糊从事的那样，被视作是与所有权等价的概念，财产的区分线应划在劳动产品和大自然无偿贡献的物品之间，或者用政治经济学的词汇，划在财富和土地之间。由于否认土地公有权利产生腐化，而平等的制度使个人具有惊人的坚强美德，乔治分析指出，大地产毁灭希腊，大庄园毁灭意大利，土地集中归私人所有是希腊、罗马繁荣的标志，但同时也是希腊、罗马之后被蛮族击溃的根源。① 在乔治看来，土地私有制像奴隶制一样是非正义的，是随着物质不断进步而日益显著的罪恶之源，但乔治的提议不是简单地收购或充公私有土地，然后再以最高标价出租，而是用充公地租的方式，把地租化作国家的税收，同时取消除地价税之外的其他所有税收。区别于斯密，乔治提出他的税收四原则：（1）尽可能减轻生产负担，以最少地限制税收总额的增加；（2）容易征收且征收费用尽可能少，税收尽量落在最后纳税人头上；（3）税收要明确，不能含糊；（4）税收必须平等——由此看来，地价税是完全满足这四个条件的。乔治自认为他的理论是把斯密和李嘉图学派发现的真理与普鲁东和拉萨尔学派发现的真理统一起来，并直言他的目的是通过放任主义实现社会主义的崇高理想（亨利·乔治，2010）。虽然同样得出单一税的结论，乔治的理由与魁奈的理由是不同的，乔治自言他是在得出自己的结论之后才知道魁奈的单一税思想的。

马歇尔不但是新古典经济学的创始人，同时也是古典土地税收理论的集大成者。在1890年出版的《经济学原理》一书中，马歇尔把传统的农业地租分析扩展到城市地产，将城市不动产的租金区分为属于土地的和属于建筑物的两个部分，并分别讨论了两者的税收归宿与转嫁问题。马歇尔认为，由于人类通过聚居、完善交通基础设施等而形成的土地位置价值属于"公有价值"，应课其一部分归社会所有，以体现公平原则。在附录中马歇尔将地基价值税和建筑价值税置于地方税的范畴进行了重点讨论，提出地方税的征税范围要视居民是否流动，是有偿税还是无偿税而定。马歇

① 这种解释同样适用于对中国历史的描述，中国历史上经常出现土地共有的游牧民族征服土地私有的农业社会的现象，而历朝历代农民起义的目标也是实现土地共有，从而能够对土地重新进行平等分配。中国历史上的治乱循环可以看作为没有能够像西方社会那样找到通过征收土地税实现平均地权的经济措施，而不得不在兼并与抑兼并之间疲于应付。当然，西方对土地价值课税的思想也是近代才由各国的政治经济学家提出并不断加以完善的。

尔所说的有偿税是指用在照明、排水及其他用途方面的税，有偿税能给纳税人提供生活上的某些便利和福利，这些便利和福利除由当地政府是不能用其他方法更便宜地提供的。有偿税如管理得当，可使纳税人得到实惠，其增加不但不会驱逐居民和工业，恰恰相反，可以吸引他们。随着城市的兴起，按地租课税越来越不能体现土地的自身价值，因此马歇尔认为应以对土地价值的课税（即地价税）来替代对土地租金的课税（即地租税），但他同时意识到对地价课税会加速建筑的开发与强度，因此他建议须对建筑物的高度与前后应留的空地作出严格规定，以保证阳光和新鲜的空气，确保居民的健康。在征收地价税的同时，马歇尔甚至还建议征收"新鲜空气税"，以作为对使用者享受更多空余建筑基地的补偿以及用作建设更多的绿地和其他市政设施，这听起来虽有些滑稽，其实类似于对豪宅征收累进物业税。鉴于土地供给的永久局限性以及集体行动对土地价值的巨大贡献，马歇尔认为有必要单独开征地价税，由于当时时代所限，他认为当土地非用于住宅用途而是用于店铺、货栈和工厂等其他建筑物时，应课以相较住宅较低的税率。在马歇尔设想的不动产税制体系中，地价税是主体部分，住宅税则可以禁用，除非要用它来征集像养老金那种新的巨额经费，大的住宅适用较高的税率，一般的住宅适用较低的税率。不动产税在城乡统一征收（马歇尔，2005）。马歇尔的上述观点涉及地方税的税种选择、公共物品的提供、不动产税是否为受益税等现代公共经济学的核心内容。

达马熙克是近代德国土地改革同盟的领导人，同乔治一样，主张以地价税的方式，没收地主的地租，收归国家所有。在之前发表的多篇同名著述的基础上，20世纪20年代达马熙克再版《土地改革论》，重申地租为社会财产，应归社会所公有。不同于普通商品，土地不可制造搬运，而且土地为一切生活及工作之前提，一切民族生命之基础，非一般商品可比，因此达马熙克认为商品可以投机，但对于土地投机，则须坚决予以制止。对地租课税，只是减低资本化之地税额，抑制土地投机而不致抬高地价，基于这一理由，达马熙克倡导课征地价税及土地增值税。达氏书中提及，1906年4月23日普鲁士颁行省税法，授权各县，准其根据土地及房屋之普通价值，征收房、地两税，从而既可以针对素地地价课税以消灭纯地租，又可以尽可能地对房屋免税，以鼓励改良物及建筑物。1911 年 4 月 1 日起，此地方税制方案才真正得以实施。土地改革同盟自 1888 年成立以来，一直为增值税而呼吁，直到 1898 年德国海军部在胶州土地法中，首次采用增值税，而后才在德国得到推行（当时胶州的行政权在海军大将狄特利希手中，而此人为德国土地改革同盟的会员）。由于认为土地增值不是地方自己努力而是国家整体进步的结果，德国土地改革同盟致力于将增值税由地方税改为国家税，为此采取了联名赞成一种新税制的非常创举，取得同盟 73 万团体会员以及 145768 名私人的共同签名。1911 年 2 月 1 日问题表决当天，帝国增值税得以高票通过，但 1913 年 6 月 30 日帝国国会通过决议，在实行普遍财产增值税之后，土地增值税中属于帝国部分即行取消，此税将来之形式，由各邦自行决定，即完全划归地方税。达马熙克尤其重视市地的公平问题，主张杜绝市地投机，联邦或市政府应据有全部或至少大部分市地，市地公有，不论邦有土地或市有土地，皆不许一尺一寸，无条件落于私人投机者之手。邦或市应利用一切可能之途径，扩充其公有土地。任何城市，都可以根据自身的建设情况，从事于土地储备经济——这可能是土地储备制度最早的理论来源。为方便土地税及土地的征收，达马熙克提出由土地所有者自估地价，政府照价收买。在市地公有的前提下，达马熙克主张赋予建筑物以继承建筑权，各市镇不得绝卖其土地，而仅能出让土地之使用权，按年收取租金（达马熙克，1947）。在达马熙克的年代，住宅合作社在德国已经是相当普遍。

从配第到达马熙克，英、法、美、德各国的古典经济学家以及土地改革论者以地租理论为核心，对土地问题进行了深入和系统的研究与探讨，奠定了近代对不动产课税的理论基础。虽然在税种设计上有很大的差异，但当今世界上很难找到有哪个国家不对不动产课税，有的国家是以财产税的形式，有的国家则采取房屋税或土地税的形式。越南 1986 年推行革新开放政策，启动农村改革，1988 年通过关于改进农业生产承包制的 10 号决议，国家征收土地税，农户取得土地承包经营自主权（汪亭友，2006）。朝鲜自 2006 年开始征收房地产税，在市、郡、区等地设立了房地产调查部门，加强对土地和建筑面积、农田、树木量的调查，被视为引入市场经济体制的信号。① 古巴则在 2012 年 7 月闭幕的第七届全国人大第九次例会通过新税法草案，增加了包括农林业用地闲置税、海滩开发使用税、港湾开发使用税、地方发展土地税等在内的新的税种，计划在部长会议制定配套的实施细则后于 2013 年 1 月 1 日正式实施。②

在世界发达国家，不动产税早已作为地方税种固定下来，在中国，自从 2003 年党中央提出开征物业税的税制设想以来已逾十年，在这个问题上仍没有达成共识和取得实质性进展。与此同时，地方政府对土地财政的依赖愈来愈强化，由地方财政不规范所引发的社会问题也愈来愈呈现出多样化和复杂化。现实逼迫理论给出解答。

第二节　研究目的与意义

一、研究目的

中国地方政府的财税收入由预算内与预算外两部分组成，自 1994 年实施分税制以来，事实上以土地财政为主体的预算外收入构成地方政府财政收入的主要部分，直到 2006 年 12 月 17 日国务院办公厅下发《关于规范国有土地使用权出让收支管理的通知》，规定自 2007 年 1 月 1 日起，土地出让收支全额纳入地方基金预算，实行"收支两条线"管理。

研究经济问题必须从研究经济问题的外部约束条件开始。中国城市土地所有权的国有性质使得城市地方政府批租土地收取出让金获得了合法性与合理性，但即使土地出让金被纳入基金预算管理，地方政府、行政主管部门、手握审批权的政府官员在土地出让、行政审批与行业管理的过程

---

① 《朝鲜征收房产税或为引入市场经济体制信号》，星岛环球网，http：//www. stnn. cc/pacific_ asia/200801/t20080128_ 721253. html。

② 《古巴全国人大通过新税法》，中华人民共和国商务部，http：//www. mofcom. gov. cn/aarticle/i/jyjl/l/201208/20120808263188. html。

中，仍然能够相机采取措施，创造或利用政策空间以牟取地方利益、部门利益乃至个人利益。在寻租过程中各利益主体的不规范行为使得土地出让一级市场弊端丛生，土地违法行为屡禁不止。以出让金为主的地租成为地方政府的"第二财政"，在土地招拍挂制度的推波助澜下，地价节节攀升，房价居高不下。

在中国不动产租税费体系中，"租"占比较大，在一定程度上挤压了"税"的空间。十六届三中全会以来备受舆论关注的"物业税"因立法有困难已渐渐淡出公众视野，但"房产税"因属于之前已有的税种更容易突破目前的法律约束而受到务实的政府官员的重视。

同时，中国普通商品房是70年产权，而经济适用房、单位福利分房等虽然对使用年期未作限定，但由于其房价中不包括土地出让金或虽包括土地出让金但此出让金标准是由政府制定而非由市场形成，此种住房类型的产权也只能是部分产权。土地产权的这种多体系并行使得中国不动产租税费体系的调整更显复杂。

房价问题关系社稷民生。温家宝在2007年11月5日接受凤凰卫视采访时明确指出："我们确实应该设计一个好的住房制度。"但事实上对于房价的持续攀升我们一直没有好的解决方案，迫于形势，中央政府大体上以两年为周期进行一次房地产宏观调控，但事与愿违，每一次调控的结果带来的都是新一轮房价的上涨，于是调控成了"空调"，政府的调控行为反而成为中国房地产市场的晴雨表，为房地产企业的"反周期"操作创造了条件。

房价到底是总理说了算还是总经理说了算？社会的质疑严重影响政府的公信力。为了避免出现类似美国次债危机那样的房地产泡沫问题，当然更主要的是建设和谐社会的需要，中央政府下定决心，通过"限购"这样的反市场措施来为楼市降温。2010年5月1日北京率先实施限购令，持续到现在，北、上、广、深的楼市限购仍然没有松动的迹象。

房地产相关的问题是当前中国的焦点问题，而合理的不动产税制的建立既能够为房地产价格的形成创造合理的市场环境，又能够为地方城市的可持续发展创造良好的财税条件。以房价高低作为调控与否的理由使宏观调控易于流为长官个人意志的滥觞，而科学合理的不动产租税费体系的建立，则有利于创造一个正常的房地产市场需求结构，从而形成合理而非扭曲的房地产市场价格。

本书的目的是结合中国地方公共财政建设提出一个不动产税制的优化方案，化"土地财政"为"土地公共财政"。不动产税制优化的主要目标在于为地方政府提供稳定的财政收入来源，而非时下舆论关注的打压房价。虽然不动产税制优化不以打压房价为目标，但不动产税制确确实实会影响房价。本书认为在具备公正合理的价格形成机制的前提下，价格由市场供求决定，无所谓高低，而一个好的房地产税收制度，则通过合理调节不动产物权在社会成员之间的分配，再配合以完善的住房社会保障措施，能够为形成公正合理的不动产价格提供一个稳定的市场环境。

二、研究意义

不动产税制优化的首要意义在于它有助于实现社会公正。虽然中国的土地归国家和集体所有，使用者只拥有 30 年到 70 年不等的使用权，但由于在土地持有期间没有任何成本，占有人可以无偿享有因城市化以及经济发展所带来的土地增值收益。尤其是近十几年房价飙升，不动产的财富效应大到惊人，这使得拥有多套房产的人可以坐收渔利，甚至于衍生出像温州炒房团一类专门从事不动产投机的职业群体。城中村以及城郊结合部的土地价格飞涨，催生了一批以租房获利的食利者阶层，还有一批人坐地起价，靠拆迁补偿发家致富，成为千万富翁乃至亿万富豪。媒体揭露的腐败案件，官员一旦落马，其名下的房产得以曝光，从十几套到几十套，数量多到令人咋舌。虽然名义上不拥有土地，今日中国已悄然诞生一批新型地主，耐人寻味的是，某些既得利益者大力鼓吹私有制改革，似乎私有制能够解决当前中国的所有问题，而其背后的目的则无非是想将自己不劳而获的财富合法化，获得社会和国家法律的承认。通过对不动产在持有环节征税，将因人口增加、经济增长、各种生活配套设施改善而带来的土地增值收归国有，再以公共物品、公共服务的形式回馈社会，取之于民，用之于民，能够遏制不动产投机，促进社会公正目标的实现。

大多数人都知道近代在世界范围内发生的波澜壮阔的国际共产主义运动，但很少有人关注与国际共产主义运动同时期发生的土地改革运动。当时的发达国家如英国、美国、德国等都涌现出一批优秀的土地改革理论家与行动者，而当时以苏联为首的欠发达国家则共同参与了如火如荼的国际共产主义运动。

从更为宏观的视角进行考察，国际共产主义运动其实也是一场土地改革运动，区别在于前者是以政治斗争的形式，后者则采取了经济的手段。近代中国是两条土地改革路线的试验场，一条是孙中山倡导的"平均地权，涨价归公"，另一条则是毛泽东倡导的"打土豪，分田地"。同共产主义运动一样，土地改革运动的宗旨也是实现社会公正。在市场经济条件下，土地是有价值的，这使得运用经济手段调节土地利用成为可能，并且也有其必要。

其次，为地方政府提供持续稳定的财政收入，是不动产税制优化的题中应有之义。1987 年 12 月 1 日，深圳举行新中国成立后首例城市土地公开拍卖，开创中国城市国有土地有偿使用制度之先河，自此，土地出让金成为地方政府预算外收入的主要来源。1994 年中国实施分税制改革，土地财政日益成为地方政府的"第二财政"，在地方城市建设中发挥着举足轻重的作用。由于土地出让采用的是批租制，一次性收取开发企业几十年的土地出让金，再加上有中国特色的地方政府官员任免制度与激励考核制度所带来的短期政府行为，使得地方政府的土地财政具有寅吃卯粮、涸泽而渔的特征，造成地方政府在财政收入上的代际不公平（由于近十多年房价的持续快速增长，同时也造成购房者在不动产消费上的代际不公平）。分税制的实施使得地方政府的事权增加，客观上要求赋予地方政府与增加的事权相匹配的稳定的财权，本书通过对于中国不动产税制的优化设计，试图建立规范地方政府财政收支行为的有效制度框架。

第三节　研究思路、方法与创新

一、研究思路

本书的研究将税制优化视为一个内生的、因势利导的过程，而不是源于主观想象的从外部强行安插进去的制度安排。

由于中国的不动产税制优化有路径依赖的特征，因此本书花了一定的篇幅对中国不动产税制的历史演变进行了系统的研究与分析，借此发现中国目前不动产税制的历史成因与改革困境，并寻求不动产税制演变的内在规律。

本书重视对于国际经验的借鉴，比较分析了世界上主要代表性国家的不动产税制特征，在研究维度上既重视历史的纵向研究，也重视国别的横向比较，通过横向研究与纵向研究交织而成的十字坐标系进行参照，找到中国不动产税制在世界不动产税收制度文明中的时空定位，然后以此作为基点，寻求中国不动产税制优化的前行方向。

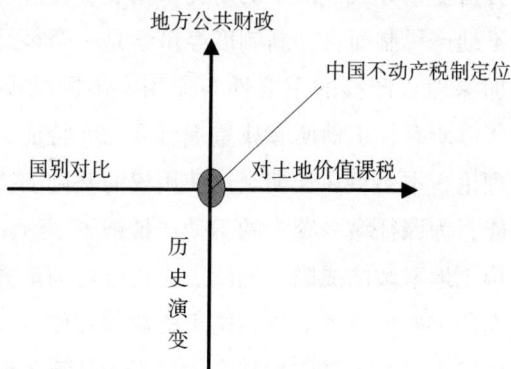

图 1　中国不动产税制优化研究思路示意

本书以地方公共财政作为不动产税制优化的目标，这个目标不是凭空设定的，而是由地方财政自身的发展趋势所决定的。本书研究发现，对于中国这样的大国体制，一旦启动地方财政，就只有走向地方公共财政才能避免陷入历史上央地关系中反复出现的"一收就死，一放就乱"的制度困境，从地方财政走向地方公共财政有内在驱动机制，我们要做的是将其识别出来并引导其实现。

这样，将土地财政转化为土地公共财政就是顺理成章的事情，而预算民主、公众参与是实现土地公共财政的关键。地方公共财政通过放权于民，在中央政府、地方政府与人民群众之间实现了制度均衡，既化解了中央政府因制度缺失对社会承担的无限责任，又体现了人民当家做主的民主要求，有利于和谐社会的建设。

二、研究方法

本书综合运用了新制度经济学与机制设计理论的研究方法，从制度变迁的角度研究中国不动产税制的历史演变，从制度分析的角度讨论中国现行不动产税制的合理性与内在缺陷，从制度设计的角度提出中国不动产税制优化的改革构想。

新制度经济学的兴起拓宽了经济学的研究视角，将产权、委托代理关系、路径依赖等分析变量导入经济学的研究，拓展了经济学的解释力。对于理解中国现行不动产税制而言，新制度经济学是一个很好的工具。产权理论有助于我们加深理解产权的重要性与作用。中国城市土地归国家所有，农村土地归集体所有，土地所有权呈现城乡二元特征。通过运用新制度经济学的产权理论，本书将在长期土地使用权的基础上统一城乡之间不同的土地使用权能，为课征城乡统一的不动产税铺平了道路。代理理论有助于我们理解中国土地财政的成因与困境。中央政府与地方政府之间的委托代理关系中存在严重的信息不对称，国土资源部即使成立了专门的土地督察办公室，运用了先进的卫星航拍技术，仍不能杜绝各地普遍存在的违规占地问题，国务院对房地产的宏观调控政策在实施过程中遭到地方政府的无形抵制和局部修正，一刀切的调控措施在地方政府出台执行细则的基础上出现变形走样，使得中央政府不得不频频派出工作组到各地巡查，或者不得不采取更为严厉的行政干预手段。要想走出这种困境，必须建立新型的委托代理关系，引进新型的委托代理机制，而代理理论可以协助我们实现这一目标。路径依赖或制度变迁理论则将历史维度引入对经济学的研究。对于理解中国目前的不动产税制而言，财政史的回顾是相当重要的。决定不动产税制历史变迁、税种兴废更替的，不仅仅是财政理论或财政改革思潮，其背后社会的、政治的因素也很关键。中国不动产税制演变史的研究使我们从制度生成、演化的动态视角审视中国当前的不动产税制，可以让我们避免认识上的盲区，并使我们的研究成果不再是短时段的权宜之计，而是经得起时间考验的可持续的制度安排。

不同于哈耶克认为制度应自发演化生成，机制设计理论认为制度可以通过理性设计进行建构。而一个好的制度设计应满足信息有效性及激励相容性，信息有效性要求信息能够得到有效显示，以使信息成本最小化，激励相容性要求个人理性与集体理性不冲突，以保证制度可持续运转。设定社会福利最大化的目标，从机制设计理论的角度进行分析，地方公共财政制度优于地方政府财政制度。因为地方公共财政要求地方政府的预算信息公开，接受社会监督，同时地方政府由对上级政府负责转变为对地方公众负责，其个人福利最大化的目标与社会福利最大化的目标趋于重合。

在实证方面，本书以翔实的数据说话。为便于理解，在必要的地方用简洁的模型进行说明。案例分析也是本书使用的方法之一。

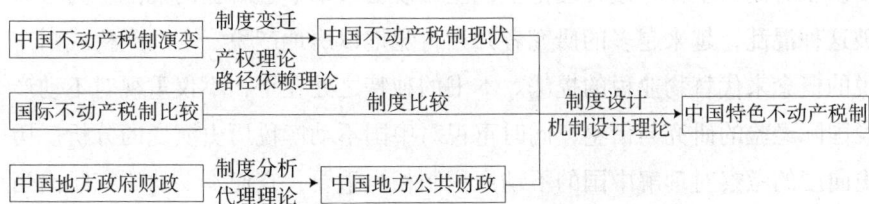

图 2　中国不动产税制优化研究路线图

三、研究创新

本书以中国不动产税制作为研究对象，通过对不动产税制的历史回顾，寻求制度变迁背后的规律以及中国不动产税制现状中的路径依赖因素，通过对国际不动产税制的制度比较，以及分析由制度差异所带来的不同的制度效应，归纳总结最适合中国国情的不动产税制模式。在历史纵向研究与国别横向比较的基础上，本书肯定了当前中国不动产税制对地方建设做出的重大贡献，同时也剖析了现行税制"寅吃卯粮"，难以持续运行下去的内在制度缺陷，进而提出对房产和地产分别课税的中国不动产税制未来发展的框架性设计方案。

就理论创新而言，本书提出了一个全局性的税制优化方案，该方案不仅适用于城市不动产，也适用于农村不动产，不仅适用于已批租土地，也适用于新批租土地，不仅适用于批租期未满的土地，也适用于批租期满后的土地。本方案赋予房产税等现行政策以合理性，并将其纳入一个具有可持续性的税制框架中来。

目前国内关于不动产税制改革的研究多为借鉴国际先进经验，设定自己心目中理想的税制模式，进而规划中国不动产税制的改革方案。就整体而言，在土地使用制度上，倾向于参考香港模式，包括土地批租乃至物业税的提法本身，都是源于香港，但在不动产税制形式上，则倾向于参考美国模式，所谓统一规范的物业税实际上是类似于美国的一般财产税制度。由于各国或地区的情况不同，如香港的土地归政府所有，而美国的土地制度以私有制为主体，这种理论上的生搬硬套带来了理解上的混乱。为了打破这种混乱，越来越多的研究者开始自觉地以房地产税、不动产税或财产税的概念来代替物业税的提法。本书的独特之处在于，不仅重视对不动产税国际经验的研究与借鉴，同时重视对中国不动产税历史演变的分析。历史向度的考察对理解中国的不动产税制相当重要，它使本书的研究跳出当前视野的局限，更能经得起时间的检验。

不同于其他研究单纯就税制谈税制的一般做法，本书结合土地使用制度研究不动产税制改革，提出"长期土地使用权"这一概念，既有历史根据，又符合中国国情。土地批租期满，土地使用者在缴纳土地使用税的同时取得长期土地使用权，保持了既定土地政策的连贯性和整体土地政策的持续性，使得本书的研究具有普遍的适用性和较强的解释力。

本书力求理论上简洁易懂，操作上方便可行。就理论而言，本书的研究是一个首尾一贯的理论体系，经得起逻辑的推敲。就实践而言，本书通过长期土地使用权的引入以及户籍制度改革等配套激励机制的设定，使得理论具有可操作性。

在研究方法上，本书充分考虑了历史和现实提供的约束条件，设计切实可行的制度措施。如果说马克思关于科学社会的经济理论是强的理性建构，哈耶克关于自由社会的经济理论则是强的理性解构，但问题在于不仅理想社会的理性设计有内在缺陷，自由市场的自发秩序也有内在缺陷，在美国次债危机之后，2012 年诺贝尔经济学奖授予研究稳定配置与市场设计的罗斯与沙普利（Alvin Roth & Lloyd Shapley），本身就很耐人寻味。我们不但要重视历史的智慧，也要重视当代人的智慧，更何况历史是由一代又一代的人和事为元素组成的集合。新制度经济学从历史的角度研究制度变迁，强调路径依赖的重要性，但同时重视人的主观创造性在制度变迁中发挥的作用。如果说在诱致性制度变迁中人类自发的行为因素居多，那么在强制性制度变迁中，人类的建构理性有着广阔的用武之地。机制设计理论从更强的理性立场对制度进行设计，力求纠正包括自由市场在内的人类制度的不完美。在对研究方法的选择上，本书针对研究的具体问题，吸取各家之长，在中国特色社会主义这一既定历史事实的前提之下，寻求制度完善与可持续发展的通达路径。

四、概念界定

不动产、物权、不动产税、房地产税、物业税、资源税是本书反复用到的几个核心概念，在进入正文之前，对这几个概念的内涵进行清晰的界定是有必要的。

不动产是指实物形态的土地以及附着于土地的附属物和改良物，本书所称的不动产主要包括房地产和自然资源。根据物权法规定，物权是指权利人依法对特定的物享有的直接支配和排他的权利，包括所有权、用益物权和担保物权，本书主要讨论不动产物权，主要有土地使用权、房屋所有权以及探矿权、采矿权等。

本书所称的不动产税特指房地产税和资源税。房地产税是对房地产保有课征的税。根据课征对象的不同，房地产税可分为三种，一种对房产和地产分别课税，一种对房屋和土地分别课税，还有一种对房屋和土地合并课税。对房屋和土地合并课税的房地产税称为物业税，因此，本书所提到的物业税是房地产税的一种特殊形式。资源税是以应税自然资源为课税对象，为体现国有资源有偿使用而征收的一种税。

第四节　结构安排与主要内容

本书包括六个方面的主要内容，分别是中国不动产物权与税制的历史变迁，中国大陆不动产物权与税制概况，中国港澳台地区不动产物权与税制概况，世界典型国家不动产物权与税制概况，不动产税优化与地方公共财政建设之间的关系，中国不动产税制优化方案及其功能定位。就逻辑层次而言，各部分的内容呈递进关系而又相互印证，每一章的内容也可单独成文。

全书由十个部分组成：导论；第一章，研究综述及相关理论；第二章，中国不动产物权兴废与税制沿革；第三章，中国大陆不动产物权与税制现状；第四章，中国港澳台地区物权与税制现状；第五章，国际不动产物权与税制现状；第六章，不动产税与地方公共财政；第七章，中国不动产税制优化设计；第八章，中国不动产税功能定位及引导机制设计；述评。

各部分主要内容与基本结论如下：

导论。介绍了本研究的理论与现实背景，指出不动产税缺位是目前中国不动产市场乱象丛生的主要原因，开征不动产税的目的不在于打压房价，而在于构建合理的价格形成机制，规范地方公共财政体系，其意义则在于实现社会公正。在研究方法上采用新制度经济学和机制设计理论，通过历史的纵向分析与国别的横向比较，为中国的不动产税制设计进行时空定位，以此为出发点，探讨中国不动产税优化方案。研究的创新之处在于充分考虑了历史的路径依赖因素，结合不动产物权与不动产税制之间的相互影响，提出对房产和地产分别课税的税制设计原则。在不动产物权制度方面，通过赋予使用者以"长期土地使用权"，为不动产税开征铺平道路。

第一章，研究综述及相关理论。对当前中国不动产税制改革的相关研究成果进行了系统的梳理，既包括各种建设性的税制设计方案，也包括对开征不动产税的主要反对意见，从而使我们能够清楚地了解当前针对这一课题的研究深度与研究难度。介绍了本研究课题所采用相关理论的核心思想与主要概念，重点包括产权理论、代理理论、制度变迁理论、机制设计理论，其中路径依赖、预算民主、财政联邦主义是本书经常用到的几个基本概念。第一章的内容属于知识预备，为我们进一步开展研究工作提供理论基础与支撑。

第二章，中国不动产物权兴废与税制沿革。即使不考虑田赋，中国在很早也已经有了征收不动产税的历史。本章将中国的不动产税制史按照历史时期划分为四个阶段，分别是中国古代、中国近代租界时期、国民政府时期、新中国成立至改革开放时期。通过对历史的回顾我们可以发现，在不同的历史阶段，中国的不动产税制具有一个共同的特点，即都是针对房产和地产分别课税。传统中国是一个农业社会，田赋是主要的赋税形式，但岁有荒歉，或遇战乱频仍，官府入不敷出，不得不加租或派征，这时往往会打房屋的主意，清朝及清朝以前的房捐及间架税，就是为了应对这种财政上的困难而开征的。在这一阶段，可以将对房产和地产分别课税的模式概括为房税+田赋。1840 年英国发动鸦片战争，1842 年清政府与英国签订中国历史上第一个割地、赔款、商定关税的不平等条约——《南京条约》，近代中国开始被逐步半殖民地化。由于租界是中国境内具有自治性质的政治实体，维持其行政机构运转需要有财政收入来源，而土地是当时租界最大的财富，所以在中国设立的租界都在当时清政府普遍开征的房捐之外，重视对土地的课税，从而形成房税+地税的税制模式。1911 年辛亥革命爆发，1912 年中华民国成立，租界对房产和地产分别课税的不动产税制模式延续下来，再加上孙中山先生对亨利·乔治单一地价税理论的推崇，对土地的课税得以强化，房税+地税的不动产税制模式逐步在全国范围得到推广。1949年新中国成立后，中国仍按照此模式征收房地产税，直到"文化大革命"发动后的1966年8月，中国的不动产税还在以房产税+地产税的形式征收。在讨论中国不动产税制变迁的同时，本章还分析了中国历史上土地产权制度的演变，尤其是重点考察了永佃制与永租制，以为当前的不动产税制改革提供借鉴和参考。

第三章，中国大陆不动产物权与税制现状。本章主要介绍中国现行不动产物权及税制基本情况，分析其成因、作用以及存在的制度缺陷。当前中国不动产税制体系包括租、税、费三部分（也有说法将其称之为税、费、金），具体表现为在不动产交易环节税负较重，在不动产持有环节税负较轻，地方政府在财政收入上过于依赖租税费中租即土地出让金部分，由于中央政府与地方公众监督的缺位，地方政府在土地财政中的机会主义问题比较突出。目前中国寅吃卯粮式的不动产税制具有竭泽而渔、饮鸩止渴的制度特征，由于一次性收取未来30年、50年或70年不等的土地出让金，当期财政收入状况良好，但建设用地不可能无限量的供给，住房需求也不可能无限量的膨胀，这种税制模式是不可持续的。

第四章，中国港澳台地区不动产物权与税制现状。从财政联邦制的角度看，港澳台地区的不动产税可以看作是中国不动产税的地方试点，其制度建设对大陆有借鉴作用。港澳地区采用与大陆地区相同的土地批租制度，台湾地区则实行土地私有制，但通过涨价归公实现对土地增值的溢价回收。台湾地区的不动产税包括房屋税、地价税、空地税、荒地税及不在地主税，税制健全。香港地区的不动产租税包括差饷、物业税、年地租，基本做到了对房屋与土地的全覆盖，但税率/租率相对较低，调节作用不甚理想。

第五章，国际不动产物权与税制现状。本章对世界典型国家的不动产物权及税制进行比较研究，既包括土地私有的国家如美国、日本，也包括土地公有的国家如新加坡、以色列。研究表明，世界各国的不动产税制有较大差异，有的国家对土地和房屋分别课税，如德国、法国、俄罗斯，有的国家对土地和房屋合并课税，如英国、美国、新加坡。比较研究发现一个有趣的现象，对土地单独课税的国家或地区如德国和中国台湾，房地产市场相对比较稳定，而不对土地单独课税或虽设有土地租税的相关科目但税负较轻或覆盖面较窄以致对调节土地利用作用发挥不大的国家或地区如美国、日本和中国香港，都曾出现严重的房地产泡沫并导致经济的衰退。比较分析还表明土地公有制不成为课征不动产税的障碍，如新加坡实行土地国有制，约84%的人口居住在由政府提供的产权为99年的组屋里，但除了对用于公共礼拜场地、公立学校、慈善用途以及专为促进新加坡社会发展用途的不动产免税之外，新加坡对包括组屋、闲置土地在内的所有房地产征收产业税即不动产税。当然，新加坡只有518万人口，就对产权归国家所有的不动产课征财产税而言，社会较易达成共识，因此其情况不能与中国这样的人口大国进行简单的类比。

第六章，不动产税与地方公共财政。本章致力于阐述为何中国不动产税制改革的目标是建立地方公共财政体制，指出从地方财政到地方公共财政的发展趋势是由中国这样一个大国的社会发展所内生决定的。本章把当前中国的地方财政概括为地方政府财政，这是一种以地方政府为主导的，缺乏地方公众参与的财政模式，不规范的土地财政是这种财政模式的突出表现形式。对于像中国这样的人口及疆域大国，只有从地方政府财政走向地方公共财政才能实现制度均衡，而不是重蹈治乱循环的历史怪圈。

第七章，中国不动产税制优化设计。本章提出对房产和地产分别课税的税制优化方案，具体为：对房产和地产设置一定的免征额，以保障农民和城市低收入者的切身利益和自住需求；房产税由目前的个别城市试点逐步走向包括存量房在内的普遍开征；对批租期满的城市建设用地及承包期满的农村集体用地的使用者赋予长期土地使用权，同时开征土地使用税（扣除合理的免税部分）；新出让土地逐步缩短批租年期，在长期土地使用权的基础上逐渐实现与已批租土地的并轨；小产权房补缴土地出让金后可通过申请取得长期土地使用权而合法化，但每年须依法缴纳房产税与土地使用税（经济适用房可仿照此例上市流通）；不如期缴纳房产税与土地使用税的不动产由法律规定对其权利人课以罚款，情节严重的取消土地使用权，法院可对其查封并进行拍卖。将"土地闲置费"转化为"闲置土地税"。

第八章，中国不动产税功能定位及引导机制设计。本章探讨了房地产税与房地产市场的关系、房地产税的税负归宿以及房地产税对经济增长的影响，在此基础上，提出中国不动产税的功能定位在于构建合理的房地产价格形成机制，消除市场失灵，促进经济内生增长，同时规范地方公共财政体系，完善国家治理机制，促进对于土地资源的合理利用。为确保方案顺利实施，本章还探讨了若干配套改革措施，包括：结构性减税；已在当地购买标准住房、缴纳不动产税一年以上且在当地办理社保连续达若干年限的居住者可申请取得本地户籍；小产权房有条件合法化；建立统一的不动产登记制度及社会信用体系；预算民主，由地方人大对地方政府的预算进行审议和监督，将政府土地财政转化为地方公共财政；只有如期缴纳不动产税的公民才享有被选举权，对公务员在不动产纳税问题上实行一票否决，倒逼政府官员对个人房产进行公示，自觉接受社会舆论监督。为便于不动产税顺利推行，应积极鼓励试点，深圳在不动产税试点方面具有明显的优势。

述评。对全书内容进行回顾和总结，对核心观点进行归纳和提炼。

第一章　研究综述及相关理论

　　开征不动产税有充分的理由，但反对开征者也并非全无道理。针对不动产税开征，迄今尚无一个逻辑自洽且具有可操作性的理论体系，而一个完善的税制优化方案，必须能够回答诘难者提出的各种问题。本章对代表性的不动产税制设计方案进行了综述，对反对者的主要论点也进行了介绍。

　　不动产税制优化是制度改革，因此"制度"是本书的核心概念。由"边际革命"带来的从古典经济学向新古典经济学的发展与完善以及数学的广泛运用使经济学成长为一门独立的介于自然科学与社会科学之间的成熟的学科体系，使得现代经济学具有很好的解释力，它不但被用来解释经济现象，随着新制度经济学、组织经济学的兴起，它还被用来解释制度、组织，乃至家庭等社会现象。

　　对于理解中国的地方财政而言，财政联邦主义是一个很好的理论分析框架。中国的地方财政具有财政联邦主义的某些特征。黄佩华等（2003）认为，尽管中国实行单一的政府体制，但是政府间的财政安排呈现出强烈的联邦制特点，这是我们在进行税制优化设计时需要格外注意的。

　　作为当前财税领域的研究热点，物业税是一个容易引起混淆的概念。为了尊重原作者的使用习惯，本章的文献综述部分会交叉使用物业税、不动产税、房地产税、财产税等概念。需要注意的是，与本书使用不动产税的广义概念包含房地产税与资源税不同，本章所引原作者观点在谈到不动产税时，一般取其狭义概念。

第一节　中国不动产税制优化研究综述

刘维新、谢经荣（1994）对中国土地租、税、费的性质、内涵、概念及其相互关系进行了研究和界定，分析了土地收益分配过程中以税代租、以费代税、税费混乱的成因及解决办法，提出应明租、正税、少费，将城镇土地使用税与地租进行归并，保留耕地占用税，将农业税改为农业土地税，开征土地增值税、空地税以及作为财产税的地价税，建立与社会主义市场经济体制相适应的土地租税费体系。随着研究的深入，刘维新（2004）认为，物业税征收要求产权清晰。物业税的开征与土地使用制度的深化改革紧紧捆绑在一起。为了创造一个基本的平征线，需要实现"三个归并"，即对城市土地国家所有权与农村土地集体所有权进行归并。将集体土地转为国家所有，对出让土地与划拨土地进行归并及对现有建设用地的多种形式（商品房、经济适用房、房改房、合作建房等）进行归并。土地实行租赁制，将"土地出让金"改造为"土地补偿金"，房地产企业从事开发，第一次取得土地使用权要交"土地使用权补偿金"（可通过挂牌或拍卖的方式实现），商品房卖出后由消费者缴地租，给开发商1—2年的开发免租期，逾期及未卖出的积压商品房由开发商承担租金。为公平起见，之前以批租出让形式获得土地开发的商品房在50年或70年的土地批租期满后由业主缴纳地租。物业税只针对房屋不包括土地，由业主按房屋的评估价值缴纳，从而形成土地年租+房屋价值税的不动产租税体系。

财政部财政科学研究所课题组（2002）指出中国房产税税制存在四大弊端：征税范围过窄，免税范围过宽；对内征收房产税，对外征收城市房地产税，实行内外两套税制，有违公平；计税依据不合理，既有从价计征，又有从租计征；税费混乱抑制房产税收入正常增长。鉴于税源格局发生重大转变迫切要求财产税税制改革，地方政府需要确立主体税种以提高税收增收能力，加入世贸组织要求中国规范政府收入筹措制度，课题组认为应不失时机尽快推进房产税税制改革。具体措施为：统一内外两套税制，对内外资企业及个人实行公平税收待遇；扩大征税范围，把农村房产、自住房产、事业单位用房等纳入征税范围；调整计税依据，实行从价计征，从以房产原值为课税对象转向以房产现值为课税对象；重新设计税负，低税率，宽税基，经营性用房可采用1%—3%的浮动税率，一般商品房可采用0.1%—1%的浮动税率，具体税率的选择由省级政府确定；合理划分税权，房产税税制由中央政府确定，全国统一征收，但税率选择、房产评估周期、税收优惠政策等可由各省级政府自行确定，省级政府不参与下级政府房产税收入分配；进行配套改革，优化房地产租税费体系。

谢群松（2002）认为中国的不动产占有课税在整体上表现为内外有别、城乡有别以及土地和建筑物有别的税制特征，税种设置过多，造成形式上和实质上的不公平，在税基的选择上既存在从价计征（房产税的从价计征还是根据历史成本价值而非市场价值或评估价值），又存在从量计征，比较混乱，税率的设置也不合理。鉴于中国不动产占有课税在实践中暴露出来的问题，中国应该选择统一立法模式，实行"五税合一"，将城镇土地使用税、房产税、城市房地产税、农业税以及耕地占用税五个税种整合在一起，设置统一的"不动产占有税"，从而形成内外统一、城乡统一、土地和建筑物统一的单一不动产占有税，简化税制，维护税制公平。谢群松（2010）研究了不动产占有课税、流转课税和所得课税的经济效应，建议将不动产占有课税作为县乡一级的固定收入，将不动产流转课税作为省地和县乡的共享收入并向县乡一级财政倾斜。

王洪卫等（2005）将租税费体系的研究从土地领域扩展到整个房地产行业，分析了地租与地价的构成及其相互关系，认为不同类型的用地价格形成机制不同，适用不同的地价理论，提出商业办公用地的地价一般可用地租理论来解释，居住用地的地价一般可用市场供求理论来解释，而工业仓储用地的地价一般可用成本理论来解释，并将理想中的房地产租费税体系示意如图1-1所示。

```
第一层次 ────────┬──── 一次性土地出让金
地租              └──── 年地租

第二层次 ────────┬──── 劳务补偿型
房地产收费         ├──── 工本补偿型
                 ├──── 设施补偿型
                 └──── 保证金

                         房地产取得税 ───┬──── 农地占用税
                                         ├──── 契税
                                         ├──── 房地产消费税
                                         └──── 遗产和赠予税

第三层次 ───┬──── 房地产保有税 ───┬──── 房产税
房地产税收   │                    ├──── 地价税
            │                    ├──── 空地税
            │                    └──── 定期房地产增值税
            │
            └──── 房地产转让税 ───┬──── 土地增值税（适时停征）
                                 ├──── 所得税
                                 ├──── 房地产营业税
                                 └──── 城建税和教育税
```

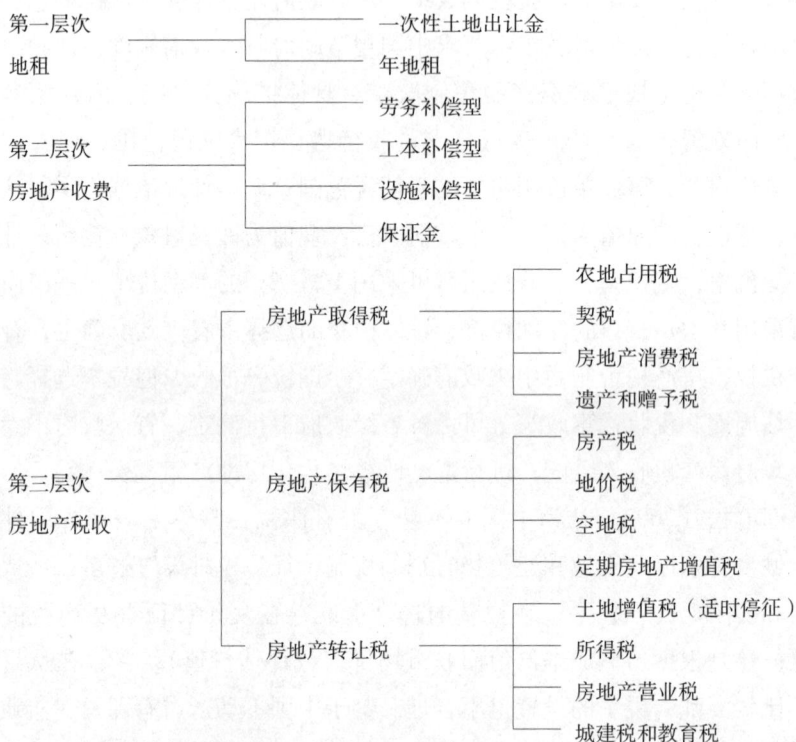

图 1-1　房地产租费税体系层次

资料来源：王洪卫等：《房地产租费税改革研究》，上海财经大学出版社 2005 年版，第 181 页。

　　王洪卫等人对房地产在保有阶段的租税费体系设计可概括为，对工商业用地采取收取年地租的方式，对居住用地则开征地价税，但不改变当前居住用地批租出让的商业模式，以免政府面对众多小业主收取年地租而带来的人力、物力、财力的耗费，增加土地利用的社会成本。对建筑在不同类型土地上的改良物，则收取房产税。

　　贾康（2005）把中国房地产税费的基本现状概括为"两个双轨制，一个不规范"。其中一个双轨表现为对内资外资实行两套税制，对内资企业征收房产税和城镇土地使用税，对外资企业征收统一的城市房地产税；另外一个双轨表现为城乡双轨，房地产税费仅针对城镇、建制镇、工矿区征收，没有覆盖到农村；不规范表现为费种繁多，规范程度很低，源于不动产的税费收入在中央政府与地方政府之间的分配方式也不规范。贾康认为要把中国不动产税或者房地产税的改革放在积极建立公共财政框架这个总体要求上来把握，将其逐渐培育成为地方政府的一个主要财政收入来源。中国政府的层级包括中央、省、地（市）、县、乡镇五级，为实现分税分级的财政目标，要通过"乡财县管""省管县"等改革试验在财政方面从五个层级缩减到中央、省和市县三个层级，并将房地产税配置在市县平级的地方层级上。房地产税要实现城乡并轨，土地所有权是个问题。贾康（2009）认为，应参考香港模式，将农村土地在法律上确定为国有，同时实行永佃制，赋予农民的土地使用权以物权属性。对国有建设用地的批租方式，贾康（2010）认为可借鉴由1984年《中英联合声明》所提出的土地批租制和土地年租制并行的香港模式，对中国的土地招拍挂作出技术处理，开发商只交半款或更高些比例部分（比如70%）的土地出让金，另一半或剩下的部分，分散到未来的70年中，由地方政府包含在物业税中向房屋所有者收取，物业税采用阶梯式税率。贾康（2012）认为，物业税不会让房价应声而落，其开征目的也不单纯是为了打压房价，其实质是通过对房产保有环节征税形成规范的经济调节杠杆，以产生多种正面效应，包括：（1）增加直接税的比重，减少中低端收入者的税收痛苦程度；（2）为解决地方税体系不成型的问题而提供地方层面的支柱税种；（3）促使已实施的房地产调控新政体现其应有的"治本"水准；（4）优化收入和财产的再分配以抑制两极分化。在房地产税改革的路径选择上，应注重试点突破与渐进推动。

物业税具有限制对土地资源和房地产过度占有、优化房地产资源配置等多种功能，因此同贾康一样，邓宏乾（2006）认为，物业税改革的目的是优化房地产税制结构，提高房地产保有环节的税负。从中长期目标来看，应当逐步将物业税培育成为地方财政收入的主体税种，将房地产保有环节的税负提高到占房地产税收的50%左右，使房地产税收占地方财政收入50%—55%左右。邓宏乾（2008）主张将城市土地有偿使用从出让制逐步转为以年租制为主，确立以房地产税与城市土地地租为主体税源的城市财政体制。具体而言，房产税（或物业税）、地价税、空地税、契税、房地产个人所得税全部划归地方；土地增值税、遗产与赠予税、房地产企业所得税由中央与地方共享，其中，土地增值税 80% 归地方政府，20% 归中央，遗产与赠予税 30% 归中央，70% 归地方政府。省级政府与城市政府（或地方政府）对房地产税收的分享，可以考虑省级政府、城市政府（或地方政府）各自所占房地产税的份额为 15%、85%。

北京大学中国经济研究中心宏观组（以下简称"北大宏观组"）（2006）在土地国有的前提下，基于香港的土地批租模式，提出自己的物业税设计方案（以下简称"北大方案"）。其土地出让制度改革方案有三个要点：第一，土地国有，政府以土地"招拍挂"批租的方式供地；第二，土地出让期限与目前保持一致，无须调整；第三，效仿香港地区，采用土地年租制度，通过竞拍获得土地使用权的土地购买者，除当期一次性支付土地出让金外，在土地出让期限内每年缴纳年租，年租为房地产价值的一定比例。其物业税改革方案也可概括为三个要点：第一，对存量房地产与增量房地产统一开征物业税；第二，虽然"租""税"性质不同，但二者税基同为房地产价值，将土地出让金合并进入物业税，可降低征收成本；第三，对存量房与新房区别对待，鉴于存量房业主在购房时已经负担了各种和土地相关的税费，可考虑引入十年左右的过渡期，在过渡期内存量房物业税适用优惠税率，过渡期结束后实现存量房与新房的税率并轨。通过以上制度安排，北大宏观组认为存量房房价将下跌 14%，新房房价将下跌 18.14%。针对全国 35 个大中城市、广东 21 个城市以及 79 个县的数据模拟分析表明，物业税改革并不必然导致地方公共财政出现缺口，少量城市出现缺口，但多位于发达地区，可用未来的税收收入做抵押，通过发行地方债的方式予以解决。北大宏观组（2007）认为实行物业税不仅是增加了一个新税种，而且是引入了一种新机制，促使地方政府不仅要对上负责，更要对作为纳税人的当地百姓负责，带有制度转型的意味。中央应早做决定，尽快立法，通过中央财政转移支付和税收返还等渠道，建立激励机制，启动地方试点。随着时间推移，引入物业税的难度只会越来越大。

国务院发展研究中心课题组（2007）认为中国不动产税费制度改革

有四个基本目标：提高土地资源的利用效率；调节社会贫富差距；简化税制，清理收费；为较低层级政府提供财源。就税种设置而言，在不动产保有环节，应将房产税、城市房地产税、城镇土地使用税三个税种合并为统一的房地产税，在不动产取得（开发）环节，应取消土地增值税和耕地占用税，在不动产流转（交易）环节，应保留契税，简并印花税。就税率设计而言，应由中央设计统一的税率范围，允许各地方（市县级）政府自行选择，税率范围可设定在0.3%—0.8%之间。在是否采用累进税率的问题上，课题组倾向于采用固定比例税率，并建议对不同用途的房地产适用相同的税率。对不动产税税收归属，课题组认为省级政府（直辖市除外）不应参与不动产税的分配，在直辖市及地级市、区县及县级市、乡镇三级政府之间，以属地化原则为主，直辖市及地级市与下辖区之间适当分享，分享比例可考虑五五分成，也可考虑授权省级政府对分享办法及比例进行裁量。

朱秋霞（2007）从土地所有制的角度出发研究中国的土地财政问题，认为中国农村的土地所有权制度本质上是准国家所有制，在整个土地制度中，国家是土地的上所有者，农民是下所有者即土地使用者，村集体或者村行政管理单位（村民委员会）是农村土地的管理单位，代表国家管理土地。而城市土地国家所有制本质上则是城市垄断的土地所有制，由于地方城市政府垄断了土地供应，并且有权力对农村集体土地进行征收征用，造成土地资源的浪费与土地租金的流失，扩大了土地矛盾，导致土地和公共产品价格的扭曲。只有通过规范集体土地所有权制度，实现建设用地所有权的二元化（符合城乡规划要求的城市国家所有权和农村集体所有权的土地以同等条件进入建设用地市场流通，即集体所有土地与国家所有土地同地同价同权），借鉴德国经验征收土地税和土地增值税，同时建立用地单位对城市基础设施的投资分摊机制，中国城市土地财政制度才能走向正轨。朱秋霞选择了美国、德国和中国香港三个国家和地区的例子作为制度参考，认为德国的制度虽然仅有少数国家模仿，但德国的土地税在制度设计上更为合理，在实践上也更重视对土地资源的有效利用，而中国香港的土地制度则导致高地价、高房价、高社会住宅比例的后果，带有明显的殖民色彩，是一个通过牺牲 50% 左右居民利益，为政府财政和房地产开发商提供利益的制度，造成国民福利的总损失。

张学诞（2007）对财产税进行了一般理论分析，借鉴国外财产税的研究成果，针对中国财产税现状及存在的问题，提出在房地产保有环节统一征收不动产税、对车船拥有或管理征收车船税、对有偿购置或转让财产继续征收契税、对无偿转移财产征收遗产税和赠予税的财产税改革总体设想，通过开征或完善不动产税、车船税、契税和遗产与赠予税，构建中国的财产税体系。张学诞认为中国应实行"年租制和批租制并举"的土地使用制度，改革后的财产税应成为地方政府的主体税种。

唐在富（2008）从土地制度创新出发探讨中国土地财税体制的构建，提出应将农村集体所有制土地通过立法转变为国家所有，实行单一土地国有制，才能有效保护农民利益，遏制随意占用农民用地的不良倾向，提高土地的使用效率。同时，在土地单一国有制的基础上，将与土地相关的税费体系进行精简，合并房产税、城市房地产税和土地使用税，开征城乡统一的不动产税，作为市县一级地方政府的主体税种。明确区分政府的土地资源管理与财产管理职能，由国务院授权委托市县级政府行使国有土地财产的所有者权利，强化财税部门在国有土地财产管理中的责任。将预算管理控制机制引入土地资源管理当中，建立土地收益基金制度，均衡一次性地租收入的使用进度。

石子印（2011）认为，在土地公有制下，政府从土地中获取租金有两种模式：一是土地期初租金+增值租金+不动产保有税；二是土地实际年租金+不动产保有税。模式一属于一次性有偿有期限批租土地使用权，政府可以在短期内获取大量财政收入；模式二属于年租制，政府每年收取土地租金，但由于缺乏土地期初价格只能以行政划拨方式进行。由于增值租金、年租金与不动产保有税都体现为政府对土地升值的分享，虽然范畴不同，但出于节约成本的考虑，可以合并征收（如香港的地租与差饷由同一个部门差饷物业估价署征收），对于期初租金，则不存在可以替代的理由。于是，石子印将其公有土地有偿使用的两种模式进一步转换为：土地期初租金+不动产保有税 A；不动产保有税 B。其中，A 的实际税率小于 B。基于土地与建筑物性质不同，且中国土地具有特殊意义，石子印建议在对土地与建筑物实行分开评估与差别税率的基础上合并征收不动产保有税，即不动产保有税 A 与 B 均包含对土地与建筑物课征的两个子税目。对新批租土地及建筑改良物，课征不动产保有税 A，对到期土地及建筑物，课征不动产保有税 B，对老房地产（未到期土地及建筑物），按照其使用年限规定一定比率的减征。从美国的财产税限制出发，石子印研究了财产税的税收遵从，认为不动产保有税要能够得到有效实施，需要在拥有良好公众呼吁机制的小辖区中公平、低负担地征收，同时要有上级政府的补贴支持作为配合。

李晶（2012）将其房地产税收制度创新的改革进程划分为三个阶段，分别是：2011—2015 年，与"十二五"规划同期，形成房地产税收制度近期目标；2016—2020 年，与"十三五"规划同期，形成房地产税收制度中期目标；2021—2025 年，与"十四五"规划同期，形成房地产税收制度远期目标。近期要实现对城市居民普遍征收房产税、对城市居民用地普遍征收从价计征的城镇土地使用税，改进城市维护建设税和教育费附加，丰富企业所得税。中期要实现将房产税和城镇土地使用税征税范围扩大到农村，城镇土地使用税与耕地占用税合并为覆盖城乡的土地使用税，对建筑业和销售不动产改征增值税，将土地增值税并入企业所得税，试点分类综合个人所得税。远期要实现推广分类综合个人所得税制度，新设遗产税和赠予税。最终，在全国范围内，建立起在交易环节征收增值税和企业所得税、在保有环节征收房产税和土地使用税、在遗赠环节征收个人所得税和遗产税的房地产税收体系。

反对物业税开征的声音同样不绝于耳。任志强（2004）认为对现行房地产有关税费的改革已势在必行。由于政府在土地出让过程中一次性收取了 40—70 年的土地出让金，作为可以明确从房价中剥离的货币地租部分，无论在土地或房屋的转移与交易中，土地出让金都应从作为计税依据的税基中扣除。在实行土地出让金货币地租之后，政府应收取的土地价值实际上已经提前收取了（包括因政府投入而形成的土地周边环境的改善，如交通的改善等，但在土地的地租评估中通常政府已将这种因素考虑进去并作为地租而收取）。在中国土地出让后必须两年之内动工的政策作用下，是市场和开发商的因素引起房价升值，是土地上产出（所建房屋）价值的提高拉升了土地价值，而非由土地本身所创造，由此，土地增值税成为对最能挖掘产品价值行为的一种打击，而不是对经营者创造产品价值从而提升土地利用价值的激励。土地增值税的出台本是为了弥补政府首次出让土地时的漏洞，土地出让制度改变之后，政府再对经营者创造产品而带来的收益征税就没有任何道理了。由于中国的住房私有化率中约85%的住房是以低房价（补偿）方式将公房转化为私有，大量的家庭虽然表面看已拥有了属于个人的房产，却仍属于较低收入和尚未改变生活质量的情况，各种房改房中约30%的住房为不具备基本成套条件的低水平住房，在这样的条件下不可能实现对所有的房屋产权拥有者征收统一的物业税。任志强（2010）将中国难以实行物业税或者说根本无法实行物业税的原因归结为历史上的不公平，这种不公平不仅在住房问题上出现，在土地问题上出现，也在人的平等问题上存在着。就土地而言，中国的土地分为国有的城镇土地和农村的集体土地。城镇土地又分三种情况：历史遗留下来自然拥有的土地、行政划拨的土地和交纳了出让金的土地。每一种土地中都有进行了房改的住房与没有进行房改的住房。出让土地中又有商品房或商品房之后房改的住房，以及受政府特殊政策约束的两限房。非出让的土地中又有自建房、房改房与经济适用住房及享受经济适用住房政策的住房；有拆迁房的实物补偿房、拆迁房中的购房性住房、拆迁后的房改房、市政配套用拆迁房等多种类型的房子。土地、房屋政策多样，代价不同、收益不同、增值不同，形成因房屋取得方式不同而造成的产权不平等、因土地取得方式不同而造成的价格不平等、因产权差别而造成的交易税收不平等，在不具备公平的原则条件下，任何新增添的税收都将制造更大的不公平，在征收物业税之前要先进行一次革命性的制度变革。

物业税可行吗？王智波（2008）对此给出了一个否定的回答。首先不同于对流量征税，物业税税基须经人为评估得到，难以保证客观，从而导致横向不公平；其次无论是就物业税的评估还是就穷人与富人对物业税的承受能力而言，物业税都是累退的，从而产生纵向不公平；最后不同于对所得课税与对商品课税，存在现金流入或消费支出的可选择性，物业税税负与当期收入不匹配，不符合支付能力原则——这些问题的存在，使得物业税被美国选民认为是最坏的税，在美、英、日等国引发过废除物业税运动。OECD（2001）的统计表明，房地产税负"重流转，轻保有"是世界各国的普遍现象。就物业税收入占 GDP 的比重而言，英、美、日三国排名长期居于第二、第三、第四的位置，仅次于加拿大，但三个国家无一例外都是房地产泡沫重灾区。从稳定市场的角度看，物业税不但不是房价的自动稳定器，反而成为助涨杀跌的泡沫放大器。物业税损害了购房者与租房者的福利，对穷人的福利损害最大。就资源配置而言，物业税造成"都市爬行"现象，不利于土地的集约化使用。王智波（2008）通过定量研究进一步论述了上述观点，使其更具有说服力。

物业税的合法性受到广泛质疑。魏盛礼等（2007）认为，就其地位的重要性而言，只有全国人民代表大会及其常委会制定法律对物业税进行规范，才符合正当法律程序的要求。以国务院的行政法规或行政规章的方式颁行物业税位阶太低，有悖于立法权配置的正当性。财产税是对财产而不是对负债的征税，由于大部分购房者通过贷款融资购房，原属财产税性质的物业税将异化为债务税。中国城市土地归国家所有，业主购房时一次性支付了全部土地租金，如果物业税税基中包含土地，属于重复征税，因此中国的物业税中不应包含地价税。中国关于物业税的提法源于香港地区，但中国现行附加在房地产项目上的城市基础设施配套费等各项收费已经包含了香港物业税的内容，虽无物业税之名却早有物业税之实。

李炜光（2009）认为，物业税是对公民一部分财产权的剥夺，因此，要把民主机制引入物业税领域，明确税权归属。具体而言，物业税征收应由全国人民代表大会明确授权，并给予地方政府一定的开征、免征权，中央政府与地方政府的税收权限边界应当清晰，并通过立法固定下来。立法程序要公开、透明，保证社会公众拥有有效的参与权和监督权。只有在法治的轨道上，出于调节房地产市场、缩小贫富差距的目的，物业税才可以征收。如果是为了增加中央或地方的财政收入，与民争利，那么无论是现在还是以后，人们都不会欢迎这样的税种，其出台须慎之又慎。

熊伟（2011）认为，鉴于《立法法》第十条明确禁止立法转授权，国务院无权将全国人大的立法授权转授于地方政府，国务院授权地方政府征收房产税的做法不应产生法律效力。由于国务院未就《房产税暂行条例》作出修改，而重庆市和上海市根据转授权制定的房产税暂行办法与《房产税暂行条例》相冲突，下位法抵触上位法，也不应该产生法律效力。熊伟联合全国十四所高校的税法教授给全国人大常委会寄送建议书，建议全国人大常委会审查国务院此项转授权的效力，以及重庆、上海市政府根据此项转授权制定的房产税暂行办法的合法性。熊伟（2012）从现有的法律框架出发，提出他的物业税设计方案：实行彻底的房地分离课税制度，对房屋适用房产税，对土地适用城镇土地使用税。房产税的税基中不包含土地的价值，取消《房产税暂行条例》中的相关免税条款，统一按照房屋余值（余值界定为房屋重置价格）课税。土地使用税不改变《城镇土地使用税暂行条例》的规定，依据土地面积大小从量计征。原因在于：对于出让土地，政府收取了土地租金，未来的投资收益或者升值已经折现；对于划拨土地，由于常常有公共用途，按照评估价值课税几无可能。至于房地产的升值收益，则完全可以通过房地产在流转过程中缴纳的营业税、个人所得税、契税、印花税、土地增值税等加以回收。

第二节　财政联邦主义与地方公共财政

在于 1956 年发表的《地方公共支出的纯理论》一文中，蒂布特通过构建不同辖区公共物品提供与地方财政支出的理论模型，分析认为，居民通过"用脚投票"，能够促使地方政府为吸引纳税人就提供公共物品进行竞争，通过这种机制，可以实现各地区公共物品供求均衡，并使资源配置达到帕累托最优。

马斯格雷夫于 1959 年出版《公共财政理论》一书，阐述了他的财政分权思想。他认为资源配置、收入分配、宏观经济稳定是政府的三项主要职能，财政联邦主义的核心在于资源配置政策应该根据各地方居民的偏好不同而有所差别，而分配与稳定政策则主要归中央政府负责。

奥茨建立了系统的财政联邦主义理论。1972 年，奥茨出版《财政联邦主义》一书。同马斯格雷夫一样，奥茨认为中央政府应当寻求经济的稳定和收入分配的公平，对于那些严重影响所有辖区居民福利的公共产品，确定其有效产出水平（奥茨，2012）。奥茨定义的财政联邦主义是一个远比政治学中的联邦主义宽泛得多的概念，经济学意义上的联邦政府被界定为一个同时具有中央和地方决策过程的政府部门，通过它提供公共服务的水平，基本上由相关辖区居民（以及其他可能涉及经营活动的人）对这些服务的需求决定。由于现实中任何国家的决策权都不可能绝对集中，从这样一种经济学的角度看，几乎所有的制度均为联邦制，区别仅在于不同国家在集权程度上的差异（奥茨，2012）。

在书中奥茨提出了财政联邦主义的分权定理：就某项公共产品而言，如果它的消费是由总人口在某个地域上分布的子集决定的，同时，无论通过中央政府还是通过相应的地方政府，在每一个辖区提供该产品的各种不同产出水平的成本相同，那么，同中央政府向各个辖区提供任何具体且一致的产出水平相比，由地方政府向其相应辖区提供帕累托效率水平的产出总是更加有效（或者至少同样有效）（奥茨，2012）。奥茨（2012）这样解释分权定理：如果不存在集权基础上提供公共产品而带来的成本节省和辖区间的外部效应，那么，每一个辖区提供公共产品所实现的帕累托效率水平所带来的福利水平，永远不会低于由所有辖区维持任何单一的、一成不变的消费水平而带来的福利（通常前者高于后者）。

由蒂布特、奥茨和马斯格雷夫（Tiebout、Oates & Musgrave）等人所创立的财政分权理论被合称为传统财政分权理论，简称 TOM 模型。TOM 模型隐含"仁慈型（benevolent）政府"的前提假定，受到来自以布坎南和图洛克为代表的基于公共选择理论的质疑。钱颖一和温格斯特等人从机制设计的角度分析政府间的财政分权，提出所谓的"市场维护型财政联邦主义（market-preserving federalism）"。为示区别，他们将自己的理论称之为第二代财政联邦主义，将 TOM 模型称为第一代财政联邦主义。

财政分权理论在近代的兴起有着深厚的现实背景。20 世纪 70 年代以来，为了提高公共部门的绩效，发达国家开始下放权力；20 世纪 80 年代以后，包括中国在内的发展中国家出于建立市场经济的考虑，开始进行政府行政部门的改革；20世纪90年代至今，转轨国家普遍面临重塑公共部门的内在需求。

不同于一般的理解，财政联邦主义不但强调分权，而且也强调适度的集权，其分析不但适用于联邦制国家，也适用于单一制国家。事实上，就财政分权而言，不但有以美国为代表的联邦制国家的分权模式，也有以德国为代表的联邦制国家的相对集权模式，不但有以法国为代表的单一制国家的集权模式，也有以日本为代表的单一制国家的相对分权模式（朱丘祥，2008）。本书认为，各国应根据自身的历史文化、国情特点，在分权与集权之间寻求平衡。

财政联邦主义是公共经济学者总结西方发达国家尤其是发达联邦制国家的财政分权经验提出的规范理论，地方公共财政则是中国地方财政建设要实现的中长期目标。地方公共财政与财政联邦主义是两个意义相容的概念。作为经济理论的财政联邦主义是我们分析中国财政分权问题的主要工具，但鉴于中国目前的财政分权具有财政联邦主义的某些特征，以及为了突出中国问题的特殊性，我们以地方公共财政作为中国地方财政建设的努力方向。

本书所说的地方即中国地方政府包括省（直辖市）级、地区（地级市）级、县（县级市）级及乡镇级在内的所有类型的亚国家政府，中国中央与地方政府的组织架构见图1-2。

中国从1978年开始实行改革开放。1992年中共十四大提出，中国经济体制改革的目标是建立社会主义市场经济。1998年底，全国财政工作会议提出，要积极创造条件，初步建立公共财政基本框架的改革目标。高培勇（2009）认为，经济的市场化和财税的公共化，是一枚硬币的两面，经济的市场化必然带来财税的公共化，中国财税体制改革的基本取向在于公共财政。

何为公共财政？张馨（2009）认为，公共财政是为市场提供公共服务的财政，是人民群众决定、规范、约束和监督的财政，是与市场经济体制相适应的财政制度。焦建国（2009）认为，公共财政是作为纳税人的

```
┌─────────────────────────────────┐
│           中央政府                │
│  （人口13.7亿，含台湾人口2316万）   │
└─────────────────────────────────┘
```

```
┌──────────────┐  ┌──────────────────┐  ┌──────────────────┐
│  22个省和     │  │  4个直辖市：       │  │  2个特别行政区：   │
│  5个自治区    │  │  北京、上海、天津、重庆│  │  香港、澳门        │
│（平均人口4624万）│  │（平均人口2110万）  │  │（平均人口382万）   │
└──────────────┘  └──────────────────┘  └──────────────────┘
```

```
┌──────────────────────────┐
│     333个地区级单位          │
│     （283个地级市）          │
│  （地级市平均人口1197308）   │
└──────────────────────────┘
```

```
┌──────────────────────────┐
│     2856个县级单位           │
│     （370个县级市）          │
│  （县级市平均人口674201）    │
└──────────────────────────┘
```

```
┌──────────────────────────┐
│    40906个乡/镇级单位        │
│     （19410个镇）            │
│   （镇平均人口40031）        │
└──────────────────────────┘
```

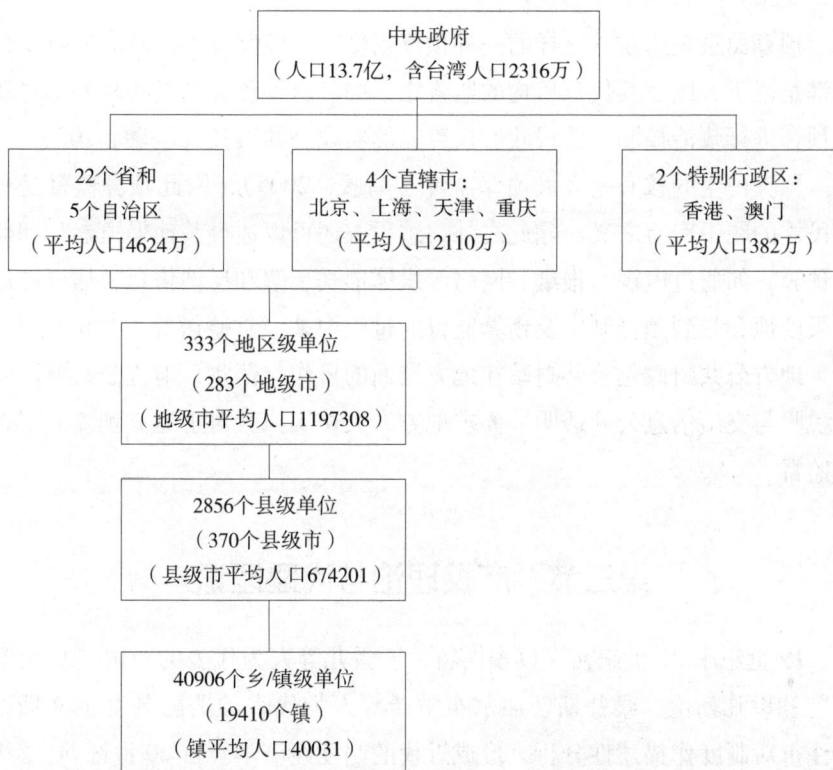

图1-2　中国中央—地方政府架构图

资料来源：《中华人民共和国全国分县市人口统计资料（2010）》，《中华人民共和国行政区划手册（2011）》，中华人民共和国国家统计局网站2010年第六次全国人口普查公报，并经笔者整理。

公众的财政，是满足公共需要的财政；是提供公共产品和公共服务的财政，是弥补市场失灵、做市场和私人不愿意做或愿意做而做不了的事的财政；是基于公众意志、公共决策、体现社会绝大多数人偏好的财政，是公开透明、民主法治、运行程序规范的财政。

从财政的角度看，人民群众约束和监督政府最有力的工具就是预算。就这个意义而言，有预算约束的财政是公共财政，没有预算约束的财政不是公共财政（焦建国，2009）。由于其公众属性，所有对公共财政内涵的讨论，最终都不可避免地聚焦到预算约束机制上来，而预算民主与预算监督，是预算约束的主要形式。

预算民主是指建立这样的一种预算制度，在该制度下，政府的收支行为都是置于人民及其代议机构的监督之下的。这种预算制度将从外部对政府预算进行政治控制，使得政府预算能够实现公共责任（马骏，2005）。

预算民主的核心是人大预算监督（马骏，2005），因此预算监督是预算民主的题中应有之义。除此之外，纳税人还可以通过其他渠道参与和监督预算，如通过电视、报纸、网络等媒体形式了解和反馈信息，尽可能最大限度地参与到预算制定及预算监督的过程中来（钟晓敏等，2010）。

地方公共财政是公共财政在地方层面的操作与落实，地方公共财政要求税收与支出信息公开透明，要求地方人大切实执行对于地方预算的审查与监督。

第三节　产权理论与代理理论

19 世纪末 20 世纪初，以李斯特、罗雪儿等人为代表的德国"历史学派"和以凡勃伦、康芒斯、加尔布雷斯等人为代表的美国制度主义理论家注重对制度作描述性分析，形成近代的制度经济学。自 20 世纪 60 年代开始，科斯、诺思、威廉姆森、阿尔钦以及登姆塞茨等人应用新古典经济学的理论和方法分析制度的结构与演变，形成固定的经济学研究范式，为与之前的研究区别开来，人们将其称之为"新制度经济学"。

新制度经济学以制度为研究对象，拓宽了经济学的研究范围。经济理论光有三大传统柱石——天赋要素、技术和偏好——还不够完备，第四大柱石，而且也是不言而喻的柱石就是制度，土地、劳动和资本这些要素，有了制度才得以发挥功能（菲尼，2001）。在制度运行中存在交易费用和信息成本，产权理论和代理理论的提出，则旨在降低制度运行中的这种经济摩擦。

由于制定决策的个人理性的不完美（有限理性），交易费用无处不在。交易费用产生于交易过程之中，其大小影响到经济活动的组织方式及运行方式（弗鲁博顿等，2007）。交易费用包括谈判和监督经济行为的成本、获取信息的成本、代理成本和维护现行制度的成本（平乔维奇，2004）。科斯（1937）在研究厂商的存在时"发现"了交易费用，由此促发了一场微观经济学的思想革命。

产权理论主要着力于对产权、激励与经济行为关系的研究（菲吕博腾等，2005），产权分析则把各种不同的制度通过它们对交易费用和激励结构的影响与经济结果联系起来（平乔维奇，2004）。

表面看来，产权指的是人与物之间的关系，实际上产权反映的是由物的存在及对物的使用而引起的人与人之间的关系。产权安排确定了每个人相对于物的行为规范，每个人都必须遵守他与其他人之间的相互关系，或承担不遵守这种关系的成本。简言之，产权是一系列用来确定每个人相对于稀缺资源使用时的地位的经济和社会关系（菲吕博腾等，2005）。从产权的这一定义可以看出，产权是一个权利束，是多项权利的集合。作为一种社会工具，产权的重要性在于帮助一个人形成他与其他人进行交易时的合理预期，产权的主要配置性功能是将受益和受损效应内在化（登姆塞茨，2005）。

产权是以财产为客体的各种权利的总和，而财产就是所有者有权对之主张排他性权利的资产。在西方，直到19世纪为止，由于种种实际存在的原因，"财产"仍然指的是土地（派普斯，2003）。诺思和托马斯将西方世界的兴起归因于有效率的经济组织在西欧的发展，而有效率的组织需要在制度上作出安排和确立所有权以便造成一种刺激，将个人的经济努力变成私人收益率接近社会收益率的活动。在17世纪，英国不但在要素和产品市场建立了比较有效的所有权，还开始用专利法来保护知识的私有权，从而为产业革命做好了准备。值得一提的是由于诺曼人给英国带来一个较之其他封建社会更强大集中的政府，13世纪英国王室法庭相对于领主法庭逐渐扩大了它的影响力，庄园领主在这一斗争中丧失了对自由民的裁判权，从而失去了对其土地财产的控制——这使得英国的世袭地保有农得到转让其土地的权利，一种处理无条件继承的不动产的所有权。英国的这种有利的发展被认为在封建社会是独一无二的（诺思等，1989）。

在西方私有产权法律地位的确立过程中，宗教发挥了不可或缺的作用。不但新教将创造财富视为基督教徒的天职，对促发资本主义精神功不可没，到了中世纪后期，天主教会也改变了立场，开始从原则上为私有财产进行辩护。这一转变的发生是对世俗权力攻击教会财产所做的反应。教廷与世俗权力阶层之间的争议在 14 世纪初以一种非常尖锐的形式浮现出来。当时法国的腓力四世（Philip the Fair）因为需要大量资金来进行与英国的战争，开始对神职人员征税，为了确保神职人员的收入免受国王的掠夺，神学家们把财产说成是不可剥夺的权利——其本意是指教会财产，但是推而广之扩大到了所有的财产。在这一争论的过程中，教会的理论家们推出了一种在后来为杰出的政治思想家如博丹和格劳秀斯所采用的理论，即国家的权利，无论在其他方面是如何地不受限制，并不及于其国民的财产。博丹在《共和国论》中较早地运用了自然法来证明所有权的合法性。在西欧，到了 17 世纪中期，人们普遍接受了自然法的存在，认为自然法是合理的、永恒不变的和无法更改的，而且效力高于人类制定的法律（实在法）。自然法的一个重要方面就是私有财产神圣不可侵犯（派普斯，2003）。

虽然个人财产所有权是西方现代文明的催化剂，但在中世纪的英国，所有的土地都直接或间接地属于国王。当然，个人不拥有土地所有权并不意味着不拥有土地财产权。诺思所说的英国在封建社会中独一无二的有利发展指的就是农民可以自由转让其世袭保有的土地，从而在封建土地关系中发育出完整的地产权（Estates）。

不同于罗马法对所有权和占有权有明确的区分，英国封建社会习惯法的核心概念不是财产所有权，而是相互间的义务。英国在 16—17 世纪进行的圈地运动，涉及的主要是公地，而所谓公地是有共有放牧权的土地。从 16 世纪开始，英国农业中出现了三层式的体系，由富裕的以地租为生的地主、大租地农场主和无地的劳动者构成。英国形成了以土地租佃制为核心的分层土地占有制度。虽然圈地运动以后所有者占有地产的比例不断增长，一直到整个近代时期，租佃制依然盛行（沈汉，2005）。

与土地分层占有相适应，英国人创造了"Estate"这样一个抽象的产权概念，通常译作地产或地产权。"Estate"的创立，以抽象的土地权益，取代了实物性质的土地。地产权（estates）是在土地最高所有权人（在英国，即为英王）和土地直接占有人之间置入了一个抽象的权利，因而使英美法不动产物权成为一种针对这种抽象物的排他支配权利，而不是针对房屋或土地的支配权（高富平，2005）。

大陆法物权体系以所有权为核心，他物权由自物权派生出来，形成一个"等级"结构。在英美法的地产权（estate）体系中，则不存在他物权概念，只要被称为"estate"，均是对自有"物"的权利，均是"自物权"，即使是终生地产权、租赁地产权等明显是在一定期限内占有其他人地产的权利，也被认为是"自物权"。英美法物权体系中的各项地产权是"平等"关系，在同一块土地上可以并存多个平行的权利主体，分别与各自的物权客体相对应（高富平，2005）。

现代产权理论认为，私有产权包括三种权利：专有的使用权、自由的转让权和独享的收益权，有了这三种权利，所有权（ownership right）是不需要的。将对于私有产权的这一定义援用到中国经济改革的问题上，则只要上述三项权利界定为私有，所有权保留为国有不影响经济效率，从而为"中国特色社会主义"理论提供了经济学基础（张五常，2000）。

上述私有产权的定义貌似很具有颠覆性，其实它完全可以被看作是对于英国封建社会习惯法财产权的概念梳理与归纳。埃莉诺·奥斯特罗姆（2001）通过对于制度的多级分析指出，在处理公用地一类公共池塘资源的问题上，中央政府管理或私人产权不是避免公用地灾难的唯一途径，从公共选择的角度进一步消解了所有权的神话。

代理理论（Agency Theory）源于对保险市场合约的研究，本来是用于分析受保人按照有利于自身的方式影响受保事件发生而带来的道德风险（moral hazard）问题。该理论的基本要素可以在阿尔钦和德姆塞茨（Armen Alchian & Harold Demsetz）（1972）对厂商存在的解释中找到，罗斯（Stephen Ross）（1973）则明确提出"委托—代理问题"这一术语，并且提供了对于标准的委托—代理理论问题的模型化解释。

代理理论讨论的是合约双方委托人（principal）和代理人（agent）之间的信息不对称问题。委托—代理关系产生于专业化的经济环境之中。同新古典经济学一样，代理理论在初始时假设，由于规模经济以及劳动者之间因能力不同而导致的比较优势方面的原因，专业化能产生收益，这使得资本所有者有动力通过合约委托专业人士对生产进行经营和管理。① 委托人和代理人之间存在两类信息不对称，在相关文献中分别被称为逆向选择（事前信息不对称）和道德风险（事后信息不对称），具有信息优势的一方在第一种情况下有事前机会主义倾向，在第二种情况下有事后机会主义倾向。道德风险也分为两种情况：（1）代理人的行动并非直接能由委托人观察到（比如工人的努力水平）；（2）代理人能够观察到某些委托人观察不到的内容。而且，委托人直接监督代理人行为存在较高的费用，或者获取代理人的可观察信息的费用太大。第一种情形是隐藏行动（hidden action），第二种情形是隐藏信息（hidden information）（弗鲁博顿等，2007）。

代理理论考虑了使新古典经济学的无成本交易假设不成立的各种因素，主要包括信息不对称的各种形式，并在此条件下系统分析了商品和劳务的双边或多边交换。班克斯（Banks）（2004）认为，如果说完全市场和完全信息的假设在新古典经济学模型中能够产生帕累托最优结果，信息的非对称性则导致现实中的商品和劳务交易只能达到次优结果，因此，代理理论采用的是实证的（positive）而非规范的效率概念，是激励效率的概念而非古典效率的概念。

于是，代理理论提出的问题被进一步细化为：在存在信息不对称的情况下，能在多大程度上获得专业化收益。特别是，缔约各方能否自己组建他们之间的相互关系，以获取这些好处（班克斯，2004）。由于委托人和代理人被假定为对结果有不同的偏好，代理理论要求委托人和代理人设计出与他们个人激励相容的有效合同。

通过对委托—代理关系的模型分析，班克斯（2004）进一步推导出

---

① 为了降低代理人的要价，资本所有者也有动力引进先进的生产技术，以此降低对代理人专业度的要求。一般而言，这种情形比较多地适用于生产操作层面，既可降低劳动力成本，又可发挥规模经济的作用。而中高层管理人员，则由于具有管理才能及技术水平的专业人才相对稀缺，往往在委托—代理关系中具有一定的要价能力。

有效率制度设计在合约执行过程中的两条原则：（1）存在对第三方强制执行合约的要求，因为这样会使委托人和代理人双方都得到好处；（2）存在对代理人行动监督的需求，因为关于代理人行动的任何额外信息都能导致帕累托改善。将其推广到中国将要建立的地方公共财政体系中，则命题1强调的是地方人大作为纳税人与地方政府之间的第三方应发挥预算民主的功能，命题2强调的是包括地方人大、地方政协在内的代议机构以及包括各种媒体、第三部门在内的社会组织应切实发挥预算监督的作用。

第四节 制度变迁、机制设计与自发秩序原理

在人类社会中，制度的重要性是不言而喻的。制度是为约束谋求财富或效用最大化的个人之行为而制定的一整套规则、依循程序和伦理道德行为规范，制度提供人类在其中相互影响的框架，使合作和竞争的关系得以确立，这些关系构成一个社会，特别是，构成一种经济秩序（诺思，2007）。

据称，欧洲人之所以能创造出现代技术文明，就在于他们开发并贯彻了一套人类交往的规则（即"制度"），它抑制了机会主义和权力的滥用（柯武刚等，2002）。宪法历史学家彼拉德（Pollard）（1926）则认为，议会（作为一种制度）是英国对人类文明最大的贡献。

从博弈论的角度，青木昌彦（2006）把制度定义为参与人主观博弈模型中显明和共同的因素——关于博弈实际进行方式的共有信念（shared beliefs）。制度被视为社会的博弈规则，或更严格地说，是人类设计的制约人们相互行为的约束条件。制度定义和限制了个人的决策集合。

那么，何为信念？援用人工智能专家乔葛夫（Georgeff）等人（1999）的定义，信念是智能主体（agent）关于其环境的不完美信息，信念的增加意味着智能主体所意识到的不确定性的减少。由于意识到制度变迁中参与者意向性的重要性，后期的诺思强调，制度是为了降低人们互动中的不确定性而存在的，制度不一定是有效率的，唯其如此，制度是决定长期经济绩效的根本因素（诺思，2008）。林毅夫（2005）则认为，制度

可以定义为社会中个人所遵循的行为规则，是人类对付不确定性和增加个人效用的手段。

1993年从事"新经济史"研究的美国学者诺思和福格尔被授予诺贝尔经济学奖，福格尔用"历史计量学"的新方法诠释了过去的经济发展过程，因在计量经济史方面的出色工作得到表彰，诺思获奖的原因则在于建立了包括产权理论、国家理论和意识形态理论在内的"制度变迁理论"。根据诺思（2008a）自己的陈述，他所建立的制度变迁模型有一个理论的演化过程，在本书中我们将其区分为早期、中期和后期三个阶段。

早期诺思的思想体现在其与托马斯合著的《西方世界的兴起》（1973年出版）一书中。受阿尔钦制度进化假说①的影响，在此书中他对制度变迁给出了一个经济效率上的解释，认为制度决定经济绩效，而相对价格的变化产生了构建更有效率的制度的激励，是制度变迁的源泉。一项制度变迁的初始必要条件是贴现的预期收益超过预期成本，只有在这一条件被满足时我们才会试图改变一个社会中既存的制度结构和产权结构（诺思和托马斯，1970；诺思，1989）。早期的诺思用经济效率解释制度变迁，又用制度变迁解释经济效率，这使得他的制度变迁理论成为循环论证。而作为对这一理论的逻辑引申，所有的制度变迁都应该是有利于经济效率提高的，但现实世界并非全然如此。

《经济史上的结构和变革》（1981年出版）一书代表诺思的中期思想。在此书中，诺思放弃了以效率来考量制度的视角，而代之以统治者利益最大化的角度。统治者从其自身利益出发设计产权而带来的交易费用使得典型的无效率产权普遍存在，这可以解释为何某些国家自古以来一直广泛存在着的产权并没有带来长期经济增长的现象。诺思（2007）认为，对一个国家而言，增长过程意味着内部的不稳定，使统治者租金最大化的产权结构与带来经济增长的产权结构是冲突的，只要本国国民的机会成本

---

① 新制度经济学的代表人物之一阿尔钦于1950年提出制度的进化假说（evolutionary hypothesis），认为无处不在的竞争将剔除低劣的制度，而使那些能更好地解决人类问题的制度留存下来。

或竞争国家的相对实力没有变化①，停滞国家便能够得以生存。

在《制度、制度变迁与经济绩效》（1990 年出版）一书中，诺思将分析视角从统治者转向了更为一般性的组织，标志着其制度变迁理论进入成熟阶段。诺思（2008）认为，组织作为一个有目的的实体，是由其创立者设计出来，用来最大化其财富、收入，以及其他一些由社会制度结构提供的机会所限定的目标的，组织及其企业家（entrepreneurs）是制度变迁的主角（agent），型塑了制度变迁的方向。

由于有自己的效用函数，组织并非总是社会生产性的，同时制度与组织的交互作用决定了制度变迁的方向，这使得制度成为一个混合体，有些制度能提高效率，有些则降低效率（诺思，2008）。

制度变迁一般是渐进的。首先，制度是正式约束与非正式约束的复杂组合。作为非正式约束的集中体现，文化在制度的渐进演化方面起着重要的作用，是路径依赖的根源。文化具有顽强的生命力，大部分文化变迁是渐进的（诺思，2008a）。其次，变迁通常由对构成制度框架的规则、规范和实施的复杂结构的边际调整所组成，相对价格与偏好的变化是制度变迁的源泉，偏好与相对价格的变化产生边际上的适应性调整。作为变迁的参与者，政治或经济组织的企业家对于在既有制度框架的某些边际做些改变将使他们的境况得到改善有着不同的感知，这使得边际调整的结果取决于参与者的相对谈判力量（诺思，2008a）。最后，由连续的边际调整导致的渐进制度变迁是社会和经济演化的主要方式，即使是由征服和革命所导致的不连续的制度变迁，也具有路径依赖的特征。例如，只有从那些由革命前延续下来的非正式约束——事实上还包括许多正式约束——的连续性角度，才能真正理解革命后美国的历史，而西班牙和葡萄牙曾采用过的

---

①　诺思认为国与国之间的竞争会影响经济增长。如果邻国更有效率，效率较低的所有权便威胁到一个国家的生存，这使得统治者不得不废除或修改所有制结构，以降低交易费用，提高经济增长率。但当一国接近垄断地位并被弱小国家（即征服这些国家对统治者来说没有净收益）所包围，停滞国家的生存便具备了条件。对诺思的上述思想加以引申，则经济增长是由实力相当的国家之间的竞争引起的，在中心—依附型的地缘政治格局中，处于支配地位的中心国家更容易陷入经济停滞的局面。

制度模式则一直深深影响着拉丁美洲的政策与观念的演化，尽管在独立后，它们也采用了类似于英国的制度传统并型塑了北美路径的那一套规则（诺思，2008a）。

后期诺思在强调路径依赖的同时更加重视制度变迁参与者意向性的作用。诺思（2008a）指出，作为结果的制度变迁路径取决于：（1）由制度和从制度的激励结构中演化出来的组织之间的共生关系（symbiotic）而产生的锁入（lock-in）效应；（2）由人类对机会集合变化的感知和反应所组成的回馈过程（feedback process）。

所谓路径依赖，是指从过去衍生而来的制度和信念影响目前选择的路径。信念、制度和组织的相互作用使得路径依赖成为社会连续性中的一个基本因素，路径依赖与其说是一种"惯性"，还不如说是过去的历史经验施加给现在的选择集的约束（诺思，2008b）。

诺思很早就区分了两类制度变迁，一类变迁提高了经济效率，发起的一方获益且没有人受损，另一类变迁对收入进行了再分配，一方的收益与其他人的损失相抵（戴维斯和诺思，1970）。第一类变迁意在增加净社会所得，规模经济、外部性、风险与市场失灵这四种内生因素是新收入的来源。对于第二类变迁而言，收入再分配则成为外生变量（布罗姆利，2006）。虽然没有明言，诺思对于制度变迁的分类暗含了内生变迁与外生变迁的概念。区别于诺思，通过对于游戏规则与游戏本身之间相互关系的比较，后来的平乔维奇（2004）给出了内生变迁与外生变迁的精确定义。规则用特定的和可预见的方式来影响游戏，并且随之而来对应于人们新的交往机会的发展而被修改，这种类型的制度变迁是内生变迁。外生变迁是改变游戏使之适应于为某特定利益集团所偏爱的规则，而不是像内生变迁那样改变游戏规则以适应游戏变化了的要求。

拉坦和速水佑次郎（Rutten & Hayami，1984）通过对制度创新的供给分析，建立了诱致性制度变迁模型。他们提出，制度创新的供给由政治企业家的边际成本表决定，如果创新的预期收益的增长对政治企业家而言超过了进行创新而必须动用的资源的边际成本，制度创新就会有供给。制度创新的供给取决于社会中各既得利益集团的权利结构或力量对比，由于政治企业家的私人收益与社会收益不等同，制度创新的供给不会在社会的最优水平上实现。

诱致性制度变迁模型将制度创新看作是经济系统内生的。但恰如布罗姆利（2006）所批评的那样，诱致性制度创新模型的主要缺陷是把制度既看作是组织规则又看作是组织本身。后期的诺思认识到了这种混淆，他将嵌套于制度之中的组织识别出来，并重点分析了组织的信念特征这一相对于制度变迁而言的外生因素。

林毅夫（1989）区分了诱致性制度变迁与强制性制度变迁，并将诱致性制度变迁定义为一群（个）人在响应由制度不均衡引致的获利机会时所进行的自发性变迁，将强制性制度变迁定义为由政府法令引起的变迁。基于以下原因，由自发过程提供的新制度安排的供给将少于最佳供给：（1）除非转变到新制度安排的个人净收益超过制度变迁的费用，否则就不会发生自发的制度变迁；（2）制度安排一旦被创造出来就成为公共物品，制度变迁通常需要集体行动，"搭便车"问题在制度变迁过程中广泛存在。因此，林毅夫强调在制度变迁过程中政府的重要性，即使是自发性制度变迁通常也需要政府行动来加以促进。政府通过采取行动可以矫正制度供给不足，但受意识形态、集团利益冲突以及社会科学知识等方面的限制，政府在建立最有效的制度安排方面也容易导致失败（林毅夫，2005）。

柯武刚与史漫飞（2002）从规则起源的角度提出"内在制度"（internal institutions）与"外在制度"（external institutions）的概念。所谓内在制度，是指这样一种规则，这种规则是在社会中通过一种渐进式反馈和调整的演化过程而发展起来的，并将循着一条稳定的路径渐进地演变，如文化习俗、伦理规范和惯例等。所谓外在制度，是由诸如政府一类权威机构通过法规和条例的形式设计出来并以强制性手段强加给社会的那一类规则，如司法制度。

不能简单地认为诱致性制度变迁产生的是内在制度，强制性制度变迁产生的是外在制度（柯武刚与史漫飞所说的内在制度其实指的是社会的非正式规则，外在制度指的则是社会的正式规则），但林毅夫将强制性制度变迁定义为由政府法令引起的变迁，则容易误导人们将强制性制度变迁与外在制度想当然地进行关联。实际上法律条文的修正可能是制度变迁的结果（将制度变迁的成果以法律条文的形式固化下来），也可能会带来制度变迁的进一步扩散或是新的制度变迁的产生，因此林毅夫以是否由政府的政令引起作为标准将制度变迁区分为诱致性制度变迁与强制性制度变迁是值得商榷的（他自己也意识到了这一点）。

综合以上所述，给出诱致性制度变迁与强制性制度变迁的改进定义如下：

> 定义1.1：诱致性制度变迁是为了提高经济效率而自发产生的制度变迁，具有帕累托改进的特征，是制度的内生变迁。
>
> 定义1.2：强制性制度变迁是为了进行收入再分配而人为设计的制度变迁，具有卡尔多改进的特征①，是制度的外生变迁。

需要强调的是，即便是强制性制度变迁，也有内嵌于原有制度中的内生因素的诱导。强制性制度变迁与诱致性制度变迁的区别在于前者更需要有组织的制度设计，由于强制性制度变迁会令一部分人利益受损，因此更需要国家强制力量的介入。根据以上定义，按纳税能力开征新税的税制变革属于强制性制度变迁。

制度均衡是与制度变迁相对而言的一个概念，制度并非总是处于变迁之中，制度的相对稳定形成制度均衡。关于制度均衡有如下定义：

---

① 卡尔多改进也称卡尔多—希克斯效率（Kaldor-Hicks efficiency），是由约翰·希克斯于1939年提出的一个福利经济学的著名准则，意指如果一个人的境况由于变革而变好，因而他能够补偿另一个人的损失并且还有剩余，那么整体的效益就改进了。卡尔多改进包括两层含义：一是在变革过程中一部分人受益是以另一部分人受损为条件的；二是在变革过程中社会的总收益增加了，其增加的程度可以补偿受损的一方面有剩余。根据我们对强制性制度变迁的定义，并不是所有强制性的制度变迁都是强制性制度变迁。例如，有些强制性的制度变迁如革命，虽然满足卡尔多改进的第一层含义，部分人的受益以另一部分人的受损为代价，但不一定满足其第二层含义，即带来社会总收益的增加。

制度均衡是指在各方谈判力量以及一系列构成整个经济交换的契约性谈判给定的情况下，任何一方都不可能通过投入资源来重构合约而获益。需注意的是：均衡状态并不意味着每一个人都对现存的规则和契约感到满意，而只是指改变游戏的相对成本与收益对于已签约的各方来说并不划算。现存的制度约束界定并创造了这样的均衡（诺思，2008）。

诺思的制度均衡定义较为严格。弗鲁博顿和芮切特（2007）则给出了一个相对宽松的动态的制度均衡定义。他们提出，一种制度均衡意味着，尽管事实上一组补充性的非正式规则和执行特征已经扩散到了整个制度结构，但是初始的正式规则仍然处于有效状态，如果（1）均衡的获得是"自动"的，"自动"的含义是，非正式规则在没有摧毁原有政治制度框架的情况下达到了新（完全的）制度安排的某种稳定终点；或者，（2）初始的制度均衡在经历了一个外部扰动之后，又达到了一个新的制度均衡（不一定是初始的均衡），则可以认为一个制度均衡本质上是稳定的。制度均衡具有多重性。鉴于特定博弈模型存在多重均衡解，青木昌彦（2006）将当代不同国家整体性安排的复杂性和多样性理解为某种多重均衡现象（共时性问题）。同时他认为，在与均衡制度观相一致的框架下理解制度变迁的机制，有助于解释新奇性出现的可能性（历时性问题）。在青木昌彦的比较制度分析中，均衡分析与历史分析是两个互补的方法论工具。

林毅夫（2005）归纳出从某个起始均衡点开始，引起制度不均衡的四种原因：制度选择集合改变、技术改变、制度服务的需求改变、其他制度安排改变，这四种原因中的每一种原因本身又由几个不同因素组成。有些制度不均衡可以通过制度变迁来消除，有些不均衡则由于私人和社会在收益和费用之间有分歧而继续存在下去。

机制设计理论的来源可以追溯至赫维茨1960年发表的论文《资源配置中的最优化与信息效率》，1973年赫维茨在《美国经济评论》上发表论文《资源分配的机制设计理论》，奠定了机制设计理论的基本框架。2007年，赫维茨、马斯金、迈尔森三人被联合授予诺贝尔经济学奖，以表彰他们为机制设计理论所做的贡献。

机制设计理论的提出是为设计能实现特定目标的分散决策经济机制提供一套系统方法（赫维茨等，2009）。机制设计理论追求机制的信息有效性与激励相容性，并以此来分析制度的优劣。信息有效要求机制运行消费尽可能低的信息成本，从而使得经济人不需要知道市场中的全部信息就可以进行合理的决策。激励相容要求个人理性与集体理性相一致，从而使得经济人追求主观上的个人利益的行为在客观上反而能够促成机制设计者的既定目标。

技术可能性或偏好等诸多因素影响机制发挥作用以及对机制作出选择。机制设计理论将与机制设计相关的所有重要因素称为环境集或环境空间，标记为 Θ[①]。环境空间是通过有限个定义分配有效性和经济人偏好的参数值构成的参数空间，假定每个经济人只知道自己的环境参数，但不知道其他人的环境参数。目标函数记为 F，代表对应各种可能环境的合意结果或行动，其定义域是商化（factored）参数空间（一般是欧氏空间或有限维空间），值域是欧氏空间或有限的结果空间。

均衡形式的机制由三个要素构成：信息空间，记为 M；（群）均衡信息对应，记为 $\mu: \Theta \Rightarrow M$；结果函数，记为 $h: M \rightarrow Z$，其中 Z 为结果空间。令 $\pi = (M, \mu, h)$，这样定义的机制代表了动态信息交换过程的稳定或均衡状态，其中 M 是有限维的欧式空间。

假设个人均衡信息对应的每个 μ^i 都可以通过均衡方程 $g^i(m, \theta^i) = 0$ 进行定义，则机制 π 可表示成 (M, μ, h) 或方程形式的 (M, g, h)。已假定每个经济人都只知道自己的信息，即环境为 θ 时，经济人 i 只知道 θ^i，经济人 i 是否采用策略性行为仅取决于其拥有的信息，换言之，经济人 i 的行为只能通过 θ^i 而取决于环境 θ。该要求的影响是，一旦机制得以设定，就一定存在满足 $\mu(\theta) = \cap_{i=1}^N \mu^i(\theta^i)$ 的每个经济人的个人均衡信息对应 $\mu^i: \Theta^i \rightarrow M$。

综上，机制设计问题可以被表述为：对于已知的环境集 Θ、结果空间 Z 和目标函数 F，寻找一个隐私保障①的机制（或一类机制）$\pi = (M,$

---

① "隐私保障"是机制设计理论对信息分散的最基本要求。"隐私保障"意味着，没有一个经济人能够基于自己无法直接观察获得的经济环境的参数信息进行决策。

$\mu,\ h$）（或方程形式的 $\pi=(M,\ g,\ h)$）实现定义于 Θ 的 F（赫维茨等，2009）。

出于对极权主义的警惕，哈耶克反对笛卡尔式的建构论理性主义（constructive rationalism），认为它预设了一个全知全能者的存在，从知识论的角度来看这是不可能的，由建构理性设计出来的建构秩序（constructed order）往往带有强迫的性质，从而与自由不能兼容。基于对传统和文化的尊重以及对理性局限性的认识，哈耶克提倡休谟式的演化论理性主义（evolutionary rationalism），推崇通过演化理性而生成的自发秩序（spontaneous order）。哈耶克把源自过去经验的、人类对环境适应性调整所形成的习惯、技能、制度乃至人生观等等统统归结为知识，而把文化视为传输人类积累的知识的工具。由于认为人类理解复杂的相互交往结构的能力是有限的，哈耶克将文化演化看作是一个自发的过程，并由此推演出其关于制度变迁的自发秩序原理。针对哈耶克的自发秩序，诺思（2008b）指出，人类行为的目的性并不是自发产生的，人类有意识地构建他们的未来，哈耶克没有认识到，为了建立交互作用的结构，我们别无选择，只能从事社会工程。

为了应对诺思的批评，冯兴元（2010）用波普尔批判理性主义中的"零星社会工程"（piecemeal social engineering）概念对哈耶克制度建构与演化的两分法进行了改造，提出三类制度变迁的方式：整体建构性制度变迁、自发性制度变迁、局部建构性制度变迁。同时，冯兴元从哈耶克的秩序理论中提炼出两条评判制度和秩序优劣的标准，即与个人自由的兼容性以及能否充分利用哈耶克所言的"知识分工"。冯兴元认为从经济增长的角度看，对这两者的兼顾，是解放生产力的必要条件，它保证了制度和秩序的演进，而非退化。

冯兴元对制度变迁的看法与阿尔钦的制度进化假说是一致的，与早期诺思用经济效率解释制度变迁的观念也有相似之处。在哈耶克保守主义的立场上冯兴元向前迈了一步，制度的局部建构允许对制度进行试点，通过不断的试错和持续的改进，实现制度的优化。但是否与自由兼容是一个过于模糊的评判标准，难以适用，允许试错又使得这一标准成为多余，而知识不仅包括经验知识也包括先验知识，对知识分工的尊重必然意味着对人类通过理性构建系统理论的能力的尊重，这使得冯兴元关于制度变迁的三分法仅具有启发意义，无法作为一个相对完备的理论而成立。对于无论是整体建构性制度变迁，还是局部建构性制度变迁，机制设计理论给出统一的评判标准（信息有效性与激励相容性），这样局部建构本身也有合理与否的问题，冯兴元则将制度建构简单地划分为局部建构与整体建构，并想当然地认为前者是可取的，后者是不可取的。

诺思的制度概念包含正式规则、非正式约束以及实施在内，制度变迁体现为这三者的交互作用。后期诺思强调在制度变迁过程中人类信念体系以及非正式约束的重要性，正式规则可以在一夜之间发生改变（如以革命的形式或以所谓"休克疗法"的形式），非正式约束则往往比较稳定，其演变的过程也较为缓慢。人类的信念体系或说参与人的意向性在制度变迁过程中发挥的作用相当复杂，它既可能因其"有限理性"的特点而与非正式约束相结合形成路径依赖，也可能通过理性设计与实施相结合形成新的制度模式。基于对制度的这样一种理解，青木昌彦（2006）将制度变迁界定为，参与人行动决策规则的策略选择，连同相关的共有信念，同时发生一种基本的变化。诺思（2008b）正确地指出，理解社会中制度作用的关键是认识到制度体现了我们有意识的心智的意图。

不动产税制优化是制度变迁，新制度经济学、机制设计理论、自发秩序原理对制度变迁分别有各自的理解。机制设计理论强调制度变迁过程中的理性建构因素，在资源配置有效性的基础上，提出激励相容性与信息有效性的原则，以此来进行制度比较与制度设计。自发秩序原理从广泛存在的理性不及出发，强调制度变迁过程中的自然演化因素，抵制理性的自负与僭妄。以诺思为代表的新制度经济学派既重视路径依赖在制度变迁过程中发挥的重要影响，也重视参与者的意向性在制度变迁过程中发挥的关键作用。

就制度变迁理论与机制设计理论之间的关系而言，虽然大多数社会制度似乎都是逐渐演变的结果，而非某个突然的发明创造，但政治和经济制度常常出于有目的的设计，因此，制度设计是有目的的制度变迁（韦默，2004）。秉持这样一种视角，制度变迁理论可以被看作为机制设计理论在制度层面的具体运用。

第二章 中国不动产物权
兴废与税制沿革

在诺思的制度变迁理论中，路径依赖是一个重要的分析框架。诺思（2008a）指出，路径依赖意味着历史是重要的，不去追溯制度的渐进性演化过程，我们就无法理解今日的选择。诺思（2008b）强调，如果我们没有很好地理解我们曾经经历的状态，我们就不能很好地理解我们以后将会遇到的情况。

对于路径依赖的重要性，诺思有如下解释：

> 为了改善制度结构，我们必须先清楚地理解这一制度框架的来源。我们只有知道身处何处，才能知道去往何方。理解社会的文化遗产是进行"可行"变革的必要条件。我们不仅要清楚地理解构成现存制度的基础的信念结构，也要清楚地理解在多大程度上信念体系受到变迁的影响。只有这样，我们才能了解现存制度和它们的组织基础的来源，才能获得进行可能的结构改革的洞见（诺思，2008）。

中国的不动产税制优化是一项错综复杂的系统工程，要使本书提出的不动产税制优化方案经得起推敲，必须将其建立在坚实的理论基础之上，并能经受得住历史与现实的考验。我们的研究从纵向的历史分析开始，在分析不动产税制沿革的同时，还考察了土地制度的变迁。

第一节　中国古代田制与赋役制度

理解中国古代赋役制度的变迁，必须从理解同时期土地制度（古称田制，以下在涉及古代土地制度的描述时，会较多地使用"田制"一词）的变迁入手。在中国制度史上，土地制度与赋役制度相互咬合，相互推动，两者组合在一起形成齿轮传动机制，驱动社会机器持续运转。

同一历史时期，往往并存多种土地所有制形式。一般而言，在某一历史时期某种特殊的土地所有制会占据主导地位。依据占主导地位的土地所有制形式，可以将中国古代土地制度史大致区分为六个时期，即（1）自远古时代至夏代以前的土地共有制时期；（2）自夏、商、周三代至春秋的土地公有制时期；（3）自战国至西晋的土地私有制萌芽时期；（4）自南北朝至隋唐的土地国有制（或称王有制、公有制恢复）时期；（5）自唐代中叶至明清的土地私有制确立时期；（6）民国之后的多元复合土地所有制时期（赵淑德，1988）。

中国在不同的历史时期，先后实行过各种不同的田制，从井田制、爰田制、均田制、永佃制，发展到后来的私有制、国有制与集体所有制。与不同的田制相对应，实行过各种不同的税制，从贡助彻、履亩而税、租庸调、两税，发展到后来的摊丁入亩、房产税与地产税。在制度演化的过程中，田制与税制各自有各自演化的脉络与机理，彼此相互之间又有影响与渗透。以下对中国古代主要的田制与赋役制度进行介绍。

一、井田制与贡助彻

井田制去今年代久远。孟子对井田制的追述有很多令人费解乃至被认为自相矛盾之处，受疑古思潮影响，胡适、万国鼎、齐思和、胡寄窗等人认为井田制在中国历史上并不存在，不过是孟子的向壁虚构而已。但更多的证据支持井田制存在的观点，考古发现也提供了佐证。

徐中舒（1955）认为，中国古代存在西方以仰韶文化区为中心和东方以龙山文化区为中心的两个高地农业区，井田制是在晚新石器时代，从高地农业基础上，在肥沃低地冲积平原上逐渐发展起来的以家庭公社或农村公社为基础的田制形式。金景芳（1965）认为，井田制产生于原始社会末期，亦即产生于开始从氏族共同耕地改为分配于各个家庭并实行定期重行分配的时期。杨宽（1965）认为，"我国春秋时代以前确实存在整齐划分田地而有一定亩积的井田制度，并且确实存在平均分配'百亩'份地的制度。在井田制度中，既有集体耕作的'公亩'，又有平均分配给各户的'私田'（份地），'私田'又有按一定年龄的还受制度，这无疑是古代村社的土地制度"。鉴于甲骨文中分别有划成四方块、六方块、八方块、九方块、十二方块的"田"字的象形，赵俪生（1980）认为，远在殷商之前，整齐的田块制度已经存在，井田制是公社的土地所有制，不过在阶级出现以后，这公社已不再是它的原生形态（原始公社）而是它的次生形态（农村公社）。赵俪生（1982）进一步指出，井田制是不完整的公社所有制和不完整的"王"有和贵族所有制的混合体。

《孟子·滕文公上》记载，滕文公使毕战问"井地"，孟子对曰："夫仁政必自经界始；经界不正，井地不均，谷禄不平。是故，暴君污吏，必慢其经界。经界既正，分田制禄，可坐而定也。夫滕，壤地褊小，将为君子焉，将为野人焉。无君子，莫治野人；无野人，莫养君子。请野九一而助，国中什一使自赋。卿以下，必有圭田，圭田五十亩；馀夫二十五亩。死徙无出乡，乡田同井，出入相友，守望相助，疾病相扶持，则百姓亲睦。方里而井，井九百亩，其中为公田；八家皆私百亩，同养公田。公事毕，然后敢治私事：所以别野人也。"孟子的此段文字，既有对夏商周三代井田制的追述，又有对理想田制的设计。根据孟子的描述，井田制是以"井字形"方块田为单位的农业生产组织模式，中间为公田，周围是私田，八家共井，"国"与"野"适用不同的田制，井田制适用于"野"，由庶人（孟子称为"野人"者）耕种。

古时有公田，殆无疑义。《诗经·小雅·大田》中有记载云："雨我公田，遂及我私。"古时之公田有专属名词，称之为"籍田"，籍者，借也，借民力之意。据陈梦家（2004）考证为西周共王时代的金文《*鬲*簋》记载，"王曰：'*鬲*，令女（汝）乍（作）司土（徒），官司耤（藉、籍）田。'"可见西周时不仅有籍田，而且有管理籍田的官职——司徒，位列三公，足以表明周王对于籍田的重视。天子和诸侯都有籍田，但亩数和方位有差异，天子籍田千亩，在南郊，诸侯籍田百亩，在东郊。

在对公田的管理上，商周有完善的模式。周朝留下的历史记录相对较多，显得也更为成熟。概而言之，如下三点值得格外关注：（1）"王"会亲自下令督促众人耕田。殷代卜辞记载，"王大令众人曰：劦田"；"令众人入绛方呈田"；"王令多尹至田于西"；"王令多羌至田"。[①] 众人为村社的成员，多尹和多羌为战争中俘获的奴隶，劦田、呈田、至田则是治田的不同方式。西周康王时的《令鼎铭》记载，"王大籍农于諆田"，表明康王会亲自下到籍田督促众人劳动。（2）每至春耕之时，天子会率职官与诸侯在公田上举行"籍礼"，通过肃穆庄严的仪式强化籍田在意识形态上的合法性，并以籍田之出产供奉宗庙，提高庶人"籍田以力"的遵从程度。《礼记·月令》称，孟春之月，"乃择元辰，天子亲载耒耜，措之于参保介之御间，帅三公、九卿、诸侯、大夫躬耕帝籍。天子三推，三公五推，卿、诸侯九推。反，执爵于大寝，三公、九卿、诸侯、大夫皆御，命曰劳酒"。意即，孟春正月，春耕之前，天子要亲载耒耜，率领三公、九卿、诸侯、大夫，耕耘籍田。天子推耜三下，三公推耜五下，卿、诸侯推耜九下。回来后，天子在大寝殿举行酒会，三公、九卿、诸侯、大夫都要参加，称之为"劳酒"。（3）设置专门的田官，对农业生产进行管理。西周时的田官是为籍田而设，因为庶人有自己的份地，疏于在公田上勤力耕作，这使得委托田官进行监督能够提高公田的生产效率。在田官的设置上，"中央"层面有"司土（徒）"，如《*鬲*簋》之所载，负责官司籍田。司徒似乎有保介作为副职。周成王时期的作品《诗经·周颂·臣工》云，"嗟嗟臣工，敬尔在公。王厘尔成，来咨来茹。嗟嗟保介，维莫之春，亦又何求？如何新畲？于皇来牟，将受厥明。明昭上帝，迄用康年。命我众

---

① 郭沫若主编：《甲骨文合集》，中华书局 1978—1982 年版。

人：庤乃钱镈，奄观铚艾"。《朱熹集传》认为，"保介，见《月令》、《吕览》，其说不同，然皆为籍田而言，盖农官之副也"。田官在"地方"层面则有田畯和遂人，分别负责劝农与土地分配。《诗经·豳风·七月》云，"七月流火，九月授衣。一之日觱发，二之日栗烈。无衣无褐，何以卒岁？三之日于耜，四之日举趾。同我妇子，馌彼南亩，田畯至喜！"一家老小出而在田，勤力耕作，连中午吃饭都在田间地头，难怪田畯来了会心生欢喜。遂人见于《周礼》，其《地官司徒》部分之"遂人"一节中说："（遂人）以岁时稽其人民，而授之田野。"赵俪生（1980）认为遂人是西周时兼管沟洫的公社职员，掌握土地的分配和轮换。西周时律法已立，戒备森严。《礼记·月令》称，周王"命有司，修法制，缮囹圄，具桎梏，禁止奸，惧罪邪"，"戮有罪，严断刑"，"乃劝种麦，毋或失时，其有失时，行罪无疑"。人们延误农时，将遭刑戮或牢狱之灾。

有公田，必有私田，但私田的存在并不意味着土地可以自由买卖。《礼记·王制》云："古者，田里不鬻"是也。私田只是社员的"份地"或"口食田"，社员只有使用权，而且要接受土地的定期重新分配。何休注《公羊传》称，"三年一换土易居，财均力平"。班固《汉书·食货志》则称，"民年二十受田，六十归田"，差异甚大，但之于一家或一夫受田百亩，则二者相同。

同样的土地，分配方式不同，或者是处于不同的历史发展阶段所致，或者是由于在同一历史时期存在多种田制所致。徐中舒（1955）认为，西周有三种田制，分别是大司徒所掌的不易、一易、再易的位于六乡的爰田，遂人所掌的"三年一换土易居"的位于六遂的爰田，小司徒所掌的年年耕种的位于采邑的井田。金景芳（1965）认为，古时"国""野"分立，君子居于国，野人居于野，国中的土地实行"沟洫法"，野中的土地实行"井田法"。杨善群（1983）对"井田"的概念进行了扩展，鉴于《说文·井部》在释"勍"（刑）时引《易》曰："井者，法也"，而且金文中"井"字和"刑"字相通，"刑"都写作"井"，可知"井"有法律规则、整齐划一的意思，就此意义而言，他认为凡是整齐地划成等量小块分给各家耕种的土地，都可以称作"井田"。

若如此，令历史学者聚讼不已的八家共井还是九夫为井，就显得不甚重要了。两者可能代表田制不同的发展阶段，前者为有籍田的阶段，后者为取消籍田的阶段；也可能代表不同的田制，前者以八家为单位，后者以九家为单位。如果凡方块田均称为井田，则不但八家可以共井，九夫可以为井，十夫为井也同样能够成立。"三年一换土易居"与"二十受田，六十归田"同时并存，也能够为我们所理解了，两者的适用对象不同，前者适用于需要休耕的爰田，后者适用于无须休耕的井田。

土地定期重新分配，不得买卖，成员仅有使用权，在耕作自己的份地之外，还要耕种籍田，由井田所代表的这样一种土地所有制形式应属土地公有制。但要注意的是，这种土地公有制不是单纯的氏族公社所有制、家庭公社所有制或农村公社所有制，而是一种上至天子，下至井、邑的多层次混合所有制形式。"溥天之下，莫非王土；率土之滨，莫非王臣"，名义上商周时期的土地归"王"（天子）所有，就此意义而言应属于"王有制"。但王或天子的所有权是一种虚的所有权，真正属于王所有的只有籍田千亩，称之为"帝（王）籍"，由载师及里宰负责耕种，王会经常下田巡视，在孟春时节还要在其上举行籍礼。其他公田，则散布于各个井田之中，地有远迩，必须通过田畯、遂人等地方官员进行管理，其收益也会较多地用于维持官僚系统的运转，王有的色彩减退不少。至于私田，王有只是形式上的而已。虽说贵为天子，富有天下，但以天下之大，实非天子一人所能管理。西周王位实行嫡长子继承制，其他庶子作为小宗被分封为各地诸侯，诸侯在各自的封国内同样传位给嫡长子，其他庶子作为小宗被分封为各地卿大夫，卿大夫在各自的封地内如法炮制，由嫡长子继承爵位，其他庶子作为小宗被分封为各地的士。西周实行分封制，不单单是为了照顾家族关系，从新制度经济学的角度进行分析，这也是实现制度均衡的必然选择。西周幅员辽阔，当时的通讯与交通技术又不发达，以血缘为纽带的分封制无疑是克服信息不对称的最理想的制度安排。① 西周时的土地在

---

① 随着时间的推移，血缘纽带逐渐不再发挥作用，诸侯日益坐大，开始挑战中央，经春秋战国，诸侯纷争，最后形成郡县制下的大一统。这表明制度均衡的内生因素会发生变化，并有可能成为制度不均衡的诱因（或说制度均衡的破坏因素）。

天子、诸侯、卿大夫、士之间层层分封，形成土地的多层所有制形式。但土地最低层次的所有权或说最终所有权还是落在称之为"井"或"邑"的村社上。"九夫为井，四井为邑"，以井田为基础的采邑实行绝对的平均主义，通过换土易居以及还受制度，以同美恶，使"肥饶不得独乐，硗确不得独苦"（何休注《公羊传》），实现财均力平。因此，正如赵俪生（1982）所说，井田制是不完整的公社所有制和不完整的"王"有和贵族所有制的混合体。

夏商周三代已出现赋役制度的雏形。据《孟子·滕文公上》记载："夏后氏五十而贡，殷人七十而助，周人百亩而彻，其实皆什一也。彻者，彻也；助者，藉也。龙子曰：'治地莫善于助，莫不善于贡。贡者，校数岁之中以为常。'……《诗》云：'雨我公田，遂及我私。'惟助为有公田。由是观之，虽周亦助也。"根据孟子的介绍，夏行贡法，从农民几年收获的总产量中，求得每年收获的平均单位产量，以此规定并收取定额实物地租。商行助法，为力役地租，周行彻法，孟子说"惟助为有公田"，按道理应为实物地租，但孟子接下来又说，"虽周亦助也"，同一段话前后分歧，令后世学者争议不决。孟子说贡、助、彻"其实皆什一也"，由于孟子言及的井田制下的助是八家共井，前后也有不一致之处。

《说文解字》释："贡，献功也。""贡"是中国最早的赋税形式，其前身为氏族社会部落成员及其他部落向部落首领的献功或献礼，以供头领生活所需及氏族祭祀之用。《国语·鲁语下》记载："社而赋事，蒸而献功，男女效绩，愆则有辟，古之制也。"韦昭注称："社，春分祭社也，事农桑之属也。冬祭曰蒸，蒸而献五谷、布帛之属也。"这些都反映出周朝时的鲁国仍保留有为祭祀而献功的传统。在夏之前的氏族社会，贡为成员或藩属向氏族首领献功以示臣服效忠之意，夏王朝建立后，则转化为由国家强制规定的贡纳。

禹是这一转变过程中的关键人物。《史记·五帝本纪》称："……唯禹之功为大，批九山，通九泽，决山河，定九州，各以其职来贡，不失厥宜。"禹因治水有功，使万邦宾服，"自虞、夏时，贡赋备矣"（《史记·夏本纪》）。孔安国在为《尚书·禹贡》作的序中称："禹别九州，随山浚川，任土作贡。"《禹贡》记载各地贡纳尤详①，随禹迹之所至，供奉各地之物产，品类繁多，不胜枚举。藩属的部落方国要向夏王朝贡纳方物。《左传》宣公三年之记载可为佐证："昔夏之方有德也，远方图物，贡金九枚，铸鼎象物。"除了"任土作贡"，夏代还采行孟子所谓的"五十而贡"。禹在治水的过程中对九州的土地进行了全面普查，根据土壤的肥瘠程度，将耕地分为上、中、下三品。《通典·食货志·赋税上》称，"禹别九州，量远近，制五服，任土作贡，分田定税，什一而税"，即《尚书·禹贡》所言："咸则三壤，成赋中邦"，根据土地的品类，征收定额实物地租。为方便起见，夏朝还视各地离王城之远近采取不同的贡纳方式。《尚书·禹贡》记载："五百里甸服：百里赋纳总，二百里纳铚，三百里纳秸服，四百里粟，五百里米"，即离王城百里以内纳全禾，一百里至二百里纳禾穗，二百里至三百里纳带秸的秸秆，三百里至四百里纳粟，四百里至五百里纳精米。

夏朝形成了完整的贡赋体系，对中邦，五十而贡，对方国，任土作贡。为征收贡纳，禹经常召集诸侯开财政会议。《左传》哀公七年载："禹会诸侯于涂山，执玉帛者万国。"《史记·夏本纪》记载："或言禹会诸侯江南，计功而崩，因葬焉，命曰会稽。会稽者，会计也。"可见，禹临死前还在为国家财政操劳。禹是中国对土地课税的开创者。后人顾炎武在《日知录》中称："古来田赋之制，实始于禹，水土既平，咸则三壤，后之王者，不过因其成迹而已矣。"

国家财政的建立标志着夏已经从氏族社会阶段过渡为早期的国家。夏禹会诸侯于会稽之山，"防风氏后至，禹杀而戮之"（《国语·鲁语下》）。夏时的贡纳是通过对禹个人权威的宾服实现的，国家强制的色彩尚不明显。商通过武力征服建立国家，与夏相比，对土地与劳动者的控制均有所加强，同时武力征伐的结果使得商王及其分封的诸侯能够拥有自己的籍田，这使得商行体现为"力役之征"的助法成为可能。殷代卜辞中多有"王"令众人咨田、呈田、至田的记载，反映的应该就是这一史实。

---

① 包括漆、枲、铅、松、榦、枑、栝、柏、砺、砥、瑶、琨、丝、缔、纻、纩、盐、锡、铁、珠、镂、砮、磬、羽、毛、齿、革、熊、罴、狐、狸、织贝、橘柚、孤桐、怪石、螾珠、大龟、夏翟、五色土、金三品（金、银、铜）诸物。

同时，卜辞中常见划为四方块、六方块、八方块、九方块、十二方块的各种"田"字的象形，可见商代井田必然极其普遍①，这种规划齐整的田制大量出现，是国家控制力强化的反映。

从商代开始，实行班爵制度。《尚书·酒诰》载："越在外服，侯、甸、男、卫、邦伯；越在内服，百僚、庶尹、惟亚、惟服、宗工越百姓里居（君）"，表明在殷商之时，针对王畿的外服地区已采行分封授爵，而侯、伯、子、男等爵位也都见于卜辞之中。商沿袭了夏的任土作贡，并将其制度化，无论内服与外服，均须向商定期朝贡，连远在西方的氐人和羌人都不敢不来进贡和朝拜。《诗·商颂·殷武》称："昔有成汤，自彼氐（氏）羌，莫敢不来享，莫敢不来王，曰商是常。"《帝王世纪第四·殷商》则记载，"及夏桀无道……诸侯咸叛桀归汤，同日职贡者五百国"。五百国同日职贡，表明商已代夏成为天下之共主。②

周代实行封土授民，在政治上，"王臣公，公臣大夫，大夫臣士，士臣皂……以待百事"（《左传》昭公七年），在经济上，"公食贡，大夫食邑，士食田，庶人食力"（《国语·晋语》），这种层层分封的宗法等级关系，在赋税上是通过自下而上的层层贡纳得以体现的。《国语·周语》载祭公谋父言曰："夫先王之制，邦内甸服，邦外侯服，侯、卫宾服，蛮、夷要服，戎、狄荒服。甸服者祭、侯服者祀，宾服者享，要服者贡，荒服者王。日祭、月祀、时享、岁贡、终王，先王之制也。"根据"服"区的远近，周王朝规定了轻重不等的贡纳义务，形成严密的制度。《周礼·天

---

① 孔子称，"先王制土，籍田以力，而砥其远迩；赋里以入，而量其有无；任力以夫，而议其老幼"（《国语·鲁语》）。因孔子为殷商后裔，此处之先王应指商王，可见商时已有公田。朱熹称，"考之周礼，行助法处有公田，而行贡法处无公田"（《朱文公集》卷58《答张仁叔》），再参之以孟子"夏后氏五十而贡，殷人七十而助，周人百亩而彻"，可见未必商朝才出现规划齐整的井田制度，但很有可能商朝才普遍出现王有及诸侯所有的籍田，而夏朝的土地应以集体所有的公有制为主体。因此，夏的财政收入比较多地依赖于国民及其他方国的献贡，这可能也是禹之所以要杀不积极献贡的防风氏的原因之所在。

② 三代诸侯对王室的贡纳，分职贡与朝贡两种。职贡以所封诸侯国内的主要生产物为贡纳品，每年均须缴纳，是具有完全强制意义的征收。朝贡是以所封诸侯国内的珍奇物品为贡纳品，不一定每年都须缴纳，时间随所在国距王城的远近而异。贡物数量取决于爵位的高低，一般是爵位高者地广而贡多，反之则贡少（何兆龙，1998）。

官·大宰》详列贡品种类："以九贡致邦国之用；一曰祀贡，二曰嫔贡，三曰器贡，四曰币贡，五曰材贡，六曰货贡，七曰服贡，八曰斿贡，九曰物贡。"对于懈怠纳贡的藩属方国，周王朝会进行武力讨伐。《兮甲盘》载："王令甲，政司成周四方积，至于南淮夷。淮夷旧我帛畮人，毋敢不出其帛、其积、其进人、其贮；毋敢不即次、即市。敢不用命即刑扑伐。"《国语·周语》记孔子言曰："昔武王克商，通道于九夷八蛮，使各以其方贿来贡，使无忘职业，于是肃慎氏贡楛矢、石弩。"地处东北的肃慎国也来进贡，可见周之威仪。

商朝的"助"在周代也得到了继承。《诗经·周颂·噫嘻》诗曰："噫嘻成王，既昭假尔。率时农夫，播厥百谷。骏发尔私，终三十里。亦服尔耕，十千维耦。"据《礼记·月令》记载，西周时期每年在孟春之月举行籍田礼，周王要象征性地推耜三下，启动春耕。《噫嘻》这首诗则反映了周成王时籍田的规模之大——"终三十里"，以及助耕的声势之大——"十千维耦"。籍田的丰收景象在《诗经》中也有多处体现。如《小雅·甫田》："倬彼甫田，岁取十千。……曾孙之稼，如茨如梁。曾孙之庾，如坻如京。乃求千斯仓，乃求万斯箱。"《周颂·载芟》："千耦其耘，徂隰徂畛。……载获济济，有实其积，万亿及秭。"《周颂·良耜》："获之挃挃，积之栗栗。其崇如墉，其比如栉。以开百室，百室盈止。"周王（曾孙）有大规模的籍田，诸侯分封的籍田其数量想必也十分可观，其需要提供助耕的劳动力必然不是共井的八家所能满足。由此可以推断，出于平均授田的考虑，周时应该也实行规划齐整的井田制，但在公田与私田的分配上，必然不限于孟子理想中八家共井，其中为公田的模式，而必然存在如焦循、崔述等学者所说"公田在私田外"的情形。

周时有贡、有助，但孟子偏偏强调周人百亩而彻，在解释"彻"的时候又说"彻者，彻也"，同语反复，令后之学者莫衷一是。

金景芳（1965）认为《孟子》原文绝不会只作简单的重复，而必然是上下两个彻字在音义上有不同，上一彻字是指周的彻法，下一彻字则可能指的是车辙的辙。因此，他认为孟子的说法应解释为贡、助双轨并用，于国中用贡，于野中用助，孟子所说"野九一而助，国中什一使自赋"

实际就是周的彻法。①

但商也是贡助并用，孟子为什么不称其为"彻"呢？可见"彻"必然有贡、助之外的其他含义。除了《孟子》，"彻"字屡见于《诗经》之中，如《公刘》："度其隰原，彻田为粮"，《鸱鸮》："彻彼桑土"，《江汉》："式辟四方，彻我疆土"，《崧高》："王命召伯，彻申伯土田"，"王命召伯，彻申伯土疆"，此处的"彻"均有划分、界定之意。

那么，"彻"的字义如何由划分田土转化为计亩课征呢？孟子称，"周人百亩而彻"，《广雅·释诂》称，"彻，税也"。这中间是怎样的逻辑关系呢？这不得不从"助"的难以为继讲起。

助耕制度的一大障碍是众人的服从问题。中国 1949 年以后展开的农村公社制度实践表明，在公田上集体耕作是效率低下的制度安排，更何况商周时众人在公田之外，还有自己的私田，其在公田耕作的积极性可想而知。为克服众人耕作籍田的搭便车问题，商周有自己独特的制度设计。譬如西周，设有上自司徒、保介，下至田畯、遂人的田官，其中田畯的工作就是负责监督具体的农业生产。《诗经》中有三次提到"田畯至喜"，分别见于《小雅·大田》《小雅·甫田》和《豳风·七月》。《大田》和《甫田》记载："曾孙来止，以其妇子。馌彼南亩，田畯至喜。"《甫田》还形象地描述道：田畯"攘其左右，尝其旨否。禾易长亩，终善且有。曾孙不怒，农夫克敏"。周王（曾孙）备上饭菜，携带妻子和儿女下到田间慰问农人，田畯至喜，尝尝左边农人的饭菜滋味如何，尝尝右边农人的饭菜可口与否，曾孙、田畯、农人，一派关系融洽、各得其所的和睦景象。《甫田》和《大田》为周王祭神的颂歌，不免多溢美之词，《七月》则以农家长者的口吻，描述了一幅截然相反的劳动景象："无衣无褐，何以卒岁？三之日于耜，四之日举趾。同我妇子，馌彼南亩，田畯至喜！"已到七月了，豳地的这位一家之长还在担心御寒的衣褐无着，他携带妻子以及年纪尚幼的儿女给一早

---

① 周人贡助并用，前人早有论及。郑玄在《周礼·考工记·匠人》注中曰："周制，畿内用夏之贡法，税夫无公田……邦国用殷之助法，制公田不税夫。贡者，自治其所受田，贡其税谷；助者，借民之力以治公田。"毛奇龄《四书賸言》曰："周制彻法但通贡助，大抵乡遂用贡法，都鄙用助法，总是什一。"

下田劳作的青壮年劳力送饭，被田畯看到了，田畯至喜。

远在殷商，卜辞中便常见"丧众""焚廪"乃至"邑人震"的记载。农人的反抗是长期的、顽强的，其反抗的形式多种多样，从逃亡、纵火到暴动，屡屡威胁到助耕制度的实施。

土壤肥力的递减可能是导致逐步废除籍田的原因之一。虽然籍田的地理位置以及土壤肥沃程度等先天条件必然更好。韩东育（1988）认为，由于籍田位置固定，且不实行休耕轮作，导致地力衰竭而出现撂荒，从而形成如《诗经·齐风·甫田》所描绘的那种"无田甫田，维莠骄骄"，"无田甫田，维莠桀桀"的荒凉景象。《国语·周语》载，"宣王即位，不籍千亩"。西周末年，周王已对行籍田礼无甚兴趣，全面取消籍田也就只是一个时间问题了。

为了维持赋税不变，与"助"逐步取消同步，"彻"逐步得到普及。到底何为"彻"？古人其实早有论列。《毛诗正义》郑玄笺注《公刘》诗中有"度其隰原，彻田为粮"："度其隰与原田之多少，彻之使出税，以为国用，什一而税，谓之彻"。赵岐在《孟子注》中也说，"耕百亩田者，彻取十亩以为赋。……彻，犹人彻取物也"。由此可见，所谓彻，并非贡助双轨并行，而是贡助兼有，合贡、助二者之意以行，即取消固定的公田，不分公田私田，实行家庭联产承包责任制，包干到户，在收获时，由田官"巡野观稼，以年之上下出敛法"（《周礼·地官·司徒·司稼》）。郑玄注曰，"敛法，丰年从正，凶荒则损若干"，可知荒年有减税措施，正常年份则行彻法，视庄稼长势，划出每块地的 1/10 作为公田，彻田为粮，以为赋税。贡是"校数岁之中以为常"，是定额租，彻是百亩中"彻取十亩以为赋"，是分成租。助是在固定的公田上劳作，彻则"通其田而耕之，通其粟而析之"（崔述语），没有固定的公田。与助法相比，彻法可以减去田畯监工的麻烦。傅文（1990）认为，周代施行彻法，一方面来自周族的传统，周人的祖先公刘曾"彻田为粮"，另一方面与"民不肯尽力于公田"（何休注《公羊传》）相联系，是很有见地的。

西周时的行政区划有国（乡遂）、野（都鄙）之分，居于国的为君子，也被称为"国人"或"民"，有贵族血统，居于野的为庶人，也被称为"野人"或"氓"，身份低微。金景芳（1965）认为野人的主要任务是从事农业生产，君子则享有当兵的特权，由于最初的教育是服从军事需要，为军事目的服务的，从而君子也享有受教育的特权（后世称有教养的人为君子，其来有自）。国与野实行不同的田制。金景芳（1965）认为国中行"沟洫法"，野中行"井田法"。徐中舒（1955）则认为乡遂（国）行爰田制，采邑（野）行井田制。无论"沟洫法"还是"爰田法"，都需要对土地进行整齐规划并进行定期分配，因此均可被归为广义的"井田法"，国中的农地有井授而无公田，野中的农地有井授且有公田。由于实行不同的田制，国与野的赋税制度也不同，国中行彻法，野中贡、助并用①，封国及藩属国则视爵位高低及距离远近行职贡或朝贡。

---

①　孟子通过毕战向滕文公建议，"请野九一而助，国中什一使自赋"，可见国中的君子须服兵役，如果军费自理，相当于君子缴纳比例为什一的田赋。由于君子承担兵役，其税负应低于庶人，前引脚注毛奇龄称乡遂与都鄙田赋税率均为什一应不合理。如果都鄙只行助法，在八家共井的情况下税率为1/9，虽然略高于国中的什一之税，但其差额不足以补偿君子的兵役负担，由此可见庶人在公田助耕之外，还应有私田的贡纳，按孟子的说法亦为什一。假设如孟子所言，八家皆私百亩，同养百亩公田，并假设公田、私田的生产效率相同，我们来计算一下庶人每家田赋的税率。每家耕作的田亩数为：$100+100/8 = 112.5$，公田助耕的田亩数为：$100/8 = 12.5$，私田贡纳折算成田亩数为：$100×1/10 = 10$，则每家的税率为（$12.5+10$）$/112.5 = 0.2$，即庶人的税率为什二。这一结果对我们理解春秋之后田赋制度的演变是有帮助的。《论语·颜渊第十二》载，"哀公问于有若曰：'年饥，用不足，如之何？'有若对曰：'盍彻乎？'曰：'二，吾犹不足，如之何其彻也？'"早哀公一百多年，鲁宣公已实施初税亩，合并贡助，履亩而税，一百年后其税率仍定为20%，看来是有根据的。周制于都鄙贡助兼用，岑仲勉（1955）最先提出。他从《孟子》尽心篇："有布缕之征，粟米之征，力役之征；君子用其一，缓其二，用其二而民有殍，用其三而父子离"，听出言外之意，认为古代常用其二，否则孟子可不必提出意见。又从公孙丑篇"耕者助而不税"的下面，跟着说"信能行此五者"，推论孟子以为助之外仍抽税。再验之以中古时既有租调复有庸，可信周代为贡、助并用。先秦儒者在赋役上提倡轻徭薄赋，税率取什一。一方面孟子的"什一税"之说影响深远，后世儒者在其影响下形成赋税上的"什一观"，认为理想的税制税率应以什一为准，另一方面在古代什一是一个完整的数字，代表完美。《公羊传·宣公十五年》称："古者曷为什一而藉？什一者，天下之中正也。多乎什一，大桀小桀。寡乎什一，大貉小貉。什一者，天下之中正也，什一行而颂声作矣。"无论孟子还是前引注中的郑玄、毛奇龄，都将儒者理想中的税制自觉或不自觉地夹杂进对于事实的陈述中，朱熹《孟子集注》亦称，"但借其力以助耕公田，而不复税其私田"，同样认为三代税制单一，行贡处不行助，行助处不行贡。儒者多此见解，可见其对于理想之坚持，同时亦不免造成事实之混淆。当然都鄙的贡助兼用并非一成不变，很可能后期演变为助彻兼用，再后来则干脆取消公田，不分公田、私田，通而彻之。

商朝无工商税，《礼记·王制》所谓"市廛而不税，关讥而不征"是也。西周时除地税之外，开始对关市课征，出现了"关市之赋""山泽之赋""币余之赋"（见《周礼·天官·大宰》），有专门的"廛人"负责工商税的征收。《周礼·地官·廛人》载："掌敛市絘布、总布、质布、罚布、廛布，而入于泉府"，即包括坐商税、牙税、罚金以及"货贿诸物邸舍之税"（郑玄为"廛布"所做的注解）。廛布是对存储货物的屋舍征税，后人将其视为房产税的前身。

综上可知，八家共井是井田制的典型形式，但井田制不限于八家共井。井田制是古代一种上自天子下至村社成员的多层次复合所有制田制形式，其特点是将土地划分成棋盘状的方块田，并进行定期分配。井田制不是一成不变的，它也有发展、演变乃至衰落的过程。夏代的井田无公田，行贡法，商代的井田有公田，贡助兼用，西周的井田国中无公田，行彻法，野中有公田，贡助兼用，西周后期公田衰落，野中彻法渐居主导。整体而言，夏、商、周三代的田赋制度，越往后税制越复合，西周时贡、助、彻并存。但西周晚期，国力衰落使贡赋减少，籍田衰落使助耕减少，税制趋向于简化，以彻为主。因此，就田赋而言，夏以贡为主体，商以助为主体，周以彻为主体。

中国很早就开始了对房产与地产的课税。田赋，即对土地的课税可追溯至夏朝。《孟子·滕文公上》记载："夏后氏五十而贡，殷人七十而助，周人百亩而彻，其实皆什一也"，表明夏商周的土地税（田赋）是以农业土地收成为税基，以 1/10 为税率进行征收。对房屋的征税则可追溯至周朝的廛布。《周礼·地官·司徒》中有"掌敛廛布而入于泉府"的说法，廛指出租供居住的屋邸，布是古代的钱币，廛布即市邸房舍之税，相当于今日的营业房产税。

二、爰田制与履亩而税

春秋战国时期，各国之间战争不断，大国吞并小国，国家数量锐减。据晋书记载："春秋之初，尚有千二百国，迄获麟之末……诸侯奔走不得保其社稷者，不可胜数，而见于春秋经传者，百有七十国焉，百三十九知其所居，三十一国尽亡其处。"春秋初期，尚有1200个国家，历经240年的相互侵并，仅余170个，其中139个还能保其疆域，31个已成为流亡政府，可见战争之惨烈。

为筹募军费，应对时局，各国先后把公田分配给私人，实行"爰田制"。

《国语·晋语三》记载：公在秦三月，闻秦将成，乃使郤乞告吕甥。吕甥教之言，令国人于朝曰："君使乞告二三子曰：'秦将归寡人，寡人不足以辱社稷，二三子其改置以代圉也。'"且赏以悦众，众皆哭，焉作爰田。可见，春秋时晋"作爰田"是韩原战败被秦俘虏的晋惠公为讨好众人以便重返晋国执掌政权而进行的一次土地赏赐活动。"作爰田"赏赐的对象是包括贵族和平民在内的所有国人以及投奔晋国为其效力的依附者。"作爰田"对卿大夫的赏赐是"加赏之田"，即"加田"，公家对其不征税，收入全归卿大夫所有，对士的赏赐是在职分田之外另赏一部分公田归其永久占有，类似于后来的"永业田"（邹昌林，1988）。古时井田制步百为亩（以100平方步为一亩），一夫百亩（每一成年劳力授田100亩），方里而井（一平方里土地为一井，井九百亩）。为不破古制，爰田制只能通过扩大每亩单位面积的方式来实现"赏众以田"（于琨奇，2001），为此不得不"决裂阡陌""易其疆畔"。

随着公田逐步被取消，各国在税制上也作出了相应的调整。鲁国于公元前594年率先实行"初税亩"，"非公之去公田而履亩"，不分公田、私田，一律按亩征税。公元前548年，楚国"书土田"，"量入修赋"，对土地进行登记，按照收成多少计征赋税。晋则实行"以田出车赋"，"以其受田之数"征收军赋。

战国时期，秦孝公初年即遭受内忧外患，为摆脱困境，任用商鞅进行变法，"制辕田"，"坏井田，开阡陌，急耕战之赏"。商鞅本是三晋之人，他把三晋"作爰田"的一套做法经过改造搬到秦国，循于旧名，是很自然的事情（林鹏，1982）。

云梦睡虎地出土的《秦律·田律》竹简有"入顷刍、稾，以其受田之数，无垦不垦，顷入刍三石、稾二石"的律文，可见与秦辕田制对应的是以田亩数为计税依据的定额赋税制度。秦始皇三十一年，政府进一步颁布"令黔首自实田"的法令，体现为井田制的中国古代公田制度全面瓦解。

三、均田制与租庸调

自两汉魏晋下迄于唐中叶，历朝均实行打击豪强兼并的限田以及限民制产的均田制度，仅高祖至元帝一百五十年间，徙郡国富豪守陵及关中的事例，见于史传者就有九次。受国家政策及连年战乱影响，门阀世族势力衰微。唐以后社会结构发生很大变化，科举制度使农家子弟"朝为田舍郎，暮登天子堂"，一般的地主若经营不善，在三数世后则可降为农民。东晋南渡时尚需侨置州郡、建立门阀，南宋南渡时已无此需要。魏齐隋唐户分九等，凡器械、仓庾、丁口、缗钱、田亩，都是分户等的根据。依资产分户等，始于汉，影响及于唐宋（蒙文通，1957）。

北魏至唐前期，中国在田制上实行均田制，通过制定官民占田的最高限额与限制土地买卖，抑制土地兼并。均田制始于北魏孝文帝，区别于西晋的占田课田制，均田制的特点一是取消荫附制度，二是实行授田制。贵族官僚可以凭奴婢和私属占有土地，私人土地可以保留，但要纳入均田系统（田昌五，1994）。

均田制以社会等级为分配原则计丁授田，通过实行土地还授，授田与限田相统一，实现均平占田。例如唐中期，对人口按年龄进行分类，二十一岁以上为"丁"，六十岁以上为"老"，丁男每人授田一顷，其中八十亩为口分田，二十亩为永业田。口分田有授有还，永业田有授无还。老、残、寡授田均以二十亩永业田为限，其余为口分田。狭乡授田定额减宽乡之半。工商业者在宽乡也授田，其数额为农户的一半，在狭乡，不授田。王公以下贵族官僚均受永业田，贫户和有课役户先予授田。受田者身死或老免时，永业田转授予承户人，口分田归还官府。凡庶人徙乡及贫无以葬者，可卖永业田，已卖者不复授田（朱红伟，2011）。

在"租调制"的基础上，隋唐发展出"租庸调制"，租是田亩税，庸是代役税，调是布帛之征。与隋代相比，唐代的"庸"进一步制度化，隋时五十岁以上方可输庸代役，到唐时承担力役的农民则不受年龄限制，均可以布帛代替。租庸调以人丁为本，建立在按人丁授田的均田制的基础之上，有田就有租，有户就有调，有丁就有庸，租税合一。

中国东晋时开始征收契税，对进行奴婢、牛马、田宅交易并书立契约者按交易额课征，称之为"输估"。输估税率为4%，卖方负担3%，买方负担1%。《隋书·食货志》载："晋自过江，凡货卖奴婢、马牛、田宅，有文券，率钱一万，输估四百入官，卖者三百，买者一百。无文券者，随物所堪，亦百分收四，名为散估。历宋、齐、梁、陈，如此以为常。以人竞商贩，不为田业。故使均输，欲以惩励。"宋、元、明、清各朝均征收契钱（契税），民国沿袭清代的契税制度，在正税之外，还征收契税附加和验契费。

南朝刘宋文帝元嘉二十七年（450年）开征"赀税"，又称"借民钱"。在扬州、江州、兖州和南徐州四地，"富有之家赀满五十万、僧尼满二十万者，并四分借一"，即税率为25%。南朝还开征"店肆税"，又称"店邸税"，与"廛布"类似，同为经营性房屋税。

四、不抑兼并与两税法

进入唐朝，随着经济发展，人口增长，国家可用于分配的土地越来越少，均田制已名存实亡。以军功立国的唐朝在初期实行赐田和请田垦田，能领到赐田和申请垦田的，绝大多数是贵族和官僚，这必然加剧土地的兼并。用于均田的国有可耕荒地一部分作为永业田转化为私人所有，能够还授的口分田不断减少。《食货典·田制下》记载，"开元之季，天宝以来，法令弛坏，兼并之弊，有逾于汉成、哀之间"。由于土地兼并，赋役繁重，农村逃户普遍，流民问题日益凸显。据梁方仲（1980）统计，安史之乱前，天宝十四年（755年），中央支配户数891万余户，人口5292万余人；至乾元三年（760年），户数只有193万余户，人口1699万余人。

"安史之乱"后，土地更加向豪强手中集中，均田制已名实俱亡。

建中元年（780年）唐德宗采行两税法，"兼并者不复追正，贫弱者不复田业，故定额取税而已"（《文献通考》卷三《田赋》三）。自此以后，虽然士人多有抑兼并的议论，朝廷也常有限田的措施（杨际平，2005），但整体而言历朝关注的重点已从对土地的分配转向对土地的课税，"不抑兼并"成为历朝主要的土地政策，开始承认并保护土地的合法交易（刘玉峰，2006）。

均田制的崩坏，使得以人丁为本的租庸调制难以继续推行。由于大批均田农户逃亡，官府在编丁口数量锐减，租庸调征收数额大幅降低，无法满足国家财政需要。大历年间，唐朝已开始实行按户等征收税钱的户税和按田亩征收斛斗的地税（沈世培，2001），德宗嗣位后，宰相杨炎奏对，请将户税、地税以及租庸调合并，实行在每年夏、秋分两次征收的两税法。

对此，《旧唐书·杨炎传》记载如下：

> 炎因奏对……乃请作两税法，以一其名曰：凡百役之费，一钱之敛，先度其数，而赋于人，量出以制入。户无主客，以见居为簿；人无丁中，以贫富为差；不居处而行商者，在所郡县，税三十之一，度所取与居者均，使无侥幸。居人之税，秋夏两征之，俗有不便者正之。其租庸杂徭悉省，而丁额不废，申报出入如旧式。其田亩之税，率以大历十四年垦田之数为准而均征之。夏税无过六月，秋税无过十一月。逾岁之后，有户增而税减轻及人散而失均者，进退长吏，而以尚书度支总统焉。

两税法规定的不仅是户税和地税，还包括商税（张维华，1963）。户税是财产税，按家庭财产多少分等缴纳。财产包括田地、住房、场圃等不动产，也包括什物、家具、钱财等动产（张泽咸，1986）。地税是按田亩征税，是历史上田赋的延续。地税在全国没有统一的税额，"以大历十四年垦田之数为准而均征之"。唐初没有商税，玄宗开元二十五年以后才有盐税，代宗广德以后才有酒税，建中改革，对"不居处而行商者"开征了行商税与货物通过税（束世澂，1958），"税三十之一，度所取与居者均"。

唐朝两税法实现了从租庸调制"以丁身为本"向财产税制"以资产为宗"的转变，是中国财政史上的创举。马端临对两税法有精到的评价："若不能均田，则两税乃不可易之法矣。又历代口赋，皆视丁中以为厚薄；然人之贫富由来久矣，今有幼未成丁而承袭世资、家累千金者乃薄赋之，又有年齿已壮而身居穷约、家无置锥者乃厚赋之，岂不背缪。今两税之法，人无丁中，以贫富为差，尤为的当。……盖赋税必视田亩，乃古今不可易之法。"（《文献通考》卷三《田赋》三）就税制设计而言，户税不输于今天西方国家普遍采用的财产税，但对当时的中国而言，似乎显得有些超前。户税与地税并征，存在对土地的重复课税，这不可避免会遭人非议，德宗极为器重的陆贽即对此提出"田既有常租，则不宜复入两税"的疵议。在战乱之后清查户籍及各户资产，也不是一件容易的事，朝廷为此不得不发动黜陟使、观察使、刺史、转运使以及其他地方官吏，会同办理。显然，田地、房屋一类不动产因位置固定，易于统计，动产的统计及估值则难度相当之大。陆贽指出："曾不悟资产之中，事情不一，有藏于襟怀囊箧，物虽贵而人莫能窥；有积于场圃囷仓，直虽轻而众以为富；有流通蓄息之货，数虽寡而计日收赢；有庐舍器用之资，价虽高而终岁无利。如此之比，其流实繁，一概计估算缗，宜其失平长伪。"

定户等殊非易事，两税法实施近十年，到了贞元四年才下令："天下两税，更申定等第，仍加三年一定，以为永式"（沈世培，1990）。此后历代虽多次颁令申定户等，实际只是徒具虚文，敬宗以后，甚至连定户等的诏文也没了（张泽咸，1986）。宋朝废除了户税，税收以田亩税为主，同样每年分两季征收。

德宗朝还一度开征过房屋税。建中四年（783 年），为筹集军费，德宗在户部侍郎赵赞的建议下开征间架税，"凡屋二架为一间，分为三等，上等每间二千、中等一千、下等五百"（《旧唐书·卢杞传》），具有累进税的特点。为防止偷税漏税，朝廷严刑峻法，鼓励揭发，"敢匿一间，杖六十，赏告者钱五十缗"。税负苛重，时值"藩镇之祸"，本来从西北调入长安戡乱的泾原之师，打着"不税尔间架"的旗号，趁机发动兵变，德宗出逃，间架税开征不满一年即告废止。

唐朝灭，五代兴，后梁时创设屋税，主要对城市居民的房屋征收，后唐、后晋、后汉、后周，此税继续征收。其后宋、元、明三朝，虽屡有开征房产税的提议，但均未实施，不过元朝一度有"房地租"，明朝有"塌房税"（漆亮亮，2002）。塌房是古时官府供商人集中贮藏货物及猪、羊等牲畜的房屋，塌房税是对贮存于塌房的货物课税，本质是一种通过税性质的商税。

就矿业而言，从春秋战国至魏晋南北朝，主要实行"官山海"政策，盐铁官营，并逐步涉及铜、金、银等其他矿种。其间汉惠帝、吕后时期，文帝、元帝时期，后汉章帝时期，对矿产实行开放政策，任民开采，收取矿税。隋唐以后，逐步实行放任政策，收取利税，任民采取，但也时开时禁，政策随着经济发展形势及社会对矿产的需求而变（曹晓凡等，2006）。

五、永佃制与一条鞭法

永佃制发端于宋，流行于明清，是一种特殊的用益物权制度。在永佃制下，田地的产权分为田骨（即所有权）与田皮（即使用权）两层，两层产权互相独立，可分别买卖、转租、遗赠、典押，各有自己的行情与价格。由于田皮可以随时变现，永佃户已不再是无产的农户，而是田产的主人。永佃制在江南及福建相当普及，在北方的察哈尔及绥远也极为盛行。永佃权的实施有利于地权平均及农田整合（赵冈，2000、2006）。

永佃制是历史中人们在面临人口增长压力下，比较不同土地制度的相对收益而自然选择的结果，是人们对人口与土地比率的变化作出的合理反应（谢冬水，2010）。永佃制的实行以较高的农业科技水平和市场化程度为前提条件。秦汉时期，由于农业科技抗灾害能力较弱，农业收成不稳定，对于地主和佃农，定额租不是二者的博弈均衡解，租佃形式以分成制为主。直至明清，农业生产技术达到一定水平，定额租制才逐渐得到发展，而永佃制是定额租制自然演化的结果。永佃制下的土地使用权实现了长期化和稳定化，国家的角色由经济上的所有权主体转变为名义上的所有权主体，国家所有权更多地体现为终极所有权（王昉，2006）。中国明清时期土地产权制度的这一转变与近代世界发生的从以土地所有为中心向以土地利用为中心的转变是完全一致的。

明中叶嘉靖十年（1531 年）试行"一条鞭法"，万历九年（1581 年）张居正完成土地清丈，开始在全国推行。一条鞭法"总括一州县之赋役……皆计亩征银，折办于官"，实行"合并编派、合并征收、用银缴纳、官收官解"（梁方仲语）。一条鞭法将之前纷繁复杂的赋、役科目简并征收，"役归于地，按亩征银"，将各种徭役摊入土地，随同田赋一起征收，除少数地区仍用实物缴税外，其他地方一律折成白银缴纳。力役由官府雇募，"一岁之役，官为金募"，不再由百姓无偿负担。为避免中间人对税银的侵占，实行"官收官解"，纳税户直接缴税给官府，不再由里甲代为征收。

清康熙五十年，谕令此后滋生人口，永不抽税（丁银）。康熙五十六年，广东省率先试行"摊丁入亩""地丁合一"，到雍正元年，又在直隶（今河北）推行，至道光年间（约 1840 年）才在全国范围普遍施行（赵俪生，1983）。一条鞭法计亩征银，丁随地起，赋役合并征收，丁役仍然存在。摊丁入亩在一条鞭法的基础上将原丁役银平均摊入地亩计征，"均之于田，可以无额外多取，而催科易集，其派丁多者，必其田多者也，其派丁少者，亦必有田者也"（《熙朝纪政》卷三）。"无地穷民"不再负担丁役银，此后新生人口皆为无赋之丁，从制度上取消了徭役这种人头税（陈纪瑜，1998）。摊丁入亩将无地农民从国家差役的超经济强制中解脱出来，使他们能自由地应雇到社会的其他部门。

宋代流行一种称之为"买扑"的竞标游戏，大量出现于民间娱乐与体育之中，官府将这种游戏规则引入政府经济行为，开办"买扑坊场"，实行税收承包竞标制度。对于官地的出卖与出租，采取拍卖的方式，政府比照相邻地块拟定所卖官田的起拍最低限价，先行公布田亩等级、标价等基本信息，向社会发出邀约，有购买意向者将报价填写在纸上密封起来，投入官府设置的投递箱中，即实封投状。投票期过后，在公开透明的监督之下开标，报价最高者成交定约。南宋孝宗时，"令诸州军将所管屯田，先次估定价钱，开坐田段，出榜召人实封投状，增加承买，给付价高之人，理充己业"（龙登高，2012）。实封投状制是中国最早的土地招拍挂制度。

明代北京征收"房号税"，南京征收"房钞"，杭州征收"间架税"，均以房屋为课税对象。明后期，嘉兴、南京等城市废除了总甲、火夫等徭役，改为按房屋征税。明代房屋税并不普遍，仅限于少数几个城市。

房号税又称"房号钱""房号银"，为营业房产税，课征对象为"门面房"，即临街房屋，以间架为课征单位。原有房屋处即使变为空地，仍要继续纳税。勋贵、品官、四夷馆译字生，可优免。崇祯年间，因财政极端窘困，朝廷试图在全国开征房号税，每年每间门面纳银一钱，税额较北京大为降低，但开征并不顺利。南京从明初开始，即有"房钞"之征。房钞是对官府"拨住房屋"课征的税收，带有房屋租金的性质。即使房屋焚毁倒塌，除非官府同意除免，原居住者仍要按原额缴纳。军人居住官房，亦要缴纳房钞（高寿仙，2012）。

苏州、嘉兴、海盐、无锡、嘉定等一些江南城市也征收间架税。同为间架税，杭州间架税以地基为课税对象，不管地基上已建房或仍为空地，一律以地基面积计税（陈学文，1992）。杭州间架税征课限于附郭仁和、钱塘二县，将基地与其他类别的田地同等对待，统一纳入田赋，分夏税、秋粮起科，缴纳物以米、麦、丝、棉等实物为主，租钞数额较少（高寿仙，2012）。江南一带房屋租赁较为活跃，自明朝开始针对城镇房屋租赁专项开征房税。如明嘉靖年间嘉兴府秀水县曾贴出告示："……止派在城、不派在乡，止照门面、不论住宅……嘉兴县开报房屋租价壹万陆仟捌拾肆两贰分，旧额每两征……本县房屋租价银叁万叁仟壹拾肆两贰分，每两征银伍分捌厘。"（马学强，2002）

清朝初期，地方杂税大兴，各地开征了称谓各异的房产税，如宛、平两县有铺面行税，江宁有市廛输钞，京师有琉璃、亮瓦两厂计檩输税等等，仁和、钱塘两地的间架税得以持续，太平天国时期开始征收房捐（漆亮亮，2002；马学强，2002）。顺治四年（1648年），清政府对买卖不动产的契约开征契税，该税一直延续到清朝末年（1911年）。光绪二十四年（1898年），清廷开征了以房租为计税依据、税率为10%、房主与房客各负担一半的房捐，成为后来北洋政府房税的前身（叶少群，2008）。

第二节　近代中国租界的永租制与房地产税制

1840年爆发的鸦片战争，为西方国家在中国设立租界铺平了道路。租界的设立，使得城市在中国社会生活中的地位越来越重要，城市土地尤其是租界土地的价值日益凸显。与租界的建设和发展相适应，一套日臻成熟的不动产税收体系逐渐建立起来。

虽然中国很早就有廛布、间架税一类对于城市房屋的课税，但对城市土地课征专门的税种，还是从近代设立租界开始，其中尤其以上海的英、美、法租界以及青岛的德租界最具代表性。

1842年中英签订《南京条约》，上海被列为通商口岸，允许英人贸易居留。1845年，中英签署《土地章程》，确定了上海租界建立的若干基本原则。1847年12月31日，上海道台宫慕久向英国人签出第一份道契，标志着道契制度的建立与实施。所谓道契，即"出租地契"，因须送苏松太道署盖印发给，俗称"道契"。道契的特点是借鉴了当时中国农业土地盛行的永佃制，采取"永租"的方式，土地所有权归大清政府，租地人拥有的是土地使用权。永租制由中国政府划定界址，在外国领事的参与下，江南海关监督暨苏松太道派员会同办理租地勘丈、审核、发证等手续，外国租地人须向业主交付一笔相当于地价的租银，并按时提前向官方指定的银号交付年租（地税）（陈正书，1996）。

就土地制度而言，中、英均实行"王有制"，所有权与使用权分离，中国江南的永佃制与英国封建社会形成的地产权（estate）制度彼此相通，成为双方都能接受的永租制的基础。1894年中日甲午战争之后，外商继续采用永租制获得通商口岸土地的使用权，对于他类土地则采取年租的方式。如1908年清政府公布的《奉天各商埠租地简章》规定，"在奉天全省各埠各国商人与华民租地，或永远租或论年租"，租期分为1年、5年、10年、30年不等，由租户与业主视需要自行商定。对于租界及通商场内的官有公路、桥梁、码头、沟渠等用于公共所需的土地，既免地价又免地税。同时，从中央到地方的政府官员逐渐开始懂得对土地溢价进行回收。如南宁等租地章程规定，"各地段商人如有争先租赁者，应照拍卖之法办理"。《奉天各商埠租地简章》特别要求，"此系现时价值，将来地方兴旺，地价日涨，应随时按照公平办法，商议加价"（王中茂，2001）。

道契制度的建立，为上海租界房地产的发育奠定了基础。小刀会起义以及太平天国战争，使得大量华人涌入租界，对租界房地产的发展发挥了极大的推动作用。道契制度是西方契约制度与中国官有土地永佃制度的结合，近代上海租界房地产市场的建立与发展是道契制度与外来人口大规模涌入租界这两个因素相互叠加而形成的必然结果。道契制度不仅为上海房地产市场的发育奠定了基础，它也是上海近代城市发育成长的必备前提。

洋人租用租界土地，须向中方缴纳押租与年租。1854年7月11日，英、法、美三国公使对1845年的《土地章程》单方面进行了修订，通过了《上海英法美租界租地章程》，规定租地人押租一次性交付中国业主，年租直接交给中国政府（赵津，1994）。由于退租的决定权在租地方，道契名为永租，实同买卖。

除了上海的道契，在中国的其他城市，如厦门的鼓浪屿租界、汉口的法租界、天津的日租界，也出现了类似的立契方式，因是由县衙盖印，称之为"县契"（赵津，2002）。由此可见，在当时的中国租界，通过向清政府缴纳押租与年租以换取对租界土地的永久使用权，已成为一种较为普遍的现象。

道契制度的成功及其基于对产权的保护而衍生的良好信用，使得上海的买办阶层乐于与洋商协商，由洋商出面租赁土地，再签给买办权柄单，以示土地实为委托人所租得，从而衍生出所谓的挂号道契（马学强，2002）。受道契以及挂号道契的启发，后来华商又发展出"华商道契"，由上海会丈局参照道契体例，发给华商文契，明确华人的租地使用权。从"道契"到"挂号道契"再到"华商道契"的制度演变，晚清中国发展出一种基于国家所有制的城市永久土地使用权制度或称城市土地永租制，既维护了土地的国家所有，又保证了土地的高效率使用，是很值得我们今天借鉴学习的一项制度创新。

租界土地租用者除了向清政府当局缴纳押租与年租之外，还要向租界当局缴纳地产税与房捐。

虽然有英、法、美三国商人在上海开埠经商，但租界建立后不久，即成立有道路码头公会这样统一的自治组织。1854 年 7 月，在签署《上海英法美租界租地章程》的同时，英、法、美三国公使在英领事馆内召开租地人会议，决定解散英租界道路码头公会，成立管理三国租界共同的市政机构——工部局。1862 年 4 月，法国领事宣布单独成立大法国筹防公局，随后改称公董局，脱离工部局自成一体。

无论是道路码头公会，还是工部局、公董局，都拥有对辖区内居民课税的权利，而地产税、房捐是税收的重要部分。工部局 1854 年确定的土地捐税率为 0.5%。据称，1921—1936 年，房捐、地税两项收入在工部局收入总数中一般保持在 70% 左右（马学强，2002）。赵津（1994）对上海公共租界地捐税率及其变动情况作了统计：1866 年按地价征收 2.5‰，1874 年为 3‰，1884 年为 4‰，1898 年为 5‰，1908 年为 6‰，1919 年为 7‰。法租界 1872 年开征地捐，初期税率为 4‰。汉口英租界在被收回之前，地价税率为 7.5‰，天津法租界地价税率为 7.5‰，德租界地捐为每亩 5 两纹银，奥租界地捐按税契价格征 5‰，俄租界地捐由外国工程师估价，税率为 1%。

英美租界在租地人会议的基础之上建立起"纳税人会议"这样的自治机构，规定"必所执产业地价计五百两以上，每年所付房地捐项，照公局（即工部局）估算计十两以上（各执照费不在此内），或系赁住房屋，照公局估每年租金计在五百两以上而付捐者"，才可以"议事发阄"，即具备选举资格（马学强，2002）。可见，不动产财产拥有量的多寡是决定当时英美租界纳税人政治权利的重要指标。

　　青岛德租界实施的土地税制同样值得关注。1898年德国政府与清政府签订《中德胶澳租借条约》，并于同年颁布《胶州土地法规》，逐渐形成具有青岛特色的土地税制。具体包括：（1）对租界当局放租给市民的土地课征6%的土地税，对未经政府收买的原私有土地，则按照土地的等级设定税率征收；（2）对于政府以招标形式出卖的土地，如果土地购买人不按照使用计划进行开发建设，当局将进行处罚，最初为无偿收回土地，1903年以后改为逐年征收累进土地税，直至开发完毕；（3）对于转让不动产，在扣除地主投资在土地上的改良费用以及投资利息、年息之后，征收土地售价与原购买价格价差的1/3作为土地增值税，对于土地使用25年未转让的，则一次性收取土地增值1/3的增值税。1922年，国民政府收回青岛，土地税收仍沿用此制（陈雳等，2009；赵云旗，2005；易纲等，2007）。

　　值得一提的是，青岛德租界实施的土地增值税制度为世界首创。在青岛土地增值税制度收效以后，德国法兰克福市于1904年开始实施，之后德国其他城市纷纷效仿。1911年4月1日，德国政府颁布统一的土地增值税税法，1913年该法进行修订，成为德国的联邦税，后中欧各个国家相继采用（陈雳等，2009）。

　　德国专家单威廉是参与青岛租界土地政策制定的主要专家。几乎同一时期，英国学者穆勒的土地权改革协会、德国学者达马熙克的德国土地改革同盟也提出了类似的主张。客观地讲，无论是上海英法美租界还是青岛德租界，所采取的不动产税制在当时世界上都是比较领先的，基本与当时呼吁对土地征税的西方社会思潮保持同步，主要区别在于德国模式只对土地征税，而英法美模式则同时对房屋与土地征税。单威廉后来还成为孙中山先生的顾问，协助孙中山先生推行其"平均地权"理念。

　　青岛当时"土地收归市有，再放租于人民"的土地制度更像是土地私有制，而上海实行以道契为载体的土地制度，土地所有权归官府所有，租地人只有土地使用权而无所有权，这很像我们现在的城市土地国有制。

　　之前介绍过清初各地房产税大兴，由于有之前征收房产税的经验，晚清政府有意对其进行推广。光绪二十四年（1898年），政府订立《房捐章程》，规定按租价征收十分之一的税，房主、租户各负担一半。若房屋为自住，无租价可用于计算，则按邻近相仿房屋租价计征。该税后因反对被迫停征。光绪二十七年（1901 年），签订《辛丑条约》后，清政府由于巨额赔款国库日空，不得不重新开征房捐，但这次仅对店铺房征税，而且月租在 3000 文以内的可以免征。民国四年（1915 年）10 月，国民政府制定了《宅地税征收条例》，各省根据该条例制定细则，将征收地分为省会、商埠和县镇三等，每等税率各分五级、三等共分十五级税率，分级标准以房屋所在地段的繁僻与房屋价值而定。1941 年公布房捐通则；1944年加以修改，扩大征收范围；1947 年再次修订，提高税率（张学诞，2007）。晚清政府的房捐属于收益税性质，是从租计征，而民国政府的房捐则属于财产税性质，是对房屋价值计征。

第三节　国民政府时期的土地私有制与房地产税制

1911 年辛亥革命爆发，清政府被推翻，随后建立中华民国。在土地产权制度的演进上，通过立法明确"中华民国领土内之土地属于国民全体，人民依法取得之土地所有权，应受法律之保障与限制"，开始了土地由官地（归清政府所有）向民地（归土地购买者所有）的转化。如杭州市，1913 年开始面向具有中国国籍的公民投标竞地（马学强，2002）。土地私有化的实施，使土地产权得到国家法律的有力保护。

国民政府很早就通过征收累进地产税的方式限制地产商的土地囤积行为。杭州于 1913 年将旧旗营的土地分等标卖，同时出台相应的税收管理办法，督促中标商竞得土地后早日开工建设，对于中标后未能在一年内动工的，政府将提高地产税的征收（马学强，2002）。

1913 年 11 月，国民政府首次把全国的税种划分为国家税和地方税，其中田赋、契税划归国家税，店捐、房捐等划归地方税。1912 年 10 月 21日，开始征收印花税，划归国税。首次分税制改革从开始实施到 1914 年6 月 1 日呈请取消，前后仅有半年时间（赵云旗，2005）。根据民国初年的《国家税地方税法草案》，房税是在清政府房捐的基础上开征的一种财产税，北洋政府将其作为督办警察的主要经费来源。1914 年 3 月，北洋政府颁布《房税条例草案》十四条，规定将房捐，或称铺捐，或称架捐，或称房铺捐，或称店屋捐，统一更名为"房税"，分住房和铺房两类，分别适用 5% 和 10% 的税率。1913 年北洋政府开征契税，1914 年颁布《契税条例》及《验契条例》（叶少群，2008）。

1923 年，北洋政府恢复分税制，印花税划归国家税，田赋、房屋税、宅地税、契税划归地方税。虽然此次分税因曹锟下台，段祺瑞复出而未能实行，但作为一种制度，于 1928 年由国民政府在第一次全国财政会议上沿用并加以改进（赵云旗，2005）。

上海于 1927 年成立市土地局，1930 年对地价进行调查，为地价税征收做准备。1933 年拟订上海市征收地价税章程及施行细则，在沪南、闸北、彭浦、南翔、法华、蒲松等区先行开办，税率 6‰，一年分两期缴纳。未征地价税的市区仍缴田赋。1926 年广州国民政府成立，根据孙中山先生平均地权、涨价归公的主张，时任财政部长廖仲恺主持颁布了中国历史上第一个土地税法律《广东都市土地登记及征税条例》。1928 年，广州市开征临时地税，因平均地价尚未估定，根据估定地价征收。其税率宅地为 1%，农地为 5‰，矿地为 25‰。土地转移（除抵押外）须缴纳土地增值税，税率采用累进制，凡增值未及原价一半者征收增值的 1/5，超过一半不及一倍者，其一半部分征 1/5，超过部分征 1/4。超过一倍以上者，超过一倍部分征 1/3，其余照前征收（赵云旗，2005）。

1928 年通过的地方（省级、县市级）税收包括土地税、土地增价税（即土地增值税）、房捐。1930 年国民政府颁布土地法，规定了地价税征收标准。其中，市改良地地价税为 10‰—20‰，未改良地地价税为 15‰—30‰，市荒地地价税为 30‰—100‰。乡村改良地地价税为 10‰，未改良地地价税为 12‰—15‰，荒地地价税为 10‰—100‰。国民政府初期，很多市的土地未能够整理，地价无从核定，当时开征地税的地区有上海、青岛、杭州、广州和广东省其他城市（赵云旗，2005）。

1930 年颁布的《土地法》是中国历史上第一部比较完备的关于土地管理和土地税收制度的法律典籍。《土地法》明确了土地及土地改良物的规定，制订了土地税、土地改良物税、土地增值税及不在地主税等税种的具体实施细节（易纲等，2007）。当时的不在地主税主要面向农业用地，是对只拥有田地而不拥有田面，从而无权直接使用土地的"不在地主"课征的一种税。《土地法》第 233 条规定，"土地税金全部为地方税收"。

杭州市 1932 年筹办地价税，翌年 6 月开始征收，税率为 8‰，每年分两次征收。1934 年 5 月，国民政府第二次财政会议之后，地价税作为省级主要税种推广开来，至 1942 年，全国已有 49 个县市开征地价税（赵云旗，2005）。

1935 年 7 月，国民政府公布《财政收支系统法》，实施中央、省、县（市）三级财政分税体制，规定土地税在三级政府之间按比例进行分成，房捐则划归地方（省市与市县）。1941 年国民政府召开第三次全国财政会议，为适应抗日战争时期财政需要，实行两级财政体制，取消省级财政，简化土地税制，集中税权和财权；同时逐步公布《房捐征收通则》《房捐条例》等，扩大征收范围，提高税率，为战事筹集资金。1943 年 11 月，国民政府颁布了房捐条例十四条，以改进房捐征收办法。条例规定：凡未依土地法征收土地改良物税的县市和商业繁荣地区，住房聚居 300 户以上者，其房屋均应征收房捐，税率是营业用房出租者征收全年租金的 20%，自用者征其房屋现值的 2%（赵云旗，2005）。

抗战胜利后，为缓解战后人民生活的困苦，政府曾临时大规模减免土地税。1946 年，恢复中央、省市、市县三级财政，土地税重新划归地方，但仍在三级政府之间进行比例分成共享。同一年，地政署对土地税的税率进行了调整，从之前的比例税率调整为累进税率。具体为：基本税率为法定地价的 1.5%，超过累进起点地价部分，加征 2‰，直至递增到 5%。

国民政府时期土地房屋的私有化率很高。在上海，即使到了 20 世纪50 年代初期，其私有房屋仍占全市房屋总数的 71.4%。据统计，自 1949年 6 月至 1957 年，上海市区共发生房产买卖 17800 起，房屋成交 19188幢，契价 10373.5 万元（马学强，2002）。

1915 年，北洋政府曾草拟《遗产税草案》，但未能实施。1938 年 10月，在此基础上，国民政府颁布《遗产税暂行条例》，并于 1940 年 7 月 1

日起在全国实行，1946 年颁布《遗产税法》，成为日后台湾地区"遗产及赠予税法"的前身。

民国时期在县一级设田赋经征处负责田赋征收，主要职责包括地籍册保管、土地买卖登记、土地清册编制并兼管催征、粮警和催差。民国二三年田赋预算只有八九千万元，1916 年后也仅 9700 万左右。自太平天国起义地方将田赋截留移作军费，田赋名义上归中央所有，实际已被地方所控制。1918 年开始实行田赋预征，1931 年裁厘后各省田赋附加日益增多。田赋摊派和预征成为地方军阀税收的主要来源，令地方民众苦不堪言。南京政府成立后，1927 年中央财政会议通过《国地收支标准案》，将田赋划归地方，1928 年第一次全国财政会议对此作了正式认可（牛淑萍，1999）。

苏维埃政府的土地制度变化情况大致可分为五个阶段。（1）1921—1926 年，为"耕者有其田"理论纲领形成时期，没收地主、军阀、官僚以及庙宇的田地无偿分给农民，实现"耕地农有"；（2）1927—1931 年，为激进土地改革时期，主张土地国有，前期没收一切土地归为公有，1928 年 6 月 18 日中共六大以后纠正为没收地主阶级一切土地归为公有；（3）1931—1935 年，由"土地国有"向"耕地农有"回归，形成根据地"公田"制与"私田"制的二元复合结构；（4）1935—1945 年，为团结各阶层抗战，暂停实行"耕者有其田"政策，将没收地主的土地转为减租减息，农民土地所有制与地主土地所有制并行；（5）1945—1949 年，为"耕者有其田"最终实现阶段，抗战胜利后，发动农民运动，通过没收、征购、群众反奸清算等办法实现"耕地农有"（高海燕，2007）。1947 年 9 月 10 日中共中央颁布《中国土地法大纲》，明确规定，"废除封建性及半封建性剥削的土地制度，实行耕者有其田的土地制度。废除一切地主的土地所有权。废除一切祠堂、庙宇、寺院、学校、机关及团体的土地所有权。……乡村中一切地主的土地及公地，由乡村农会接收，连同乡村中其他一切土地，按乡村全部人口，不分男女老幼，统一平均分配"。

为调节土地分配，苏维埃政权在减租减息的同时，对土地赋税采取累进税率。1930 年 9 月将土地税析分为田地税、山林税、园地税，税率在

5%—15%。

第四节 改革开放前新中国土地制度与房地产税制

新中国成立后至改革开放前，中国的土地制度大致可分为三个阶段：（1）1949—1952 年，农民所有，个体经营；（2）1953—1956 年，农民所有，集体统一经营；（3）1957—1978 年，集体所有，集体统一经营。

1949 年 9 月 21 日通过的《中国人民政治协商会议共同纲领》规定，"凡已实行土地改革的地区，必须保护农民已得土地的所有权"。1950 年 6 月颁布的《中华人民共和国土地改革法》要求，"废除地主阶级封建剥削的土地所有制，实行农民的土地所有制"。1952 年底，通过土地改革结束了在中国延续两千多年的封建地主土地所有制，实现了"耕者有其田"的农民土地所有制。1954 年《宪法》第八条明确规定，"国家依照法律保护农民的土地所有权和其他生产资料的所有权"。在这一阶段农民生产积极性空前高涨，农村经济迅速恢复发展。

1951 年 12 月，中共中央起草了《关于农业生产互助合作的决议》，发给各级党委试行。1953 年底，决议正式下发。到 1955 年夏季，合作社发展到 65 万个，参加农户 1690 万户，约占全国农户总数的 15%。初级农业生产合作社实质是土地合作社，农民以土地作股入社，包括耕畜与大型农具在内，由合作社统一经营使用，社员参加集体生产劳动，合作社获得的总收入，扣除当年生产费用、缴纳税金，并提取公积金、公益金后，剩余部分按劳动和土地及其他资产分红（綦好东，1998）。在初级合作社阶段，农户有退社自由，并可在退社的同时要求退回其入社的土地。

1956 年中国开始了大规模的高级农业生产合作社建设，到该年年底，参加高级社的农户达 1 亿多户，占全国农户总数的 88%（綦好东，1998）。高级社实行土地公有，集体经营，除占土地 5% 的自留地外，社员土地及其他所有资产都实现了集体化，社员参加集体劳动，通过行政手段实行按劳分配。1957 年，全国农民的土地几乎全部被强制性地入股到高级合作社。

　　1958 年 8 月，中共中央发出《关于在农村建立人民公社问题的决议》，在全国展开人民公社化运动，各地的高级农业生产合作社纷纷合并为人民公社。在短短几个月内，入社农户就达 99% 以上。人民公社实行"政社合一"，是公有化程度更高的产权组织形式。

　　经历了 1959—1961 年三年困难后，中央于 1962 年 9 月将"一大二公""一平二调"的公社体制转变为人民公社、生产大队、生产队"三级所有，队为基础"的体制，奠定了中国集体所有制的产权基础。

　　1949 年中华人民共和国成立以后，土地和房屋并没有马上收归国有，而是通过公私合营和国家经租的方式对其进行社会主义改造。对资本主义工商企业的不动产及机器设备进行清产核资，实行公私合营，原私营企业主只按清产核资的结果取得 5% 的定息，20 世纪 60 年代后期国家停止支付定息，公私合营企业的土地连同其他财产一起彻底转为国家所有。对一般的私人房地产实行国家经租，国家对私人房地产统一租赁经营，私人房地产主可获得 20%—40% 的租金，之后国家停止付租，将其收归国有。

　　自留地和宅基地不在城市土地国有化及农村土地集体化的社会主义改造之列。1962 年 9 月 27 日中共第八届中央委员会第十次全体会议通过的《农村人民公社工作条例修正草案》（又称"农业六十条"）规定，"自留地一般占生产队耕地面积的百分之五到七，归社员家庭使用，长期不变"。1956 年 6 月 30 日第一届全国人民代表大会第三次会议通过的《高级农业生产合作社示范章程》第十六条第二款规定，"社员原有的坟地和房屋地基不必入社"。1963 年 3 月 20 日《中央关于各地对社员宅基地问题作一些补充规定的通知》明确，社员的宅基地"归各户长期使用，长期不变，生产队应保护社员的使用权。不能想收就收，想调剂就调剂"。

　　改革开放前新中国涉及房地产的税收除了契税、营业税和印花税之外，最重要的是城市房地产税。1951 年政务院颁布财字〔1951〕第 133 号《城市房地产税暂行条例》，在城市房地产税的税种之下，分设房产税、地产税两个税项。房产税依标准房价按年计征，税率为 1%，地产税依标准地价按年计征，税率为 1.5%。标准房价与标准地价不易划分的城市，暂依标准房地价合并按年计征，税率为 1.5%。标准房地价不易求得的城市，暂依标准房地租价按年计征，税率为15%。

为了配合第一个五年计划，1954年4月24日财政司字15号文件规定，国有企业使用划拨的土地不必缴纳租金，城市地租自此从社会经济生活中消失。1955年政府开始对私有房产进行社会主义改造。1967年11月4日国家房产管理局、财政部税务总局会同签署《答复关于城镇土地国有化请示提纲的记录》，启动对城镇土地的全面国有化（杨俊锋，2012）。1973年税制简化，房产税并入工商税。但一直到1982年以前，城市私有住宅宅基地仍要缴纳土地税（刘维新等，1994）。

第五节　评　述

吕思勉称，"欲知古代之税法，必先知古代之田制"。自古以来，中国的税收制度就与土地制度彼此影响，相互渗透。进入21世纪，房地产税能否顺利开征，房地产物权制度仍是关键变量。

古代中国土地实行"王有制"，土地名义上归国君所有，但由于大国管理不得不采取分封制，使得土地所有权与使用权从一开始即处于两权分离的状态。在这样的土地产权结构下，佃权（租赁权）从汉朝开始就相当发达，唐中叶以后不抑兼并，宋代以后，"不立田制"，土地的自由交易更趋频繁。宋代永佃制开始萌芽，至明清永佃制已在全国流行，后来出现"一田两主""一田三主"，佃权独立为财产权，佃农成为有产者。从表面上看，中国古代社会陷于亚细亚生产方式所特有的长期停滞状态，但静水深流，就土地物权制度而言，从以所有权为中心到以使用权为中心，演化进程势不可挡，历史脉络清晰可辨，应该说这是一个长期的进步。

由于监督不力和激励不足，未能解决好信息有效和激励兼容问题，人民公社制度最终以失败告终，但这并不意味着集体所有制此路不通。虽然宋代以后政府不再实行均田政策，任由市场调剂地权分配，相映成趣的是，宗族组织于宋代复兴，祭田、义庄等也创始于北宋。20世纪初中叶，北方地区的族庙公产不足全部耕地的1%，湖南、湖北等地族产占全部耕地的15%左右，而广东、浙江、江苏等省份，公田占比高达30%—80%

（聂鑫，2009）。强制性的集体所有制缺乏生命力，自愿结社、自由退社的集体所有制仍有发展空间。

当前中国的土地制度被国外研究者称为"有意的制度模糊"（何·皮特，2008）。产权制度的模糊，为中国政府推动改革提供了操作空间，政府的每一次确权行为（如家庭联产承包责任制、使用权15年不变、30年不变等），都解放了生产力，带来生产效率的提高。中国自1979年以来启动的改革，本质上是一个政府不断确权的过程。就土地制度而言，其改革的方向，是建立土地用益物权制度，将土地使用权作为财产权确立起来。

在中国土地制度演变的历史过程中，两税法的实施是关键环节。两税法是国家通过放弃对土地的控制权换取土地税收，正如秦始皇"使黔首自实田"，不单纯是为了惠民，其真正的目的在于实现"初租禾"，为国家税收创造稳定的财源。对于任何国家而言，只要能够取得土地的相关收益并保持政治稳定，土地产权国有还是私有相对没那么重要。

中国历代王朝赋税主要包括田赋、户税、口税以及工商杂税。在早期，以户税和口税为主，田赋次之。秦时赋税主要有田赋、口税、盐铁税三项，其中口税重于田赋（宋建国，1987）。《通典·食货》称，"秦则不然，舍地而税人，地数未盈，其税必备"。两汉时财政收入以人头税为主，对成年人征收算赋，对儿童征收口赋，对应服而未服劳役的人征收更赋，"轻租重赋"，"据赀定赋"。田赋实行低税率，先后采用过十五税一、三十税一以及什税一，名义上以三十税一为主，但限于经济技术条件，实际上往往采用定额征收。曹魏时期，将土地定额租金与人头税混合，实行田租户调制。从西晋开始，将田赋与人头税合并，名义上按亩征收，实际上按丁征收。北朝北魏时田赋按户征收，隋唐时实行租庸调制，田赋基于丁征收，称"丁租"，调基于户征收，称为"户调"，都具有人头税性质。直到唐实施两税法，开启了帝国按田亩和户等征收定额税的时代，田赋的重要性才日益得到体现（刘守刚，2008）。经历了一个漫长的发展过程，作为对土地的课税，田赋才逐渐居于王朝诸项赋税之首。据考证，"清初岁收，十九出自田赋。乾隆三十一年，岁收四千万，地丁正耗达三千二百两"（陈登原，1936）。

传统中国以农业经济为主，田赋作为国家的主要赋税形式，从夏朝即已开征。在清朝以前，对房屋的课税则时征时停，基本上征的时间较短，而且往往是因为时局混乱，为筹集军费而临时开征。中国古代城乡差别不大，豪强大户常遭流徙弹压，靠田产度日的城居地主难成气候，一般县城人口不过万人，多半是行政中心，经济结构以消费为主。古时中国的城市土地与农村土地之间的地租级差不是很明显，城市房屋主要体现自住功能，田赋的税基总量远远大于房屋税的税基总量，因此在古代中国虽然出现了房屋税，但并没有像田赋一样成为国家财政的主要税种。田赋是以实物地租的形式缴纳的农业土地税，作为不动产税中的传统税种，是历史上世界各国国家赋税的主要部分。随着城市的发展，社会的进步，田赋在国家赋税中的地位逐渐下降，而对土地价值课税，则逐渐引起公众的关注与讨论，并慢慢作为地方税而固定下来。

20 世纪 30 年代，亲眼目睹上海地价飞涨，并受西方学说的影响，孙中山先生始意识到整理土地赋税是理顺国家经济的关键，从而提出"照价征税，涨价归公"的地价税思想。改革开放后中国实行土地有偿出让，地价增长迅猛，针对土地的课税也日益得到政府的重视。

解放前中国的土地政策在"抑兼并"与"不抑兼并"之间往复循环，难有进步。缺乏平均地权的经济调节机制，是传统中国治乱循环的根源。征收税率累进的地价税，使个人拥有的土地达到一定规模后，边际收益等于边际税负，可以将个人意愿拥有的土地规模限制在一定范围之内，抑制土地兼并，从而避免土地过于集中，最后不得不通过暴力革命进行重新分配。

第三章 中国大陆不动产物权与税制现状

　　本书研究的不动产税制优化设计是针对中国大陆而言的。不动产物权制度与税收制度相互影响。一个好的不动产税制优化方案，必须建立在对本地不动产物权制度与税收制度充分理解的基础之上，分析其优缺点，探讨如何消除其中的不合理因素，并协调好物权制度与税收制度之间的耦合关系。

第一节　中国大陆不动产物权现状

　　通常所说的不动产，包括位置不可移动的土地及其附着物（或改良物）两部分，而土地的附着物（或改良物）又以房屋为主，因此，通常所说的不动产包括土地和房屋两部分，或者说，包括地产和房产。

　　历时近 20 年的全国土地资源调查成果于 2001 年通过专家鉴定，标志着中国首次全面查清了国内各类土地的数量关系，具体见表 3-1。

表 3-1　全国土地资源调查的面积和地类构成　（单位：万公顷）

地类	调查总面积	耕地	园地	林地	牧草地	居民点	交通用地	水域	未利用土地
面积	95067.6	13003.9	1002.4	22760.9	26606.5	2407.5	546.8	4230.9	24508.8
占全国百分比（%）	100	13.7	1.0	23.9	28.0	2.5	0.6	4.5	25.8

注：不包括台湾、香港、澳门的数据。
资料来源：马克伟、张巧玲：《认清土地国情　珍惜有限土地》，《中国农业资源与区划》2001 年 6 月。

一、土地使用权制度模式

1982 年通过的《中华人民共和国宪法》第十条规定："城市的土地属于国家所有。农村和城市郊区的土地，除由法律规定属于国家所有的以外，属于集体所有；宅基地和自留地、自留山，也属于集体所有。任何组织或者个人不得侵占、买卖、出租或者以其他形式非法转让土地。"第九条规定："矿藏、水流、森林、山岭、草原、荒地、滩涂等自然资源，都属于国家所有，即全民所有；由法律规定属于集体所有的森林和山岭、草原、荒地、滩涂除外。"可见，中国的土地有两种所有制形式：国家所有与集体所有，其中城市土地为国家所有，农村土地为集体所有，自然资源土地由法律规定为集体所有的属集体所有制，除此之外都属于国家所有制。中国土地实行社会主义公有制，个人无法拥有土地的所有权，但可以拥有土地的使用权。

1988 年 4 月 12 日，七届全国人大第一次会议通过《宪法》修正案，删除了不得出租土地的规定，改为"土地的使用权可以依照法律的规定转让"。同年 12 月 29 日，七届全国人大常委会第五次会议修正了《中华人民共和国土地管理法》，明确"国有土地和集体所有的土地的使用权可以依法转让。国家依法实行国有土地有偿使用制度"，并授权国务院针对土地使用权转让以及国有土地有偿使用的具体办法，可以另行颁布法令进行规定。1990 年 5 月 19 日，国务院发布了《中华人民共和国城镇国有土地使用权出让和转让暂行条例》，以国务院令的形式规定了土地使用权出让、转让、出租、抵押、中止以及划拨等方面的相关事项。1994 年 7 月 5 日，八届全国人大常委会第八次会议通过了《中华人民共和国城市房地产管理法》，申明"国家依法实行国有土地有偿、有期限使用制度"，进一步完善了土地使用权的出让、划拨方面的规定，为房地产开发与交易创造了条件。

在城市土地一级市场中，企业或个人取得土地使用权有三种制度模式：划拨制、批租制、年租制。

1. 划拨制

1994 年《中华人民共和国城市房地产管理法》第二十二条明确规定："土地使用权划拨，是指县级以上人民政府依法批准，在土地使用者缴纳补偿、安置等费用后将该幅土地交付其使用，或者将土地使用权无偿交付给土地使用者使用的行为。依照本法规定以划拨方式取得土地使用权的，除法律、行政法规另有规定外，没有使用期限的限制。"可见，划拨制是县级以上人民政府通过行政指令，将城市土地的使用权从国家转移到土地使用者手中的一种无偿、无使用期限的物权转移形式。土地划拨制是为了配合新中国成立后第一个五年计划，鉴于当时认为收取土地使用费或租金，并不能真正增加国家收入，反而不必要地提高了企业的生产成本和扩大国家预算，并且增加了不少事务手续而提出来的。1954 年 2 月 24 日政务院财政部第 15 号文件规定："国营企业经市人民政府批准占用的土地，不论是拨给公产或出资购买，均应作为该企业的资产，不必再向政府交纳租金或使用费；机关、部队、学校经政府批准占用的土地亦不交纳租金或使用费。"同年 3 月 8 日，主管土地的内务部在《答复关于国营企业、公私合营企业及私营企业等征用土地及使用国有土地缴纳契税或租金的几个问题》中指出："国营企业、国家机关、学校、团体及公私合营企业使用国有土地时，应一律由当地政府无偿拨给使用，均不需要缴纳租金。"由此，形成了中国传统的国有土地"无偿"行政划拨使用制度。划拨土地需进行登记以明确权属，不得转让、出租、抵押，划拨土地使用者应当依照《中华人民共和国城镇土地使用税暂行条例》的规定缴纳土地使用税。

2. 批租制

土地批租又称土地使用权出让，是国家作为土地所有权人，将一定年限的土地使用权出让给土地使用者，由土地使用者向国家支付土地使用权出让金（地租）的土地使用制度。根据出让方式的不同，土地批租制分为四种类型：协议出让、招标出让、拍卖出让、挂牌出让。协议出让是指土地使用权受让人向国有土地管理机关提出用地申请，由国有土地行政管理机关代表国家与有意受让人就地块的出让方案、出让条件进行协商的土地出让方式。采取协议方式出让土地使用权的出让金不得低于按国家规定所确定的最低价。协议出让形成的土地价格弹性很大，土地主管部门与土地使用者之间存在着广泛的议价空间，这使得设租与寻租普遍存在，土地腐败层出不穷，土地的市场价值得不到体现，造成土地资源的严重浪费。2004年3月18日，国土资源部联合监察部下发《关于继续开展经营性土地使用权招标拍卖挂牌出让情况执法监察工作的通知》，要求在2004年8月31日前将历史遗留问题界定并处理完毕，8月31日后，不得再以历史遗留问题为由采用协议方式出让经营性土地使用权。"8·31"大限过后，经营性土地协议出让成为历史。[①] 2002年5月9日，国土资源部下发《招标拍卖挂牌出让国有土地使用权规定》，明确了国有土地出让"招拍挂"的三种形式。招标出让国有土地使用权，是指市、县人民政府土地行政主管部门（出让人）发布招标公告，邀请特定或者不特定的公民、法人和其他组织参加国有土地使用权投标，根据投标结果确定土地使用者的行为。拍卖出让国有土地使用权，是指出让人发布拍卖公告，由竞买人在指定时间、地点进行公开竞价，根据出价结果确定土地使用者的行为。挂牌出让国有土地使用权，是指出让人发布挂牌公告，按公告规定的期限将拟出让宗地的交易条件在指定的土地交易场所挂牌公布，接受竞买人的报价

---

① 对于非经营性建设用地，仍可以划拨方式取得。1998年修订的《土地管理法》第五十四条规定："建设单位使用国有土地，应当以出让等有偿使用方式取得；但是，下列建设用地，经县级以上人民政府依法批准，可以以划拨方式取得：（一）国家机关用地和军事用地；（二）城市基础设施用地和公益事业用地；（三）国家重点扶持的能源、交通、水利等基础设施用地；（四）法律、行政法规规定的其他用地。"

申请并更新挂牌价格，根据挂牌期限截止时的出价结果确定土地使用者的行为。《城镇国有土地使用权出让和转让暂行条例》第十二条规定，土地使用权批租出让最高年限为：居住用地70年；工业用地50年；教育、科技、文化、卫生、体育用地50年；商业、旅游、娱乐用地40年；综合或者其他用地50年。

3. 年租制

1999年7月27日国土资源部印发《规范国有土地租赁若干意见》，明确"国有土地租赁是指国家将国有土地出租给使用者使用，由使用者与县级以上人民政府土地行政主管部门签订一定年期的土地租赁合同，并支付租金的行为"。国有土地租赁，有条件的，必须采取招标、拍卖方式。短期租赁一般不超过5年，按年度或季度支付租金。长期租赁应在国有土地租赁合同中明确约定土地租金支付时间、租金调整的时间间隔和调整方式。由于土地租赁通常按年度支付租金，因此又被称为"年租制"。在土地有偿使用制度推行初期，年租制由于有效缓解了土地使用者的当期资金支付压力并且对于政府而言能够有效解决已划拨土地的有偿使用问题而得到广泛运用。自1982年深圳开始试行征收土地使用费以来，到1997年10月，全国实行年租制的县市达860多个，至2003年底，近1000个。但由于年租制中土地承租人的转让、转租和抵押等处分权能的行使受到了较大程度的限制，而实行土地批租制政府可以一次性获取几十年的土地使用权租金，这使得无论是政府还是土地使用者均有激励以批租替代年租，因此在实际执行过程中年租制逐渐式微，批租制成为一级土地出让的主流形式。

二、不动产物权状况

通过征用可以将农村土地转化为城市建设用地。中国针对征用土地制订的专项法规有《国家建设征用土地办法》（1958年颁布并实施）、《国家建设征用土地条例》（1982年颁布并实施）、《中华人民共和国土地管理法》（1986年颁布，1987年实施）。1998年8月29日第九届全国人大常委会第四次会议对 1986 年颁布的《土地管理法》进行了修订并予以通过，1999 年 1 月 1 日正式实施。2004 年第十届全国人民代表大会第二次会议对《宪法》进行了修订，将原《宪法》第十条第三款"国家为了公共利益的需要，可以依照法律规定对土地实行征用"，改为"国家为了公共利益的需要，可以依照法律规定对土地实行征收或者征用并给予补偿"。现行《土地管理法》第二条第四款也作了同样的规定。

由此可见，实施土地征用是为了公共利益的需要。但 1991 年颁布实施的《中华人民共和国土地管理法实施条例》第十七条却规定："国家进行经济、文化、国防建设以及兴办社会公共事业"，可以征收集体所有的土地。经济建设显然并非全部适用于公共目的。为解决这一矛盾，1998 年颁布、1999 年实施的修订后的《土地管理法实施条例》第十九条规定："建设占用土地，涉及农用地转为建设用地的，应当符合土地利用总体规划和土地利用年度计划中确定的农用地转用指标；城市和村庄、集镇建设占用土地，涉及农用地转用的，还应当符合城市规划和村庄、集镇规划。不符合规定的，不得批准农用地转为建设用地。"可以看出，1998 年的实施条例试图以土地利用总体规划、土地利用年度计划以及城市和村庄、集镇规划来替代公共利益，虽然说土地利用总体规划、土地利用年度计划以及城市和村庄、集镇规划的制订是基于公共利益的考虑，但其具体的实施如房地产开发、城市基础设施建设、工业园区招商引资则往往是商业行为。《土地管理法》第四十三条进一步规定，"任何单位和个人进行建设，需要使用土地的，必须依法申请使用国有土地"，"依法申请使用的国有土地包括国家所有的土地和国家征收的原属于农民集体所有的土地"。这使得农村集体土地转为城市建设用地必须通过政府征收，形成独具中国特色的刘守英（2008）所说的"城乡分治、政府垄断城市土地一级市场"的土地制度。

对城市土地一级市场的垄断为地方政府"经营城市"创造了条件。根据赵小明（2006），所谓"经营城市"，即地方政府对城市的公共资源——主要是土地——按资本运营的方式进行经营，而城市规划作为城市建设与管理的"龙头"，成为经营城市的"源泉"。为便于经营城市目标的实现，各地方政府纷纷成立了土地储备中心对土地进行收储，成立了城投公司进行资本运作与基础设施建设。

1996年，上海成立全国第一家城市土地收储机构——上海土地发展中心。次年，杭州土地储备工作启动。1999年，国土资源部以内部通报的形式转发《杭州市土地储备实施办法》和《青岛市人民政府关于建立土地储备制度的通知》，向全国推广杭州、青岛两市的土地储备开展经验。2001年4月30日《国务院关于加强国有土地资产管理的通知》下发，提出"为增强政府对土地市场的调控能力，有条件的地方政府要对建设用地试行收购储备制度"。自此，土地储备制度由试点发展到全国推行，各地纷纷成立自己的土地储备机构。

1. 农用地

农村土地包括耕地、林地、草地、四荒地以及集体建设用地（包括宅基地、乡镇企业建设用地与乡（镇）村公共设施、公益事业建设用地）。《宪法》规定，农村和城市郊区的土地，除由法律规定属于国家所有的以外，属于集体所有；宅基地和自留地、自留山，也属于集体所有。《土地管理法》则进一步将集体所有区分为村民小组集体所有、村集体所有、乡镇集体所有三种形式。这种划分源于1962年中共第八届中央委员会第十次会议通过的《农村人民公社工作条例（修正草案）》（简称"六十条"），明确人民公社的组织由公社、生产大队、生产队三级构成（即所谓的"三级所有，队为基础"）。农村改革后旧的集体结构被废除，与公社、生产大队、生产队相对应的行政职能分别被镇、行政村村民代表大会、村小组所接替。

农村耕地实行家庭承包经营。刚开始实行家庭承包时，很多地方规定年限为5年，有的地方甚至没有规定年限。1984年中央一号文件明确，"土地承包期一般应在十五年以上。生产周期长的和开发性的项目，如果树、林木、荒山、荒地等，承包期应当更长一些"。在第一轮土地承包面临逐步到期之际，1993年中发11号文件规定，"在原定的耕地承包期到期之后，再延长三十年不变。开垦荒地、营造林地、治沙改土等从事开发性生产的，承包期可以更长"，并提倡在承包期内实行"增人不增地、减

人不减地"的办法。2002 年通过次年施行的《农村土地承包法》明确
"耕地的承包期为三十年","承包期内,发包方不得收回承包地",赋予
农民长期而有保障的土地使用权。2007 年通过并施行的《物权法》进一
步规定了"土地承包经营权人依法对其承包经营的耕地、林地、草地等
享有占有、使用和收益的权利",从而使农村土地承包经营权的法律地位
从债权上升为物权。农户可以对其拥有的土地承包经营权采取转包、出
租、互换、转让或者其他的方式依法自愿流转,但担保法禁止对耕地设定
抵押。承包法还规定,"承包期内,承包方全家迁入设区的市,转为非农
业户口的,应当将承包的耕地和草地交回发包方。承包方不交回的,发包
方可以收回承包的耕地和草地"。可见,在占有、使用、收益、处分四项
权能中,土地承包经营权的处分权能是相对残缺的,土地承包经营权的效
力与农民社区成员的身份绑定在一起,放弃了农民社区成员的身份,就意
味着放弃了土地承包经营权。

林地是指生长林木或以生长林木为目的的土地(侯宁等,2009)。中
国《森林法实施条例》界定的林地包括"郁闭度 0.2 以上的乔木林地以
及竹林地、灌木林地、疏林地、采伐迹地、火烧迹地、未成林造林地、苗
圃地和县级以上人民政府规划的宜林地"。《宪法》第九条规定,"矿藏、
水流、森林、山岭、草原、荒地、滩涂等自然资源,都属于国家所有,即
全民所有;由法律规定属于集体所有的森林和山岭、草原、荒地、滩涂除
外"。可见,森林从而林地的所有权只能由国家和集体所有,《森林法》
据此作出了专项的同样规定。国有林地一般无偿划拨给国有企事业法人单
位,集体林地则多由农村集体经济组织成员承包经营。《农村土地承包
法》明确,"林地的承包期为三十年至七十年;特殊林木的林地承包期,
经国务院林业行政主管部门批准可以延长"。林地使用权移转限于用材
林、经济林和薪炭林,不能将林地改为非林地。其他林地使用权不得转
让。除了拥有土地承包经营权的各项权能之外,林地使用权还可以抵押和
继承。

草原物权相对模糊。《宪法》第九条确立了草原的国家所有制与集体
所有制。《民族区域自治法》第二十七条进一步明确,"民族自治地方的

自治机关根据法律规定，确定本地方内草场和森林的所有权和使用权"。但无论是 1985 年制定的《草原法》还是 2002 年修订的《草原法》，均未能就属于集体所有的草原作出具体的法律规定，草原的集体所有制性质仅存在于一些地区的地方性法规之中。不同于耕地，根据《草原法》的规定，除非集体能够证明其所有权，否则草原和森林都属于国家所有，但《草原法》刻意回避对草原集体产权权属进行明确的法律界定，从而农村集体无法证实它们拥有草原的所有权。因为具有这样的特征，《草原法》被视为"符号法"，由《草原法》所规定的草原集体所有制被视为"空制度"。[①] 对于草地的承包，《农村土地承包法》规定其承包期为 30 年至 50 年。

荒地在中国包括荒山、荒沟、荒丘和荒滩四类未被利用的土地，统称为"四荒"。中国的荒地拍卖始于 1992 年。该年 8 月 3 日，中共吕梁地委（2004 年吕梁撤地建市）出台《关于拍卖荒山荒坡荒沟荒滩使用权加速小流域治理的意见》，决定将"四荒"使用权通过拍卖转交给承包户经营，调动农户参与"四荒"治理的积极性。1996 年国务院办公厅印发《关于治理开发农村"四荒"资源进一步加强水土保持工作的通知》，要求实行"谁治理、谁管护、谁受益"的政策，确保治理者的合法权益。通知规定，"农村集体经济组织内的农民都有参与治理开发'四荒'的权利，本村村民享有优先权。也鼓励和支持有治理开发能力的企事业单位、社会团体及其他组织或个人采取不同方式治理开发'四荒'。承包、租赁、拍卖'四荒'使用权，最长不超过 50 年"。购买的荒地使用权，"依法享有继承、转让、抵押、参股联营的权利"。鉴于有些地方存在把林地、耕地和国有土地及权属有争议的土地当作"四荒"进行使用权承包、租赁或拍

---

① "符号法"是由奥伯特（Vilbelm Aubert）提出的一个法律社会学的新概念，用于指称某一类特殊的法律，也有人将其称之为"空制度"。"空制度"反映的是成文法与习惯法之间的矛盾，创建空制度的法规尚未被社会普遍接受，象征支持者取得了表面上的胜利。空制度虽然代表支持者的利益，但不具有任何实际效力，不会对社会行为者的行为产生实际影响。参见何·皮特：《谁是中国土地的拥有者？》，社会科学文献出版社 2008 年版，第105—106、134、256 页。

卖的现象，1999年国务院办公厅下发《关于进一步做好治理开发农村"四荒"资源工作的通知》，要求做好"四荒"的界定、确权等基础性工作。对吕梁地区荒地使用权拍卖的实地调研表明，承包户须在一定的时间范围内，将荒地治理到一定程度，荒地使用合同和地方规定中明确了相应的标准，如果达不到这些标准，农村集体经济组织可以无偿收回荒地重新拍卖。荒地拍卖虽然以村为单位进行，县级行政主管部门的管理仍然重要，包括土地使用合同和土地证的设计与印制，应由县级政府统一安排（蒂姆·汉斯达德等，1996）。

2. 建设用地

宅基地是农户取得的用于建造自用住宅的农村集体建设用地。1962年通过的中共"六十条"规定，"生产队范围内的土地，都归生产队所有。生产队所有的土地，包括社员的自留地、自留山、宅基地等等，一律不准出租和买卖。社员新建房屋的地点，要由生产队统一规划，尽可能不占用耕地"。1963年3月20日中共中央下发《关于对社员宅基地问题作一些补充规定的通知》，对农村宅基地作出更为详细的规定："（一）社员的宅基地，包括有建筑物和没有建筑物的空白宅基地，都归生产队集体所有，一律不准出租和买卖，但仍归各户长期使用，长期不变。生产队应保护社员的使用权，不能想收就收，想调剂就调剂。（二）宅基地上的附着物，如房屋、树木、厂棚、猪圈、厕所等永远归社员所有，社员有买卖房屋或租赁房屋的权利。房屋出卖以后，宅基地的使用权即随之转移给新房主，但宅基地的所有权仍归生产队所有。（三）社员需新建房又没有宅基地时，由本户申请，经社员大会讨论同意，由生产队统一规划，帮助解决，但尽可能利用一些闲散地，不占用耕地，必须占用耕地的，应根据'六十条'规定，报县人民委员会批准。（四）社员不能借口修建房屋，随便扩大墙院，扩大宅基地，来侵占集体耕地，已经扩大侵占的必须退出。"可见早在1982年《宪法》之前，中国的法律就明确了农民对宅基地只有使用权，没有所有权。

农村宅基地实行"一户一宅"的严格管理制度。现行《土地管理法》第六十二条规定，"农村村民一户只能拥有一处宅基地，其宅基地的面积不得超过省、自治区、直辖市规定的标准。农村村民建住宅，应当符合乡（镇）土地利用总体规划，并尽量使用原有的宅基地和村内空闲地。农村村民住宅用地，经乡（镇）人民政府审核，由县级人民政府批准；其中，涉及占用农用地的，依照本法第四十四条的规定办理审批手续。农村村民出卖、出租住房后，再申请宅基地的，不予批准"。农村宅基地禁止转让。国务院办公厅 1999 年下发《关于加强土地转让管理严禁炒卖土地的通知》规定，"农民的住宅不得向城市居民出售，也不得批准城市居民占用农民集体土地建住宅，有关部门不得为违法建造和购买的住宅发放土地使用证和房产证"。2004 年，国土资源部发布《关于加强农村宅基地管理的意见》再次明确，"坚决贯彻'一户一宅'的法律规定。农村村民一户只能拥有一处宅基地，面积不得超过省（区、市）规定的标准。各地应结合本地实际，制定统一的农村宅基地面积标准和宅基地申请条件。不符合申请条件的不得批准宅基地。农村村民将原有住房出卖、出租或赠予他人后，再申请宅基地的，不得批准。严禁城镇居民在农村购置宅基地，严禁为城镇居民在农村购买和违法建造的住宅发放土地使用证"。宅基地使用权不许抵押。《担保法》规定，"耕地、宅基地、自留地、自留山等集体所有的土地使用权"不能设定抵押权，但"抵押人依法承包并经发包方同意抵押的荒山、荒沟、荒丘、荒滩等荒地的土地使用权"以及"以乡（镇）、村企业的厂房等建筑物抵押的，其占用范围内的土地使用权"除外。宅基地归农户长期使用，可以继承，这使得宅基地使用权事实上成为了永久性的权利。

《土地管理法》第四十三条规定，"任何单位和个人进行建设，需要使用土地的，必须依法申请使用国有土地；但是，兴办乡镇企业和村民建设住宅经依法批准使用本集体经济组织农民集体所有的土地的，或者乡（镇）村公共设施和公益事业建设经依法批准使用农民集体所有的土地的除外"。第六十条规定，"农村集体经济组织使用乡（镇）土地利用总体规划确定的建设用地兴办企业或者与其他单位、个人以土地使用权入股、联营等形式共同举办企业的，应当持有关批准文件，向县级以上地方人民政府土地行政主管部门提出申请，按照省、自治区、直辖市规定的批准权限，由县级以上地方人民政府批准；其中，涉及占用农用地的，依照本法第四十四条的规定办理审批手续"。第六十三条规定，"农民集体所有的土地使用权不得出让、转让或者出租用于非农业建设，但是，符合土地利用总体规划并依法取得建设用地的企业，因破产、兼并等情形致使土地使用权依法发生转移的除外"。《土地管理法》的上述规定，本来是为便于农村兴办乡镇企业和公益事业预留政策空间，作为附带的结果，也为农村出租集体建设用地创造了制度条件。

为了顺利推进集体建设用地直接入市，国土资源部批准并主持了安徽省芜湖市的土地改革试点。2000年2月18日国土资源部对芜湖试点方案的复函（国土资函〔2000〕170号文）中，强调了此次试点的重大意义："芜湖市农民集体所有建设用地使用权流转试点是国土资源部批准的第一个农民集体所有建设用地使用权流转的试点，试点的成功与否直接关系到中国农民集体所有建设用地制度的改革。"芜湖试点是在不改变集体建设用地所有权性质的前提下，由乡镇人民政府统一整理，采用招标、拍卖等市场方式转让土地使用权。集体建设用地流转可以采取转让、租赁、作价入股、联营联建、抵押等多种方式，如属于首次流转，土地使用者须按照有关规定和流转合同约定，如期向市、县人民政府缴纳一定比例的土地流转收益，如属于再次流转，则须参照国有土地增值税征收标准缴纳土地增值收益。土地流转收益和土地增值收益，在土地所有者、镇、县（区）、市之间按2∶5∶2∶1的关系分配。集体建设用地使用权年期等同于同类用途国有建设用地使用权年期。

在探索有效利用集体建设用地方面，地方政府进行了有益的尝试，在中央政策的支持下，有的省份还颁布了地方性法规，对集体建设用地的使用进行规范。2003年广东省政府出台《关于试行农村集体建设用地使用权流转的通知》，规定"农村集体建设用地使用权符合下列条件的，可以出让、转让、出租和抵押，并享有与城镇国有土地使用权同等的权益：（1）经依法批准使用或取得的建设用地；（2）符合土地利用总体规划和城市、镇建设规划；（3）依法办理土地登记，领取土地权属证书；（4）界址清楚，没有权属纠纷"。通过出让、转让和出租方式取得的农村集体建设用地不得用于商品房地产开发，使用年限参照同类用途国有土地使用年限的相关规定，并应依法缴纳包括土地增值税在内的相关税费。通知特别规定，"为进一步加大农村社会保障体系建立的力度，农村集体建设用地使用权流转的收益，其中50%左右应用于农民的社会保障安排，剩余的50%左右，一部分留于集体发展村集体经济，大部分仍应分配给农民"。2004年中央一号文件提出，要"积极探索集体非农建设用地进入市场的途径和办法"。同年，国务院下发《关于深化改革严格土地管理的决定》，明确"在符合规划的前提下，村庄、集镇、建制镇中的农民集体所有建设用地使用权可以依法流转"。2005年，广东省政府通过并施行《广东省集体建设用地使用权流转管理办法》，在2003年"通知"的基础上进行了更为详细的规定，明确可以使用集体建设用地的建设项目限于兴办各类工商企业、兴办公共设施和公益事业以及兴建农村村民住宅，出让、出租所取得的土地收益应纳入农村集体财产统一管理，其中50%以上应当存入银行（农村信用社）专户，专款用于集体经济组织成员的社会保障安排，不得挪作他用。2005年云南省委、省政府下发《关于发展壮大农村集体经济的意见》，提出"允许村组在明晰土地资源产权关系的基础上，将合法的非农建设用地以使用权入股、租赁等形式，开展村与组之间、集体企业与农户之间、村组与外来企业之间等多种形式的经营合作。若农村集体土地被征用，可以按批准征用地面积预留10%—15%，作为失地农民的安置用地，用于发展二三产业。对无土地等资源性资产的集体经济薄弱村，县市区人民政府可在区位条件相对较好的城镇规划区内为其安排部分项目建设用地"。除了不能用于商品房地产开发，农村集体建设用地享有与国有建设用地同等的出让、出租、转让、转租和抵押权能，在一定程度上实现了集体建设用地与国有建设用地"同地同价同权"。

矿业用地是指蕴含有一定矿产资源的土地。根据中国的法律规定，矿业用地属于"建设用地"。1998年修订的《土地管理法》明确，"建设用地是指建造建筑物、构筑物的土地，包括城乡住宅和公共设施用地、工矿用地、交通水利设施用地、旅游用地、军事设施用地等"。矿业用地与工业用地被合称为"工矿用地"。《宪法》规定中国的矿藏属于国家所有，但中国的城市土地和农村土地分属于国家和集体所有，而居民点及工矿用地的76.7%为农民集体所有（马克伟等，2001），不可避免地导致一元矿权与二元地权之间的冲突（胡健等，2007）。为促进矿产资源的开发利用，国家创设了矿业权，通过批准申请、招标、拍卖等方式进行矿业权授予，但矿藏依存于土地，矿业权的行使必须以获得土地使用权为前提，这使得矿业权人为行使其权利，必须通过一级土地出让市场取得矿业用地使用权。同城市建设用地一级出让的发展过程类似，之前矿业用地是通过国家划拨无偿取得，现在则除了石油、天然气等国家重点扶持的能源、资源产业之外，其他矿业用地必须通过正式的招拍挂程序取得使用权，其年期与工业用地相同，为50年。

根据2006年国务院常务会议通过并施行的《风景名胜区条例》，所谓风景名胜区是指具有观赏、文化或科学价值，自然景观、人文景观比较集中，环境优美，可供人们游览或者进行科学、文化活动的区域。截至2002年，中国建立各级风景名胜区677个，总面积达10万平方公里，占中国国土面积的比例超过1%（杨静等，2008）。条例规定，"风景名胜区内的交通、服务等项目，应当由风景名胜区管理机构依照有关法律、法规和风景名胜区规划，采用招标等公平竞争的方式确定经营者"，"经营者应当缴纳风景名胜资源有偿使用费"，"门票收入和风景名胜资源有偿使用费应当专门用于风景名胜资源的保护和管理以及风景名胜区内财产的所有权人、使用权人损失的补偿"。风景名胜区同样面临二元地权的问题。

3. 房屋

1998年7月3日，国务院颁发《关于进一步深化城镇住房制度改革加快住房建设的通知》，正式开启以"停止住房实物分配，逐步实行住房分配货币化"为核心的住房制度改革。与土地不同，在中国，私人可以拥有房屋的所有权，从而使中国的房地产权结构呈现为房屋所有权+土地使用权的特殊结构形式。为了避免房屋所有权人因为不能拥有土地而可能出现的产权纠纷，中国实行"房地产一致"原则。国务院

1990 年发布的《城镇国有土地使用权出让和转让暂行条例》第二十三条规定，"土地使用权转让时，其地上建筑物、其他附着物所有权随之转让"。第二十四条规定，"地上建筑物、其他附着物的所有人或者共有人，享有该建筑物、附着物使用范围内的土地使用权。土地使用者转让地上建筑物、其他附着物所有权时，其使用范围内的土地使用权随之转让，但地上建筑物、其他附着物作为动产转让的除外"。建设部《城市房屋权属登记管理办法》第六条规定，"房屋权属登记应当遵循房屋的所有权和该房屋占用范围内的土地使用权权利主体一致的原则"。《城市房地产管理法》第三十二条规定，"房地产转让、抵押时，房屋的所有权和该房屋占用范围内的土地使用权同时转让、抵押"。第四十八条规定，"依法取得的房屋所有权连同该房屋占用范围内的土地使用权，可以设定抵押权"。《担保法》第三十六条规定，"以依法取得的国有土地上的房屋抵押的，该房屋占用范围内的国有土地使用权同时抵押。以出让方式取得的国有土地使用权抵押的，应当将抵押时该国有土地上的房屋同时抵押。乡（镇）、村企业的土地使用权不得单独抵押。以乡（镇）、村企业的厂房等建筑物抵押的，其占用范围内的土地使用权同时抵押"。从上述规定可以看出，在采用包括转让、租赁、抵押等任何一种方式处分房屋或土地的使用权时，中国法律要求必须一同处分，或者"房随地走"，或者"地随房走"，二者不能分离。在商品房之外，中国还存在大量房改之前遗留下来的福利分房（老公房）以及房改之后为解决城市低收入家庭住房困难而建造的经济适用房，二者的土地使用权均以划拨的方式取得，购房人拥有有限产权，只有向政府缴纳土地收益等价款后，才可以取得完全产权或进行市场交易，而且经济适用住房限定购买满 5 年之后才能上市流通。

在商品房和保障房之外，中国有一种尚不被国家法律认可的特殊类型的房产，称为"小产权房"。它由农民或村集体利用农村宅基地或其他集体建设用地建设而成，由乡镇政府颁发产权证。据国土部门不完全统计，截至 2007 年上半年，全国小产权房面积已达 66 亿平方米，相当于全部"大产权"房 120 亿平方米的一半以上（张曙光，2011）。北京市通州区张家湾镇张湾村有一处叫做"太玉园"的小产权楼盘，由张湾村委与福建成龙集团合作开发，房屋买卖合同封面印有"张家湾镇人民政府监制"字样（周其仁，2007），合同写明，"乙方对房屋享有永久所有权，依法享有该房屋出租、转让、买卖、赠予、继承等权利"，产权证的发证机关为"张家湾镇开发区"（王小乔，2007）。小产权房的禁而不止令人深思，小产权房的开发者在房屋买卖过程中也很注意规避相关的法律风险，合同约定买卖的标的物是房屋的永久所有权，对于土地使用权问题则刻意回避。由于没有对土地使用权年期作出规定（因为买卖双方知道，即使做了规定也没有法律效力），相当于买卖双方默认对占用的土地享有永久使用权，尽管它不受法律保护。

4. 林木

林木也是一种不动产。中国《担保法》第七章附则限定，"本法所称不动产是指土地以及房屋、林木等地上定着物"。林地承包经营后，林木所有权归林地承包经营权人所有。

5. 矿产资源

矿产资源不是严格意义上的不动产，其在移动后不会减损其价值，但其具有不动产的性质，在未被开采之前，矿产资源依存于矿业用地，是不动产的一部分。矿产资源是一种"准不动产"。国土资源部 2000 年印发的《矿业权出让转让管理暂行规定》第三条明确，"探矿权、采矿权为财产权，统称为矿业权，适用于不动产法律法规的调整原则"。中国《宪法》规定矿藏归国家所有，但矿业权可以由经营者有偿取得。根据崔建远等人（1998）的定义，矿业权是指国有矿山企业、集体矿山企业以及个体工商户等主体，依照法定程序在已经登记的特定矿区或工作区内勘探、开采一定的国有矿产资源，取得矿产品，并排除他人干涉的权利。其中，勘探一定的国有矿产资源，取得矿产品之权，叫做探矿权；开采一定的国有矿产资源之权，称为采矿权。与一般物权相比，矿业权具有明显的差别，主要体现为：（1）一般物权根据普通法设立，矿业权根据特别法——《矿产资源法》设立。《物权法》仅在用益物权的"一般规定"中提及"依法取得的探矿权、采矿权、取水权和使用水域、滩涂从事养殖、捕捞的权利受法律保护"，并未明确其具体性质。矿业权是建立于特别法上的物权，是特许物权。（2）矿业权与一般物权同为民事权利，但矿业权的行使涉及公共利益，对其进行规制的《矿产资源法》属于经济法，具有公法的性质，规制一般物权的法律则为私法。（3）矿业权出让是行政行为，由行政法律规范调整，国家以社会公共事务管理者的身份出现。一般物权的设立由当事人自主决定（在国有土地使用权出让过程中，国家以所有者的身份出现，属民事行为，由民事法律规范调整）。（4）矿业权的标的物——矿产资源是消耗物，相对于工业制成品而言是生产原材料，是初级产品，一般物权的标的物是不易消耗物，存续周期较长。矿产资源具有未特定性，矿业权存在不代表矿产资源一定存在，而且勘探能力的高低决定矿产资源能否被发现，开采能力的高低决定矿产资源能否被获得。一般物权则具有特定性，其标的物明确为特定的客体。（5）矿业权的设定强调对矿产资源的节制利用，一般物权的设定强调对标的物的充分利用（彭方思，1999；崔建远，1998；刘骁男，2008）。基于上述诸多理由，矿业权一般被视为"准物权"，其某些性质和要件相似于一般物权，准用《物权法》规定的财产权。《矿业权出让转让管理暂行规定》第四条规定，"矿业权的出让由县级以上人民政府地质矿产主管部门根据《矿产资源勘查区块登记管理办法》、《矿产资源开采登记管理办法》及省、自治区、直辖市人民代表大会常务委员会制定的管理办法规定的权限，采取批准申请、招标、拍卖等方式进行"。第六条规定，"矿业权人可以依照本办法的规定采取出售、作价出资、合作勘查或开采、上市等方式依法转让矿业权，转让双方应按规定到原登记发证机关办理矿业权变更登记手续。但是，受让方为外商投资矿山企业的，应到具有外商投资矿山企业发证权的登记管理机关办理变更登记手续。矿业权人可以依照本办法的规定出租、抵押矿业权"。

对上述经营性不动产物权状况进行归纳分类，见表3-2。

表3-2　中国经营性不动产物权状况

	不动产类型		物权类型	物权有效年期	物权设定
农用地	耕地		承包经营权	30 年	不能抵押，不能继承
	林地		承包经营权	30—70 年，特殊林木用地可申请延长	产权较完整
	草地		承包经营权	30—50 年	所有权权属界定不清
	四荒地		承包经营权	50 年	产权较完整
建设用地	集体建设用地	宅基地	使用权	长期	不能抵押，可以继承
		乡镇企业建设用地	使用权	与同类用途国有建设用地批租年期相同	不能用于住宅建设
	城市建设用地	居住用地	使用权	划拨不限，批租 70 年	近似于完整产权
		工业用地	使用权	划拨不限，批租 50 年	近似于完整产权
		教育、科技、文化、卫生、体育用地	使用权	划拨不限，批租 50 年	近似于完整产权
		商业、旅游、娱乐用地	使用权	划拨不限，批租 40 年	近似于完整产权
		综合或其他用地	使用权	划拨不限，批租 50 年	近似于完整产权
	其他建设用地	矿业用地	使用权	划拨不限，批租 50 年	近似于完整产权
房屋	私有房屋		所有权	永久	完整产权
	老公房		部分所有权	缴纳土地收益等价款获得完整产权后永久所有	获得完整产权后才能转让
	经济适用住房		部分所有权	缴纳土地收益等价款获得完整产权且购买	完整产权后永久所有满 5 年才能转让
	一户一宅的农村房屋		所有权	永久	因宅基地不能抵押影响抵押权实现
	小产权房		事实上的所有权，但不受法律保护	事实上为业主永久所有，但国家法律不保护	由乡镇政府颁发产权证，不被法律认可

不动产类型	物权类型	物权有效年期	物权设定
林木	林权	30—70 年	近似于完整产权
矿产资源	矿业权	2—50 年	准物权，标的物不特定

注：1998 年修订后的《土地管理法》将土地按用途划分为农用地、建设用地和未利用土地，其中建设用地包括城市建设用地和农村建设用地，体现了政府统一城乡不动产市场的良好意图。本表对中国经营性不动产的分类借鉴了《土地管理法》的分类标准。"完整产权"是经济学意义上的私有产权，不排除所有权公有的情况。"近似于完整产权"是指除了在使用年期上有限制，其他方面等同于完整产权。"产权较完整"指占有、使用、收益、处分四项权能完备，但转让主体受限，如限于村集体内部或村集体成员优先。四项权能不完备的，如不具备处分权中的抵押权的，属于"产权残缺"。

从表 3-2 可以看出，一方面，中国不动产物权状况较为复杂，对不动产使用者而言，可以拥有土地的附着物如房屋的所有权，但只能拥有土地的使用权，而且使用年期长短不一，终究会有到期的一天。耕地和宅基地的处分权能严重受限，不能抵押，限于在村集体成员内部流转，城乡不动产二元产权结构特征明显。另一方面，虽然在土地使用年期的设定上缺乏长远考虑，但政策制定者仍然能够针对不同用途的土地设定不同的使用年期，如对于农用地，耕地为 30 年，草地为 30—50 年，四荒地为 50 年，林地为 30—70 年，分别与农作物的生长周期相对应，对于城市建设用地，商业用地为 40 年，工业、文教用地为 50 年，居住用地为 70 年，照顾到行业的生命周期及不同类型业主的心理需求。整体而言，中国不动产物权制度是朝着赋予使用者长期、稳定的使用权方向发展演变的。

第二节　中国大陆不动产税制现状

根据上节的讨论，中国的经营性不动产可分为农用地、建设用地、房屋、林木、矿产资源五类。中国自 2006 年 1 月 1 日起废止了《农业税条例》，取消了除烟叶以外的农林特产税，全部免征牧业税，因此，目前中国设定税种的不动产类型主要包括建设用地、房屋和矿产资源三类，主要涉及房地产业与矿业两大产业。

由房地产业带来的政府收益包括租、税、费三部分。其中，租为地租，是政府作为国有土地所有者代表收取的土地租金收入，包括土地出让金以及土地年租金，是土地所有权在经济上的体现；税为房地产税，是国家凭借政治权力，依靠立法强制、无偿、固定地取得一部分国民收入，是国家意志的体现；费为房地产行业收费，是政府性机构对其在土地和资金、劳务、工本等方面的投入所收取的经济补偿（刘维新，1993）。

一、土地租金

虽说租税有别，但年租金和土地出让金是财政收入的一部分，属于财政收入中的基金性收入，而且不动产税制优化离不开土地使用制度的改革，影响到地租收益的多寡。以土地出让金为主干的土地财政在中国的地方财政中占有举足轻重的地位，地方公共财政的建设离不开土地租金的规范与参与。

为了适应改革开放的新形势，1979 年中国颁布《中华人民共和国中外合资经营企业法》，规定"中国合营者的投资可包括为合营企业经营期间提供的场地使用权。如果场地使用权未作为中国合营者投资的一部分，合营企业应向中国政府缴纳使用费"。1980 年颁布《关于中外合资经营企业建设用地暂行规定》，进一步明确："中外合营企业用地不论新征用地，还是利用原有企业的场地，都应计收场地使用费。"场地使用费最早是在深圳面向"三资"企业征收，计收的方式包括利润分成、股权分配以及分土地等级以面积为单位按年或按年期收取。1984 年，尚无三资企业的内地抚顺市颁布《征收土地使用费暂行办法》，规定："除免征土地使用费的对象以外，凡在城市规划区内的国有土地进行工业生产、建设和经营商业、服务业以及个人建设用地，一律交纳土地使用费"，首先开始向包括国内企业和个人在内的土地使用者全面征收土地使用费。从 1984 年到 1987 年共计征收土地使用费 3657 万元，缓解了城市基础设施投资过程中的资金短缺问题（田雪杨等，2004）。此后，土地使用费的征收在全国主要城市全面推开，作为地方政府的财政收入，用于地方城镇建设和维护，中央政府不参与土地使用费的分成。

1987 年，深圳在协议出让之外，开始尝试以招标、拍卖的方式有偿出让国有土地使用权。

表 3-3　深圳 1987 年土地有偿出让概况

日期	用地性质	用地面积（平方米）	用地期限	出让方式	成交价格（万元）	参与企业数量（家）	受让单位
1987.9.9	住宅	5321.8	50 年	定向协议	106.4	1	中国航空技术进出口公司深圳工贸中心
1987.11.15	住宅	46355	50 年	公开招标	1705.9	9	深华工程开发公司
1987.12.1	住宅	8588	50 年	拍卖	525	44	深圳特区房地产公司

资料来源：王洪卫等：《房地产租费税改革研究》，上海财经大学出版社 2005 年版；田莉：《有偿使用制度下的土地增值与城市发展》，中国建筑工业出版社 2008 年版，由笔者整理而成。

深圳国有土地使用权首拍成功，产生了良好的示范效应。上海、珠海、海南、广州等地陆续出台了各自的土地使用权有偿转让办法，土地有偿转让在全国范围渐次铺开，土地出让金在地方财政中的重要性日益凸显，具有中国特色的土地财政现象开始形成。

表 3-4　1987—2010 年全国国有土地出让收入情况 （单位：亿元）

年份	1987	1988	1989	1990	1991	1992	1993	1994	1995	1996	1997	1998
出让收入	0.35	4.16	4.47	10.52	5.19	525	420.78	637.95	387.52	348.89	428.4	507.69
年份	1999	2000	2001	2002	2003	2004	2005	2006	2007	2008	2009	2010
出让收入	514.33	595.58	1295.89	2416.79	5421.31	6412.18	5883.81	8077.64	12216.72	10259.8	17179.53	28197.7

资料来源：1987—1992 年数据引自艾建国：《中国城市土地制度经济问题研究》，华中师范大学出版社 2001 年版；1993—2004 年数据引自田莉：《有偿使用制度下的土地增值与城市发展——土地产权的视角分析》，中国建筑工业出版社 2008 年版，其中 1997 年的数据缺失；1997 年的数据引自王玉波、唐莹：《地方土地财政与国家财政体制关系》，《财经论丛》2011 年 9 月；2005—2010 年数据引自刘守英：《以地谋发展模式的风险与改革》，《国际经济评论》2012 年第 2 期。上引数据具有较好的一致性，并经笔者整理与核对。

在出让国有土地使用权获取称之为土地出让金的货币地租的同时，城市政府还会通过签订土地出让合同要求房地产开发企业无偿提供诸如学校、居委会、托老所、物业管理用房等社区配套设施乃至市政道路、文化活动中心、行政办公楼等城市配套设施，获取实物地租。由于1988年后中央政府参与土地出让收益的比例分成，实物地租曾一度盛行，后来随着中央政府不断调低分成比例，地方政府通过采取实物地租的方式以实现土地出让收益留成最大化的动机得到缓解，目前实物地租基本限于提供社区生活配套，城市基础设施的提供则多由城市政府筹措资金完成。

批租制对土地使用者的资金要求比较高。为利于国有土地使用权有偿使用制度的建立，1994年，湖北襄樊、河南许昌、山东青岛等少数城市开始探索和试行"年租制"。1996年，山西、湖南、广西、吉林四省区开始在其行政辖域内全面推行。截至1997年底，全国试行年租制的县（市、区）达860个（艾建国，2001；徐婷等，2005）。

按年计收的土地使用费本质上也是一种年地租，但土地使用费仅适用于增量土地，对于存量土地不能发挥调节作用。随着有偿出让国有土地使用权的推行，为了避免早期划拨用地国家土地收益的流失，实现拥有不同类型用地的企业间的平等竞争，深圳市于2000年率先以立法形式推行土地年租制，面向所有土地使用者（法律、法规另有规定的除外），征收土地年地租。具体为：（1）原行政划拨用地，因未缴地价，或补办出让手续，或收取较高标准的年租金，以缩小其与有偿出让用地之间的差距；（2）以招、拍、挂出让方式获得的商品房用地以及合法转让的房地产，虽然缴足了地价，仍要象征性收取土地年地租，以体现土地的国有性质，其数额较小，以工业用地为例，其标准为1元/年·平方米；（3）以协议出让方式获得的自用性质的非商品房用地，因其未足额缴付地价，收取一定数额的年地租加以调节；（4）对临时建筑和新出租用地收取最高标准年地租；（5）对改变用地性质、用途或新增建筑面积而未办理出让手续或未补缴地价的，收取最高标准的临时性土地租金（韩南生等，2000）。

表3-5　2000—2009年全国国有土地租赁收入情况　（单位：亿元）

年份	2000	2001	2002	2003	2004	2005	2006	2007	2008	2009
土地租赁收入	4.1	4	5.7	4.8	3.1	9.7	3.8	2.5	3.2	25.7119

资料来源：管清友、彭薇：《土地财政：戒不掉的鸦片》，《证券市场周刊》2011年12月10日。

　　1988年，国务院颁布《中华人民共和国城镇土地使用税暂行条例》，名义上是以"土地使用税"代替"土地使用费"，符合当时清费立税的税制改革思路，但由于"土地使用税"实际上是"土地使用费"的代名词，本质上仍然具有地租的内涵。具体体现为：（1）《城镇土地使用税暂行条例》第一条规定，"为了合理利用城镇土地，调节土地级差收入，提高土地使用效益，加强土地管理，制定本条例"。"土地使用税"是为调节土地级差收入而设，自然属于地租范畴。（2）土地使用税是针对有偿出让的土地，按照土地等级分标准象征性地收取少量数额，以显示土地所有权，而税作为国家政治权力的体现，无须以取得土地使用权的不同方式划分征收范围（刘维新等，1994）。因此，目前中国实行的城镇土地使用税更像"地租"而不像"地税"，或者说目前中国的城镇土地使用税实际上是一种租税合一的制度安排。

　　城镇土地使用税与针对有偿出让的国有土地收取的每平方米0.3元至1元不等的年租金（又称土地使用金或土地出让租金）在税费设置上相互重叠。城镇土地使用税开征后，部分城市取消了土地使用金的收取。如上海市于2008年11月17日通过《上海市人民政府关于修改〈上海市土地使用权出让办法〉的决定》，宣布自2009年1月1日起取消土地使用金的征收。

二、房地产税

　　房地产税收贯穿土地使用权取得、房地产开发、房地产流转、房地产持有各个环节，直接跟房地产相关的税种主要有耕地占用税、城镇土地使用税、土地增值税、房产税、契税，间接相关的税种主要有营业税、城市维护建设税、教育费附加、所得税、印花税。

1. 直接与房地产相关的税种

耕地占用税。为保护耕地，国务院于 1987 年颁布《中华人民共和国耕地占用税暂行条例》。耕地占用税是对占用耕地建房或从事其他非农业建设的单位或者个人，按其实际占用耕地的面积一次性定额征收的税种。税额核定以县为单位，按人均占有耕地多少将全国分为四类地区，并参照经济发展情况确定适用税额。国务院财政、税务主管部门 2008 年确定的平均税额标准为：人均耕地不超过 1 亩的地区，每平方米 10—50 元；人均耕地在 1—2 亩（含 2 亩）的地区，每平方米 8—40 元；人均耕地在 2—3 亩（含 3 亩）的地区，每平方米 6—30 元；人均耕地超过 3 亩的地区，每平方米 5—25 元。经济开发区、经济特区和人均耕地特别少的地区可适当提高税额，但最高不得超过核定税额的 50%。军事设施、学校、幼儿园、养老院、医院占用耕地免征。

城镇土地使用税。1984 年 9 月 18 日，国务院颁发《国营企业第二步利改税试行办法》，提出"增加资源税、城市维护建设税、房产税、土地使用税和车船使用税"，但是"保留税种，暂缓开征"，同年 10 月 1 日起试行。1988 年 9 月 27 日国务院颁布《中华人民共和国城镇土地使用税暂行条例》（2006 年有修订），规定在同一年 11 月 1 日起在全国范围内开征城镇土地使用税，各地制定的土地使用费办法同时停止执行。

城镇土地使用税以城镇土地为课税对象，面向"在城市、县城、建制镇、工矿区范围内使用土地的单位和个人"征收，具体采用幅度税额并分等级的办法，由省、自治区、直辖市人民政府根据自身经济发展状况，在税额幅度（0.6—30 元/平方米/年）内确定本地区各等级的适用税额，以纳税人实际占用的应税土地面积为单位计征。下列土地免缴土地使用税：（1）国家机关、人民团体、军队自用的土地；（2）由国家财政部门拨付事业经费的单位自用的土地；（3）宗教寺庙、公园、名胜古迹自用的土地；（4）市政街道、广场、绿化地带等公共用地；（5）直接用于农、林、牧、渔业的生产用地；（6）经批准开山填海整治的土地和改造的废弃土地，从使用的月份起免缴土地使用税 5 年至 10 年；（7）由财政部另行规定免税的能源、交通、水利设施用地和其他用地。

土地增值税。为合理调节土地增值收益，国务院于1993年12月发布《中华人民共和国土地增值税暂行条例》，规定自1994年1月1日起，凡有偿转让国有土地使用权、地上的建筑物及其附着物的，就其增值部分征税，实行四级超率累进税率。增值额未超过扣除项目金额50%的部分，税率为30%；增值额超过扣除项目金额50%，未超过扣除项目金额100%的部分，税率为40%；增值额超过扣除项目金额100%，未超过扣除项目金额200%的部分，税率为50%；增值额超过扣除项目金额200%的部分，税率为60%。纳税人建造普通标准住宅出售，增值额未超过扣除项目金额20%的，免征土地增值税。因城市规划、国家建设需要搬迁，由纳税人自行转让原房地产的，比照条例免征土地增值税。土地增值税的征税范围不包括转让集体土地使用权的行为以及以继承、赠予等方式无偿转让房地产的行为。针对房地产开发企业，实行土地增值税预征和清算制度，对个人转让自用住房，居住满5年或5年以上的，免予征收土地增值税，居住满3年未满5年的，减半征收。

房产税。房产税是以城市、县城、建制镇和工矿区的房产为征税对象，按照房产的计税余值或出租房屋的租金收入征收的一种财产税。1986年9月15日国务院颁布《中华人民共和国房产税暂行条例》，规定自当年10月1日起开征房产税，按照房产原值一次减除10%—30%后的余值计算缴纳，税率为1.2%，出租的房产，以租金收入作为计税依据，税率为12%。没有房产原值作为依据的，由房产所在地税务机关参考同类房产核定。以下房产免纳房产税：（1）国家机关、人民团体、军队自用的房产；（2）由国家财政部门拨付事业经费的单位自用的房产；（3）宗教寺庙、公园、名胜古迹自用的房产；（4）个人所有非营业用的房产；（5）经财政部批准免税的其他房产。除此之外，纳税人纳税确有困难的，经省、自治区、直辖市人民政府确定，可定期减征或免征房产税。为配合国家住房制度改革，支持住房租赁市场发展，财政部、国家税务总局于2000年联合下发《关于调整住房租赁市场税收政策的通知》，规定自2001年1月1日起，对按政府规定价格出租的公有住房和廉租住房，包括企业和自收自支事业单位向职工出租的单位自有住房、房管部门向居民出租的公有住房、落实私房政策中带户发还产权并以政府规定租金标准向居民出租的私有住房等，暂免征收房产税，对个人按市场价格出租的居民住房，其应缴纳房产税暂减按 4% 的税率征收。

随着住房商品化改革的推进，城市土地的价值日益得到凸显，房地产保值增值的观念逐渐深入人心，房地产市场的投机炒作蔚然成风。由于中国对个人所有非营业用的房产免征房产税，使得房产税难以发挥应有的调节财富分配的作用。在这样的经济背景下，2003 年，中共中央提出了在条件具备的情况下开征统一规范的物业税的制度构想。

然而，虽然物业税成为坊间热议的话题，很久以来，社会各界始终无法就这一话题达成共识。在这期间，房地产市场经历过多次宏观调控，每次调控之后随之而来的却是房价和销售额朝向更高位的反弹，这使得政府不得不推出"限购、限价、限贷"这样的反市场干预政策，并于 2011 年在上海和重庆启动房产税扩大开征的改革试点。

上海的试点只针对增量房征收，无论是否自住，凡上海居民在本市新购第二套及以上住房，非户籍居民新购第一套及以上住房征收房产税。以应税住房市场交易价格的 70% 为计税依据，应税住房市场交易价格低于上年度新建商品住房平均销售价格 2 倍的，税率为 0.4%，否则税率为 0.6%。同时，以人均居住面积 60 平方米为限，若合并住房面积不足人均 60 平方米的，新购住房免税，房产税只对超出部分计征。

重庆试点则对主城九区内个人拥有的独栋商品住宅、新购高档住房以及无户籍、无企业、无工作的个人新购第二套及以上住房征收房产税。其中，个人拥有的独栋商品住宅，税率为 0.5%，个人新购的高档住房（价格超过主城九区近两年新建商品房均价 2 倍的住房）分别按 3 倍以下、3—4 倍、4 倍以上实行 0.5%、1%、1.2% 的累进差别税率，无户籍、无企业、无工作的个人新购的第二套及以上普通住房，税率为 0.5%。重庆的房产税不仅面向新购住房，还针对主城区的存量独栋住宅进行征收。由于 2010 年、2011 年两年房价上涨，2011 年重庆主城区高档住房价格标准为建面 9941 元/平方米，2012 年则提高到 12152 元/平方米。高培勇

（2011）认为，作为第一个对存量房征收房产税的城市，重庆市的试点绝对属于开中国税收征管先河之举，具有里程碑意义。

契税。契税是以房屋所有权或国有土地使用权发生转移（包括土地出让、转让，土地及房屋出售、赠予、交换）的不动产为征税对象，向产权承受人征收的税种。契税于1950年起征，后取消。随着城乡房屋买卖重新活跃，1981年财政部下发《关于改进和加强契税征收管理工作的通知》，恢复契税征收。1990年财政部进一步下发《关于加强契税工作的通知》，对契税政策进行补充和调整。现行契税系按1997年7月7日颁发的《中华人民共和国契税暂行条例》征收。契税以交易价格为计税依据，税率为3%—5%，国家机关、事业单位、社会团体、军事单位承受土地、房屋用于办公、教学、医疗、科研和军事设施的，契税免征，个人购买自用普通住宅的，暂减半征收。

与房地产直接相关的税种还包括固定资产投资方向调节税和城市房地产税。改革开放后，为控制固定资产投资规模，自1983年10月1日起，开征建筑税，税率为投资额的10%。1987年，国务院颁布《中华人民共和国建筑税暂行条例》，对未列入国家计划的基建投资和技改项目中的建筑工程投资，建筑税税率定为20%，未列入国家计划的楼堂馆所，定为30%。1991年，国务院颁布《中华人民共和国固定资产投资方向调节税暂行条例》，规定中国境内进行固定资产投资的单位和个人，应当缴纳投资方向调节税，税率定为0%、5%、10%、15%、30%五档，并同时废止《建筑税暂行条例》。1999年，财政部、国家税务总局、国家发展计划委员会联合发布《关于暂停征收固定资产投资方向调节税的通知》，该税从此暂停征收。1986年国务院颁布《中华人民共和国房产税暂行条例》，但房产税的适用范围仅限于国内的单位或者个人，对于外商投资企业、外籍公民、华侨、港澳台同胞则仍然适用1951年8月8日政务院公布的《城市房地产税暂行条例》。2008年12月31日，温家宝签发第546号中华人民共和国国务院令，宣布自2009年1月1日起《城市房地产税暂行条例》废止，外商投资企业、外国企业和组织以及外籍个人，依照《中华人民共和国房产税暂行条例》缴纳房产税。

表 3-6　土地直接税收分项占地方一般预算收入比例

（单位：亿元，%）

年份	房产税		城镇土地使用税		土地增值税		耕地占用税		契税		总占比
	金额	占比	金额	占比	金额	占比	金额	占比	金额	占比	
2000	209.4	3.3	64.8	1.0	10.3	0.2	35.3	0.6	131.1	2.0	7.1
2001	228.4	2.9	66.2	0.8	8.4	0.1	38.3	0.5	157.1	2.0	6.3
2002	282.4	3.3	76.8	0.9	20.5	0.2	57.3	0.7	239.1	2.8	7.9
2003	323.9	3.3	91.6	0.9	29.3	0.2	89.9	0.9	358.1	3.6	9.0
2004	366.3	3.1	106.2	0.9	75.0	0.6	120.1	1.0	540.1	4.5	10.1
2005	436.0	2.9	137.3	0.9	140.3	0.9	141.9	0.9	735.1	4.9	10.5
2006	514.8	2.8	176.8	1.0	231.5	1.3	171.1	0.9	867.7	4.7	10.7
2007	575.5	2.4	385.5	1.6	403.1	1.7	185.0	0.8	1206.3	5.1	11.6
2008	680.3	2.4	816.9	2.9	537.4	1.9	314.4	1.1	1307.5	4.6	12.9
2009	803.7	2.5	921.0	2.8	719.6	2.2	633.1	1.9	1735.1	5.3	14.7
2010	894.1	2.2	1004.0	2.5	1278.3	3.1	888.1	2.2	2464.9	6.1	16.1
2011*	798.6	2.0	905.0	2.3	1640.4	4.1	767.9	1.9	2177.6	5.5	15.8

注：2011 年数据并非全年数据，而是 1—9 月份数据。

资料来源：管清友、彭薇：《土地财政：戒不掉的鸦片》，《证券市场周刊》2011 年 12 月 10 日。

2. 间接与房地产相关的税种

与房地产间接相关的税种不在本书税制优化调整的范围之内，但这几个税种与地方政府的土地财政行为有着紧密的联系，因此有必要对其单独论列。

营业税。营业税是对在中国境内提供应税劳务、转让无形资产或销售不动产的单位和个人，就其营业额开征的税种，覆盖房地产开发的各个环节，包括房地产建设、房地产转让交易、房地产出租以及物业服务。建筑业营业税税率为 3%，销售或出租不动产，税率为 5%，对个人转让或出租普通住房，有营业税免征或减征政策。

城市维护建设税。为了加强城市的维护建设，国务院于 1985 年 2 月 8 日颁发并实施了《中华人民共和国城市维护建设税暂行条例》，开征城市维护建设税这一新税种。该税是对缴纳产品税、增值税、营业税的单位和个人，以其缴纳的产品税、增值税、营业税税额为计税依据，与这三种税同时缴纳。纳税人所在地在市区的，税率为7%；在县城、镇的，税率为5%；不在市区、县城或镇的，税率为1%。城市维护建设税除划给中央财政的原铁道部、各银行总行、各保险总公司集中缴纳的部分外，其余部分划归地方财政作为其固定收入。

教育费附加。国务院1986年发布并施行《征收教育费附加的暂行规定》，对缴纳消费税、增值税、营业税的单位和个人，以其缴纳的消费税、增值税、营业税税额为计征依据，以3%的教育费附加率征收教育费附加。地方征收的教育费附加留归当地，用于发展地方教育事业。虽然教育费附加不是严格意义上的税收，但它与城市维护建设税一样，依附于营业税，具有税的性质，在此一并列出。

所得税。包括企业所得税与个人所得税。企业所得税是对中华人民共和国的境内企业就其生产经营所得和其他所得征收的一种税，税率为25%；个人所得税是针对个人所得征收的一种财产税，对于工资、薪金所得，适用5%—45%的超额累进税率，对于个体工商户的生产、经营所得以及企事业单位的承包、承租经营所得，适用5%—35%的超额累进税率，对于个人转让房地产所得，适用税率20%。

印花税。印花税是对经济交往中书立、领受凭证征收的一种税。中国1958年简化税制，印花税并入工商统一税，1981年恢复征收。根据书立、领受凭证的不同，税率从0.05‰到3‰不等。

不考虑所得税、营业税以及营业税的教育费附加，根据2012年的统计数据，将其他与房地产直接或间接相关的税种进行税额占比统计，如图3-1所示。

房产税和城镇土地使用税属于房地产保有环节的税种，二者仅占2012年中国房地产税收总额的20.4%，而属于交易环节的城市维护建设税、契税、印花税占比则高达49.1%。由于房地产开发环节与交易环节都要缴纳土地增值税，如果算上土地增值税中的交易环节部分，交易环节的房地产税占比更高。不考虑土地增值税，开发环节的耕地占用税与城镇土地使用税占比达22.2%。同时，开发环节开发企业要承担巨额的土地

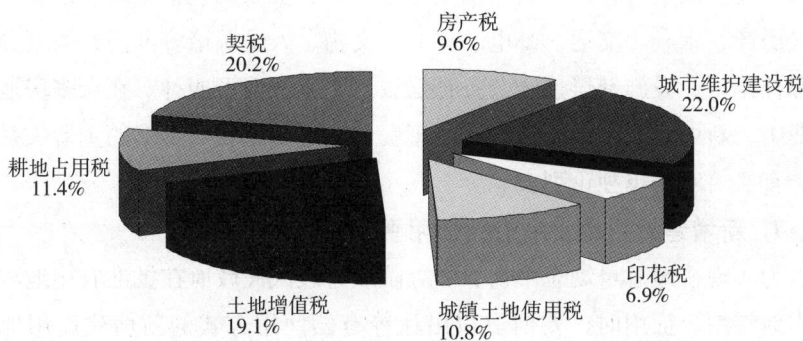

图 3-1　2012 年中国房地产相关税收统计

资料来源：《中国统计年鉴（2013）》。

出让金以及各种政府收费，税收只是开发成本中的一部分。整体而言，房地产保有环节的房地产税收远远低于房地产流通环节。

三、房地产收费

从征地到竣工验收、产权过户，房地产收费贯穿房地产开发的各个环节。中国税收政策的制定权掌握在中央政府手中。从 1984 年起，国务院相继颁布一系列政策，允许地方政府及其部门收费，筹措资金解决发展中遇到的各类问题。由于缺乏有效的约束和监督，各地纷纷出台配套措施，竞相增加各种行政事业性收费项目，乱收费现象严重，引起中央重视，于1993 年、1996 年、1997 年连续三次发文，取消近百项不合理收费，其中涉及房地产的收费达 48 项（陈志勇等，2010）。

房地产收费名目繁杂，由北京房地产估价师和土地估价师协会编纂的《2008'北京市房地产税费》列明的房地产费达 56 种①，含房地产项目立项涉及的各种咨询费、评价费，征用土地涉及的各种补偿费、补助费，房

---

① 《2008'北京市房地产税费》将地价款与房地产中介服务费中的各种咨询费、经纪代理费、评估费统称为房地产费，共计 66 种，但地价款属于地租范畴，房地产中介服务费非地方政府及其部门收费，若将其排除，北京市房地产收费项目为 56 种。

地产开发涉及的各种配套费、基金等等，有收费权的包括土地、财政、农业、房产、水利、交通、邮电、林业、文物、人防等诸多部门，类型分为资源补偿型、设施补偿型、劳务补偿型、工本补偿型四种。在众多房地产收费中，新增建设用地土地有偿使用费及土地闲置费与本书的主旨关系紧密，有必要对其单独论列。

1. 新增建设用地土地有偿使用费

为实现耕地总量动态平衡，国务院或省级人民政府在批准农用地和未利用地转用、征用时，要向取得出让等有偿使用方式的新增建设用地的县、市人民政府收取平均土地纯收益，专项用于耕地开发。1998 年修订的《土地管理法》规定："新增建设用地的土地有偿使用费，30% 上缴中央财政，70% 留给有关地方人民政府。" 1999 年财政部、国土资源部发布《新增建设用地土地有偿使用费收缴使用管理办法》，明确缴纳标准由国务院土地行政主管部门按照全国城市土地分等和城镇土地级别、基准地价水平、各地区耕地总量和人均耕地状况、社会经济发展水平等情况制定，由国务院财政和土地行政主管部门联合发布，定期调整，从量收取。2006 年，财政部、国土资源部、中国人民银行发布《关于调整新增建设用地土地有偿使用费政策等问题的通知》，决定从 2007 年 1 月 1 日起，新增建设用地土地有偿使用费征收标准在原有基础上提高 1 倍；地方分成的 70% 部分，一律全额缴入省级国库，市、县人民政府不按国家规定及时足额缴纳的，国土资源部和各省、自治区、直辖市国土资源管理部门一律不得为其办理用地审批手续和批准文件。

2. 土地闲置费

中国 1994 年颁布的《中华人民共和国城市房地产管理法》第二十五条规定："以出让方式取得土地使用权进行房地产开发的，必须按照土地使用权出让合同约定的土地用途、动工开发期限开发土地。超过出让合同约定的动工开发日期满一年未动工开发的，可以征收相当于土地使用权出让金百分之二十以下的土地闲置费；满二年未动工开发的，可以无偿收回土地使用权。"国土资源部 1999 年发布并施行《闲置土地处置办法》，2012 年进行了修订。闲置土地被定义为超过国有建设用地使用权有偿使用合同或划拨约定书约定、规定的动工开发日期满一年未动工开发的国有建设用地，已动工开发但开发建设用地面积占应动工开发建设用地总面积不足三分之一或者已投资额占总投资额不足 25%，中止开发建设满一年的国有建设用地，也可认定为闲置土地。

四、矿业收益

由矿业带来的政府收益包括矿业权（探矿权、采矿权）价款、矿业权（探矿权、采矿权）使用费、资源税以及矿产资源补偿费。

1. 矿业权价款

1986 年颁布、施行的《中华人民共和国矿产资源法》规定，"国家对矿产资源实行有偿开采。开采矿产资源，必须按照国家有关规定缴纳资源税和资源补偿费"。1996 年修订的《矿产资源法》将其修改为，"国家实行探矿权、采矿权有偿取得的制度；但是，国家对探矿权、采矿权有偿取得的费用，可以根据不同情况规定予以减缴、免缴。……开采矿产资源，必须按照国家有关规定缴纳资源税和资源补偿费"。事实上很长一段时间以来，中国的矿业企业一般通过征收、划拨的方式获得矿业用地使用权。

1998 年修订的《土地管理法》将工矿用地界定为建设用地，规定任何单位和个人进行建设，需要使用土地的，必须依法申请使用国有土地（包括国家所有的土地和国家征用的原属于农民集体所有的土地），除非法律另有规定，建设单位使用国有土地，应当以出让等有偿使用方式取得，矿业用地使用单位和个人支付出让价款，获得矿业权。

2. 矿业权使用费

按规定矿业权人每年须缴纳矿业权使用费。1998 年颁布并实施的《矿产资源勘查区块登记管理办法》第十二条规定："探矿权使用费以勘查年度计算，逐年缴纳"，"第一个勘查年度至第三个勘查年度，每平方公里每年缴纳 100 元；从第四个勘查年度起，每平方公里每年增加 100 元，但是最高不得超过每平方公里每年 500 元。"同期颁布并施行的《矿产资源开采登记管理办法》第九条规定："采矿权使用费，按照矿区范围的面积逐年缴纳，标准为每平方公里每年 1000 元。"

3. 资源税

1984 年中国颁布并试行《中华人民共和国资源税条例（草案）》，对在中国境内从事原油、天然气、煤炭、金属矿产品和其他非金属矿产品资源开发的单位和个人开征资源税。资源税以产品销售收入额为计税依据，采用超率累进税率：销售利润率低于 12%（含 12%）的，不缴资源税；销售利润率超过 12% 低于 20%（含 20%）的部分，销售利润率每增加 1%，税率增加 0.5%；销售利润率超过 20% 低于 25%（含 25%）的部分，销售利润率每增加 1%，税率增加 0.6%；销售利润率超过 25% 的部分，销售利润率每增加 1%，税率增加 0.7%。1986 年，财政部下发《关于对原油、天然气实行从量定额征收资源税和调整原油产品税税率的通知》，对原油、天然气资源税实行从量定额征收，原油以实际产量（包括自产自用部分）、天然气以实际销量为计税依据。

1993 年，国务院颁布《中华人民共和国资源税暂行条例》，把盐税并入资源税制，1994 年 1 月 1 日起施行。资源税税目调整为包括原油、天然气、煤炭、其他非金属矿原矿、黑色金属矿原矿、有色金属矿原矿、盐，并重新调整了税额幅度。2011 年国务院对《资源税暂行条例》进行了修订，将对石油、天然气的资源税由从量计征变为从价计征，税率为销售额的 5%—10%，其他品目仍从量计征，但上调了焦煤和稀土矿的从量定额标准。

4. 矿产资源补偿费

1994 年，国务院发布并施行《矿产资源补偿费征收管理规定》。凡在中国领域及其他管辖海域开采矿产资源的采矿权人，须依照规定缴纳矿产资源补偿费，按照矿产品销售收入的一定比率（补偿费费率×开采回采率系数，补偿费费率为 0.5%—4%）计征，企业缴纳的矿产资源补偿费列入其管理费用。征收的矿产资源补偿费须及时全额就地上缴中央金库，年终按照规定实行中央与省、自治区、直辖市的比例分成，中央与省、直辖市的分成比例为 5∶5，与自治区的分成比例为 4∶6。补偿费由地质矿产主管部门会同财政部门征收，纳入国家预算，专项管理，主要用于矿产资源勘查。

5. 矿区使用费

中国曾对从事石油开采的企业征收矿区使用费。财政部 1989 年发布并施行《开采海洋石油资源缴纳矿区使用费的规定》，矿区使用费按每个油、气田日历年度原油或天然气总产量计征，费率为：（1）原油年度总产量不超过 100 万吨的部分，免征矿区使用费；超过 100 万吨至 150 万吨的部分，费率为 4%；超过 150 万吨至 200 万吨的部分，费率为 6%；超过 200 万吨至 300 万吨的部分，费率为 8%；超过 300 万吨至 400 万吨的部分，费率为 10%；超过 400 万吨的部分，费率为 12.5%。（2）天然气年度总产量不超过 20 亿立方米的部分，免征矿区使用费；超过 20 亿立方米至 35 亿立方米的部分，费率为 1%；超过 35 亿立方米至 50 亿立方米的部分，费率为 2%；超过 50 亿立方米的部分，费率为 3%。原油和天然气的矿区使用费，均用实物缴纳。

由于目前中国海洋石油、天然气主要以中外合作方式开采，实际上矿区使用费主要面向中外合作油气田和少量中国海上自营油气田征收。2011 年新修订的《中华人民共和国资源税暂行条例》实施，取消矿区使用费，统一改征资源税。

第四章 中国港澳台地区不动产物权与税制现状

本书提出的不动产税制优化设计针对中国大陆，而香港和台湾地区无论在土地制度还是在不动产税制方面都有其自身的特点，前者体现了港英政府因殖民者身份而带来的短期政策效应，后者体现了在孙中山先生"平均地权"思想的引领下，国民党在土地改革方面取得的社会成绩。香港和台湾地区与祖国大陆继承了同样的文化和制度遗产，但在不同的制度环境下形成了不同的制度建构。对中国大陆的制度设计而言，香港和台湾地区的制度经验具有无可替代的重大参考价值。因此，本章在讨论大陆不动产物权与税制现状的同时，也重点讨论了香港和台湾地区的不动产物权与税制特征。澳门的资料相对较少，此处仅做简单介绍。

第一节 中国香港不动产物权与税制现状

一、不动产物权发展概说

香港 1842 年成为英国殖民地，1997 年回归中国。在英国统治香港期间，由港英政府代行土地所有权，向土地使用者批租规定期限的土地使用权。在回归以前，香港的土地使用权批租期限主要有 999 年、99 年、75 年以及 75 年加 75 年等几种年期，回归以后批租期限统一为 50 年。特殊用地的批租年期相对较短，康乐用地为 10 年或 21 年，加油站用地为 21 年。

香港土地批租期限的演变大致可分为三个阶段：（1）1841 年港英政府批租第一块土地，位于港岛及九龙界限街以南，当时租期未做明确规定。1844 年以后将该土地租期确定为 75 年，并且不可续约。1848 年，因承租人抱怨租期短，政府把租期延长至 999 年，并且无须补缴地价。在随后的 50 年里，除大部分九龙中心地段及郊区的建屋地段和花园地段以 75 年批出，香港港岛以及九龙界限街以南批租的土地，租期均为 999 年。（2）1898 年，由于认识到租期过长不利于政府与承租人共同分享土地增值收益，港英政府对新批租土地取消了 999 年的租约，代之以 75 年期满可再续租 75 年但不另收地价的租约，从此 75 年租期成为标准租期，直至 1997 年香港回归。（3）北九龙及新界土地于 1898 年被港英政府租借、接管，由 1898 年 7 月 1 日起计，港英政府以 99 年减最后 3 天，批租给土地使用者，在 1997 年 6 月 27 日期满时收回，再由港英政府于 6 月 30 日归还中国（王晓明，2005；王文革，2005）。土地使用期满，若政府同意，可以补缴地价续期，否则土地及地上建筑物交归政府所有。

除了批租土地，香港还有少量私有土地以及享有永业权的土地。1903 年，港英政府完成对全港土地的地籍测量，宣布新界部分农业用地归当地村民所有，其他土地统称为"官地"。位于港岛花园道的圣约翰教堂所占用的土地，是英王赠予圣公会坎特伯雷大主教的，是香港唯一一处享有"永业权"（freehold）的政府所有土地，由教堂永久使用。

1984 年中英签署《中英联合声明》，规定所有在 1997 年 6 月 27 日前到期的土地租约可续约，无须补缴地价，但不得超过 2047 年。过渡期每年新批土地不得超过 50 公顷，批租期限不得超过 2047 年 6 月 30 日。为防止港英政府滥售土地，《中英联合声明》附件三规定，从声明生效之日起至香港回归前一天，扣除开发土地的平均成本，港英政府获自土地交易的地价收入与未来的香港特区政府均分。之后不久，中英土地委员会中方代表处成立香港特别行政区政府土地基金，通过土地基金的运作实现过渡期内香港土地的保值增值。1998 年，土地基金的资产并入外汇基金统一管理，但保持相对独立，不改变其用途。《中英联合声明》签署后，香港房地产市场进入长达 12 年（1985—1997）之久的牛市期，并在主权回归后不久达到高峰（潘慧娴，2011）。

1997 年 7 月 1 日中国恢复对香港行使主权后，香港土地制度按照 1990 年通过的《中华人民共和国香港特别行政区基本法》规定，"香港特别行政区境内的土地和自然资源属于国家所有，由香港特别行政区政府负责管理、使用、开发、出租或批给个人、法人或团体使用或开发，其收入全归香港特别行政区政府支配"。

为体现香港土地的国家所有权，1984 年签署的《中英联合声明》对香港土地批租制度的部分内容做了修改，在保留既有土地批租制度框架的前提下，添加了土地年租的制度向量，包括名义年租与实际年租两种制度因子。因此，自 1984 年以后，香港土地出让实行的是土地批租制和土地年租制的混合体制（王晓明，2005）。

所谓名义年租，是对 1985 年 5 月 27 日以前批出或期满已获续期的土地征收名义年租金，数额较小，租值固定，仅具有象征意义，如港岛及九龙界限街以南的居住、商业和工业用地，无论面积大小，每幅土地每年交租 1000 港元。所谓实际年租，是对 1985 年 5 月 27 日期满续约的土地，承租人不补地价，但在续约期内须缴纳实际年租金；1985 年 5 月 27 日以后新批出土地，承租人除一次交清地价外，在承租期内还要按年缴纳实际年租金。实际缴纳的年租金额相当于当日该土地应课差饷租值的 3%。此后，随应课差饷租值的改变而调整租金。乡村屋地、丁屋地等农村土地的承租人，符合一定条件的，维持原定租金。

香港全境土地面积 1108 平方公里，其中 40% 为郊野公园，不能用作开发。特区政府垄断一级土地供应，由地政总署负责制定土地出让计划，出让方式包括拍卖、招标、协议三种，每年供地数量有限，规模也比较小。除了公益性用地，所有工商及商品住宅用地一律以公开拍卖方式批租，由出价最高者获得。

1997年10月，亚洲金融风暴席卷香港，港股、楼价大跌。1998年特区政府如期推出官地招标，结果仅以楼面地价400元/平方英尺售出，远低于市场现值，进一步造成市场恐慌（黄良升，2004）。为抑制楼市滑坡，特区政府宣布暂停卖地9个月，后来又设计出"勾地"制度，由地政总署公布当年的"供申请售卖土地一览表"（俗称"勾地表"），有意向的单位或个人可在售卖前3个月内，递交申请及按金，列明愿意支付的最低出价，如价格符合预期，政府将书面通知申请人，并在两个月内以拍卖或公开招标的方式推出该幅地块，以确保每幅官地推出都会有人承接。此外，特区政府还成立土地发展公司（后改称"市区重建局"），积极进行土地储备。

香港的高地价政策源于殖民地时期，港英政府以卖地为主要的收入来源，这样就能够实施简单的税制，令英国企业受惠于较低的利得税税率。香港的土地政策对大地产商有利。本来香港每年批租的土地就比较有限，香港主权回归过渡时期，每年批租土地不超过50公顷，人为造成土地供应紧张。勾地制度透明度低，供地与否取决于地产商的需求。除了每年举行土地招标、拍卖，政府还通过市区重建局以及香港铁路有限公司出售土地。这两家公营机构以半公开的方式组织土地招标，虽然邀请竞投公开进行，但是否入选则完全由内部决定（潘慧娴，2011）。地产商还可以向地政总署提出"修订契约申请"，通过补缴地价，改变持有的土地用途。经验丰富的地产商往往在市场不景气时递交申请，为自己创造盈利空间。

1983—1993年间，香港地方政府财政收入的33.5%来自于卖地（田莉，2008）。到20世纪90年代末，前十家大型房地产企业占据香港90%的市场份额（田莉，2004）。香港的房地产市场被大财团垄断，由李嘉诚家族、郭氏家族、李兆基家族、郑氏家族、包氏及吴氏家族、嘉道理家族这六大家族控制的财团，均依靠香港最珍贵的天然资源——土地，发家致富。

香港贫富分化严重。2009 年，有 123 万香港人生活在贫困线下，约 10 万人居住在环境恶劣的笼屋①中，基尼系数高达 0.434。香港是居住成本第三高的亚洲城市，置业成本第四高的国际城市（每平方尺 10709 港元，高于东京），零售商铺租金高企，在全球排名第二（潘慧娴，2011）。为解决普通居民的住房问题，香港房屋委员会于 1973 年 4 月成立，负责制定和推行本港的公屋计划，以满足无法负担私营租住楼宇人士的住房需求。公屋是"公共屋邨"的简称，由特区政府出资兴建并拥有产权，以较低的价格租给低收入人群，与内地的廉租房基本相当。香港约有 260 万套住房，为 700 多万人口提供栖身之所，约 48% 的人口以不同形式受惠于政府的住房资助补贴。目前香港的公屋单位约 73 万套，为 209 万市民即全港约 1/3 的人口提供居住服务，人均居住面积约为 12.8 平方米。截至 2011 年，香港约有商品房 143 万套，住房私有率约为 51%（刘晨等，2011）。

二、不动产税制

在地价与年租之外，香港开征了针对房地产的税收，包括利得税、物业税、印花税、遗产税和差饷。

1. 利得税

香港《税务条例》规定，任何人士（含法团、合伙业务、受托人或团体）在香港经营任何行业、专业或业务获得的在香港产生或来自香港的应评税利润均须缴纳利得税。利得税的税率是变动的，每一年都有可能不同，如 2007/08 年度适用于法团的税率为 17.5%，适用于个人的税率为 16%，2008/09 年度至今适用于法团的税率为 16.5%，适用于个人的税率为 15%。利得税针对出售经营性资产取得的利润征收。在香港，房地产属于资本性资产，转让时无须缴纳利得税。但如果税务局认定转让或买卖

---

① 笼屋，又称床位寓所，是指一个单位内有多位租户（官方定义为一个单位内有十二伙或以上租户），以铁丝网分割围住，并共享厨房、厕所。笼屋被称为"香港光鲜与繁华之外的另一面"，联合国经济及社会理事会多次表示"笼屋是对人类尊严的一种侮辱"。

房地产的行为属于投机类商业行为，则无论征税对象是否居港，根据利润来源地原则均须征收利得税（李晶，2003）。

2. 物业税

不同于大陆热议的"物业税"概念，香港的物业税是每一纳税年度向拥有物业（含土地和楼宇）出租而收取租金的人士征收的一种收益税，自 1940 年开始征收。物业税的纳税人包括直接由政府批给土地或楼宇者、权益拥有人（beneficial owner）、终身租用人（tenant for life）、按揭受益人（mortgagee）、向注册合作社购买楼宇者以及拥有需要每年缴纳地租或其他费用的房地产的人士。物业税的税基为当年的租金收入扣减业主支付的差饷以及 20% 的维修支出免税额后的余值，不能追回的租金可获扣减，但如果随后租金收回，则须在收回的年度视作收入计算物业税。物业税的通用计算公式为：物业税税额 =（租金收入-业主支付的差饷）×（1-20%）×税率。物业税的税率由政府视需要作年度调整，2007/08 年度税率为 16%，2008/09 年度至今税率为 15%。对于自用及空置物业，不征收物业税。拥有物业收取租金的有限公司，缴纳利得税，无须缴纳物业税。

3. 印花税

香港征收印花税始于 1866 年，是对文书征收的税项。《香港法例》指定一些文书必须向香港税务局交付印花税，否则不具法律效力。与不动产相关的此类文书包括不动产售卖转易契、不动产买卖协议以及不动产租约。印花税采取累进税率，香港针对物业文书征收的印花税税率见表4-1。

表4-1　香港买卖或转让不动产的印花税税率

代价款额或价值		收费
超逾	不超逾	
	$ 2000000	$ 100
$ 2000000	$ 2351760	$ 100+超逾 $ 2000000 的款额的 10%
$ 2351760	$ 3000000	1.50%

续表

代价款额或价值		收费
超逾	不超逾	
$ 3000000	$ 3290320	$ 45000+超逾 $ 3000000 的款额的 10%
$ 3290320	$ 4000000	2.25%
$ 4000000	$ 4428570	$ 90000+超逾 $ 4000000 的款额的 10%
$ 4428570	$ 6000000	3%
$ 6000000	$ 6720000	$ 180000+超逾 $ 6000000 的款额的 10%
$ 6720000	$ 20000000	3.75%
$ 20000000	$ 21739120	$ 750000+超逾 $ 20000000 的款额的 10%
$ 21739120	—	4.25%

注：自 2010 年 4 月 1 日起执行该税率。如所计得的印花税包括不足 $ 1 之数，该不足之数须当作 $ 1 计算。

资料来源：http：//www. gohome. com. hk/mortgage/stamp-duty/。

表 4-2 香港租赁不动产的印花税税率

年期		收费
无指定租期或租期不固定		年租或平均年租的 0.25%*
超逾	不超逾	
—	1 年	租期内须缴租金总额的 0.25%*
1 年	3 年	年租或平均年租的 0.5%*
3 年	—	年租或平均年租的 1%*
租约内提及的顶手费及建造费等		代价的 3.75%（如根据租约须付租金）；否则如买卖不动产般缴付相同的印花税
复本及对应本		每份 5 元

注：* 表示将年租/平均年租/租金总额调高至最接近的 $ 100 计算，印花税评定不将任何租约内提及的订金计算在内。

资料来源：http：//www. gohome. com. hk/mortgage/stamp-duty/。

为控制楼市过热，特区政府于 2012 年新增额外印花税（special stamp duty）和买家印花税（buyer stamp duty）。任何个人或公司在 2012 年 10 月 27 日或以后取得住宅物业的，在三年内将其转售，须缴付额外印花税，买入后半年内出售的，税率增至 20%，超过半年不足一年的，税率 15%，超过一年不足三年的，税率 10%。所有非本地居民、所有本地及外地公司在香港买楼，须支付 15% 的买家印花税。

4. 遗产税

香港于 1915 年开始征收遗产税。1998 年 4 月 1 日以后，起征点调高为 750 万港元，采取累进税率。超过 750 万港元不超过 900 万港元的部分，税率为 5%；超过 900 万港元不超过 1050 万港元的部分，税率为 10%；超过 1050 万港元的部分，税率为 15%。2006 年，香港立法会通过《2005 年收入（取消遗产税）条例草案》，取消了该税种。

5. 差饷

香港首条《差饷条例》于 1845 年生效。征收差饷的最初目的是为支付维持警队所需开支，当时将其称为"差役饷项"，现已改称"差饷"，其支出也从最初的仅供差役扩展到差役、街灯、食水及消防等饷项（彭赞荣，2005）。差饷是在房产保有阶段向楼宇或物业的占有人征收的一种间接财产税。业主和物业使用人均有法律责任缴交差饷，除了租约订明由业主缴纳，一般由物业使用人缴交。除少数特殊用途的物业，所有类别的房产，无论私有还是公营，自用还是出租，均须缴纳差饷。具体计算方式为：物业应课差饷租值×差饷征收率。物业应课差饷租值是假设在指定的估价依据日期，物业空置出租可取得的合理年租金。1999 年以前，特区政府每三年评估一次，1999 年以后，每年都要重新评估。差饷征收率由立法会决定，实际上自 1999 年起，一直维持在 5%，没有变化。为鼓励房屋资源的有效利用，自 1974 年 1 月 1 日起，港英政府废除向空置住宅楼宇退还差饷的措施，新建空置住宅楼宇的"免差饷期"由 6 个月缩短至 3 个月，非住宅楼宇一般需要较长装修期，"免差饷期"维持在 6 个月不变。

差饷是香港不动产税中的主体税种，对特区政府的财政收入有着重要贡献。

表 4-3 1999—2004 年间差饷收入及占特区政府总收入的百分比

(单位：10 亿港元)

年度	1999—2000	2000—2001	2001—2002	2002—2003	2003—2004
差饷收入	12.8	14.4	12.7	8.9	11.1
占特区政府总收入百分比	5.5%	6.4%	7.3%	5.0%	5.5%

资料来源：廖俊平、任作风：《香港差饷税征收管理系统介绍》，《涉外税务》2004 年第 8 期。

无论土地、楼房，还是古董、股票，香港没有针对任何资产任何种类的增值税，只是在变更土地用途时收取地价，借以回收部分土地增值（梁振英，2004）。为打击发展商囤积土地投机，特区政府针对土地租约设计了专项"建筑规约"，列明承租人在某个日期之前，须建成不少于一定面积的建筑楼面，否则将对承租人实施罚款或没收土地。

第二节 中国台湾不动产物权与税制现状

一、不动产物权发展概况

中国台湾地区土地总面积 35916 万公顷，其中 70% 为山地和丘陵，30% 为平原和盆地。1895 年，台湾被日本占据，大量农民失去土地，佃农数量剧增，土地集中加剧。1945 年抗战胜利，收回台湾，同时国民党政府还接收了日据时期被各级殖民政府和日本财阀占有的 1817 万公顷土地，并将其划为公地。到 1949 年土地改革前，台湾的农地 45.3% 由佃农耕种，其余由所有者耕种。农村人口中佃农占 40%，自耕农占 34%，地主占 26%（陈海秋，2002）。

国民党败退台湾，带进约 200 万军民，使台湾人口急剧增至 800 多万（栾雪飞等，2001）。台湾人多地少。1955 年人口 908 万，人均耕地 0.096公顷，1975 年人口增至 1615 万，人均耕地 0.057 公顷，1995 年人均耕地进一步减少为 0.041 公顷（陈海秋，2002）。

土改之初台湾通货膨胀，物价奇高。1949 年的物价是 1945 年的 7000 多倍，失业率高企，社会动荡不安。当时台湾农业以租佃制为主，地租额一般为业六佃四，有的甚至高达业七佃三，无论岁有丰歉，地租标准不变，称之为"铁租"。地主预收一季至两年的押租，还收取副产物租，而且佃权不稳定，租约多为口头契约，地主经常随意增租撤佃。凡此种种，导致租佃关系紧张，纠纷不断。

迫于形势，国民党不得不致力于恢复经济，改善民生。囿于台湾省情，当局选择了农业优先的发展战略，从土地改革入手寻求突破。台湾先后进行了三次土改，第一次土地改革从 1949 年开始，到 1959 年结束，可以分为三七五减租、公地放领、耕者有其田三个阶段。

三七五减租于 1949 年 1 月开始酝酿，主要内容是限定佃农向地主交纳地租，一律不超过主要作物正产品全年收获量的 37.5%，签订书面租约，租期不少于 6 年，积欠地租不到 2 年之总额者，不得撤佃。实际执行时，由县市地方组织"推行三七五地租委员会"，以 1948 年地方某块耕地全年总产量为标准，固定计租额，永不变更，如遇歉收，佃农可依法申请减租。如歉收收获量不及 1948 年产量的三成，应予免租，如丰产，则按 1948 年产量的 37.5% 交租。因此，三七五地租表面看是分成租，实际上是定额租（王侃，2005）。

公地放领是把从日伪政权及日本在台机构手中没收而来的"公地"出售给农民，价格为土地全年正产物收获量的 2.5 倍，分 10 年偿还，无须付利息。早在 1948 年 4 月，国民党即颁发《台湾省放领公地扶植自耕农实施工作要点》，将所接管的台湾拓植会社社有地（日本为其移民准备的土地）及台湾糖业公司、台湾茶叶公司的农场划出零星土地进行公地放领试验。1951 年 6 月 4 日，台湾当局颁发《台湾省放领公有耕地扶植自耕农实施办法》，公地放领全面铺开。放领公地含水田与旱田，按质量分为三等，根据承领人的家庭人口和耕作能力酌定承领的面积标准，承领顺序依次是现耕农、雇农、承租耕地不足的佃农、耕地不足之半自耕农、需土地耕作的原土地关系人、转业为农者等（王侃，2005）。1948—1958 年，台湾当局先后放领公地 6 次，面积 71666 万甲（1 甲约合 0.97 亩），承领农户 139688 户（栾雪飞等，2001）。

为防止地主隐瞒耕地，1952 年至 1953 年，在"中美农村复兴联合委员会"技术协助及经费赞助下，台湾省政府对全岛土地权属状况进行了"户籍总归户"登记。1952 年 8 月，《台湾省扶持自耕农条例草案》被送交台湾"中央政府"审议，11 月，经讨论修改后的草案以《实施耕者有其田条例》的名义提交立法院，于 1953 年 1 月 20 日获得通过，并于同年 5 月 1 日起实施。条例规定，按肥瘠程度，将台湾土地分为 26 个等级。地主拥有耕地的最高限额为 3 甲中等水田或 6 甲中等旱田或其他等级相当于此的耕地，超出限额的，一律由当局出面征购，然后按放领公地的办法转售给需要土地的农民。政府支付地主的征地补偿同样为土地全年正产物收获量的 2.5 倍，采用债券和股票相结合的方法偿付。其中，70% 为实物土地债券，由台湾土地银行发放，水田按稻谷、旱田按甘薯计值，年利率 4%，分 10 年 20 期均等清偿本息，其他 30% 为公营事业包括台湾水泥股份有限公司、台湾纸业股份有限公司、台湾工矿股份有限公司和台湾农林股份有限公司的股票，迫使地主把所收地价投入工业。台湾当局还规定，地主保留地不自耕而供出租的，只要佃农在此土地上耕作满 8 年，即可申请当局代为照价收买，地主不得拒卖。"耕者有其田"政策的实施，使台湾的土地制度从地主的大土地私有制转变为自耕农的小土地私有制。到 1960 年，台湾农户中自耕农占 64%，半自耕农占 21%，佃农仅占 15%。到 1977 年，地主拥有的土地仅剩 49000 公顷，占台湾耕地总面积的 5.3%（王侃，2005）。

台湾地区第一次土地改革使农村地权相对平均，缩小了农村的贫富差距，但也导致小家庭农场比例过高，不利于规模经营。1952 年台湾有家庭农场 68 万个，1980 年增至 8712 万个，1952 年家庭农场经营面积在 1 公顷以下的占 46.4%，1975 年增至 71.42%。人口增多和继承析产，进一步加剧了土地的细碎化。工业发展和城市扩张，导致耕地总量锐减。1979 年，台湾当局提出在农村实行"第二次土地改革"。1982 年正式公布的《第二阶段土地改革方案》提出的主要改革措施包括：（1）由台湾"中国农民银行"为农民提供购地贷款，扩大家庭农场经营规模；（2）继续推行共同经营、委托经营、合作经营等方式；（3）加速办理农地重划，将畸零分割的地块重新划分，建立标准化的农村道路和给排水系统；（4）推行农业机械化（陈海秋，2002）。

第二次土地改革取得了一定的成效。截至 1986 年，台湾累积组成6061 个合作农场，经营面积达 12.2 万公顷，参加农户约 19.5 万户。从1980 年到 1986 年，农地重划达 35 万公顷，农民拖拉机拥有量从 1965 年的 1.2 万台增至 1985 年的 6.7 万台，有 7.84% 的农户放弃了土地所有权（黄安余，2008）。

进入 20 世纪 90 年代，随着经济形势的发展，台湾非农用地需求量猛增，为便于土地资源的合理利用，台湾开始逐步放宽对耕地流转的限制。1990 年，台湾当局对"土地法"进行了修订，取消私有农地所有权转移受让人必须为自耕农的限定。1991 年，台湾当局宣布废止已实行长达 38年之久的《实施耕者有其田条例》，拉开第三次土地改革的序幕。

第三次土地改革以"农地释出"为核心内容。1993 年 8 月，台湾农业委员会批准《台湾农地释出方案》，放宽对农地的变更限制，规定"特定农业区为配合政府之重要建设需要，亦得变更使用"。为配合农地释出方案的实施，台湾当局 1994 年修订《非都市土地使用管制规则》，规定对不适合作农业用途的农地调整其使用分区，使土地管制更加符合实际情况。1996 年，对《国土综合开发计划（1987—2000）》进行修订，确立以市场经济机制经营农地，实现农地保护的新观念。2000 年，修订《农业发展条例》，将"农地农有、农地农用"政策调整为"放宽农地农有、落实农地农用"（陈海秋，2002）。

政策规定可优先释出的农地包括：依法编定为非农业用地，如工业区及风景区内的农牧业用地；不宜耕种地，如沿海地带盐分过高及海水倒灌地区；一般非都市土地，包括都市边缘地带土壤变坏、不宜作为农业用途的土地；都市计划范围内的农地，经论证为不必要保留的农业区及保护区；非都市计划特殊发展需要地区，包括澎湖、离岛地区或经审核有转换必要的地区。"农地释出"政策使得台湾耕地大量转作他用，满足了工商业与城市化的需求，但在台湾也颇受争议（黄安余，2008）。

　　台湾的土地制度，不能简单地以公有或者私有来概括。苏志超（1999）强调："土地国有之基本目的，可因平均地权之理想完全实现而达成。所谓平均地权之土地政策，实质上乃是土地国有政策。土地国有不一定必须否定全国私有土地之财产权。"土地形式上私有，实质上可能具有公有的内涵，土地形式上公有，实质上可能具有私有的成分。台湾"宪法"第一百四十三条规定，"中华民国领土内之土地属于国民全体。人民依法取得之土地所有权，应受法律之保障与限制。私有土地应照价纳税，政府并得照价收买。附着于土地之矿，及经济上可供公众利用之天然力，属于国家所有，不因人民取得土地所有权而受影响。土地价值非因施以劳力资本而增加者，应由国家征收土地增值税，归人民共享之。国家对于土地之分配与整理，应以扶植自耕农及自行使用土地人为原则，并规定其适当经营之面积"。苏志超（1999）认为，台湾"宪法"所谓土地属于国民全体，含有抽象的土地国有观念，因为国家代表国民全体，土地属于国民全体，等于说国家享有最高层次的土地所有权。但是，国家不必实际占有使用其所有之一切土地，为了让土地得到有效利用，国家将土地占有、使用、收益之权利授予国民，使其建立土地财产权。在现代进步的社会中，私人土地所有权观念，早已经含有一种社会义务在内。在平均地权制度下之私人土地所有权，实际上受最高的土地国有权之支配。

　　台湾"土地法"第十条规定，"中华民国领域内之土地，属于中华民国人民全体，其经人民依法取得所有权者，为私有土地。私有土地所有权消灭者，为国有土地"。中国台湾地区的土地制度以私有制为主，兼有公有和私有两种形式，既非单一的土地公有制，也非纯粹的土地私有制，而是一种公有和私有的复合所有制，以"平均地权"为其特色（高海燕，2007）。

二、不动产税制

　　台湾的不动产税收制度是国民政府不动产税收制度的承继与发展，具体税项区分土地和房屋分别设定，针对土地开征的税项包括地价税、土地增值税、空地税、荒地税以及不在地主税，针对房屋开征的税项为房屋税。同时，针对不动产转移，开征了契税、遗产税以及赠予税。此外，针对矿产资源，开征矿区税、矿产税。围绕不动产，台湾建立了较为完整的复合财产税体系。

台湾不动产税制的理论起点可追溯至孙中山先生对亨利·乔治学说的理解与发挥。孙中山先生强调针对都市土地的平均地权，为达成平均地权的目的，主张：规定地价、照价收买、照价征税和涨价归公。

1. 地价税

地价税是针对土地价值课征的税项。台湾"宪法"第一百四十三条第一项规定，"人民依法取得之土地所有权，应受法律之保障与限制。私有土地应照价纳税，政府并得照价收买"。

地价税以规定地价为计税依据。第一次土地改革成功后，市地价格快速上涨。为抑制土地投机，台湾当局于1951年通过决议，要求已完成规定地价者，应即开征地价税。1954年，台湾通过《实施都市平均地权条例》，要求"都市土地未规定地价者，应举办规定地价；其已定地价者，自本条例施行后，重新规定地价。直辖市及县（市）政府对于辖区内之都市土地，应依本条例之规定征收地价税"。

台湾自1949年开始办理规定地价工作，由地方主管机关划分地价区段，在各个区段内，抽查最近一年买卖地价交易量的5%作为实例样本，计算区段内平均地价，平均地价经公告后，称为公告地价。土地所有权人按照公告地价上下20%的范围，可以高报或低报各自土地之现值地价，称为申报地价或法定地价（于宗先等，2003）。《实施都市平均地权条例》规定，如其另行申报之地价低于公告地价20%时，得由政府照价收买之，故申报地价一般不会低于公告地价的80%。规定地价每三年调整一次，政府订定公告地价作为民众申报地价的参考。由于在重新规定地价期间，很少有民众主动申报地价，政府对未重新申报地价者，一律以公告地价的80%作为课税税基。

类似于综合所得税的查征办法，为防止纳税人分散土地财产，逃漏地价税，台湾地区实行地价总归户制度。规定地价完成后，由主管机关编造地价册及总归户册，地价税税基以土地所有权人在台湾同一县（市）之不动产地价总额计算。地价税实行优惠税率与超额累进税率，各县（市）累进起点地价不同。优惠税率为单一比例税率，适用优惠税率者包括：（1）公有非公用土地[①]、工矿用地、农地及绿化带之土地，按基本税率10‰课征；（2）私有自用住宅用地，在都市地区土地面积不超过 3 公亩的，或在非都市地区土地面积不超过 7 公亩的，按 2‰课征；（3）都市计划公共设施保留地，在保留期间仍为建筑使用者，按 6‰计征（苏志超，1999）。其他类型的都市土地适用累进税率，累进起点地价是各县（市）都市土地 7 公亩的平均地价，记作 V，则有：

$$V = \frac{县（市）规定地价总额 -（工矿、农业用地地价 + 免税土地地价）}{县（市）规定地价面积 -（工矿、农业用地面积 + 免税土地面积）} \times 7$$

地价税超额累进税率以起点地价为基点，实行六级累进。记 L 为土地所有权人（以户为单位）在台湾某县（市）拥有土地的地价总额，具体如表 4-4 所示。地价税按年征收，纳税义务人为土地所有权人、典权人或承领人。台湾的建筑公司购买土地，进行不动产开发，多以"预售"或"委建"的方式，将土地分割过户给承购人或委建人，无须缴纳地价税（苏志超，1999）。

表 4-4 台湾地价税六级超额累进税率表

级数	级距	税率
1	$L \leq V$	10‰
2	$V < L \leq 5V$	15‰
3	$5V < L \leq 10V$	25‰
4	$10V < L \leq 15V$	35‰
5	$15V < L \leq 20V$	45‰
6	$L > 20V$	55‰

资料来源：叶少群：《海峡两岸税收制度比较》，中国财政经济出版社 2008 年版，第 232 页。

---

① 公有非公用土地包括加油站、公众使用的停车场、动物园、体育场所用地、寺庙、教堂用地、政府指定的名胜古迹用地等。

2. 土地增值税

台湾"宪法"第一百四十三条第三项规定：土地价值非因施以劳力资本而增加者，应由国家征收土地增值税，归人民共享之。地价税是照价征税，土地增值税则是涨价归公。台湾学界认为，地价税是在土地持有期间对私有部分的地价按年课征的财产税，土地增值税则是在土地产权移转时对在持有期间产生的土地自然增值一次性课征的特殊租税，属于对社会公有财产的收回，不应将其视为财产税或所得税（苏志超，1999；于宗先等，2003）。

为抑制土地投机，台湾当局1951年通过决议，规定土地所有权移转时，或无移转但届满十年时，或有工程设施届满五年时，一律课征土地增值税。1954年，土地增值税正式开征，对已规定地价的土地，在所有权移转时，按土地涨价总数额即土地增值额征收。土地涨价总数额计算方式为：

土地涨价总数额＝申报土地移转现值或公告现值－原规定地价或前次
移转时所申报的土地移转现值 ×
（台湾地区物价指数÷100）－改良土地费用－工程
受益费－土地重划费用－土地使用变更而无偿捐赠
的土地公告现值

土地增值税税率分为优惠税率与超额累进税率两种。超额累进税率分为40%、50%、60%三级，记：

$$i = \frac{\text{土地涨价总数额} - \text{原规定地价（或前次移转时核计土地增值税之现值数额）}}{\text{原规定地价（或前次移转时核计土地增值税之现值数额）}}$$

当 $i < 100\%$ 时，就其涨价总数额征收增值税，税率为40%，当 $100\% \leqslant i < 200\%$ 时，超过部分税率为50%，当 $i \geqslant 200\%$ 时，超过部分税率为60%。土地所有权人出售自用住宅用地的，都市土地面积未超过3公亩，或非都市土地面积未超过7公亩的部分，土地增值税税率适用10%的优惠税率，超出部分适用超额累进税率。此外，为促进经济发展，对特定类型的土地移转也有税率优惠。如对企业迁往工业区、都市计划工业区等地区者，原有工厂用地出售或转移时按40%的比例税率课征土地增值税。因继承而移转的土地、政府出售或赠予的公有土地及受赠的私有土地、私人捐办社会福利事业或依法设立私立学校的土地、配偶相互赠予的

土地、被征收的土地以及农业用地，免征土地增值税。

土地增值税在台湾列为县级收入，纳税人为土地原所有权人或出典人。在台湾，土地设定地上权及移转地上权时，由于所有权人不变，免缴土地增值税，从而使地上权成为逃避土地增值税的合法途径，严重影响当局的税收。

3. 空地税、荒地税

空地是针对都市土地而言，荒地是针对农村土地而言，空地税和荒地税隶属于地价税。台湾"土地法"明确，凡编为建筑用地，未依法使用者，为空地。土地建筑改良物价值不及所占地基申报地价百分之十者，视为空地。凡编为农业或其他直接生产用地，未依法使用者，为荒地，因农业生产之必要而休闲之土地，不在其限。台湾"土地法"第一百七十三条规定，私有空地，经限期强制使用，而逾期未使用者，应于依法使用前加征空地税，不得少于应缴地价税之三倍，亦不得超过应缴地价税之十倍。第一百七十四条规定，私有荒地，经限期强制使用，而逾期未使用者，应于依法使用前加征荒地税，不得少于应征之地价税，亦不得超过应缴地价税之三倍。修订后的《平均地权条例》第二十六条将空地税的税负进行了下调，规定，逾期未建筑、增建、改建或重建者，按该宗土地应纳地价税基本税额加征二倍至五倍之空地税或照价收买。

4. 不在地主税

台湾"土地法"规定，符合以下条件之一的土地所有权人（因兵役、学业、公职或灾难、变乱，离开土地所在地之市县者除外）为不在地主：（1）土地所有权人及其家属离开其土地所在地之市县，继续满三年者；（2）共有土地，其共有人全体离开所在地之市县，继续满一年者；（3）营业组合所有土地，其组合于其土地所在地之市县停止营业，继续满一年者。不在地主之土地，其地价税应照应缴之数加倍征收之。

不在地主税是农业社会的遗留，隶属于地价税，但对都市地价税的累进课征，能够发挥一定的补充作用。台湾"民法"规定，人的住所只能有一个，地主在其住所地以外之县（市）另有土地的，须缴纳不在地主税（在地价税的基础上加征）。台湾对土地所有权人在同一县（市）辖域内进行地价总归户，地价税以土地所有权人在同一县（市）内土地的地价总额累进课征，同一地主如在其他县（市）有土地，就无法按照其在台湾各县（市）所有土地的地价总额合并计算其应负担之税额。因此，为使地价税累进税制能得到彻底贯彻，有专家建议对台湾全省的地价进行总归户，但在具体操作上有较大难度。不在地主税的征收，加上原有的地价税，如果与纳税人在各县市所有各宗土地合并应纳之地价税总和相当，就足以弥补台湾现行地价税累进课征，但未能实行全省地价总归户的缺点是难以防止逃税漏税（苏志超，1999）。

5. 房屋税

1950 年，台湾当局对国民政府 1943 年公布施行的《房捐征收条例》进行修订，颁布《房捐条例》。1967 年，对《房捐条例》进行修订，并更名为《房屋税条例》颁布施行。现行《房屋税条例》是 2001 年的修订版。

房屋税是以附着于土地之各种房屋及有关增加该房屋使用价值之建筑物如电梯、车库等为课征对象的税种，纳税义务人包括房屋所有权人以及典权人。房屋税的计税依据为房屋课税现值，计算公式为：

房屋课税现值＝核定单价×(1 － 经历年数 × 折旧率)×地段调整率×面积

房屋课税现值由不动产评价委员会评定，并由台湾地区各直辖市、县（市）政府进行公告。房屋课税现值每三年评定一次，按年折旧。

房屋税实行差别比例税率，具体见表 4-5。各县（市）当局可以根据本地实际情况，在幅度税率范围内确定房屋税征收率，提经当地民意机关通过后，报请财政部门备案。

表 4-5　台湾地区房屋税税率表

		住宅用房屋	非住宅用房屋		兼作住宅及非住宅用房屋
			营业用房屋	非营业用房屋	
税率范围	最低税率	房屋现值的 1.2%	房屋现值的 3%	房屋现值的 1.5%	依据实际使用面积，分别按住宅用房或非住宅用房征收
	最高税率	房屋现值的 2%	房屋现值的 5%	房屋现值的 2.5%	

资料来源：台湾"财政部"：《税法辑要》，2006 年。

《房屋税条例》第十四条与第十五条对房屋税减免有具体规定，如用作员工宿舍的各类公有房屋、名胜古迹及纪念先贤先烈之祠庙、政府配供贫民居住之房屋免税，完成财团法人登记的用作校舍或学术研究办公使用之私有房屋、用作慈善事业及公益社团办公使用的私有房屋等免税。政府平价配售的平民住宅、依法登记的用于直接生产之用的工厂自有房屋等物业减半征收。

6. 契税

台湾契税是不动产移转时就公定契纸所载契价，向权利人课征的一种税，除对开征土地增值税的土地免征外，凡不动产买卖、承典、交换、赠予、分割或因占有而取得所有权者，均应购买使用公定契纸，申报缴纳契税。契税实行差别比例税率，买卖契税税率为6%，由买受人缴纳，典权契税税率为4%，由典权人缴纳，交换契税税率为2%，由交换人缴纳，赠予契税税率为6%，由受赠人缴纳，分割契税税率为2%，由分割人缴纳，占有契税税率为6%，由占有人缴纳（叶少群，2008）。

7. 遗产税、赠予税

台湾"遗产及赠予税法"规定，经常居住境内的国民死亡时遗有财产者，应就其境内境外全部遗产课征遗产税，经常居住境外的国民及非国民死亡时在境内遗有财产者，应就其境内之遗产课征遗产税。经常居住境内之国民，应就其在境内或境外的财产赠予课征赠予税，经常居住在境外的国民及非国民，应就其在境内的财产赠予课征赠予税。可见，台湾的遗产及赠予税采取属人与属地相结合的原则。

台湾"遗产及赠予税法"所言财产包括动产、不动产及其他一切有财产价值之权利，而不动产财产权则包括土地及房屋之所有权、地上权、永佃权、地役权、抵押权、典权等。遗产税与赠予税均实行十级超额累进税率，不过二者适用的税率标准存在差异。

1987年以前，台湾地区对农业用地征收田赋。田赋为实物税，产稻谷区域征收稻谷，产小麦区域征收小麦，不产稻谷和小麦的区域可折征杂粮或代金。台湾田赋从1978年起减半征收，1987年下半年开始停征。

叶少群（2008）对2006年两岸财产税收入作了对比，见表4-6。台湾地区土地税收中土地增值税所占比重较大，房屋税与地价税基本相当。
大陆地区房产税与城镇土地使用税合计占大陆税收总收入比重为 1.83%，
而同期台湾地区房屋税与地价税合计占台湾税收总收入比重达 6.69%，
是大陆的 3.6 倍。

表 4-6　2006 年两岸财产税种收入对照表

大陆			台湾		
税种收入（亿元人民币）		占税收总收入比重	税种收入（亿元新台币）		占税收总收入比重
城镇土地使用税	176.89	0.46%	地价税	546.60	3.41%
土地增值税	231.32	0.61%	土地增值税	765.44	4.78%
房产税	515.18	1.37%	房屋税	524.93	3.28%
车船使用税	49.96	0.13%	使用牌照税	525.48	3.28%
—	—	—	遗产及赠予税	286.93	1.79%
契税	868.00	2.30%	契税	140.12	0.87%
上列五税合计	1841.35	4.47%	上列六税合计	2789.50	17.42%

资料来源：叶少群：《海峡两岸税收制度比较》，中国财政经济出版社 2008 年版，第 215 页。

8. 矿区税、矿产税

台湾矿业法规定，领域内之矿，均为国有，非依法取得矿业权，不得
探采。矿业权视为物权，准用关于不动产诸法律之规定，依法取得矿业权
登记之土地为矿区。矿税包括矿区税与矿产税。

矿区税为台湾矿区地面租税以外之税，探矿区每公亩按年缴纳台币二
角，砂矿在河底者，每河道长十公尺，按年缴纳台币二角。采矿区每公亩
或河道每长十公尺，按年缴纳台币六角。拥有探矿或采矿之矿业权者，可
以凭开采该矿种之矿区所缴营业税或矿产税凭证，申请照额核减同一矿种
之矿区税。矿区税之核减，以 80% 为限。因矿工罢工或其他不可抗力导
致不能工作、连续在 2 个月以上时，采矿权者可以申请免缴不能工作期间
的矿区税。台湾的矿区税收入微少，由矿业法而非税法规定，矿业主管单
位征收。

矿产税按照矿产物价格 2%—10%的比率，由台湾主管机关或经济部门办理征收。

第三节　中国澳门不动产物权与税制现状

根据中国澳门地区土地法，澳门土地分为本地区公产土地、本地区私产土地以及私有财产土地。本地区公产土地是由法律定为公产且受有关法律制度约束的土地，如道路、公园、广场等公用设施占用的土地。私有财产土地是私人拥有所有权的土地。既非本地区公产又非私有财产的土地包括无主土地，属于本地区私产土地。根据《澳门回归法》《澳门基本法》，1999 年澳门回归后，本地区公产土地及本地区私产土地的所有权收归中华人民共和国。本地区公产土地及本地区私产土地占澳门土地的 90%以上，因此澳门的土地制度实质上是以国有制为主体的二元土地复合所有制。

澳门土地实行批给制度。1940 年澳葡政府颁发《澳门殖民地批出土地条例》，规定了租借、租赁、临时占用、交换四种土地批给方式。1965 年，《澳门地区公地占用及批地条例》出台，规定政府批给土地须以公开竞投的方式进行。

同香港类似，澳门对本地区房屋的收益征收物业税，亦称房屋税或房屋业钞税，房屋无论自住还是出租，均须纳税。物业税的计税依据为可课税收益，房屋出租的，以租赁合约所约定租金为可课税收益，有房屋保养及维护费用发生时，可申请最高限额为可课税收益 10%的计税扣除。为鼓励房屋更新，新建楼宇税率定为 10%，未扩建或改建的旧楼宇税率定为 16%。

澳门物业税免税范围包括：政府、地方自治机构、公益团体、学校自用房屋；宗教组织及团体专供宗教祭祀用的庙宇及楼房；经营工业的个人或团体，专供其工业场所开设及工作使用的非租赁楼房；个人或团体提供的全年供不牟利的中小学或专科学校使用的楼宇；新建楼房供居住及商业用途的，以及经过改建或扩建，工程价值超过自身市价 50%的楼房，可定期免税；供开设工厂用的新建楼房，定期免税（杨丽涛，2004）。

永久批出的政府租借地，没有使用期限制，却有用途限制。承租人需一次性缴纳使用权价款及溢价金，使用时，承租人不但要严格按照租地合约的要求进行开发，还要每年缴纳土地税。

第四节　评　述

除少量私有土地外，香港和澳门地区的土地归国家所有，香港特区政府和澳门特区政府作为代理人行使管理职责。因殖民形成的历史因素，两地的国有土地又称"官地"。台湾地区实行平均地权的土地政策。虽然台湾建立了私有土地的财产权，但台湾"宪法"规定，台湾土地属于国民全体，含有抽象的土地国有观念。现代社会的土地所有制不能简单地以公有或私有来概括，土地形式上私有，实质上可能具有公有的内涵，土地形式上公有，实质上可能具有私有的成分。台湾土地形式上以私有为主，但通过照价纳税与涨价归公，实现了地利共享，香港土地形式上以公有为主，但由于缺乏土地溢价回收的有效机制，土地收益反而更多地被垄断财团获得。

台湾地区开征了房屋税、地价税、土地增值税、矿产税，且均为从价税。在与不动产直接相关的三项税中，大陆地区房产税占比相对较高，台湾地区土地增值税占比相对较高。仅就房地产保有环节的税收而言，台湾房屋税与地价税对地区税收的贡献度是大陆房产税与城镇土地使用税对地区税收贡献度的3.6倍，相对而言，大陆地区的房地产税具有进一步培育发展的潜力。台湾地区对土地和房屋分别课税。

香港地区税制简单，没有增值税，取消了遗产税，保有阶段的房地产税包括物业税和差饷，其中物业税类似于大陆地区对出租房屋征收的房产税，差饷以应课差饷租值为计税依据，目前税率为5%，1985年以后对新批租土地以及期满续期的土地收取应课差饷租值3%的土地年租金。由于差饷及年地租均以不动产租值为计税依据，其实际税率较低，对土地与财富的调节作用不理想。香港财政30%以上依赖于与土地相关的收入，税收调节不力的高地价政策使得大房地产商受益，引发当地民众不满。

在税率设定上，台湾地区地价税基本税率为1%，市地实行累进税制，最高达5.5%，工业用地与农业用地适用1%的比例税率，满足基本居住需求的自用住宅用地税率为0.2%，房屋税税率实行差别幅度比例税率，住宅目前基本为1.2%。

第五章　国际不动产物权与税制现状

在分析制度演化的动力时，诺思指出，个人和组织拥有的知识存量是经济、社会绩效的潜在决定因素，知识的变化是演化的关键（诺思，2008b）。他山之石，可以攻玉。要设计中国的不动产税制优化方案，有必要了解世界各典型国家不动产税制的经验与不足。

本章主要介绍世界各典型国家不动产物权与税制特点，以作为中国不动产税制优化的参考。若以土地所有制进行划分，可以分为土地公有为主的国家和土地私有为主的国家，若以是否对保有土地单独课税进行划分，可以分为对保有土地单独课税的国家和不对保有土地单独课税的国家。与本书的主旨相对应，本章在讨论各国不动产税制时仅限于房地产保有税、土地增值税与资源税。

第一节　土地私有为主的国家不动产物权现状

欧美资本主义国家大部分土地以私有为主。第二次世界大战后，一些亚洲国家纷纷推行土地改革以实现工业化。本节选取其中的代表性国家进行介绍。

一、美国

美国国土面积 937.26 万平方公里。其中，私人所有的土地占 58%，主要分布在东部地区；联邦政府所有的土地占 32%，主要分布在西部地区，大部分为国家公园、草原、森林等类型，由国家土地管理局控制 60%，国家森林局控制 24%，国防部、垦荒局、国家公园局、水电资源局等部门控制 16%；州及地方政府所有的土地占 10%（李茂，2006）。

美国林地面积占国土面积的 33%。在所有林地中，私有林占 57%，非工业私有林面积高于工业私有林。公有林可以是联邦、州、市或县各级政府所有，联邦所有的森林面积远远高于地方政府（向青等，2006）。在美国，矿产资源被视为土地的组成部分，土地所有权人享有土地中蕴藏的矿产资源所有权，矿业权与土地所有权同归一个权利人主体。

美国设立了土地发展权制度。所谓土地发展权，是指土地变更为不同性质使用的权利，例如由农地变更为城市建设用地之权。美国土地发展权归土地所有者拥有，有土地发展权移转（transfer of development right，简称 TDR）和土地发展权征购（purchase of development right，简称 PDR）两种实现形式。1961 年，美国学者杰拉尔德·劳埃德提出土地发展权移转的思路。1968 年，美国纽约市《界标保护法》创设土地发展权移转制度。1974 年，纽约州的索霍尔克县首先推行土地发展权征购制度。土地发展权移转是由使用受限制的土地所有者将其土地发展权转让给受让人，受让人支付对价并获得土地发展权，由此可以对其拥有的自有土地进行额外开发。土地发展权征购是由美国各级政府出资，从土地所有者手中购买土地发展权，从而使让渡土地发展权的土地所有者放弃改变既有土地用途。美国通过创立土地发展权以用来保护农地、环境脆弱地以及具有历史意义的建筑、界标、风景资源等（刘国臻，2007）。

土地发展权征购的资金来源于两个渠道：公共资金和非公共资金。其中，公共资金占绝大部分，主要包括：各级政府的专项资金，如联邦政府的"农地保护基金"、密歇根州的"农业基金"等；各级政府的财政拨款；债券；税收以及彩票收入。非公共资金包括非营利性组织和企业或个人捐助的资金。美国大约有200万英亩耕地是通过征购土地发展权来对其进行保护的，为此州和地方政府花费了15亿美元（刘国臻，2007；丁成日，2008）。

与单纯的土地用途管制相比，土地发展权通过移转或征购，在要求土地所有者不改变土地用途的同时，给予土地所有者经济上的补偿，保护了土地所有者的私有财产权。土地用途管制与土地发展权移转或征购相结合，使土地所有者的私人利益与土地保护的公众利益实现了激励相容。

二、英国

英国国土面积24.5万平方公里。就法律而言其土地都归英王所有，但实际上土地占有人占用土地的最长期限可达999年，法律允许的常规占用期则为99年或75年，从而土地占用人实际上成为土地的永久或长期使用人。1925年英国颁布《财产法》，奠定了英国现代地产权制度的基本框架。《财产法》确立了两项地产权，分别称之为自主保有地产权（freehold estate，又称永业权）和租赁保有地产权（leasehold estate，又称租赁权）。在英国的土地实践中，永业权等同于土地所有权，永业权人可以无限期使用土地并对其自由处置。英国90%的土地设立永业权，归私人所有，国家拥有所有权的土地只占10%，是典型的土地私有为主的国家。

永业权相当于土地所有权还表现在，永业权不仅限于地表，而且及于地下矿藏。英国法律规定矿产资源为土地的组成部分，所以矿业权或者与永业权，或者与国家所有权同归一个权利主体。

第二次世界大战以后，英国工党在其执政期间，先后三次以立法的形式推行土地所有权社会化政策，纠正土地私有的弊端。第一次是在战后复兴期，以1947年公布的《城乡规划法》为标志，从法制上限制土地私有权的滥用。第二次以1967年公布的《土地委员会法》和1968年公布的《城市农村计划法》为标志，加强对土地私有权的公法限制。第三次以1975年公布的《土地公有化法》和1976年公布的《土地发展税法》为标志，对土地财产权进行全面的立法限制（赵尚朴，1996；惠彦等，2008）。

1942 年，英国工程大臣里思爵士指定一个专家委员会研究土地补偿金和改善金问题，形成厄斯瓦特报告（Uthwatt report）。报告指出，对土地用途的管制，无论是通过规划立法还是其他手段，都没有减少土地的总价值，而是产生了一个转移价值（shift value）。获得发展许可的土地价值上升，增值部分不应归土地所有者，而应归社区所有，用于建立"改善基金"（betterment fund），禁止发展的土地价值下降，但土地所有者应从"改善基金"中获得补偿。报告建议，对所有未开发土地，以 1939 年 3 月 31 日的土地价格为基准，支付补偿金，将其发展权收归国有，对已开发土地同样实行强制收购。厄斯瓦特报告和另外两个报告——巴罗报告、斯科特报告一起，对战后英国的规划立法产生了重大影响（惠彦等，2008）。

所谓土地发展权，是指对土地进行再发展利用的权利，包括变更土地用途或提高土地利用强度，例如农地变更为非农建设用地、非农建设用地增加容积率。1947 年《城乡规划法》规定，英国所有土地的发展权均归国家所有，任何人欲进行土地开发，改变其既有使用状态，均须申请并取得土地发展权，并缴纳土地发展税。英国是最早实行土地发展权的国家，为了推行土地利用规划，实现土地用途管制，英国从土地财产权的权利束中分离出土地发展权，通过立法程序将其国有化。厄斯瓦特报告实际上提出了关于土地发展权制度的两种模式：一种可以称之为"增值回收"，即英国模式，土地发展权国有，土地使用者须为取得土地发展权付费；一种可以称之为"限制补偿"，即美国模式，土地发展权归土地所有者，国家要取得土地发展权以实现土地用途管制，须通过征购，对土地所有者进行经济补偿。

三、法　国

法国国土面积 55.16 万平方公里，其中私有土地占比 92.2%，公有土地仅占 7.8%。法国矿业权与土地所有权分离。法国《矿业法》规定，某些地下矿藏的开采权利属于国家，不属于土地所有权人，只有露天矿产归土地所有权人所有，但采掘或将其转让给第三人仍须通过行政授权。

　　法国实行土地私有产权基础上的土地储备制度。第二次世界大战期间法国250万间居民住宅被毁，战后大量农村人口向城市集中，再加上前法国殖民地的居民纷纷涌入，城市人口迅速增加。为解决住房短缺，抑制投机，法国政府开始实施土地储备。具体而言，就是通过区域划定，选取优先发展区，由政府向该区投资进行基础设施建设。出租或出售储备土地时，在成本测算的基础上采取协议方式出让，特定群体有优先购买权，根据出让对象的不同，协议价格会略有差异。

四、德国

　　德国国土面积35.7万平方公里，大部分土地为私人（含自然人和法人）所有。在东西德统一前的联邦德国，农地逾97%为私人所有，林地50.7%为私人所有（《土地制度研究》课题组，1993）。就法律传统而言，德国与法国同属大陆法系，强调所有权的绝对支配地位，《德国民法典》对所有权没有明确的定义，《法国民法典》则规定，"所有权是对于物享有的、绝对无限制地用益和处分的权利"。实际上，各国对土地所有权都有立法限制，德国对土地拥有量规定了最高限额，如黑森林州以300公顷为限（邹兆平，1990）。

　　大陆法是对罗马法的继承。就土地与建筑物的关系而言，罗马法秉承"一元主义"原则，强调一切建筑物从属于土地。19世纪末德国颁布的民法典是一元主义立法模式的代表。进入20世纪以后，德国民法对土地与建筑物关系的相关规则进行了修改，主要体现在两个方面：（1）1919年颁布《地上权条例》，强化地上权的地位，为地上权人在他人土地上的建筑物的所有权提供法律保护；（2）1951年颁布《住宅所有权及长期居住权法》，确立建筑物的区分所有权，规定在同一块土地上可以建立多个建筑物所有权，以保障公寓住宅购买人的合法权益（张国敏，2004）。

　　德国《矿业法》规定，土地所有权人只对依附于土地的指定种类的矿藏、矿物有先占权利，其他矿藏一律为国家所有。联邦德国 1934 年石油法规定，只有国家才拥有石油勘查和开采的权利。同法国一样，德国的矿业权与土地所有权是分离的，可以归属于不同的权利主体，当矿业权人与土地所有权人不是同一主体时，可通过设定地役权的途径解决二者之间的权利冲突。

五、日本

日本国土面积 37.78 万平方公里，其中为国家和地方政府所有的土地占 35%，多为不能用于农业、工业或住宅的森林和原野，私有土地占 65%（个人所有占 57%，法人所有占 8%）。

日本对矿业权实行国籍限制。《矿业法》规定，非日本本国国民或法人，不得成为矿业权的所有者，法律另有规定的除外。

第二次世界大战后，在美国的操控下，日本致力于农地改革，推行扶持自耕农的土地政策。具体可分为以下三个阶段：（1）1946—1950 年。1946 年，通过《改订农地调整法》及《自耕农创设特别法》，将在乡地主（含居住于相邻市町村的地主）保有土地的面积限定在 5 町步（北海道为 12 町步），超过部分及不在乡地主的全部土地由政府强制收买，以适当的价格转售给原佃农（汪先平，2008）。（2）1959—1962 年。1961 年制定《农业基本法》，1962 年对其进行修订，提倡土地流转和集中，鼓励农地规模经营。（3）1970 年至今，改革重点由土地所有制度转向土地使用制度。1970 年和 1982 年先后两次修订《农地法》，放宽对农地租赁的限制，取消地租最高限额。1980 年颁布《农地利用增进法》，鼓励农地经营向核心农户及农业合作组织集中。经过三阶段的土地改革，日本形成了以家庭自营农场为主、合作化经营为辅的农业经营体制。

日本虽然也属于大陆法系国家，但不同于早期德国"一元主义"的立法模式，在土地与建筑物的关系上，日本奉行"二元主义"，土地物权与建筑物物权可以相互独立地进行流转或设定抵押。《日本民法》中有专门的一章规定"永佃权"，永佃权存续期为 20—50 年，以长于 50 年的期间设定永佃权者，其期限缩短为 50 年。《意大利民法典》同样规定有永佃权，但不同于日本，意大利的永佃权可以永久或者附期限，且所附期限不得少于 20 年（杨立新，2000）。

六、韩国

韩国国土面积 10 万平方公里。其中，私有土地占 80.5%，为私人和法人所有，国有土地仅为 19.5%，主要用于公共事业，且多为建设用地及耕地以外的林野地及其他用地（欧海若等，1999）。

与其他新兴工业化国家类似，韩国在第二次世界大战后也积极推行土地改革。具体可分为三个阶段：（1）第二次世界大战结束后至 1960 年。战后韩国将接收的日本官、民所占土地（占当时农地面积的 13.4%）分配给本国无地农民。1949 年，颁布《土地改革法》，对土地所有人超过 3 公顷以上的土地强制收购，以低廉的价格卖给佃农。（2）自 1961 年开始，经过三个五年计划，完成由农业国向工业国的转变。在此期间，对农地占有和转让的法令进行修订，鼓励土地流转，扩大农业生产规模。（3）1994—1997 年。修订《农地基本法》，进一步放宽对土地买卖和土地租赁的限制，设立农业振兴区，允许农户拥有 10—20 公顷的土地，农业法人可拥有土地的上限为 100 公顷。1997 年通过《农地强制条例》，确保农业振兴区的土地不被移用（朱新方等，2005）。

进入 20 世纪 70 年代，韩国经济持续增长，城市开发速度加快，土地投机情势严重。为抑制不动产投机，1978 年韩国政府颁布《韩国土地开发公社法》，成立土地开发公社，进行土地储备，以引导土地有效开发，稳定房地产市场，促进公共事业顺利发展。

七、荷兰

荷兰国土面积 4.15 万平方公里，以私有为主。因荷兰是低地国家，土地使用前需经填海和修建排水设施，缺乏精确的私有土地占比数据。荷兰有些城市大部分土地归城市政府所有，如阿姆斯特丹公有土地占80%，海牙占65%（另外还有12%的土地归中央政府所有）（巴里·尼达姆，2007）。对于这些城市政府来说，公有土地租赁是一项重要的收入来源。

荷兰1896年开始实行土地储备，是世界上第一个推行土地储备制度的国家。19世纪末，荷兰主要城市进入快速发展阶段，城市人口大量增长，住房紧缺。作为低地国家，荷兰专门发展了一套庞杂的全国性排水系统，土地整理改造离不开该系统的支持，从而为荷兰进行土地储备创造了条件（杨遴杰等，2002）。荷兰土地储备以公共福利为目标，通过各个自治区的土地开发公司进行运作。这些公司每年根据城市土地开发的需要收购土地，其中50%用于基础设施和公共事业，30%用于建造受补贴的房屋（蔡松柏等，2008）。土地储备所需资金，以中央政府补助或贷款以及发行债券取得，只有少部分依靠地方政府税收。1922年，荷兰将城市信用银行改组为荷兰城市银行，由中央政府提供总资本的1/2，中央银行对城市期票贴现，使该银行成为荷兰各城市政府土地储备资金的主要来源（杨遴杰等，2002）。

八、波兰

波兰国土面积31.3万平方公里。甚至在苏联的控制下，波兰土地仍以私有为主。在波兰，几乎所有非城市化土地都归私人所有，部分城市公有土地也以租赁的形式被私人使用。在波兰第三大城市克拉科夫，公有土地占36%（其中15%被租赁使用），私有土地占59%（其中法人所有13%，私人所有46%），其他教会等所有占5%（戴维·戴尔-约翰逊等，2007）。

公有土地租赁合同的期限一般为40—99年，但是也能再续签40—99年。国家或城市政府不再授予续签许可的，必须给出有效的公共理由。公有租赁土地为居住用地的，每年的租金通常不低于土地价值的1%；为非居住用地的，每年的租金通常不低于土地价值的3%，对用于国家安全、宗教目的、慈善事业、文化教育、医疗等公共用途的土地，租金水平一般为土地价值的 0.3%（戴维·戴尔-约翰逊等，2007）。

波兰土地制度的一大特色是赋予长期租赁者以永久土地使用权。波兰的法律系统源于罗马法系，罗马法建立了永佃权和地上权制度。在波兰，土地承租人拥有传统的永久租赁权。波兰在第一次世界大战中独立。为满足不能购买土地的社会成员构建可支付性住房的需求，波兰模仿同为罗马法系的德国，引入地上权制度。但与德国不同的是，波兰将地上权视为完整的所有权而非一种附属的权利，与土地所有权分开，单独进行登记。

1945 年第二次世界大战结束，政府颁布法令，将首都华沙的土地"市有化"（实际上大部分土地都在战争中被破坏），并用永久租赁权代替地上权。但永久租赁权因其法律效力而受争议，1947 年，一个新的概念"临时所有权"被引入。临时所有权假定临时所有权人（即永久租赁人）是完整的所有人，但土地所有权人有权否定临时所有权人的决定。临时所有权的提出是为促进战后住房的供给，但左派认为这是一种将国家土地私有化的形式，对其进行了抵制。1952 年政府颁布法令，对公有土地上的居民建筑引入永久权利的概念，但也没有废除临时所有权。1957 年，废除 1952 年颁布的法令，授予国家出售居住建筑和土地的权利，临时所有权再度盛行。这个反反复复的过程一直待续到 1961 年，《城市和社区土地管理法》颁布，引入土地永久使用权，才告结束。永久土地使用权是与土地所有权和土地租赁权互相独立的一种不动产物权，可以转让、继承，可用于抵押贷款，是完整的财产权（戴维·戴尔-约翰逊等，2007）。

土地永久使用权的授予需由国家机构或当地政府组织公开竞争投标并提前 21 天进行公告，政府可限制土地的使用，并在事前对投标者进行筛选。没有犯罪前科的参与者在存入足额保证金后，方可进行投标。中标人在缴纳土地价款获得租赁合同之后，每年仍须支付相当于土地价格 1%—3%的租金。

九、印度

不包括中印边境印占区和克什米尔印度实际控制区等，印度实际国土面积约298万平方公里，公共土地仅为7.7万公顷（刘丽，2006），可见印度是以土地私有为主的国家。

印度被英国殖民长达190年，土地兼并问题严重。在独立初期，不足农村人口15%的地主和富农占有85%的耕地。1947年8月，印度取得政治独立，为促进农业发展，国大党推行了土地制度改革，主要包括三项措施：（1）废除柴明达尔中间包税人等地权制度；（2）进行租佃制改革，使佃农获得土地所有权；（3）实行土地占有最高限额，防止土地集中在少数大地主手中（黄思骏，1986）。

印度土改使土地集中的程度有所下降，自耕农的比重增加了，但土地分配的不平等依然存在。数据显示，除去大量无地农民，在有地的农户中，1995—1996年1月，80.3%的农户只拥有36%的农地，另外64%的土地掌握在19.7%的农户手上（刘丽，2006）。与中国大陆和台湾"耕者有其田"的土地改革相比，印度土改是不彻底的。印度农村贫困人口众多，农业生产发展缓慢。

十、瑞典

瑞典国土面积约45万平方公里，是以土地私有为主的国家，同时瑞典奉行社会民主主义，是国际知名的福利国家。瑞典积极推行土地储备，目前私有土地占60%（私人所有40%，法人所有20%），公有土地占40%（国家所有30%，地方政府、教会所有等10%）。在转轨国家推行土地私有的今天，瑞典是少有的由土地私有向土地公有转变的国家。

19世纪末20世纪初，有1/4的瑞典人口移民美国。为抑止移民潮，瑞典政府决定成立土地银行，向社会提供价位合理的土地和房屋。1904年瑞典开始推行土地储备政策，土地一旦收购便永久成为公有土地，只能租赁给私人使用，而不能出让给私人所有。至1964年，斯德哥尔摩市已将70%的土地变为公有（陈伟，2005）。

瑞典土地储备以公共福利而非以营利为目的。通过行使征收权和优先购买权，在土地价格低位时吸纳，在土地价格高位时抛出，调控土地市场，打破私有垄断。瑞典各城市政府组建多家非营利公共开发公司，具有独立的法人资格，由城市政府提供最初的开办费，市财政委员会掌握公司股权，并派代表参加公司董事会。各城市非营利公共开发公司组成"瑞典城市住房协会"，成员单位有 315 家。政府公共住宅公司是瑞典最大的住宅生产者，公司开发的住宅绝大部分用于出租，大约占住宅总量的45%。此外，合作建房在瑞典也很流行（赵效民等，1991）。

为不致改变卖方的预期而增加土地收购成本，土地收储往往在秘密状态下按照计划程序进行。土地收储通常无明确用途，在时间上也相对超前。收储资金来源于政府税收、银行贷款、养老保险基金、公共债券、土地租赁收入和土地出售价款等多种渠道。收储土地用于租赁的，住宅用地租赁期为 60 年，工业用地为 50 年，商业用地为 26 年（陈伟，2005）。

十一、巴西

巴西国土面积 851.4 万平方公里。私有土地占 70%，城市土地连同附属建筑大部分属于私人所有，农村土地大部分属于大庄园主和地主所有。公有土地分联邦、州和市三级所有。巴西境内无沙漠、盐碱地，土地资源丰富，有可耕地 3.71 亿公顷，人均可耕地 30 亩，目前尚有 1 亿多公顷未开发。林地面积 540 万平方公里，占巴西国土面积的 64%（郭文华，2006）。

巴西矿产资源丰富，现生产 70 多种矿物，其中金属矿有 21 种。铌、钽储量占世界第一位，锡和石墨储量占世界第二位，铁矿资源占世界第五位，铀储量占世界第六位，石油储量居世界第十五位，占世界石油总储量的 8.2%。此外，由于雨林面积大，还拥有全球 12% 的淡水。巴西矿产资源属于国家所有，进行矿业活动必须经联邦政府授权批准，法律规定矿业权只授予巴西人或在巴西组成的公司（王威，2009）。

巴西土地分配严重不均。56% 的农地掌握在 3.5% 的大地主手中，40% 的贫苦农民持有的土地仅为 1%，土地高度集中。大地主将土地闲置，任其荒芜却不加以利用，与此同时巴西还有 400 万户家庭没有土地，生活在社会底层，处于赤贫状态（郭文华，2006）。土地改革依然是摆在今天巴西政府面前的一项艰巨任务。

十二、印度尼西亚

印尼国土面积约 190 万平方公里。印尼是世界第四大人口大国，截至 2010 年 5 月，有人口 2.37 亿，其中约 60% 集中在爪哇，而这里的土地仅占全国土地总面积的 6.8%。印尼 1945 年宣告独立，经过三次较大规模的战争，1949 年荷兰移交主权，结束其在印尼长达 340 年的殖民统治。

印尼是土地私有为主的国家。在荷兰殖民统治时期，土地占有主要有外国资本土地占有、封建土地占有、农民土地占有、印尼资本主义企业土地占有四种形式，其中外国资本占有达 60% 多。随着印尼宣告独立，到 1956 年，这一比例降低到 11%（杨兴华，1984）。

1960 年 9 月，印尼政府颁布第一个有关土地问题的纲领性文件《土地基本法令》，规定了所有权、经营权、建筑权、使用权等土地物权，肯定了私人土地所有权的合法性。法令规定只有印尼籍公民才可以拥有土地所有权，凡过去拥有土地私有权、农园永租权及其他权益的外侨，在 1961 年 9 月 24 日以前须将其权益转让给印尼籍公民或法团。用于农业、渔业以及畜牧业的经营用地权最长 35 年，必要时可延长 25 年，建筑用地权最长 30 年，必要时可延长 20 年。同时，法令规定占有土地的面积须有最高限额与最低限额，并且在随后公布的政府条例中明确了土地限额的具体标准。凡超过限额的土地，由政府有偿收购，然后有偿分配给无地或少地农民，逐步实现每个农户至少有 2 公顷土地。1961 年，印尼政府成立中央土地改革委员会，1962 年开始进入土地改革的实施阶段。但好景不长，1965 年苏加诺政权被军人政权推翻，土地改革半途夭折。截至 1979 年，印尼的土地问题依然严重，占农村人口不到 10% 的地主，控制了农村耕地的 90%，而占农村人口 90% 以上的农民，却只有 10% 的耕地（杨兴华，1984）。

第二节　土地公有为主的国家不动产物权现状

并非所有的资本主义国家土地都以私有为主，出于历史的原因，有些西方国家土地以公有为主。俄罗斯等转轨国家虽然大力推行私有化，其土地仍然以公有为主。本节选取其中的代表性国家进行介绍。

一、俄罗斯

俄罗斯国土面积 1707.54 万平方公里。截至 2004 年，公有土地占 92.4%，私有土地占 7.6%。在私有土地中，97.3% 为农业用地，2.7% 为工业和城市用地。通过私有化改革，俄罗斯私有土地达 1.29 亿公顷，结束了国家对土地所有权的垄断（周建成，2007）。

苏联实行单一土地国有制。《苏联宪法》第十一条规定，"土地及其矿藏、水流、森林，全部为国家财产"。苏联《土地立法纲要》第五十条规定，"买卖、抵押、遗赠、租赁或任意交换地块以及其他公开或隐蔽形式侵犯国家所有权的行为，均无效"。

1990 年，俄罗斯通过《土地基本法》，当时还不承认土地私有权，但第一次提出"终身占有权"这一概念。《土地基本法》第二十条规定，俄罗斯的公民有权获得土地的终身占有权。这意味着创立了一种新型的不动产物权，其权能介于租赁权与永久土地使用权之间。1991 年，通过《俄罗斯联邦土地法典》，取消单一土地国有制，确立国家所有、集体共同所有、集体股份所有、公民所有并存的混合土地所有结构。① 1994 年，俄罗

---

① 所谓集体共同所有（collective undivided ownership）是指某一具有法人地位的集体（集体农庄或合作社）是土地的所有人，土地由该集体或该集体的企业（农场）经营，产权不分到成员个人头上。所谓集体股份所有（collective shared ownership）是指土地虽然也由具有法人地位的集体农庄或合作社经营，但集体成员是土地的所有人，土地产权以股份的形式界定到每个成员头上，土地股份既可以是土地的面积，也可以是特定的地块，由各集体自己决定（傅晨，2006）。

斯杜马通过《俄罗斯联邦民法典》，规定了包括永久使用权、地役权在内的土地物权（李连祺等，2008）。

俄罗斯土地私有化的实现方式是将国营农场和集体农场的土地份额平均分配给每一位农场成员，养老金领取者也不例外。分到土地份额者，只需缴纳少量的土地税，便可从政府机关那里领取土地所有权证明并拥有土地。目前已有1190万人成为俄罗斯土地股份的所有者，其中领取土地所有权证书者达1090万人（谢文心等，2005）。土地股份拥有人有权选择退出并组建自己的家庭农场。1991年12月，时任总统叶利钦限令所有的集体农庄和国营农场做出改组决定并重新登记，结果只有1%的农庄进行了改组，大部分国营农场和集体农庄选择了共同占有合伙经营的组织形式，有一些甚至保留原经营模式和组织名称不变，私人农场并未大量出现①（傅晨，2006）。目前俄罗斯号称有5000万农民拥有私有土地，占全国农业用地的63%，实则私人所有的大多是土地份额，只是票面权利。土地私有化的确明晰了产权，但只有少数人真正成为自己土地的主人，其余农民依然像之前一样在农庄或农场干活领取工资，只是与之前相比，农庄或农场换了一块"股份公司"的新招牌。

自1991年俄罗斯实施土地私有化以来，就土地买卖问题俄罗斯杜马和总统及俄罗斯政府之间一直存在分歧。国家杜马反对土地自由买卖，争论长达十年之久，直到2002年，国家杜马通过俄罗斯联邦《农用土地流通法》，首次以国家法律的形式明确农用土地可以买卖。在过去的十年里，虽然多次总统令反复强调土地可以自由流通，却始终没有得到切实执行。在俄罗斯，外国公民、无国籍人士和外国法人可以通过付费拥有非农用地，但俄罗斯总统按照联邦"国家边界法"规定的边境地区和按照其他联邦法律规定的特殊地区的地段除外。目前俄罗斯农用土地还不准卖给外国人，外国公民、无国籍人士、外国法人和外资股份超过50%的合资公司只能以租赁的形式拥有俄罗斯农用土地，租期可达49年，并可享受

---

① 就面积占比而言，私人农场1991年约占俄罗斯全国农地的2%，1993年占4%，1994年占5%，2000年占6.6%。

土地税优惠。

土地所有权人自动放弃或通过订立合同将所有权移转给他人的，自己的土地所有权终止。土地所有权人违反法律限制性或禁止性规定时（如不按期缴纳土地税），所有权将被强制剥夺。国家或地方政府征用土地的，所有权将被强制终止。

1990 年 12 月俄罗斯通过《财产所有权法》，首次明确规定了公共所有权和私人所有权的二元所有权结构。公共所有包括国家所有与市政所有，私人所有包括法人所有与公民（自然人）所有。《俄罗斯联邦土地法典》没有设定地上权和永佃权，但规定了土地租赁权，在不完善的土地市场环境下建立了以土地租赁权为中心的土地使用制度。

1995 年 1 月 1 日实施的《俄罗斯联邦民法典》第二百一十六条规定的土地用益物权包括终生继承占有权、永久土地使用权和地役权。终生继承占有权由 1990 年《土地基本法》所规定的"终身占有权"发展而来。俄罗斯学者认为，终生继承占有权并非新的物权，而是一种在旧俄时代就已存在的，已有 70 年未使用的产权制度，现行民法典只是对其进行了重新明确。因具有"继承"的属性，终生继承占有权的权利主体仅限于公民，该权利可用于出租或无偿供他人使用，但不允许出售或者抵押。终生继承占有权是俄罗斯固有的用益物权制度自然演化的结果，随着俄罗斯土地私有化基本完成，该物权逐步失去原有功能。2001 年新修改的《土地法典》第二十一条规定：在本法典生效（2001 年 10 月 30 日）前公民取得的国有或者市政所有土地的终生继承占有权继续保留。本法典生效后不允许赋予公民享有终生继承占有权的土地。对于拥有终生继承所有权地块的公民，土地法典鼓励权利人将终生继承占有权转换为土地所有权（李连祺，2008）。土地终生继承所有权逐步被土地所有权和土地租赁权所替代。

在俄罗斯，永久土地使用权是土地使用人对国家所有和市政所有的土地依法享有的无偿永久使用的权利，在权能上类似于土地所有权。随着俄罗斯土地私有化的深入，永久土地使用权不再适应社会的发展，就该项物权，《土地法典》针对之前《民法典》的相关规定进行了专项限定，明确权利主体只能是公法人和国有企业，而且不享有处分权。土地永久使用权虽然在俄罗斯民法中保留了下来，但已经失去私法的财产权特征，而仅具有公法的国家政策属性（李连祺，2008）。

二、加拿大

加拿大国土面积 998 万平方公里，公有土地占 90%，私有土地占 10%。加拿大是英联邦成员国，因此其公有土地又称皇家土地。公有土地分为联邦公有和省公有，联邦公有土地约 4 亿公顷，占全国土地面积的 40%，其中 97% 在北纬 60°以北含北极圈内的土地，3% 分布在各省，主要是国家公园、野生动物保护区、军事用地和印第安保留地。省公有土地约 5 亿公顷，占全国土地面积的 50%。私有土地约 1 亿公顷，主要分布在加拿大南端不足 200 公里宽的狭长地带（邹兆平，1990）。

加拿大矿产资源分属联邦和省政府所有。联邦政府拥有矿产资源所有权的地区包括加拿大西北地区、育空地区、印第安保留地以及国家公园内的公有土地，约占加拿大国土面积的 40%，沿海大陆架上的矿产资源也归联邦政府所有。其他各省的矿产资源为各省政府所有，省政府拥有所有权的含矿用地占各省国土面积的 84%（刘尚希等，2012）。

加拿大林地面积 4.02 亿公顷，占国土面积的 41%，其中森林面积为 3.01 亿公顷，其他为湿地等。加拿大森林同样分为联邦所有、省所有和私人所有，联邦所有林占 16%，省有林占 77%，私有林占 7%。私有林比例很小，80% 分布在加拿大东部，通常用于培育质量高、有特殊用途的速生林。加拿大 19% 的工业用圆材（原木、短木、纸浆材）、77% 的枫树产品、79% 的薪材和几乎全部的圣诞树来自私有林（向青等，2006）。

三、澳大利亚

澳大利亚国土面积 774 万平方公里。其中，公有土地占 87%，多分布于人烟稀少、气候干旱的放牧地带，私有土地占 13%，主要分布于土质较好的地区。

澳大利亚与加拿大同为英联邦成员，土地皇家所有的殖民地政策不利于土地的私有化，因此英联邦国家土地多以公有为主，澳大利亚同样如此。历史上，澳大利亚的土地政策在很大程度上受到约翰·穆勒以及亨利·乔治思想的影响。19世纪50年代以来，澳大利亚民间先后成立了多个土地税收或土地使用改革同盟，为了实现地权社会化的目标，他们提出了土地国家所有或根据土地价值征收累进税的两套方案。随着人口的增加，以务农为生的人日渐增多，而租地农牧场主占有的大量土地却没有得到全部利用，于是要求平分土地的呼声渐高。1961年，新南威尔士州殖民政府实施新的土地政策，收回大农牧场主占有的超额土地，加上一部分国有土地，将其分割成小块卖给新移民，其他各州殖民政府随后也都采取了类似的政策（《土地制度研究》课题组，1993）。

在澳大利亚的堪培拉，承租人租用公有土地，需一次性缴纳所有土地租金，然后每年缴纳房地产税。堪培拉公有土地租赁年限为99年（康宇雄等，2005）。可以认为，在堪培拉，土地形式上公有，在实际使用上则是私有的。

澳大利亚是矿业大国，矿产资源数量庞大，种类繁多。澳大利亚法律规定，矿产资源属于国家所有，矿业权申请人申请探矿权、采矿权的，除一次性缴付申请手续费外，每年还要按许可证允许的面积缴纳矿业权租金。

四、新西兰

新西兰国土面积约26.8万平方公里。其中国有土地占比约65%，主要包括森林、自然形成的林地、海岸、滩涂、高山以及主要河流，由国家测量与土地信息部作为国家的产权代表，不允许买卖。此外，一部分政府用地以及由国家管理的学校、道路、铁路、公益事业用地等，也是国有土地。

私有土地占全国土地总面积的30%，主要包括私人建设的住宅和兴办的牧场、私立学校和机场等。其余5%的土地所有权由当地的土著毛利人独享，国家不对其征收任何税费（中国土地勘测规划院，2007）。

五、以色列

不算1967年攻占的领土，以色列国土面积2万平方公里，其中93%的土地为公有。以色列的公有土地包括三种类型：以色列国家所有（占公有土地的75%）、犹太人国家基金（JNF）所有（占公有土地的13%）以及国家发展当局所有（占公有土地的12%）。与其他国家大部分公有土地位于城市而非农村不同，以色列大部分的耕作土地归国家所有。

以色列国家所有的土地来源于向巴勒斯坦的英国托管政府注册的土地，1948年以色列立国时由托管政府将其转移至以色列国家手中，既包括大量城市和城市附近城镇和村庄的土地，也包括以色列南部整个荒漠地区。

JNF成立于19世纪末期，作为犹太人复国运动的一部分，是一个在伦敦登记的全球性犹太人非营利组织，其主要目的在于购买土地，为在巴勒斯坦境内建立犹太人国家做准备。1960年，JNF与以色列政府签订合约，由以色列国家机构管理JNF所有的土地，在扣除必要的管理费用后，土地经营的利润归JNF所有。对于负责公有土地政策制定的以色列土地委员会，JNF拥有50%的成员任命权。JNF将自己视为犹太人生活家园的圣地看护者，其大部分土地位于核心地段，每年可以收到可观的租金和其他土地收入。JNF将其取得的土地基金用于实施一些非政府投资项目，如水库建设、造林绿化、防止土壤侵蚀等，还包括一些公益性项目如修建公众娱乐场所等（雷切勒·奥尔特曼，2007）。

国家发展当局是一个成立于1950年的法定团体，从遗失财产看管部门获得土地所有权。在1948—1949年的战争中，大批阿拉伯居民离开或被驱逐出他们的居住区，遗失财产看管部门负责登记这些阿拉伯人留下的土地。

以色列在大范围内实施公有土地租赁。1969年以色列《不动产法》

规定城市土地租赁权的租期大于 5 年，长期租赁权的租期大于 25 年。在实际实施中，以色列土地管理部门将合同的基本有效期定为 49 年，因为圣经的大赦年为 50 年一次，满 50 年之前，土地应归还原所有人。后来宗教的象征意义逐渐消失，49 年期的合同可以多次续签，合同通常两个 49 年后（98 年）才会结束。1999 年以色列土地委员会授权土地管理部门可以自动续签两次 98 年期限的合同（196 年），49 年期的合同已经很少，可能只有非居住合同采用这么短的年期。

196 年的年期近两个世纪，对于世界任何一个地方来说都是很长的，何况是在不稳定的中东地区。如此之长的租赁权已经与私人所有权近似相等了，实际上以色列人自认为租赁权就是所有权。在大部分租赁系统下，市场会根据合同到期前剩余使用年限的长短不同给予不同的价格，而以色列的租赁市场价格却与合同何时到期无关。买主不关心合同的有效期，甚至律师也无视这个问题（雷切勒·奥尔特曼，2007）。

虽然大部分以色列农村土地是通过 3 年自动续签合同进行管理的，但大部分以色列人都错误地认为，同城市土地一样，农村土地是通过 49 年期的长期合同进行管理的。近年来，以色列政府鼓励合作和社区村庄的居民采用 3 年续签的永久土地合同，以赋予农村地区更为稳定的土地产权。

以色列第一份 49 年期的居住租赁合同于 20 世纪 70 年代到期。根据合同规定，合同一旦到期，承租人须空置土地及其建筑物，房屋、树木等土地附着物的价值收归政府所有，承租人申请续签合同的，须支付新期限内土地附着物的重估价值。由于相对于居民平均收入而言，以色列的房地产价格还是很高的，需要续签的居民对此意见很大，要求变革的呼声越来越高。为此，以色列土地委员会先后于 1976 年和 1986 年制定了关于土地过期和续签权利的法规，规定承租人只需每年支付初始合同规定年租金的 1/5，就有权续签合同。1999 年通过租赁合同期限可以连续为 98 年的同时，土地委员会规定，在合同续签期限内，租金费用不能超过当时土地价值的 5%，这一决定实际上等于废除了续签合同时针对土地附着财产的付款要求（雷切勒·奥尔特曼，2007）。

以色列以前采取年租的方式收取公有土地租金，后来在发展过程中，

城市租金系统逐渐要求承租人事先一次性支付合同的全部金额。20 世纪
50 年代，合同签订时承租人须折现付清总租金额的 40%，50 年代到 60 年
代，预付部分高达 80%，由此承租人每年需要缴交的租金很少。20 世纪
70 年代后期，土地委员会制定新的城市居住合同，要求承租人一次性支
付合同有效期内所有租金，从此一次性付款成为以色列城市租赁合同的主
要特征，具体金额为土地市场价值的 91%。①

70% 的以色列家庭拥有或长期租赁他们的公寓，这在世界范围内都是
一个很高的比率。在以色列，私人土地占到城市面积的很大一部分，在公
有土地租赁中也有私人市场，其转让价格与私人土地的价格保持一致。令
人惊叹的是，以色列租赁市场与所有权市场非常相似，以色列通过租赁系
统赋予承租人的财产权类似于土地私人所有权。

六、新加坡

新加坡国土面积约 716 平方公里。1965 年独立后，新加坡通过强制
征收私人土地积极推行土地国有化。1960 年，新加坡国有土地仅占 44%，
当前国有土地约为 90%。

新加坡的国有土地所有权分别由律政部所属国土局及法定机构公用事
业局、港湾局、建屋发展局等行使，建屋发展局、市区重建局、裕廊管理
局、港湾局等都有一定的土地收用权。其中，市区重建局收用土地主要用
于城市开发与改造，建屋发展局收用土地主要用于建设公共住宅，裕廊集
团收用土地主要用于提供工业厂房租赁。

新加坡的国有土地采取批租的方式进行竞标转让，国家发展部、贸工
部和财政部根据当年的财政预算制定土地供应计划，住宅用地由市区重建
局组织批出，工业用地由裕廊管理局组织批出。国有土地使用权的出让期
限一般为，居住用地 99 年，娱乐场所用地 15—30 年，厂矿等生产用地

---

① 以色列管理部门将年租金比率定为 5%，折扣率定为 5%，令合同期限为 49 年，代
入租金公式中，结果土地折现租金总额等价于 91% 的土地市场价值（雷切勒·奥尔特曼，
2007）。

60—90 年，文化教学用地 30 年。此外，还有少量政府用地的使用权为
999 年。

建屋发展局建造的公共住宅在新加坡称之为"组屋"。组屋的初级市
场只面向新加坡公民，新加坡永久居民可在转售市场购买组屋，而外国人
则只能购买私有住宅。组屋的初级市场价格是由政府根据居民平均收入水
平拟订的，转售市场主要面向占总人口比例 15% 的新加坡永久居民，故
价格也较为稳定。新加坡有 82% 的人口居住在政府提供的组屋里（杨沐，
2011）。

七、越南

越南国土面积约 33 万平方公里。《越南土地法》规定，越南土地归
全民所有，国家对土地行使代表全民所有权的权限和责任，实行包括规定
土地价格在内的土地用途管制。国家通过财政政策调节土地资源，包括：
（1）收取土地使用费、土地租用费；（2）收取土地使用税、土地转让收
入税；（3）调节非土地使用者的投资导致的土地增值。

在土地使用期限上，越南土地法规定了长期稳定使用和有期限使用两
种形式。长期稳定使用的土地包括：（1）防护林地，特用林地；（2）符
合法律规定的集体使用的农用地；（3）宅基地；（4）用作建设家庭、个
人的生产、经营设施的土地，正在稳定使用，且国家规定承认土地使用权
的；（5）符合法律规定的建设机关驻地，事业工程的土地；（6）国防安
全用地；（7）符合法律规定的宗教机构用地；（8）亭、寺、庙、庵、祠
堂、教堂用地；（9）文化、医疗、教育、体育等服务公共利益的设施和
非经营用途的其他公共设施的建设用地，历史文化遗迹、名胜古迹用地；
（10）公墓用地。有期限使用的土地包括：（1）法律规定分配给家庭、个
人使用的当年生作物种植地、水产养殖地、制盐地，期限不超过 20 年，
多年生作物种植地、生产林地，期限不超过 50 年；（2）经济组织用于农
业、林业、水产养殖业、制盐生产的土地，经济组织、家庭及个人进行投
资项目的或用于建设生产、经营设施的土地，期限不超过 50 年，对于资

金投入大、回收慢的项目以及经济社会条件困难，项目需要较长期限的地区，分配土地、出租土地的期限不超过 70 年；（3）具有外交职能的外国组织租用土地修建办公地点的，租用期限不超过 90 年；（4）用于乡、镇、坊公益事业土地租用期限不超过 5 年。土地使用期限届满的，可以申请续期。

1945 年以前，占越南总人口 97% 的农民仅拥有农村 36% 的土地，地权分配极不平均，59% 的农户没有土地。1945 年 8 月革命后，越南建立了新政权，在越南北部和其他解放区开展土地改革，将法国和越南地主所占有的土地收归国有，分配给无地或少地的农民。1958—1960 年，越南开展初级农业合作社运动，到 1960 年，大约 86% 的农户和 68% 的耕地在合作社登记。1961—1965 年，进入高级合作社阶段，大约 80% 的农户加入合作社。1975 年统一战争以后，越南仿效苏联制定了第一个五年计划（1976—1980)，扩大合作社规模，进一步推动农业集体化（潘万黄，2009)。

战后越南人口迅速增长，粮食出现缺口。为摆脱饥饿和贫穷，越南需要开展重大的农业改革。越南新土改始于 1981 年。根据越共中央委员会第 100 号文件，农业合作社将农业用地分配给农耕队和个人使用，在种植季节结束时，根据产量情况和农民付出的劳动向农民支付报酬。1988 年 4 月，政治局发布第 10 号决议，确定市场化改革的方向，结束合作社体系，为农户提供持续 15 年的土地使用权，将农户培育为农业市场的基本经济单位。

1993 年颁布的《越南土地法》赋予农民转让权、交易权、出租权、继承权、抵押权五项土地使用权，1998 年土地法修正案又赋予农民再出租土地权和将土地使用权价值用作投资合资资本的权利，2001 年对土地法再次修订，赋予农民将土地赠予其亲属、朋友或他人的权利。

第三节　不对保有土地单独课税的国家不动产税制现状

有些国家的课税对象虽然也包括保有阶段的土地，但对保有土地的课税合并在其他财产中统一征收，而不像另外一些国家那样单独开征，本节选取其中的代表性国家进行介绍。

一、美国

18世纪末美国纽约州率先征收一般财产税，后在美国南部、西部等地相继推行，到19世纪中叶，一般财产税在美国各州普遍征收。19世纪末，股票、债券、票据、商标、专利等无形财产大量出现，给一般财产税的征收带来困难。到20世纪初叶，美国许多州将无形财产纳入所得税范畴，排除在一般财产税课税范围之外。1933年，纽约州又首先将有形动产在一般财产税税目中排除。当今美国一般财产税的课征范围不是所有财产，而是选择性财产项目，主要为不动产和营业性动产，在具体税目设定上各州之间存在差异（蒋晓蕙，1996）。虽然美国各州普遍不对保有土地单独课税，但宾夕法尼亚州是个例外，该州对土地开征价值税。

除了政府、宗教团体、慈善机构所有的不动产，所有的不动产（包括农地、林木等）都是财产税的课税对象。对于有形动产，企业的机器、设备等工商业财产在大多数州要缴税。企业存货，在一半的州里要缴税。机动车在许多州里被视为动产课税，而家具、用具、衣服等家庭动产则只在几个州被课税。当动产被课税时，无须对其单独评估，而是按房产价值的一定比例计算其价值（费雪，2000）。不同类别的财产，适用不同的评估率和不同的税率。针对不动产，各州的评估率和税率同样存在很大差别，有些地方的评估值仅为市场价值的20%，导致各州不动产的名义税率也标准不一，一般在3%—10%（邓宏乾，2008）。

据研究，近年来美国各州不动产财产税的实际税率（税负/不动产财产价值）集中在0.5%—1%，平均税负1000美元/户。2011年美国不动产财产税实际税率最低的为夏威夷的Maui County，为0.2%，最高的为纽约的Wayne County，为3.1%（Harris等，2013）。实际税率十分稳定，最大年变动幅度只有0.21%，税负平均为房主年收入的2.77%。整体而言，纽约州和新泽西州的税率较高，路易斯安那州和阿拉巴马州的税率较低

（陈杰，2010）。

开征财产税在美国阻力重重。"无代表，不纳税"的抗税口号大家耳熟能详。因抗议对茶叶课税，发生了波士顿倾茶事件，并成为美国独立战争的导火索。美国《宪法》规定，"国会有权规定并征收捐税、关税和其他赋税，以偿还国债，提供合众国共同防务和公共福利"，但同时规定，"除非按照本宪法规定的人口调查或统计的比例，否则，不得征收人头税或其他直接税"。美国宪法对开征直接税进行了限制。1894 年内战期间美国国会重新开征所得税，1895 年最高法院宣布其违宪，1913 年不得不通过宪法修正案，宣布国会有权对任何来源的收入课征所得税（斯蒂格利茨，2008）。作为直接税，财产税在美国的征收同样遇到了来自纳税人的抵制。

美国最早对财产税实施限制的州是阿拉巴马、得克萨斯和密苏里，这三个州在 1870 年就规定了征收财产税的最高税率。1929—1932 年大萧条时期，纳税人收入削减近一半，而财产税由于收入弹性小，仅下降了 9%，导致财产税占纳税人收入比重大幅升高，1932 年竟高达 11.3%，引发纳税人强烈不满，财产税逃税普遍，1930 年逃税率为 10.1%，1933 年高达 26.5%。同时，全国各地有 3000—4000 个地方同盟煽动税收改革，结果导致两年内有 16 个州先后通过了税收限制，设定了地方政府征收财产税的上限（石子印，2008；2010）。

1978 年加利福尼亚州通过第 13 号提案，标志着现代财产税限制的开端。20 世纪 70 年代后期，由于通货膨胀，纳税人支付的财产税占收入的比重迅速提高，1970 年该比重为 3.4%，1978 年已高达 4.4%，限制财产税的呼声日益高涨。第 13 号提案是加州宪法的补充法案，其主要内容包括，将不动产评估价值降低到 1975 年的水平，限定财产税最高税率不得超过 1%，每年评估价值的增长率不得超过 2%，州和地方政府开征新的财产税需要 2/3 以上的投票率通过。随后，马萨诸塞州于 1980 年通过 2—1/2 提案，将财产税税率上限设定为 2.5%，高于 2.5% 的地方政府应以每年不低于 15% 的比例减少直至上限 2.5%。一股对财产税实施限制的风潮在美国各州再度蔓延开来。截至 2006 年，美国有 34 个州实行了税率限制，29 个州实行了对财产税收入的限制，20 个州对评估值的增长作出了规定，没有从法律上进行任何税收限制的州只有 5 个（石子印，2010）。

次贷危机以来，美国再掀抗税风潮，愤怒的纳税人驱逐了印第安纳波利斯市的市长，取消财产税成为州议会辩论的主题。全美成立了多个以废除财产税为宗旨的纳税人组织，如 2005 年成立的"No Home Tax"，成立一年即拥有 35 万核心会员，该组织致力于通过提高州销售税以达到废除财产税的目的（王智波，2008）。

美国各州对符合条件的个人和机构实行财产税减免，免税政策适用于老年人、退伍军人等特殊群体，对家庭收入没有达到一定标准的，制定了相应的减免政策，具体为：（1）家庭年收入在 3 万美元以下的，对其房屋免征任何超额税或特种税。（2）家庭年收入低于 2.4 万美元的，可获一定额度的税收免除：家庭年收入在 1.8 万美元以下（含 1.8 万美元）的，其拥有房产价值中 5 万美元或全部房产价值的 60% 可免财产税；家庭年收入在 1.8 万美元至 2.4 万美元之间的，其拥有房产价值中 4 万美元或全部房产价值的 35% 可以免税；以上免税最高免征额不得超过 6 万美元（钟伟等，2004）。美国多个州实行"断路器"税收抵免，如果纳税人所缴纳的财产税与其收入的比例超过"断路器"法律的规定，政府会进行税收返还，从而缓解低收入群体因缴纳财产税而带来的额外负担。

美国矿业资源归土地所有权人所有，承租人需缴纳的税费主要包括：（1）红利，又称租赁红利，是承租人付给出租人的矿产租约报酬，以每英亩产出作为支付标准。公有土地的矿业权租让一般采取招标方式，红利体现为招标收入。（2）矿地租金，是承租人为保持租约有效而向出租人支付的费用。（3）权利金，即矿区使用费，是矿区投产后承租人按矿产品销售收入的一定比例支付给出租者的报酬。（4）资源税（或称开采税、矿产税），是由州政府对开采煤炭、石油、天然气等矿产资源的行为开征的税种，对石油实行从价定率征收，对其他矿产资源实行从量定额征收。

二、英　国

最早英国曾按纳税人家中炉灶个数课征炉捐，后改为窗税。1601 年伊丽莎白时期英国通过贫困救济法案，强制开征家庭税（Domestic Rates），1990 年改称社区税（Community Charge），1993 年又更名为市政税（Council Tax），并沿用至今。1778 年英国将从量课征的窗税改为按房屋租赁价格课征的定额税，租价在 5 英镑以下的房屋免税，该税后于 1834 年废止（蒋晓蕙，1996）。1909 年，英国开征土地增值税，后于 1917 年停征。目前英国对保有不动产开征的税种包括市政税和营业房产税。

市政税是对居民住宅按其评估价值课征的财产税种，纳税人为年满 18 周岁的住房者或租用者（含地方政府自有房屋的租用者），征税对象包括楼房、平房、公寓、分层式居住房间、活动房屋、船宅等。市政税的基准税率由各地方政府根据财政支出需要和其他收入来源情况自行制定，不同地区的应税房屋按价值划分为 8—9 个级次，以 D 级房屋的应纳税额为基准，乘以与各级次相对应的税收乘数，得到其他级次房屋的应纳税额，具体见表 5-1。

表 5-1　英国各地区市政税评估级次表　　　（单位：英镑）

分级	英格兰 （1993 年至今）	威尔士 （2005 年至今）	苏格兰 （1993 年至今）	税收乘数
A	≤40000	≤44000	≤27000	6/9
B	40001—52000	44001—65000	27001—35000	7/9
C	52001—68000	65001—91000	35001—45000	8/9
D	68001—88000	91001—123000	45001—58000	1
E	88001—120000	123001—162000	58001—80000	11/9
F	120001—160000	162001—223000	80001—106000	13/9
G	160001—320000	223001—324000	106001—212000	15/9
H	>320000	324001—424000	>212000	18/9
I	—	>424000	—	21/9

资料来源：骆祖春：《英国住宅税中的分级计量方法及对我国的借鉴意义》，《涉外税务》2008 年第 1 期。

市政税的最低税率一般在 1.1% 左右（钟伟等，2004），自 1993 年开征以来，市政税的增长率明显高于物价和工资的增长率，以2004年度为例，D级住宅的市政税约占其全部房价的2%（颜畅，2010）。

市政税税单是按照一个家庭有两位成年人计算税款，住房只有一位成年人居住的，可减征25%的税额，不是居住者主要居所的第二套住房，可减征50%的税额，学生、病人、看护者、特定国际机构的访问团成员等人士在计算某一住房中纳税人人数时不予计列。残疾人可降低其住房价值应税级次，给予减税照顾。学生宿舍免税，空置房产可申请免税，但根据空置原因的不同，免税期为6个月、12个月或其他不等（张进昌，2003）。

营业房产税是对拥有或租用营业房产从事工商业经营活动的自然人和法人开征的税种。营业房产含商店、货栈、办公楼、工厂及其他非居住用房产，用于宗教、慈善等非营利活动的房产不包括在内。

营业房产税的课税依据为房屋租金收益，每五年重估一次。为降低重估给纳税人带来的影响，英国制定了"过渡期限额"（Transitional limits）政策，若纳税人按重估房产租金收益计算出的纳税额比上一年度实际纳税额的增长率超过一定比率，则以该比率为当年纳税额实际增长率的限额。营业房产税的税率（multiplier，税额乘子）在每年的4月1日由中央政府统一制定，每年的增长率不得超过当年的通货膨胀率，2002—2003年度的税率为43.7%（张进昌，2003）。

营业房产税的免税范围包括农舍、教堂、供残疾人使用的特定房产等，年租金在1900英镑以下的空置房产也无须交税。空置或未使用的房产在最初的三个月可免交营业房产税，此后须按照50%的减征比例交税。慈善机构、宗教组织或其他与教育、社会福利、科学、文化有关的非营利组织使用的房产可减税80%。位于人口不足3000人的农村地区的营业用房可以减税50%，所在地方政府认为需要的，还可以给予更多的减税（张进昌，2003）。

第二次世界大战后英国工党执政，于1947年通过城乡规划法，明确土地发展权归国家所有。1948年7月，英国开始征收土地发展税（Development Charge），土地取得规划许可后的目标用途价减去现状用途价，差价的 100% 全部上缴国库。1951 年保守党上台，取消土地发展税。1964 年工党再度执政，于 1967 年通过土地委员会法案，对土地发展征收改善金，费率为土地增值部分的 40%，随着时间的推移，再逐步上调。1970 年，土地委员会法案被重新执政的保守党废止。此后工党再次进行立法尝试，1975 年通过社区土地法案，赋予地方当局通过协议或强行收购获得土地的权利；1976 年通过土地发展税法案，对土地发展增值收取 80% 的税收，并计划逐步升至 100%。1979 年保守党上台后，社区土地法案被废止，土地发展税的税率先是降至 60%，最终在 1985 年的财政法案中被废止，土地增值纳入所得税应税项目。征收土地发展税的目的本来是为了抑制土地投机，但由于政策不稳定以及只征收动态土地财产税而不征收静态土地财产税，土地所有者不急于出售土地，反而坐等升值，在政府更替中获利，事实上反而鼓励了投机（惠彦等，2008）。

三、加拿大

加拿大对保有不动产课征财产税。1873 年加拿大开征荒地税，是西方地价税的开端，后来澳大利亚、新西兰、奥地利等国相继仿行（陈杰，2010）。目前加拿大将不动产与动产合并在一起统一征收财产税，但征税对象的具体范围在各地方存在差异，如纽芬兰财产税税目包括土地、房屋以及机器设备，而魁北克则除此之外还包括码头、矿藏等（白云，2006）。不动产的所有者以及国有土地的租用者都是财产税的纳税人，通常市政府对市辖区不动产征税，各省政府对市辖区以外的不动产征税。

财产税税率由各地方政府根据本地区财政需要自主决定，不同的财产类型适用不同的财产税率，在同一省辖区，不同市区的财产税率也会有比较大的差异。如多伦多辖下各市区，对住宅用地征收的财产税率多伦多市最低，为 1.1%，库陵伍德市最高，为 1.73%；对商业用地，皮可凌市只有 1.08%，多伦多市则高达 5.31%；对工业用地，皮可凌市为 1.65%，而多伦多市为 7.14%（钟伟等，2004）。商业和工业用途不动产的税率远远高于住宅用途不动产的税率。

　　加拿大财产税的减免税规定与美国类似，对政府、教堂所有的不动产及墓地免税，农地及林地轻税。退伍军人、老人、残疾人、低收入者视情况不同给予减免税待遇，除少数省份，大多数省对学校、公立医院、慈善机构和宗教组织的不动产实行免税。

　　加拿大矿产资源分属联邦政府与省政府所有，两级政府分别负责各自权限范围内的矿业权管理。矿业企业缴纳的税费主要包括联邦所得税、地方所得税以及对生产收入或利润独立征收的矿产税或权利金。加拿大矿业企业的名义税率大约在31%—43%之间，其中联邦税率为15%，省和地方税率为10%—16%，其余矿产税税率为3%—12%。2007年以后矿产税可以在各类所得税税基中全额抵扣，矿产税本身也有税前抵扣项目，因此加拿大矿业企业的实际税率要比名义税率轻很多（刘尚希等，2012）。

四、以色列

　　以色列对保有不动产课征财产税，以色列财产税的征税对象包括住宅和非住宅财产、农业用地以及没有开发的土地。自1948年以来，以色列在财产税税基的选择上先后采用了三种不同的形式：（1）1960—1970年，以财产的租金价值计算税负。在这段时期，政府提供的公共住房较少，大多数住宅为私人所有或租用。（2）1960年以后，为满足新移民需要，政府建造了大量公共住房，财产税的税基改变为住宅用房间的数量及非住宅用房地产的使用面积。由于住宅用房间的数量较难统计，难免会出现偷逃税现象，而为了少交税，房产业主会尽量少间隔房间，不利于住宅的有效使用。（3）从1970年起，以不动产的面积作为税基，但不同城市的评估方法存在一定差异，如有些城市应税面积包括楼梯、走廊等共用空间，有些城市则不对这些共用空间课税（余英，2008）。

　　以色列1975年实施的《国家经济基本法》规定，包括财产税在内的任何税收须以色列国会或特定委员会批准。1985年以来，以色列国会财政委员会（the Finance Committee of the Knesset）对不同类型的土地设定了最大和最小税率，每年更新。为避免地方政府随意提高税率，国会财政委员会规定，税率提高不得超过实际的通货膨胀水平，对地方政府为吸引投资进行税率优惠也作出了特定限制。住宅用财产的税率在 23.43—28.21 新谢克尔（NIS）/m² 之间，银行税率≥900NIS/m²，娱乐、休闲和运动设施根据其区域位置和建筑物基底面积不同实施累进税率，大概在 126—235NIS/m² 之间（余英，2008）。

来自财产税的收入占以色列地方政府预算收入的 45%。以色列法律规定，残疾人、退休老人、服兵役者、单亲家庭、失业人员等可获财产税减免。

五、新加坡

依照《财产税法案》（*Property Tax Act*）的规定，新加坡财产税对"所有房屋、建筑、土地和公寓的年度价值按其某一税率或复合税率"征收，工业厂房和机械设备被明确排除在课税范围之外。新加坡对房产课税由来已久，1825 年，首次对房屋估值课税；1832 年，对城镇内所有房屋课以 5% 的税收；1840 年，将税率提高至 8.5%，乡村房屋也被纳入课税范围；1848 年，对城镇和乡村的所有房屋分别课征 10% 和 5% 的税收。现行财产税自 1961 年 1 月 1 日起开始征收，主要课税对象为不动产（中国国际税收研究会，2008）。

新加坡财产税对不动产的权益人课征。《解释法案》（*Interpretation Act*）定义的"不动产"包括土地、土地滋生的收益、地上附着物或者任何地上附着物的永久性附属物（固定装置），工厂和机械被排除在外。不动产（包括政府组屋）的权益人是财产税的纳税人，这一点与英国不同，英国市政税的纳税人包括所有人和承租人。权益人包括当前收受目标不动产租金收入的人，因此，不动产的代理人或收款人有可能会成为财产税的纳税人。正在建设中的建筑工地要缴纳财产税，1985 年新加坡步入经济衰退，自 1986 年 7 月 1 日起有效开发中的土地免缴财产税，免税期最长可达 5 年，随着经济形势好转，这一免税政策已被撤销。在施工中的建筑以及非法建筑均须缴纳财产税。

新加坡财产税的计税依据为不动产的年租金，为鼓励自住购房，所有者自住房产税率为 4%，其他类型房地产税率为 10%，自 1974 年开始，对拥有住房或土地的外国人，在正常的财产税外加收 10%的附加捐。

公共的宗教信仰场所、公立学校、用于公共慈善事业及社会发展用途的建筑可予免税，但须当事人提交免税申请。1974 年《财产税（附加捐）法规》（*Property Tax（Surcharge）Rules*）规定，新加坡公民、永久居民、经政府核准的个人以及在新加坡开展营业活动并在当地登记注册的外国企业，享受附加捐豁免待遇。

新加坡只有一级政府，地方当局在 1961 年被废止，财产税收入直接划入统一基金，没有被指定专门用途。

六、瑞典

瑞典房地产税按房地产评估价值（一般相当于市场价格的 75%）的 0.5%—1%征收，单栋独立家庭住房税率为 1%，共有产权型的公寓住宅税率为 0.5%，商业建筑税率为 1%，工业建筑税率为 0.5%。新建住房 5 年内免税，接下来的 5 年按照 50%税务评估价值起征。对于租赁土地，在计税收入中扣除租金后课征。

个人财产超过 150 万瑞典克朗或家庭财产超过 200 万瑞典克朗的，按 1.5%的税率缴纳财产税，单身家庭拥有的房产按房产评估值 1%的税率征收。

七、荷兰

荷兰 1892 年开征以出租价值为税基的土地税，1970 年，荷兰引入财产税制度，取代了由中央政府征收的传统的土地税和个人财产税以及由市政当局征收的公共街道税和火灾保险税。在全国范围内引入市政税经历了一段时间，最后一个市于 1980 年才完成这项税制改革（中国国际税收研究会，2008）。

对保有不动产，荷兰中央政府与市政当局均有权利征收财产税。中央政府征收净财富税和所得税，净财富税的课税对象包括个人住宅和营业用房。对营业用房有减免规定，以不动产的市场价值为计税依据，计税依据中13.1万荷兰盾以下的部分免税，13.1万—58万荷兰盾的部分减征40%的税款（蒋晓蕙，1996）。市政当局以相同的税基征收市政财产税，课税对象包括不动产及动产，不动产税分为两种，一种对不动产所有者征收，一种对不动产使用者征收。从理论上讲，市政当局可以在两种不动产税中任选一种，但在实践中，所有的市政当局倾向于两个税种都征收。动产税是在1995年经过对住宅用船只征税的法律讨论后引入荷兰，主要适用于船宅一类动产。

财产所有者税的纳税人包括财产的所有者以及对财产拥有很长租赁期的人，荷兰国家财产清册对所有财产以及所有财产经济上的所有者（不一定是真正的所有权关系）逐一进行了登记。财产使用者税的纳税人为财产使用者，当住宅用财产被一个家庭所占有使用时，市政当局在纳税人选择上具有自由裁量权，某项财产的不同部分被不同的人或者公司使用，使得这种使用成为可能的人或者公司是纳税义务人（在没有组成一个家庭的不同的人使用同一项住宅财产的情况下，房东将成为纳税义务人），某项财产在财政年度内连续地被不同的个人或公司使用（如度假用房、体育馆等），使得这种使用成为可能的个人或者公司是纳税义务人（中国国际税收研究会，2008）。

在税基的选择上，居住用财产的税基是其市场价值，对于非居住用财产，除非修正的替代价值（重置成本）高于市场价值时，以修正的替代价值为税基，否则以市场价值为税基。税率由市政委员会决定，财产税的最大税收负担不应超过财产市场价值的1%。从1990年开始，财产所有者税的税率不能超过财产使用者税税率的125%，从1997年开始，市政当局可以对市政税的税率在不超过20%的范围内适当提高。

《不动产评估免除法令》以及《市政当局法案》规定了税收免除项目，包括：（1）用于农业或林业目的的耕地以及建筑在这类土地上的财产；（2）《自然保护法案》规定保护的财产；（3）由自然管理公司管理的沙丘、沙滩、沼泽地、湖泊等自然场地；（4）公路、水路、为公共运输设计的铁路通道及其附属建筑物，火车站除外；（5）在移动时能够保持其价值且没有被认定为建筑物财产的机器设备；（6）主要用作公众做礼拜等宗教性质社团使用的财产，不包括其中用于住宅用途的部分；（7）市政当局掌管的水防和水控设施，不包括其中用于住宅用途的部分；等等。地方性法规进一步对市政财产的免税作出规定，包括灯杆、路凳、交通信号灯和交通标识等公共街道设备以及市政当局管理的公园、花园、公墓等都在免税范围之内，财产价值不超过25000荷兰盾的，可以免缴财产税。

荷兰是世界上最早开征水资源税的国家。1970年荷兰政府通过《地表水污染法案》，开征地表水污染税，纳税人为向地表水及净化工厂排放废弃物、污染物和有毒物质的单位和个人，税率根据排放物的耗氧量和重金属含量确定，对不同的水资源保护区实行不同的税率。1981年荷兰政府通过《地下水法案》，从1995年1月1日开始向开采地下水的机构和个人开征地下水使用税，以抽取的地下水数量为计税依据，饮用水企业税率为0.34荷兰盾/m^3，其他单位和个人为0.17荷兰盾/m^3（任婷婷等，2010）。

八、印度尼西亚

1986年以前，印尼有7种不同的财产税，征收对象各不相同又相互重叠，税率也有差别，有的由中央政府征收，有的由地方政府征收，征收机构也不统一，整个税收体系十分复杂。1986年，印尼通过立法，建立统一的财产税制度（李晓鹏，2011）。

印尼财产税覆盖房地产业、林业、矿业、畜牧业、渔业以及淡水池塘养殖业等各个部门，纳税人包括对土地享有权利的人、拥有或控制建筑物的人以及从土地和建筑物获得利益的人，土地包括海洋、水道和地下面积，建筑物包括陆地与水上可以产生利益的各种构筑物（邵锋，2004）。印尼实行财产申报制度，纳税人在收到"征税对象申报表"30日内须如实填报并提交，逾期或失实将接到一份《税收测评通知》，并须在30日内缴清税款及支付25%的罚金。

财产税的税基每三年评估一次，但对一些增值迅速的财产，可能每年进行评估。不同的财产类型适用不同的评估体系，土地价值的评估适用土地价值手册，房屋价值的评估适用房屋分类系统，对林业、矿业等其他不动产部门的财产，则适用其他独立的价值评估体系。

评估土地价值的主要方法是"相同地价区"法，即将土地分为不同的区，由税务部门确定每个分区土地的平均价格，区内土地的价值由土地面积乘以分区土地平均价格得出。印尼土地价格有 50 个分区，从 1989 年 1 月 1 日开始，各分区的价格区间在 100 万—310 万卢比/m³ 之间。房屋的估价采用成本法，将房屋的单价划分为 20 个价值区间，每平方米的价格从 5 万卢比到 120 万卢比不等，由税务部门根据房屋所属的区域、房龄等情况，估算该房屋每平米价格应属于哪个价格区间，位于同一价格区间的房屋均对应唯一的评估单价，用评估单价乘以房屋面积得出房屋评估价值。土地评估价值与房屋评估价值相加，得出房地产财产评估总价值。房屋财产税有 350 万卢比的免税额，建筑物的免税限额使得几乎所有的农村房屋和大部分低收入者的房屋免于征税。1994 年印尼颁布财产税法，对土地也提供了价值减扣，但规定同一纳税人只能享有一种减扣（邵锋，2004）。

印尼财产税统一税率为 0.5%，地方政府无权自行设定财产税税率。法律规定政府在征税时可按评估价值的一定百分比计算应纳税额，具体评估率被限定为 20%—100%，但实际上自 1986 年以来，评估率一直被定在法定的下限，直到 1994 年才将高价值财产的评估率提高到 40%（李晓鹏，2011）。不考虑免征额，印尼财产税的实际税率仅为 0.1%，若将免征额考虑在内，其实际税负只会更低。

非营利性的教育、卫生、国家文化机构和宗教组织等使用的土地和建筑物，用于公共墓地、森林、国家公园的土地以及外交人员和国家组织的财产免纳财产税；在出现自然灾害时，对受灾人群实施临时免税；对经济困难人群，视具体情况给予适当的财产税减免优惠。

第四节　对保有土地单独课税的国家不动产税制现状

对保有土地单独课税的多个国家里，有些国家是因为服膺某种社会哲学（如亨利·乔治的单一土地税思想）而作出自己的制度选择，有些国家是在历史传统影响下形成了制度演化，有些国家是为了应对房地产价格飞涨进行了制度设计，还有一些国家是在土地改革或制度转轨过程中产生了路径依赖，本节对其中的代表性国家进行介绍。

一、德国

德国对保有不动产课征土地税和房产税（第二住宅税）。受达马熙克等社会思想家的影响，德国在不动产税制设计上贯彻了土地涨价归公的原则，以实现税收正义。

1973 年《联邦土地税法》是现行德国土地税的法律依据，土地所有者为纳税人，对农林生产用地课征土地税 A，对建筑用地课征土地税 B。农林生产用地的计税依据为土地产出价值，根据品质不同，将土地分为 6 个纳税单元，一等土地单位面积的纳税单元为 1，六等土地单位面积的纳税单元为 6。单元价值由国家土地产值评估调查统一评定，单元价值乘以土地面积，得出纳税土地的评税产出价值。1935 年德国第一次使用土地单元价值评估法确定农林用地的应税价值，以后多年不变，直到 1964 年进行第二次评估。现在使用的土地税 A 的纳税地价仍是以 1964 年的评定结果为依据，而且为了保持税基稳定，仅使用了 50% 计算单元价值。建筑用地的计税价值为市场评估价值，由州专家评审委员会收集成交土地的价格数据，计算得出同类土地的纳税价值。

土地税实行分类差别税率，农林生产用地为 6‰，双户住宅用地为 3.1‰。独户住宅的土地适用累进税率，价值在 75000 马克之内的税率为 2.6‰，价值超过 75000 马克的部分税率为 3.5‰。公共土地、当局市政土地及建筑、联邦铁路、教堂、医院、教育和科研机构以及军用设施等，享受土地税豁免。

德国房产税只对第二套以上的住宅征收，对居民自有自用的第一套住宅（不含度假村）不征房产税，只对房基地征收土地税。个人住宅的必要面积定义为 1000 平米，超过 1000 平米的部分不享受免税待遇。从 1990

年开始对居民自有自用住宅实行一定程度的土地税优惠，在 10 年之内土地税不是按照总单元价值（包括牲畜及机器设备价值部分）纳税，而是按照总单元价值中的土地部分纳税。对于 4 口人的标准家庭，享受税收优惠的面积为独户住宅在 156 平米、双户住宅在 240 平米以下的部分。为鼓励居民购置自有住宅，允许居民享受所得税特别扣除，总扣除额为房屋购置价值的 5%—6%，最初 4 年每年所得税扣除额为 19800 马克，此后每年扣除最高限额 16000 马克，8 年扣除完毕。房产税以市场评估价值为税基，采用比例税率，税率在 0.98%—2.84% 之间，税率平均为 1.9%。

土地增值税为英国经济学家约翰·穆勒所倡导，1903 年中国青岛德租界最早实施。对于转让不动产，在扣除地主投资在土地上的改良费用以及投资利息、年息之后，征收土地售价与原购买价格价差的 1/3 作为土地增值税，对于土地使用 25 年未转让的，则一次性收取土地增值 1/3 的增值税。在青岛土地增值税制度收效以后，德国法兰克福市于 1904 年开始实施，之后德国其他城市纷纷效仿。1911 年 4 月 1 日，德国政府颁布统一的土地增值税税法，1913 年该法进行修订，土地增值税成为德国的联邦税，后中欧各个国家相继采用（陈雳等，2009）。第一次世界大战后，德国不再课征土地增值税，目前土地增值是在所得税中进行回收。

德国在 1995—1997 年之间短期开征过财产税，由于针对不动产设定的财产税税基太薄，相比土地税和房产税，不动产财产税课税额大幅降低，德国财产税在 1997 年被宪法法庭（Constitutional Court）宣布取消（钟伟等，2004）。

二、法 国

法国的土地税收制度始于 1790 年建立的"土地税"，时值法国大革命开始不久，当时是想以土地为主要财源，建立一种公开、合理、统一的国家税收。对土地价值的评估，当时是通过土地可能向地主提供的年收入（地租）来进行的（约瑟夫·孔比，1991）。在土地税之后，又建立了房屋税。法国最早的房屋税实际上是炉灶税和窗户税，按房屋的炉灶或窗户的数目计征，后改为门窗税，将房门也包括在内。1890 年开始按房屋租金收入计征房屋税，实行 5.6% 的比例税率。房屋每 10 年进行一次估价，以房屋租金收入为准，从中减去地皮租金，再减去 1/4（住宅）或 1/3（工场）的维修费用，以其余额为课税依据（蒋晓蕙，1996）。在标志第五共和国开始的第一批改革法令中，1959 年 1 月的政府法令对不动产税收制度作了整理，奠定了法国今天以土地税和住宅税为主干的不动产保有税框架。

土地税包括无建筑土地税和建筑土地税两种：无建筑土地税由空地的所有者缴纳，以土地的评估出租价值为税基，其减免部分为 20%；建筑土地税由建筑物（住宅或其他建筑物）的业主缴纳，以建筑物的评估出租价值为计税依据，其减免部分为 50%。年龄超过 75 岁、领取残疾人津贴、低收入者（年收入单身低于 7826 欧元，已婚有小孩低于 15070 欧元，已婚无小孩低于 11178 欧元）免缴建筑土地税。建筑土地税根据每年 1 月 1 日建筑物的状况来确定纳税人和征税范围，所有者在 1 月 1 日之后卖掉建筑物的，仍然要缴纳该年度的建筑土地税。如果所有者在该年度对建筑物进行修葺而增加了其价值，其增值部分将在下一年度建筑土地税中计入。建筑土地税由市镇、市镇联合体、省和大区四级政府分享。作为税基的年地籍租金收益由国家税务总局下设的土地税中心评估，税率由地方政府确定（魏涛，2008）。

住宅税对全国范围内所有可供居住的房屋征收，包括别墅、庄园等居住场所，也包括这些居住场所周围 1 公里范围内的连带功能空间，如私人停车场、佣人房。纳税人为当年 1 月 1 日实际占用房产的自然人，包括业主、承租人或免费使用者。60 岁以上的老人、低收入者、残疾人等免缴住宅税，政府机构及私人公益用房免征（刘成璧等，2007）。住宅税的税基为房屋年租金的评估价值，理论上评税当局每 4 年应评估一次租金收益，但事实上最近一次评估是在 1970 年。现在的租金收益是考虑通货膨胀和租金变化的因素，在 1970 年评估的地籍租金收益的基础上乘以一个系数，该系数由每年的预算法案确定。只是对于新修建或维修过的建筑物，在进行住宅税申报时评税当局会对其进行重新评估。住宅税主要由市镇、市镇联合体和省分享，税基由国家确定，国家规定税率上限，具体税率由地方政府根据自身财政状况选择（魏涛，2008）。

针对人口 20 万以上的城市中可供居住的空置房屋，法国还开征了住宅空置税，税基与住宅税税基相同，税率第一年 10%，第二年 12.5%，自第三年起 15%，并同时附加税金总额 9% 的手续费。对空置的界定为在征税时点 1 月 1 日之前的两年内，每次连续居住的时间少于 30 天，如不想缴空置税，则须提供水电费收据，证明在其中的连续居住时间超过 30 天，或者证明因市政、房屋改造等其他原因而不能居住（刘成璧等，2007）。空置税没有减免税政策，空置税向富人征收，归集到国家居住条件改善局，用于补偿居住条件差的低收入群体。

法国还对用于经营活动的房屋征收商业房产税，当年 1 月 1 日将房屋用于营业的使用者是商业房产税的纳税人。法国还一度开征过不动产增值税。为抑制土地和住房价格上涨过快引致的土地投机，1961 年 12 月 21 日法国颁布法令，对购买不到 7 年的房地产出售者征收 25% 的增值税，收入的 1/3 上缴国库，2/3 归地方政府所有，但两年后该法令取消。1976 年 7 月 15 日通过新税收条例，将不动产的增值收入并入所得税应税项目。拥有 10000 以上居民的社区，为修建必要的公共设施，有权征收基础设施税，以建筑物的评估价值为税基，在中央政府限定的 1%—5% 的范围内制定税率，政府建筑、社会房屋以及特别发展地带的房屋免税，征税周期为三年（孟祥舟等，2002）。

在法国，免征保有税的不动产还包括：谷仓、牲口棚等用于农村开发的建筑物；学校及学生宿舍；政府所有的房地产；宗教组织、教育机构和文化机构所有的房地产；用于社会福利的房地产；外国政府大使馆所有的房地产等。除此之外，还有其他一些减税规定。

法国将不动产税作为实现土地政策的重要环节，围绕保有不动产，建立了体系完整的税收体系，土地税分建筑土地税与无建筑土地税，房屋税分住宅税、空置住宅税与商业房产税，实现了对房地产的全覆盖，有效抑制了房地产投机，是法国启蒙思想与理性精神的充分展现。

三、澳大利亚

在不动产税制上澳大利亚受倡导单一土地税的亨利·乔治思想的影响，对土地价值征税。1879年，乔治出版《进步与贫困》一书，1890年，受邀请在澳大利亚进行了为期3个月的访问和演讲。

澳大利亚对保有不动产课征土地税和市政税。澳大利亚原按土地纯租赁价值课税，无收益土地不须纳税，1884年，采纳乔治的主张实行单一地价税，按土地之未改良价值（unimproved value，为不含地上和地下基础设施等附着物的素地价值）课税，采用累进税率，土地改良价值免税。1901年澳大利亚组建为联邦制国家，1911年联邦政府引入联邦土地税，1952年联邦土地税之累进税率最低为0.417%，最高为3.75%，每户普通豁免额为8750磅。由于未改良土地价值固定不变，不随实际地价的上涨而上涨，且税率虽然累进，但整体不高，平均有效税率不超过土地现值（含改良价值）的1.2%，再加之大地主利用家族各分子的名义分散土地所有权，税率累进的未改良土地价值税没有实现预期的效果。1952年，联邦土地税被废止，改行所得税，各州政府则依然将征收土地税作为增加地方财政收入的重要渠道（苏志超，1999）。

目前澳大利亚土地税是州政府对土地权益人征收的税种，纳税人包括土地的所有人、委托的代理人和受益人，纳税对象覆盖包括闲置土地、租用的国有土地等在内的所有土地，用于教堂、学校、医院、公共图书馆、政府机构、慈善机构等的土地以及用于自住、农业生产、保护濒危动物及鸟类等的土地除外。各州均以土地价值作为土地税的税基，但各地方政府认定土地价值的标准不同，包括未改良价值、改良土地价值、估定年值等。

土地税采用累进税率，具体见表5-2。除了昆士兰和首都特区，各州均规定了程度不等的起征额。

表 5-2　澳大利亚各州土地税税率一览表

地区	价值范围（澳元）	应纳税款（澳元）
新南威尔士	0—191999	0
	192000 以上	100+（土地价值-192000）×1.85%
	基本居所	0
	0—1234000	0
	1234000 以上	100+（土地价值-1234000）×1.7%
维多利亚	0—84999	0
	85000—199999	85+（土地价值-85000）×0.10%
	20000—539999	200+（土地价值-200000）×0.20%
	540000—674999	880+（土地价值-540000）×0.50%
	675000—809999	1555+（土地价值-675000）×1.00%
	810000—1079999	2905+（土地价值-810000）×1.75%
	1080000—1619999	7630+（土地价值-1080000）×2.75%
	1620000—2699999	22480+（土地价值-1620000）×3.00%
	2700000 以上	54880+（土地价值-2700000）×5.00%
昆士兰	0—4000	0.002
	4000—5999	8+（土地价值-4000）×0.36%
	6000—9999	15.20+（土地价值-6000）×0.52%
	10000—29999	36+（土地价值-10000）×0.70%
	30000—49999	176+（土地价值-30000）×0.87%
	50000—199999	350+（土地价值-50000）×1.03%
	200000—349999	1895+（土地价值-200000）×1.20%
	350000—499999	3695+（土地价值-350000）×1.37%
	500000—649999	5750+（土地价值-500000）×1.54%
	650000—799999	8060+（土地价值-650000）×1.71%
	800000—949999	10625+（土地价值-800000）×1.89%
	950000—1099999	13460+（土地价值-950000）×2.01%
	1100000—1249999	16475+（土地价值-1100000）×2.23%
	1250000—1299999	19820+（土地价值-1250000）×2.44%
	1300000—1349999	21040+（土地价值-1300000）×2.66%
	1350000—1399999	22370+（土地价值-1350000）×2.87%
	1400000—1449999	23805+（土地价值-1400000）×3.09%
	1450000—1499999	25350+（土地价值-1450000）×3.30%
	1500000 以上	土地价值×1.8%

续表

地区	价值范围（澳元）	应纳税款（澳元）
西澳大利亚	0—10000	0
	10000—100000	15+（土地价值-10000）×0.10%
	100000—190000	150+（土地价值-100000）×0.25%
	190000—325000	375+（土地价值-190000）×0.45%
	325000—550000	982.50+（土地价值-325000）×0.80%
	550000—850000	2782.50+（土地价值-550000）×1.20%
	850000—1250000	6382.50+（土地价值-850000）×1.60%
	1250000 以上	12782.50+（土地价值-1250000）×2.00%
南澳大利亚	0—50000	0
	50001—300000	（土地价值-50000）×0.35%
	300001—1000000	875+（土地价值-30000）×1.65%
	1000001 以上	12425+（土地价值-85000）×3.7%
塔斯马尼亚	0—1000	0
	1001—15000	25
	15001—40000	25+（土地价值-15000）×0.75%
	40001—68750	212.50+（土地价值-40000）×0.75%
	68751—100000	500
	100001—125000	500+（土地价值-100000）×1.25%
	125001—170000	812.50+（土地价值-125000）×1.50%
	170001—210000	1487.50+（土地价值-125000）×1.75%
	210001—250000	2187.50+（土地价值-210000）×2.00%
	250001—500000	2987.50+（土地价值-250000）×2.25%
	500001 以上	8612.50+（土地价值-500000）×2.5%
首都特区	0—100000	0.01
	100001—200000	0.0125
	200001 以上	0.015

资料来源：http://www.chinesetax.com.cn/tax/guowaishuizhi/dayangzhou/aodaliya/200502/38049.html。

市政税是澳大利亚地方政府对区内财产拥有者课征的地方税，其税基除土地价值外，还包括房屋等其他财产价值。市政税税率在地方政府预算需求的基础上确定，一般与土地税的税率统一，但对于不同的土地使用方向，税率有所不同。对于财产的评估周期，各州从4年到7年不等，但也出现了缩短评估周期的趋势。维多利亚州目前已改为两年评估一次，西澳大利亚和墨尔本市已开始每年进行评估（王道树等，2002）。

四、新西兰

新西兰地方政府对土地保有征收财产税。1876年新西兰出台第一部财产税法，规定以年度租赁价值作为唯一法定计税依据。这种估价方法是从英国照搬过来的，但当时新西兰是一个年轻的正在发展中的国家，土地租赁并不普遍，以现金购买的土地交易反而比较常见，于是以资本价值为计税依据的估价体系逐渐流行起来（中国国际税收研究会，2008）。

1882年新财产税法生效，授予地方当局选择采用资本价值估价体系还是年度价值估价体系的权力。当时新西兰存在大量用于投机目的的土地和未开发土地，没有租赁价值，但是存在确定的市场价值，而农地改良则更多的是增加租赁价值而非资本价值。作为法律实施产生的效果，几乎所有郡县（农村地区）都采用了资本价值估价体系，而自治城市（城市地区）则采用了年度价值估价体系。

无论年度价值估价体系还是资本价值估价体系，都增加了从事土地改良的纳税人的税收负担，在这两种估价体系下，未开发的地区不征财产税，会抑制对有生产潜力的土地的开发，同时以未改良土地价值为计税依据，也更符合英国早期殖民者的利益。1896年，新西兰通过对未改良土地价值征税的法案，并规定采用新的估价方式须纳税人投票表决。

未改良土地价值的评估要求估价员还原没有改良时土地的经济状况，这使得评估不可能十分客观，再加上不存在未改良土地的交易市场，使得评估结果也得不到事实支持。为解决评估中的这些问题，1970年土地估价法案第2修正案颁布，以改良土地价值估价取代未改良土地价值估价。

虽然改良土地价值估价体系至今一直是主导评估体系，但 1985 年起也出现了一股转而采用资本价值估价体系的潮流。支持资本价值估价体系的理由建立在支付能力原则基础上，该原则强调占有价值更高土地的纳税人应该承受更大的财产税负担（中国国际税收研究会，2008）。

在财产税征收上，新西兰地方政府拥有较大权力，可以选择税目，决定税额。这种决定权来自中央政府制定的多部法律，主要包括 1988 年财产税征税权法案和 1951 年土地估价法案及其修正案（中国国际税收研究会，2008）。1988 年财产税征税权法案规定了四种不同的计税依据：年度价值、资本价值、改良土地价值以及土地面积，以土地面积为征税依据一般只用于对排水系统征税。

1951 年土地估价法案第 2 条对各种估值作了精确的定义。

年度价值是每年租赁财产的租金扣减一定比例的余额，但是扣减后的余额不得少于该财产资本价值的 5%。如果是房屋、建筑物和其他会耗损的财产，扣减比例为 20%；如果是土地和其他可继承财产，扣减比例为 10%。当存在一个明确定义的租赁市场，比如商业、零售或工业场所时，年度价值直接参考租赁市场。如果没有成熟的市场，则适用"资本价值的 5%"条款（中国国际税收研究会，2008）。目前新西兰只有奥克兰市采用年度价值方法。

资本价值是在忽略租赁、抵押和其他产权妨害的情况下，假定在评估基准日真实出售财产预期能够实现的收入总额。

改良土地价值是空地价值与"无形"改良价值之和，"无形"改良包括为使土地适合开发而投入的资本、劳动等所有改良，但不包括林木、建筑等可以移除的土地的改良附属物（中国国际税收研究会，2008）。

新西兰财产税设有免税项目和起征额。政府所有的土地、毛利人所有的土地、国家公园、学校、医院、机场、港口和码头、慈善机构、宗教场所、墓地和火葬场等免缴土地财产税。税率为统一税率，不同地区之间税率可以不同，但不得超过资本价值或土地价值的 1.25%，也不得超过年度价值的 18%。

五、日本

1871 年，日本明治政府开始发行地券，在承认土地私有的同时，对土地所有者按照土地价值征收地租，成为日本现代地价税的雏形。地券记载的土地价格以土地所有者申报的价格为基础制定，政府按地券上的土地价格征收 2% 的地租，自 1872 年 6 月起减为征收 1%。1873 年 7 月，明治政府颁布《地租修改条例》，由官方组织进行土地测量和地籍图绘制，并在此基础上制作了土地所有权登记证书。《地租修改条例》规定，市街地和郡村的地租均为地价的 2.5%；农地价格按生产大米的收益还原法确定，地租为农地价格的 30%；郡村宅基地按农地的均价或与邻村的宅基地进行比较来决定。1931 年，日本颁布《地租法》，规定地租的征收标准由土地价格改为土地租赁价格，税率统一为 3.8%。自明治时期开始，除了征收作为国税的地租外，还征收作为地方税的地租附加税。1940 年，日本建立地方税制，地租附加税仍归各府县及市町村所有，地租虽名义上仍为国税，但根据地方交付税法，被全额返还到府县；1947 年，地租由国税转为府县的独立税（董裕平等，2011）。

1949 年，日本经济遭受重创，税收制度近乎瘫痪，美国政府派出以哥伦比亚大学教授夏普为首的 7 人税制考察团访日，对战后日本税制改革提供指导。1950 年 1 月，日本政府根据考察团提交的《日本税制报告书》中的相关内容制定了税改方案，史称"夏普劝告"，具体内容包括：（1）废除地租，开征以资本价格为计税依据的固定资产税，税率统一调整为 1.75%，将其作为市町村的主干税种；（2）建立以直接税为主的税制；（3）将国家财政划分为中央、都道府县、市町村三级，确立分税制原则。同年 6 月，税改方案通过国会审议，固定资产税税率被调低为 1.7%，后来又下调到 1.6%，1992 年以后又改为 1.4%（董裕平等，2011）。

为抑制土地投机，1973 年日本创设特别土地保有税，对 1969 年以后取得的一定规模以上的土地，以该土地的取得价格为计税依据，适用 1.4% 的标准税率。在创设之初免征点定为东京都特别区及指定城市区域

2000m²，设有城市规划区的市町村 5000m²，其他市町村 10000m²（路冬玲，2010），拥有土地 10 年以上者免征。为促进土地有效利用，免征点在后来下调为 1000m²。1993 年，特别土地保有税被废止。

日本政府于 1992 年 1 月 1 日开征作为国税的地价税，以个人或法人保有的土地为课税对象，按照全国统一资产评估标准评估确定应纳税额，税率为 0.3%（第一年为 0.2%），面积不足 1000m² 的居住用地、每平方米价格不足 3 万日元的土地以及医院、学校、慈善机构等占用的用于公共目的的土地免征地价税。地价税免征范围广，免税扣除额大，实际征税率低，本来就难以发挥对土地保有的调节作用，随着日本经济步入通缩，1998 年，停止了对地价税的征收，但税种保留。

目前日本课征的不动产保有税主要包括固定资产税和城市规划税。

固定资产税是日本接受"夏普劝告"开征的地方财产税，以土地、住房和应折旧资产（depreciable assets）为课税对象，税率为 1.4%。土地包括农田、宅地、盐田、矿泉地、山林、池沼、原野、牧场等所有类型的土地，房屋包括住宅、店铺、工厂、仓库及其他建筑物。固定资产税实行征税台账制度，市町村政府对土地、房屋、应折旧资产分别设有征税台账和补充征税台账，后者是专为遗漏登记的不动产实际所有人或使用人而准备的。在固定资产征税台账上注册登记的不动产权益人为固定资产税的纳税人，台账上列示的固定资产估价为固定资产税的计税依据。固定资产估价每三年进行一次，由于显著低于市价，所以实际税率（缴纳税金/土地价格）较低，1980—2003 年，日本固定资产税实际税率为 0.11%—0.37%，而同期的美国为 1%—2%（唐明，2007）。1991 年日本进行了税制改革，使评估价达到了公示地价的 70%，再加之 1992 年以来地价持续下降，固定资产税的实际税率持续上升。固定资产税规定了起征点，土地为 30 万日元，房屋为 20 万日元，折旧资产为 150 万日元。此外，用作公益用途的固定资产（fixed assets）以及用作墓地、公路等特殊用途的固定资产免征固定资产税。

城市规划税是为筹措城市规划或土地整理所需资金，向规划范围内受益的土地和房屋所有者征收的目的税，以固定资产税台账对土地、房屋的估值为计税依据，税率由地方政府制定，不得超过 0.3%。作为地震多发国家，日本对进行抗震翻建和改造的老旧房屋，依据不同条件，减免 1—3 年不等的固定资产税和城市规划税。对房屋进行节能改造的、残疾人或 65 岁以上老人需要对 100m² 以内的房屋进行无障碍通道改建的，可享受 1/3 的固定资产税减免。不足 200m² 的小规模住宅用地，可享受城市规划税的减免。

此外，日本还为筹措水利工程和造林工程所需费用向受益的土地或房屋所有者按其价格或面积征收水利地益税，为筹措公共仓库、污水处理等公共设施所需费用向受益人征收公共设施税，为筹措与住宅开发相配套的道路、绿地、排水沟等公共设施所需费用向住宅开发者以开发面积征收宅基地开发税（周腾利一，2005）。

1985 年 9 月日本签署《广场协议》，1986 年起日本基准利率大幅下降，国内大量资金投入股市及楼市。当时的日本在金融政策上保持超低利率，人们普遍认为长期贷款利率将持续走低，同时由于经济相对景气，人们对资产收益的预期比较平稳。根据资产价格公式：资产价格 = 收益/（长期贷款利率+风险收益率），在预期的带动下，日本资产价格飞涨，出现了严重的房地产泡沫，日本社会开始出现"土地价格绝对不会下降的"所谓"土地神话"（森信茂树，2006）。

对于资产价格高速上涨，日本政府并没有采取不作为的态度。1987 年，日本设立"土地交易区域监视制度"，列入监视区域的土地交易须获得都道府县知事的许可，达到一定规模的土地交易，即使在监视区域之外，也有申报义务。1988 年，日本废除居住用财产置换更新特别优惠制度，利用出售居住 10 年以上的住宅和宅基地而取得的价款购入新宅、新宅基时，对原不动产的让与恢复征税。1989 年，日本制定《土地基本法》，提出"对土地要适宜地采取合理的税制措施"，开始从土地税制的角度出发考虑土地问题的解决。1991 年 1 月 25 日，日本制定并通过了《综合土地政策推进要纲》，提出要加强土地税收和对土地的合理评估。1991 年 4 月，日本税制调查会在题为《土地税制改革的基本课题》的咨询报告中，提出"土地税制是解决土地问题的极为重要的手段之一"。自 1991 年日本再次推行税制改革，将固定资产税土地部分的税基提高至公示地价的 70%，对保有期 2 年以下的土地转让加收 30% 的所得税，引入地价税，自 1993 年起，对划分为"必须宅地化"的城区农地，与宅基地同样征税。

1990 年，不动产税占日本所有税收以及国民所得的比重分别为 6.5% 和 1.7%，而美国当时分别为 14% 和 3.5%（尹中立，2006）。在经济泡沫破灭之前，日本土地税制的问题在于保有环节税负过低，这使得土地成为投机炒作的温床，土地的资产价值严重偏离其使用价值，经济泡沫被不断放大。但日本政府一直比较轻视税收在实现土地政策中的作用，而是更相信并依赖直接的行政管制手段，这使得日本政府错过了税制改革的最佳时机，1991 年下定决心推出地价税等一系列改革措施为时已晚，其时日本的房地产泡沫已经破裂，经济开始下滑，地价税的开征不但没有发挥应有的影响，反而对当时的经济形势起到了雪上加霜的作用，不得不于 1998 年停征。

六、韩国

20 世纪初日本对韩国进行殖民统治时，韩国开始征收土地价值税。韩国 1950 年制定《地税法》，规定对除无偿租地之外的所有土地征税；1951 年，制定《土地所得税暂行法律》，规定对耕地征收农地税，对其他土地征收土地税；1960 年，上述两部法律被合并为一部《土地税法》。

韩国政府重视运用土地税收调控不动产市场，以实现土地政策的目标。1967 年，针对京仁和京釜高速公路建设引起附近地价大幅上升的现象，韩国颁布《关于抑制不动产投机特别措施法》，将汉城、釜山、大邱、仁川、光州和相邻的市、邑及以高速公路为中心 4000 米以内地域列为课税地域，对其土地转让的差价征收 50% 的不动产投机抑制税。1974 年，这一税制被吸收到《所得税法》中的转让所得税中①（乔志敏，

---

① 转让所得税是对转让房地产产生的资本收益课征的国税，税率随拥有房地产时间的不同而不同：拥有不到 2 年的房地产转让税率为 50%；拥有 2 年以上，转让收益不足 3000 万韩元的，税率为 30%；转让收益 3000 万至 6000 万韩元的，税率为 40%；转让收益超过 6000 万韩元的，税率为 50%；对没有注册的房地产，适用 75% 的税率（孟祥舟，2005）。

1998）。

20世纪70年代，韩国土地投机现象开始抬头，1978年，政府出台《为调控房地产投机及稳定地价的综合措施》，对地价涨幅较大的地区实施土地交易批准制度和申报制度。进入80年代，土地投机现象更加严重，仅仅在交易环节设立税收远远不足以打击土地囤积行为，韩国政府开始考虑持有环节的土地税制问题。1988年，韩国颁布《为调控房地产投机的近远期综合措施》，要求加强转让所得税征收和引进综合土地税。

目前韩国对保有不动产开征的税收包括综合土地税、房屋财产税和土地超额利得税（土地增值税）。

综合土地税是以纳税人拥有的全部土地的资本价值为税基征收的一种财产税，税率分为一般税率、特别税率、分类税率三种。一般税率采取累进制，适用于地上无定着物的城市空地，税率为0.2%—5%，计税依据不到2000万韩元的为0.2%。特别税率适用于地上有定着物的土地，税率为0.3%—2%，为累进制，计税依据在1亿韩元以下的为0.3%，超过500亿韩元的为2%。分类税率采取比例税率，适用于农业用地、工业用地等特定用途的土地，对农田、果木园、牧场用地、林野适用0.1%的税率，对别墅、高尔夫球场等奢侈性消费用地适用5%的税率，对其他土地适用0.3%的税率（孟祥舟，2005）。应纳税额不足1000万韩元的、国家、地方自治团体或者外国政府机构拥有的土地以及用于宗教、教育等用途的非营利性组织所有的土地，免征土地综合税。

房屋财产税以按重置成本法评估的房屋价值为计税依据，对住宅按其价值大小分为6个级次，实行从0.3%—7%之间的超额累进税率，工厂建筑物税率为0.6%，别墅、高尔夫球场用房、高级娱乐场所税率为5%，其他用房税率为0.3%（谢伏瞻等，2006）。

1991年，韩国对闲置土地和法人所有的非经营用地开征土地超额利得税，土地超额利得是指在课税期间发生的地价实际上涨额减去地价正常上涨额和投资于土地的资本性支出费用及利息支出后的余额，其中地价实际上涨额是指课税结束当日地价与课税起始当日地价的差额，地价正常上涨额是指根据建设交通部公布的全国平均地价上升率确定的地价上涨额。

在地价大幅上升的 1991 年和 1992 年，土地超额利得税每年课征，之后随着地价趋于稳定，以地价上升率超过 44.5% 的闲置土地为对象，每 3 年定期课征，税率为 50%。土地超额利得税是对未实现利益的课税，地价上升时纳税人在没有变现的情况下要缴纳税收，地价下降时却要自己承担经济损失，再加上对于地价的计算以及对于闲置土地的界定难以做到完全客观，纳税人的抗税现象也很严重（乔志敏，1998）。

七、印度

印度对不动产保有课征的税种主要包括财富税、土地及建筑物价值税、地价税。

印度于 1957—1958 财政年度正式开征以财富净值（财产总额减去负债后的余额）为计税依据的财富税。财富税的纳税人为个人、未析产的印度家族及公司法人。居民个人、居民法人及居住在印度的未析产家族，须就其世界范围内的财富纳税。非居民个人、非居民法人及不住在印度的未析产印度家族，仅就其印度境内的财富纳税。农业用地、农用财产、科研用财产、专利和著作权、养老金和人寿保险、部分政府债券等免征财富税。财富税税率为 0.5%—3%，居民个人财产净值不足 25 万卢比及未析产家族每个成员财产净值均在 25 万卢比以下的，免征财富税。居住在印度的其中有一个或以上成员财产超过 25 万卢比的，以 15 万卢比为起征点。非居民个人和非居住在印度的未析产印度家族财富税减半征收，公司适用 2% 的比例税率，因亏损而不能分红的公司免征（蒋晓蕙，1996）。印度联邦、邦、地方三级政府均参与土地课税，财富税属于联邦税。

印度各邦课征农地收益税、土地及建筑物价值税、地价税，对农地课征的以纯收益为计税依据的土地税是邦一级政府的主体税种。在印度，每个家庭允许有一套自住用房享受 50% 的不动产税费减免，不足 100m² 的房屋还可以再享受 10% 的折扣，房主拥有的住房超过一定年限也可以享受 10%—20% 的折扣，如果房主是妇女、残疾人等弱势群体，还可以再享受 30% 的税收优惠。印度政府还为非自住房规定了税收倍率系数，商业用房倍率系数为 150%，出租用房倍率系数为 200%（刘晓凤，2010）。

邦以下地方政府对保有不动产课征的税种包括土地捐以及财富税附加。土地捐是地价税的附加税，财富税附加是对城市中的财富税纳税人，就其保有的土地及建筑物价值课征的附加税，实行 0%、5%、7% 的三级超额累进税率（陈多长，2002）。

八、巴　西

巴西对保有不动产课征农村土地税和城市不动产税。

自 20 世纪 60 年代以来巴西政府多次尝试征收大庄园主的闲置土地分配给无地和少地农民，由于大庄园主的反对均未得到有效实施。1985 年文人政府执政，土地改革受到更高的重视，1988 年巴西宪法将土地改革作为政府着力推进的重要工作内容列入，同时，政府还通过对农村土地税的征收力求减少土地闲置。农村土地税以征收单位的土地收益为计税依据，巴西国土辽阔，人口分布不均衡，征收单位根据不同地区资源禀赋与级差地租确定，地区之间差异很大。如里约热内卢州一个征收单位是 2 公顷，亚马逊州为 100 公顷。根据土地征收单位的不同，农村土地税实行 0.2%—3.5% 共 22 个级次的累进税率，由土地所有者及其家人耕作的不超过 25 公顷的土地、由土地所有者及其家人耕作并雇请少量其他人员帮助的不超过 1 个征收单位的土地免征。农村土地税由巴西联邦政府征收，与农地所在的地方政府实行五五分成（蒋晓蕙，1996）。

城市不动产税是对城镇土地和建筑物征收的地方性财产税，以房地产的市场价值为计税依据，1967 年由地方政府开始征收。城市不动产税包括城市土地税和城市房地产税，土地税是对城市空地所有者课征的财产税，适用税率为 5%—6%；房地产税是对城市房地产所有者课征的财产税，由各州自定其比例税率，一般不超过 1.2%（中国国际税收研究会，2008）。政府拥有的不动产、用于国防和基础设施建设的不动产、用于文化和科学目的的不动产、用于宗教及慈善目的的不动产及低收入者拥有的不动产等免征城市不动产税。

九、越南

1959 年越南北方政府曾在河内、海防、南定等城镇征收房地产税，房屋按住房价值的 0.8%纳税。1961 年后，越南北方政府基本完成私人资本工商业改造，私人住宅已基本不存在，房地产税大幅减少。越南南方在统一前也征收房地产税，统一后虽仍被允许按原规定征收，各地执行情况却参差不齐。近年来，随着经济改革步伐加快，越南推行了税制改革，对保有不动产统一开征了房屋税和土地使用税。

越南房屋税以拥有或使用住宅、工作或营业用房的个人和法人为纳税人，实行分类等级税率。别墅分为 3 个等级，每平米纳税额分别为 70 万、95 万、110 万越南盾；普通住宅分 12 个等级，每平米纳税额从 5 万到 10 万越南盾不等。按工资额对住宅用房一定面积实施减免，对国家干部职工实行部分减免优惠，农村住宅、行政事业机关、社会团体、军队所有的非营业性房屋免税（蒋晓蕙，1996）。

2003 年修订的《越南社会主义共和国土地法》规定，国家通过如下财政政策调节土地资源：（1）收取土地使用费、土地租用费；（2）收取土地使用税、土地转让收入税；（3）调节非土地使用者的投资导致的土地增值。越南土地使用税包括农业土地使用税和非农业土地使用税。

农业土地使用税以从事种植、牧养等农业活动以及进行有关种植、牧养等研究实验的土地为课税对象。对种植当年作物的土地计税依据为土地面积和土地等级，以每公顷谷子的收成计税；对种植多年作物的土地计税依据为土地面积和每年的产量，以产量的百分比计税，税率为 3%。视不同情况，农业土地使用税有不同程度的减免，自 2011 年 1 月 1 日起，越南对用于研究和生产试验的所有农业土地、一年至少种一季稻的土地、贫户农业土地免征农业土地税。

自 2012 年 1 月 1 日起，越南开始征收非农业土地税，农村和都市的住宅用地、非农业生产经营的土地（包括开发工业区用地、供兴建生产经营场所用地、开采及加工矿产用地、生产建材及陶器用地）均属非农业土地，使用非农业土地的组织、家庭户及个人，均须缴税。中央直辖市及省人民委员会按土地使用目的发布每平方米土地单价（该地价自《非农业土地使用税法》开始实施起5年内保持稳定），政府每平方米土地公告价乘以土地实际使用面积得出的土地价格，即为非农业土地使用税税基。非农业土地使用税实行三级累进超额税率，具体见表5-3。

对于不符合目的及未按规定使用的土地，适用0.15%的税率；对经权责机关核准登记的投资者分期执行开发计划的土地，视为已使用土地，适用0.03%的税率；对于非法占地，适用0.2%的税率，但缴交土地使用税，并不表示缴税人获得了合法使用土地权状的证明。

表5-3　越南非农业土地使用税税率表

税级	计税土地面积（m²）	税率（%）
1	土地限额*内的面积	0.03
2	超过限额之3倍以下的面积	0.07
3	超过限额之3倍以上的面积	0.15

* 土地限额，是指自越南《非农业土地使用税法》实施起由中央直辖市及省人民委员会规定的土地使用者拥有使用权的土地的新限额。

十、俄罗斯

1991年，伴随着苏联解体，俄罗斯迅速推行了土地私有化，并针对保有不动产分别设立了企业财产税、个人财产税和土地税。

企业财产税是按企业资产负债表中的固定资产和无形资产的账面价值征收的财产税，最高税率为2%，各州政府可设立更低一些的税率。企业根据国家税务总局（STS）的指导说明计算各自的纳税额，在一个纳税年度分两期缴清，企业注册地而非所在地决定税收归属。企业资产负债表的记账模式源自苏联，已不再适应资产的经济现状。企业财产税由州政府征收，在州政府与地方政府之间以50∶50的比例分享。企业财产税是地方政府收入的主体，但收缴率仅为60%左右（Malme等，2001）。

个人财产税为州以下地方税，课税对象包括房屋、车库等建筑物和不包括汽车在内的各类交通工具，在俄罗斯拥有财产的俄罗斯公民、外国公民以及无国籍人士均为纳税人。交通工具以发动机的功率为计税依据，建筑物以资产计量局（Bureau of Technical Inventory）评估的重置价值或建筑物强制保险价值为计税依据，税率不超过 0.1%。由于个人财产税税基远低于市场价值，税率最高仅为 0.1%，以至于收税额不足以支付税收成本，莫斯科州地方政府便因邮寄税单的成本超过税收收入，放弃了对个人财产税的征收。1999 年国家杜马批准地方政府将个人财产税建筑物部分的税率提高至 0.1%—2%，但纳税人仍可通过保持建筑物未完工状态规避在资产计量局注册登记以逃税，据税务部门统计，俄罗斯当时有 500 万个因号称未完工而不缴个人财产税的建筑单位（Malme 等，2001）。

土地税是对土地地籍价值课征的财产税，农业用地和非农业用地适用不同的税率，税率参照土地的级差地租和地理区位确定，不同地区之间甚至同一地区之间税率的差别都很大，有建筑物的土地税率低于无建筑物的土地。《土地统一收费法》（The Conformity with Land Charges Act）规定，各地土地委员会制定标准地价，根据用途的不同对土地进行价值分区，设定差别税率及税率乘数，最终确定的标准地价不得超过同地区土地市场价值的 75%，城市管理部门可以在 ±25% 的幅度内对其进行调整作为最终的计税依据（Malme 等，2001）。土地税在俄罗斯联邦、州、地方三级政府之间以 3∶2∶5 的比例关系进行分配，纳入财政预算管理，专项用于土地规划和整治、地籍簿整理、土地保护和肥力提高、新土地开垦等土地政策用途。国家自然保护区、森林公园和植物园，从事传统手工业和民间工艺生产的原住民及企业，靠国家预算拨款的艺术机构、教育和卫生保健机构等，免缴土地税。

无论企业财产税、个人财产税还是土地税，都不是以不动产的市场价值为计税依据。在税制设计上这三个税种存在一定的缺陷，税率偏低，税收免除范围过宽，纳税人的遵从程度不高，导致对政府收入的贡献度有限。就土地利用而言，对建筑物的课税重于对土地的课税，不利于建筑的更新。个人财产税的征收成本高于税收收入，不具有可持续性。为走出困境，作为土地私有化计划的重要组成部分，在美国国际开发署（USAID）

的技术援助下，诺夫哥罗德市和特维尔市于 1995 年被选为试点城市，尝试将企业财产税、个人财产税和土地税中的不动产部分合并，开征统一的基于市场价值的不动产财产税。1996 年初，两个试点城市向俄罗斯联邦申请授权，2 月份，国家迅速成立以财政部副部长为首的包括试点城市市长在内其他成员来自财政部、经济发展与贸易部、司法部、国家税务总局、国有资产委员会、俄罗斯私有化中心、土地委员会等多个部门的工作小组领导试点工作。不动产财产税实行分类差别税率，住宅税率为 0.1%—0.5%，车库税率为 1%，工业用建筑税率为 2%，其他不动产税率为 5%。税制改革迅速展开，但试点城市很快就发现，突然间全面推行新税制是困难的，这使得他们不得不修改工作时间表并设定过渡周期。1999 年国家杜马批准改革延期，并且授权地方政府自行决定新税制应否采用及如何运作（Malme 等，2001）。

对于俄罗斯这样的大国，在新税制没有全面铺开之前评论改革的成本与收益是不可能的。美国国际开发署建议的不动产财产税制配合国际货币基金组织建议的休克疗法，力图在最短的时间内建立全面的私有化制度。就对私有产权的保护而言，试点城市之一的诺夫哥罗德在俄罗斯历史上确实显得比较独特，15 世纪末，诺夫哥罗德 60% 左右的土地由私人拥有（派普斯，2003），赋予其臣民的权利在某些方面甚至超过了同时代的西欧诸国。但整体而言，俄罗斯是一个具有村社传统的国家，土地公有是其特色。土地在社会主义国家是一种兼具自然与社会双重属性的特殊资源，具有高于其他不动产的特殊地位。1991 年俄罗斯在实行土地私有化的同时分别设立了企业财产税、个人财产税和土地税三个税种，是其由来已久的土地观念及土地实践在不动产税制上的自然延伸。这种路径依赖的因素，是在不动产税制改革过程中应该考虑的。问题的关键在于如何将个别财产税建立在市场价值的基础之上，而不在于如何将个别财产税整合为一般财产税。个别财产税也可以实现一般财产税的税收功能，在一定的条件下，还可以比一般财产税运作得更好。到底是个别财产税适合于俄罗斯，还是一般财产税适合于俄罗斯，尚有待于时间的检验。很有可能的一种结果是，两种税制将同时并存。

此外，俄罗斯还对使用森林资源开征林业税，对使用水资源开征水资源税。

十一、波兰

作为地方政府的收入来源，不动产税在波兰有很长的历史，1947年波兰通过议会选举步入社会主义发展道路，1950年，波兰开始执行发展国民经济的六年计划，名义上财产税仍然保留，但已失去其本来意义。1980年团结革命（Solidarity Revolution）后，波兰重新建立不动产税制，1985年，设立农业土地税；1986年，设立城市房地产税；1992年，设立林业土地税。

农业土地税对超过1公顷的农场及其建筑物占用的土地征收，税基为根据土地面积、类型、用途以及税收分区换算的计税面积。农业土地被分为耕地和草地两种类型，有10种用途分类。根据其土质条件，耕地又分为8类，草地分为6类。财政部按照经济及产出状况将全国分为4个税收分区。农业土地税的税率为换算计税面积每公顷相当于2.5公担（1公担＝100公斤）裸麦的价值，具体由中央统计局每年根据前一年第三季度批发市场上的裸麦售价进行评估并在政府官方出版物上予以公告。自1992年，地方政府被授权自行决定调低税率，全国有超过200万个农业土地税的纳税人，平均每人每年纳税100美元。位于湖泊、水库、河流、防洪堤、边界线下面的土地或因排水受破坏的土地以及其他不产生农业收入的土地免征农业土地税，老年人住宅周围的土地以及服兵役人员的土地免征（Malme等，2001）。

林业土地税对超过0.1公顷的用于林业生产的土地征收，包括用于林业生产的建筑、排水设施、道路、电缆、储藏、停车以及用于旅游观光的土地在内。税基为根据树种及其质量分类换算的计税面积，对于已成林土地，税率为换算计税面积每公顷相当于 $0.2m^2$ 针叶树材的价值，具体由相关部门根据前一税收年度一季度针叶树材的平均市场售价评估得出并在政府公开出版物上进行公告，对于位于自然保护区、国家公园等的未成林土地，参照农业土地税的税收办法，以实际土地面积为计税依据，税率为每半年相当于0.3公担裸麦的价值。全国有120多万林业土地税的纳税人，平均每人每年纳税16美元（Malme等，2001）。

城市房地产税是对不在农业土地税与林业土地税课税范围之内的土地、建筑及其用于商业用途的各种构筑物如桥梁、隧道、管线、工业装置、体育设施等征收的财产税。土地和建筑物以面积为计税依据，建筑面积是不包括楼梯和电梯在内的室内净面积，如果建筑物高度为1.4—2.2米，其建筑面积仅50%计入税基，如果低于1.4米，则不计入税基。商业构筑物的计税依据为适用于所得税的账面折旧价值。在1998—1999财政年度，居住用房税率为0.11美元/m^2，商业用房税率为3.85美元/m^2，居住用地税率为0.02美元/m^2，商业用地税率为0.13美元/m^2，商业构筑物税率为折旧价值的2%。1998年波兰大约有540万个城市房地产税纳税人，平均每人每年纳税114美元。用于宗教、慈善、教育、公共用途、社会服务、科学研究等的不动产及外国使领馆、国际组织拥有的不动产免征城市房地产税，地方政府的财产免征，但中央政府的财产不自动豁免（Malme等，2001）。

在波兰，不限于所有者，承租人、使用者、占用者都可以成为不动产财产税的纳税人。波兰议会对税率设定最高与最低限制，最高税率以通胀系数进行修正，通常是最低税率的200%，商业不动产的税率高于居住用不动产的税率。在中央政府设定的税率限制范围内，地方政府可以通过年度预算程序根据自身的财政状况自行选择税率。

1993年，在美国国际开发署的资助下，克拉科夫市（Cracow）开始实施以不动产市场价值为税基的财产税税制试验。1995年初，波兰成立了由司法部、建设部和农业部的部长们组成的工作小组，寻求为地方政府构建稳定有效的财税体制。

十二、其他转轨国家

除了俄罗斯和波兰，其他转轨国家如阿尔巴尼亚、亚美尼亚、白俄罗斯、爱沙尼亚、格鲁吉亚、匈牙利、立陶宛、摩尔多瓦、罗马尼亚都单独开征了土地税，捷克、斯洛伐克和拉脱维亚则对土地和房屋合并征收房地产财产税。由于转轨国家在历史上普遍将土地和房屋视为彼此独立的实体加以对待，二者在记账方式上也存在很大差别，这些国家在实施不动产税时普遍将土地和房屋作为不同的税基单独计征。还有一个共同的特点是，由于是从计划经济转向市场经济，不动产短期内无法形成市场价格，转轨国家在实施不动产税之初普遍采取以面积为计税依据的从量计征方式。

第五节　评　述

本章的讨论到目前为止还没有出现"土地私有制"的字眼，而是更多地使用"土地私有为主"这样的说法。世界上没有纯粹的土地私有制，英国和法国的私有土地比例超过了90%，但也不是100%。苏东剧变后，转轨国家纷纷实行土地私有化，但新加坡、以色列、荷兰、瑞典等国家却反其道而行之，积极推行土地储备制度，收购私人的土地转为公有。现代社会的土地所有制不能简单地以公有或私有来概括，土地形式上私有，实质上可能具有公有的内涵，土地形式上公有，实质上可能具有私有的成分。

越是土地以私有为主的国家，越重视对土地价值的课税，无论是采取将土地和房屋合并征收一般财产税的美国、加拿大，还是采取对土地单独征收个别财产税的德国、法国，不动产税在地方政府财政收入中均占有重要地位。有些地方的税率还很高，如美国纽约州的 Wayne County，2011年税率高达 3.1%。在实施一般财产税的美国也有特例，如宾夕法尼亚州即对土地单独课税，1972 年匹兹堡市率先修正财产税制，对土地适用税率高于对改良物适用税率，二者的税率倍数 1972 年为 2，1990 年已达 5.8（张青等，2006），促进了对土地的改良利用。美国有的州如纽约州虽然名义上征收的是财产税，实际上由于动产易于藏匿，征收成本较高，其所谓财产是以房地产为主。由于路径依赖，转轨国家以及普遍经过土改的新兴工业化国家倾向于对土地单独课税。

苏联是土地公有制国家，土地全部为国家所有，但苏联已解体多年。越南、朝鲜、古巴、老挝等名义上是实行土地公有制，但由于不动产保有税制不完善，土地事实上被私人占用。在市场经济不发达的情况下，土地只有使用价值，问题不是很严重，在地价飞涨的今天，由于土地增值被揣入私人腰包，靠地租为生不劳而获的新型地主已悄然出现。土地名义上公有，但靠拆迁可以致富。由于房价只涨不跌，有些人专事炒房赢利。开发商囤积土地，坐等升值。地方政府也积极参与，低价征地高价卖地，赚到盆满钵满。瑞典、荷兰等国家储备土地是为了平抑地价，为社会提供公共住房，我们的土地储备制度则以营利为目的。今天的朝鲜与古巴纷纷宣布要对土地征税，表明在这些国家土地的市场价值正日益得到显现。越南更是先行一步，已开始建立完善的基于市场价值的土地使用税制度。

从李嘉图、穆勒、亨利·乔治到马克思，近代关心土地收益问题的政治经济学家普遍达成共识，即经济地租是不劳而获性质的自然增值，地主对此增值并无实质贡献，因此不应独享利得。乔治认为，纠正财富分配不公的唯一办法是实行土地公有（乔治，2010），但他提出了实现土地公有的两个方案：（1）不充公土地，只充公地租，把地租转化为国家的税收，这样可以达到社会主义的理想，但不是通过政府的强迫实行；（2）基于自然的正义原则，一下子取消所有土地的私有权，宣布所有土地为公共财产，以最高投标者的出价出租合适的地块，但同时郑重地保护私人对土地改良物的权利（乔治，2010）。土地私有为主的国家均采用方案（1）对不动产课税，区别在于有的国家实行的是一般财产税，有的国家实行的是个别财产税，方案（2）则基本上是对中国大陆土地使用制度现状的描述，自1982年宪法宣布城市土地归国家所有之后，中国通过市场竞价批租土地，同时制订物权法，逐步完善对物权的法律保护。

美国土地经济学家伊利（1982）认为，"土地利用越集约，社会控制就必定越有高度的发展"，但"当我们以私人产权的影响为背景来研究'经济人'的时候，就可以看出，为了公共利益而限制个人行动这个问题，与其把他的财产收归公有还不如对私产加以限制，往往更容易得到解决"。美国的土地税（以财产税的名义）是在不改变土地私有产权的基础上进行征收的，这可以看作是美国实用主义哲学在现实中的运用。

台湾土地经济学家苏志超（1999）则认为，"土地国有之基本目的，可因平均地权之理想完全实现而达成。所谓平均地权之土地政策，实质上乃是土地国有政策。土地国有不一定必须否定全国私有土地之财产权，如果政府能运用正确的土地政策，使一切私有土地可在政府合理的规划与监督管制下，充分经济利用，非由于私人努力所创造之自然增值，实行全部归公，如此既可实现土地国有之基本目的，杜绝私人垄断、投机，又可发挥私有私用土地、地尽其利之功能，另一方面既不没收私人私有土地，侵害私人土地财产权，又不虞私人坐收不事生产之不劳所得，造成社会财富分配之不均与不平。亨利·乔治之'单一税'主张，实际上就是土地国有政策，但他并未主张废除土地私有制度，他所主张的单一税之理想，就是国父所说的'共将来之产'，也就是地租国有，并非没收私人土地所有权。私有农地所有权，对于自由自用之使用人，尚有增进农业生产效率之功能，而建地使用人，则可不必享有建地所有权"。

土地私有为主的国家和地区很早就开始通过土地税（或以财产税的形式）对土地增值实行溢价回收，在地价飞涨的今天，实行土地公有的国家也开始探索引入不动产保有税，以实现社会财富（土地自然增值为社会财富）的公平分配。当今世界的土地制度不是单纯的私有制或公有制，而是混合所有制。

世界上没有任何两个国家税制完全相同，但对房地产税而言，可以分为两种模式：一般财产税和个别财产税。采用一般财产税的国家对房屋和土地合并课税，采用个别财产税的国家至少对土地单独课税。一般而言，土地资源丰富的国家适合采用一般财产税模式，如美国和加拿大，土地资源相对紧张的国家适合采用个别财产税模式，如德国和法国。当然，具体到一个国家采用何种税制模式往往由多种因素共同决定，其中历史文化因素的作用不可小视。个别财产税仍然分为两种模式：一种模式对房屋和土地分别课税。如韩国同时开征房屋财产税和综合土地税，房屋财产税的计税依据是房屋的重置成本，不涉及土地；综合土地税的计税依据是土地的资本价值，不涉及房屋。个人财产税另一种模式对房产和地产分别课税，除对房屋和土地合并课税以外，还对土地单独课税。如德国对第二套以上的住宅征收房产税，计税依据是房产的评估价值，其中包含土地部分的价值；而土地税的计税依据只是土地的评估价值，与房屋无关。法国同时课征住宅税和土地税，日本同时设立固定资产税和地价税，澳大利亚同时课征市政税和土地税，也都是对房产和地产分别课税。

第六章　不动产税与地方公共财政

对于大国而言，地方财政本身就内在蕴含"公共性"，大国一旦孕育出地方财政体制，就会形成向地方公共财政演化的内在驱动力。对于大国的地方财政体制而言，地方公共财政是制度均衡，任何制度参与方都不再可能通过投入资源重构制度契约而获益。中国在唐朝一度出现过地方财政现象，可惜当时的地方财政是与藩镇割据联系在一起的，藩镇割据不但没有形成地方分权，反而造成了国家战乱，地方财政体制也因此没有机会演变为公共财政，反而使盘踞四方的藩镇有实力与中央抗衡。今天中国再度出现了地方财政与地方分权，但地方财政极不规范，集中表现为在土地一级交易市场，地方政府的机会主义行为突出，由此导致的房价飞涨、恶性拆迁、行业暴利、土地腐败等诸多问题，都是社会关切的矛盾焦点。通过对不动产税的优化设计，构建稳定的地方公共财政体制，约束地方政府的机会主义行为，才能形成促进经济长期健康稳定发展的制度均衡。

第一节　制度均衡大国的地方财政特征

在世界范围内，按人口和国土面积单独进行排名，两项指标均能进入前10的国家有5个，分别是中国、印度、美国、巴西和俄罗斯。制度均衡有利于经济发展，制度均衡的大国其经济总量必然可观。制度均衡的大国不但在人口及国土面积的指标上靠前，在经济总量（GDP）的指标上也必然靠前，前述 5 个大国在世界经济总量排名中均位居前 10。除此之外，国土面积和人口这两项指标中至少有一项进入前 10 名且经济总量进入前 20 名的还有日本、加拿大、澳大利亚和印度尼西亚这 4 个国家。具体见表 6-1。

表 6-1 世界经济大国、疆域大国、人口大国综合排名表

国家	经济总量（十亿美元）	排名	国土面积（万平方公里）	排名	人口（亿）	排名
美国	15684.75	1	936.4	4	3.07	3
中国	8227.04	2	960.1	3	13.69*	1
日本	5963.97	3	37.8	60	1.27	10
德国	3400.58	4	35.7	61	0.82	16
法国	2608.70	5	55.2	47	0.64	21
英国	2440.51	6	24.5	76	0.61	22
巴西	2395.97	7	854.7	5	1.98	5
俄罗斯	2021.96	8	1707.5	1	1.40	9
意大利	2014.08	9	30.1	69	0.58	23
印度	1824.83	10	328.8	7	11.66	2
加拿大	1819.08	11	997.1	2	0.33	38
澳大利亚	1541.80	12	774.1	6	0.21	54
西班牙	1352.06	13	50.6	50	0.40	32
墨西哥	1177.12	14	195.8	14	1.11	11
韩国	1155.87	15	9.9	106	0.48	25
印尼	878.2	16	190.5	15	2.40	4

* 中国大陆人口为 13.38 亿。

注：各国经济总量指标来源于 IMF2013 年 4 月份的数据，人口数据为 2013 年 3 月 29 日以前能得到的各国的最新人口数据。

巴基斯坦国土面积 79.6 万平方公里，世界排名第 35 位，人口 1.82 亿，世界排名第 6 位，2012 年 GDP2318.8 亿美元，世界排名第 45 位。尼日利亚国土面积 92.4 万平方公里，世界排名第 31 位，人口 1.66 亿，世界排名第 7

位，2012 年 GDP2687.1 亿美元，世界排名第 37 位。孟加拉国土面积 14.4 万平方公里，世界排名第 92 位，人口 1.54 亿，世界排名第 8 位，2012 年 GDP1227.2 亿美元，世界排名第 60 位。这 3 个国家均为人口大国，但其国内局势均不是很稳定，恐怖主义活动猖獗。由于没有实现制度均衡，其在经济上的表现也都不是很突出，因此无法像日本一样被排进"大国"之列。

中国、美国、俄罗斯、巴西、印度这 5 个国家是大国中的第一梯队，各项指标均比较靠前，这 5 个国家中，只有中国是单一制国家，其余均为联邦制。日本、加拿大、澳大利亚和印度尼西亚这 4 个国家是大国中的第二梯队，人口和国土面积 2 项指标中至少有 1 项指标比较靠前，经济指标均达到一定标准，这 4 个国家中，日本是单一制国家，但在财政上相对分权，印度尼西亚于 2000 年以后转型为联邦制国家，加拿大和澳大利亚均采用联邦制。仅看单项指标，国土面积排名前 7 位的国家，除中国外，俄罗斯、加拿大、美国、巴西、澳大利亚、印度均实行联邦制，人口排名前 7 位的国家，除中国外，印度、美国、印度尼西亚、巴西、巴基斯坦、尼日利亚均实行联邦制。

大国的管理难度在于疆域广阔与人口众多，这不可避免造成了中央与地方之间的信息不对称，国土面积越大，辖区人口越多，管理的复杂程度必然越高。与此相适应，大国形成了两种管理模式，适度集权与高度集权。稳定的大国适度集权，超稳定的大国高度集权，原因在于如果大国不实行分权，将事权下放，在管理链条相当之长、管理规模相当之大的制度条件下，要实现对于社会所有组织结构的管理全覆盖，必须采取极端的集权方式，从而不惜以牺牲社会进步为代价，形成社会的超稳定结构①。但这种超稳定结构并不是一般意义上的制度均衡，它是用极端的社会管理手段维持阶段性的社会稳定，由于这种体制过于专制，容易形成"官逼民

---

① "超稳定系统"是控制论中的概念，被金观涛用来建立关于中国传统大一统社会结构的动态模型。在金观涛看来，中国的超稳定社会系统表现为结构停滞和周期性崩溃（治乱循环的周期性振荡），传统中国的社会制度是通过周期性的动乱和复苏才得以一代一代地保存下来。中央高度集权的郡县制与儒家家国一体的国家学说形成的一体化结构是理解超稳定社会的关键（金观涛、刘青峰，1986）。

反"的不良后果，或者由于制度的僵化，在外来军事力量的冲击下往往不堪一击。对于高度集权型大国而言，治乱循环是制度内生的结果。适度集权型大国实行被西方财政学家冠之以"财政联邦主义"的地方公共财政体制，由于辖区之间的竞争，纳税人通过呼吁和"用脚投票"，对政府的税收最大化行为进行限制，通过纳税人对地方政府进行的横向监督与制衡以及中央政府对地方政府的转移支付，地方能够与中央共同信守国家统一为最高利益的政治理念，形成稳定的制度均衡。①

在我们所界定的 9 个大国中，美国、日本、巴西、印度和印尼土地以私有为主；中国、俄罗斯、加拿大和澳大利亚土地以公有为主；美国、加拿大和印尼对土地和房屋合并课征财产税，不对土地单独课税；中国对土地和房屋合并课征房产税，俄罗斯对土地和房屋合并课征企业财产税和个人财产税，澳大利亚对土地和房屋合并课征市政税，日本对土地和房屋合并课征固定资产税，巴西对土地和房屋合并课征城市不动产税，印度对土地和房屋合并课征财富税及土地和建筑物价值税，除此之外，这 6 个国家还对土地开征了单独的财产税种，其中日本开征了地价税，但 1998 年停止征收，巴西开征了农村土地税，中国开征了城镇土地使用税。

美国、俄罗斯、加拿大、澳大利亚、日本、巴西、印度和印尼 8 个"大国"在财政体制上均实行分税制，具体如表 6-2 所示。就对不动产税的征收而言，除了印尼将不动产保有税作为中央、地方共享税，其他国家均将不动产保有税作为中央政府以下层级的政府税收。一般情况下，遗产税、赠予税、印花税等不动产取得税为中央税或省、州一级政府税，不动产所得税为中央税。以保有不动产为主要课税对象的财产税为各国省、州一级以下地方政府的主要收入来源。

---

① 也有研究者认为联邦体制是内在不稳定的，并指出联邦制的两个原始困境：第一，如何防止中央政府通过削弱地方政府破坏联邦制？第二，如何防止选民通过采取"搭便车"或不合作行为侵蚀联邦制（Qian 等，1997）？我们对此的答复是，与其说联邦体制是不稳定的，不如说联邦体制的成立是有条件的，大国的地方公共财政或者说财政联邦制是中央政府、地方政府、纳税人三方交互作用形成的行为集合，制度稳定与否当然与参与各方的行为特征直接相关。

表 6-2　世界 8 个主要大国的地方税体系

国家	地方主要税种	国家	地方主要税种
美国	州税：销售税、个人所得税、公司所得税、消费税、遗产与赠予税、财产税、资源税、社会保障税等	俄罗斯	自治共和国税收：企业财产税、木材使用税等
	地方税：财产税、个人所得税、公司所得税、销售税等		地方税：个人财产税、土地税、运输税、广告税等
日本	都道府县税：居民税、事业税、汽车税、餐馆饮食消费税等	巴西	州税：商品流通税、转让税等
	市町村税：居民税、固定资产税、卷烟消费税、电税、煤气税等		地方税：劳务税、不动产税、不动产转让税等
澳大利亚	州税：工薪税、印花税、土地税、金融保险机构税、车船税、矿产税、注册税等	印度	邦税：销售税、消费税、交通工具税、土地价值税、农业所得税、职业税、娱乐税等
	地方税：市政税、房产税、土地附加税等		地方税：土地捐（土地价值税附加）、土地与建筑物税（对租金征收）、土地增值税、广告税、财产转让税（印花税的补充）等
加拿大	省税：公司所得税、个人所得税、商品销售税（包括零售税、烟税、汽油税等）、天然资源税（包括林业税）、遗产及赠予税、社会保障税、机动车登记税	印尼	省税：公司所得税、个人所得税、奢侈品销售税、财产税等
	地方税：不动产财产税、营业税和娱乐税		地方税：财产税、娱乐税、电台和电视税、道路税、狗税、机动车税、自行车税、广告税、外国人税和发展税（对餐饮业和旅馆业征收）

资料来源：加拿大、印尼的材料由作者整理，其他部分来源于国税总局税收科学研究所编《外国税制概览》，2004 年。

美国实行联邦、州、地方三级政府分权，在税收来源上，联邦政府以个人所得税为主，州政府以销售税和消费税为主，地方政府以财产税为主。1981—2008 年，财产税占地方政府全部收入的 24%—27%，占地方政府自有收入的 37%—41%。2008 年美国发生金融危机，由于财产税以评估价值为税基，收入稳定程度远高于其他税种，在地方政府税收中的占比明显提升。2011 年，财产税占地方政府全部收入的 34.6%，占地方政府自有收入的 63.9%（Harris 等，2013）。财产税一开始是州政府和地方政府的共享税，20 世纪初，州政府和地方政府按 50∶50 分成，后来州政府逐渐降低分成比例，2000 年州政府仅分享财产税总收入的 4.3%，2001 年干脆退出了对财产税的分享。财产税收入 75% 左右来源于房地产，其中来自居民住宅的约占 50%，来自营业不动产的约占 75%（邓宏乾，2008）。

与现在相比，历史上美国地方政府对财产税的依赖程度更高。美国对财产税的官方统计始于 1902 年，那一年财产税占美国地方政府财政收入的 68.3%。1929—1932 年美国大萧条时期，有 16 个州立法通过税收限制，对地方政府征收财产税设定了上限。1978 年以加利福尼亚州通过第 13 号提案为标志，美国又一次掀起被称之为"现代税收革命"的财产税限制运动。随着纳税人对财产税的不断限制，财产税规模逐渐缩小，这使得地方政府不得不通过行政事业性收费以及上级政府的转移支付来弥补缺口。美国地方政府财政收入来源情况可参见图 6-1。

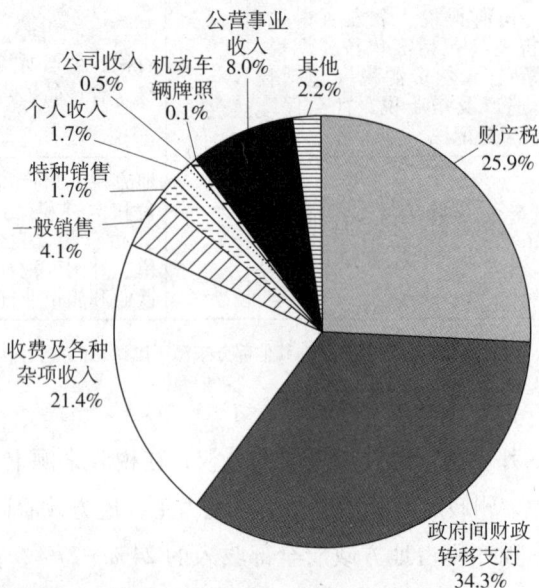

图 6-1　美国 2008 年地方政府财政收入来源

资料来源：中国指数研究院：《房产税改革相关政策评估报告》，2011 年 1 月 27 日。

弗吉尼亚州威廉王子县（Prince William County）2014 年的政府预算情况有助于我们了解房地产在美国地方政府税收中的地位，具体见图 6-2。

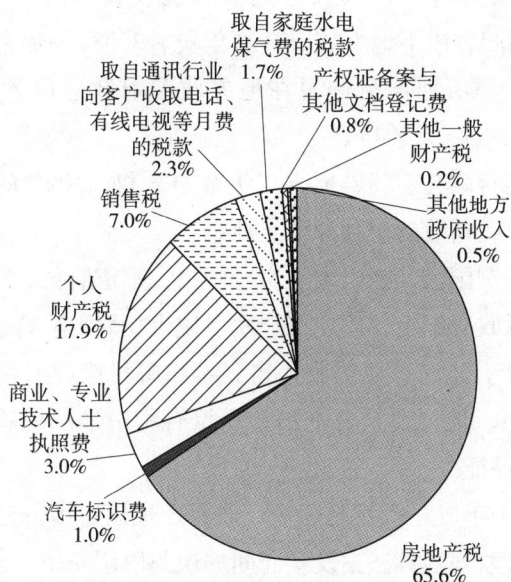

图 6-2　美国威廉王子县 2014 财年地方税自有收入预算来源

资料来源：Jianan，《美国地方政府财政（一）：县政府征收的地方税》，2013 年 12 月 3 日，http：//blogs. america. gov/mgck/。

威廉王子县人口约 43 万人，美国绝大多数县级政府与学区政府分开，威廉王子县则是个例外。该县 2014 财政年度预算中来自地方的收入总额为 9.63 亿美元（其中 4.71 亿美元用作学区教育经费）（Jianan，2013）。在图 6-2 中，按照对地方政府财政预算收入的贡献程度，财产税被分为三个部分，其中以房地产为税基的财产税占 65.6%，主要以私家车为税基的个人财产税占 17.9%，其他一般财产税占 0.2%，房地产财产税还是大头。

加拿大实行联邦、省（地区）、地方三级政府分权，加拿大有 10 个省和 3 个地区，地方政府是指各省下属的 5000 多个市政区（municipality）。联邦政府税收主要包括个人所得税、公司所得税、商品与服务税、关税和社会保障税等，省级政府税收主要包括省个人所得税、公司所得税、销售税、社会保障税、学区税等，地方市政区政府税收主要包括辖区内财产税、学区税等。加拿大财产税由省及地方政府分别征收，2001年，两级政府财产税收入分别占其税收收入的7.45%和93.1%，92%的财产税划归省以下地方政府（邓宏乾，2008）。加拿大财产税超过80%来自房地产，房地产财产税在地方政府财政总收入中所占比重达35%—40%（金维生，2004）。

澳大利亚实行联邦、州、地方三级政府分权，100%的市政税由地方政府管理和征收，州政府单独课征土地税。

日本为单一制国家，在财政上实行中央、都道府县、市町村三级政府税收分权，在税收分配上，固定资产税、城市规划税、特别土地保有税归市町村，2003年，这三种税的收入占日本市町村级政府税收收入的53%（邓宏乾，2008），地价税是日本不动产保有税中唯一一项归为国税的税种，于1998年停征。

俄罗斯1991年成立联邦制国家，联邦、地区、地方三级政府对不动产税的分享通过联邦预算法案及政府间的谈判协调安排。虽然新的法令对不动产税基及税率作了限制，如何在地区政府（Regional Governments）和地方政府之间进行收支平衡仍是一个有待解决的问题。目前土地税由三级政府共享，个人财产税归地方政府，企业财产税在地区政府与地方政府之间分配。三项税收总计占联邦以下层级政府预算收入的17%，其中15%来自企业财产税（Malme等，2001）。

巴西实行联邦、州、地方政府三级分权，地方政府征收的税种主要包括社会服务税、城市不动产税和不动产转让税，其中城市不动产税占三项税收的25%。农村土地税由联邦征收，在联邦与地方之间以50∶50的比例分享。1991年以前农村土地税仅占联邦税收的1%，之后约占4%（刘晓凤，2010）。

印度实行联邦、邦、地方政府三级分权，但不同于其他联邦国家，印度联邦具有强烈的中央化倾向，联邦政府对各邦有很大的控制权，带有浓厚的单一制色彩。宪法规定联邦政府课征的专属税种包括个人所得税、公司所得税、财富税、遗产和赠予税、销售税、消费税、增值税、社会保障税、土地和建筑物价值税、关税、印花税等，各邦征收的税种包括交通工具税、土地价值税、农业所得税、职业税等，地方政府征收的税种主要包括土地捐、土地与建筑物税、土地增值税、广告税等。

印尼 2000 年以后转型为联邦制国家，实行联邦、省、地方政府三级分权，印尼是 8 个大国中唯一一个由联邦政府与地方政府共享财产税的国家，1994 年以前，分配方案为地方政府 64.8%，省级政府 16.2%，中央政府 19%，其中 9% 是作为征收成本交给中央政府的。① 从 1994 年起，扣除征收成本，归中央政府的 10% 中，35% 在省级政府与地方政府之间平均分配，65% 用于鼓励达到财产税收入目标的地方政府。对于地方政府，财产税收入占其税收收入的 67%，对于省级政府，财产税收入占其税收收入的 26%（邵锋，2004）。

上述 8 个国家均对不动产开征了财产税，绝大多数国家将其作为联邦政府以下层级的政府税收，印尼财产税在三级政府之间分配，但联邦政府已降低分配比例，只收取征收成本。对土地还开征了个别财产税的国家中，日本的地价税属于国税，目前暂时停征，俄罗斯的土地税和巴西的农村土地税在三级政府之间分配。在州与地方政府之间，有的国家财产税由两级政府共享，但其分配倾向于地方政府，美国州政府甚至已退出对财产税的分享，多数国家将财产税配置在地方政府层级。对土地开征的个别财产税，则有的配置在州政府层级，有的配置在地方政府层级，还有的在多级政府之间分配。对于资源税，美国、澳大利亚、日本等多数国家实行联邦政府/中央政府与各地方政府共享。

就税收立法权而言，为实现"税收法定"，各国的财产税立法均由州以上政府行使，具体由联邦政府还是州政府行使，视各国政治分权程度而异。在美国，州政府拥有创制立法权，地方政府拥有部分非创制立法权（如税率订定），州政府可通过限制税率、限制税收、限制税基三种方式

---

① 1994 年印尼尚未实行联邦制，故称中央政府。1994 年以前的分配方案是这样计算得出的：首先将财产税中的 10% 划归中央政府，剩下的 90% 中再将 10% 作为征收成本划归中央政府，如此剩下 81%，其中 80% 分配给市级政府，20% 分配给省级政府。

对地方政府的非创制立法权进行限制（黄建兴，2001）。日本地方政府没有税收立法权，国税和地税均由国家法律进行规定，但国家颁布的地方税法仅对税种、税率、征收标准等规定限制条件，地方政府可在限定范围内按照条例自主征收（邓宏乾，2008）。俄罗斯、印尼的税收立法权也归联邦政府所有，印尼联邦政府还负责财产税的征收管理，因此特意收取财产税的9%作为征收成本。

王永钦等（2006，2008）最早提出了所谓的"大国发展模式"，中国是一个在疆域和人口双重意义上的"大国"，这意味着中央政府对地方政府的监督面临着极高的成本，为了获得有效信息，解决对地方政府的激励，财政分权是大国治理必须采取的模式。与此同时，作为一个大国，各地区在区位、历史、政策等方面存在着巨大差异，改革开放以后，这些差异转化为地区之间的经济差距和收入差距，这种差距在大国的政治经济环境下形成，也只能通过大国的政治经济政策进行纠正。

经过多年的财政体制建设，尤其是1994年分税制改革以来，中国的财政制度已表现出明显的财政联邦主义特征。Montinola等（1996）将中国的经济分权描述为"中国式联邦主义"，认为乡镇企业在中国异军突起，正是得益于以地方政府的预算外财政激励、不存在贸易壁垒以及对企业本身而言的硬预算约束为特征的这一经济分权模式。从实施的角度，对于中国这样的大国，经济分权是通过反复的实验、学习和模仿不断取得成功的。

王永钦等（2006）认为，由于中国是一个大国，经济分权与政治集权作为两项基本制度将同时存在，中国要做的是在经济分权和政治集权的制度框架下引入更多更有效的政治竞争和权力制衡，让普通民众能够参与政策决定过程，强化地方政府的地方责任（accountability），削弱其直接干预经济的能力，并进行相应的地方财政和税收体系的改革，将地方财政转变成公共财政。

由于特定的历史文化、自然禀赋、地缘政治因素，中国形成一个单一制国家。事实上并非所有的大国都必须实行联邦制，作为人口大国的日本就是一个例外；人口大国印度虽然实行了联邦制，但其联邦政府拥有的权力接近单一制国家。中国政府承担的责任决定了中国无须转轨为联邦制政体，但作为一个大国，中国有必要实行财政上的联邦制。对于人口和疆域大国，要在保持经济长期增长的同时，实现中央政府对地方政府的有效管控，平衡经济分权与政治限权，地方公共财政（财政联邦制）是最优选择。

第二节　中国地方财政的形成与发展

地方税不是随着税收的产生而产生，而是在财政发展到一定阶段，地方具备一定的政治地位之后才出现的。近代以前，中国没有形成地方财政体系，虽然偶尔会有一些地方财政现象出现，但不构成历史的主流。

唐代后期"三分租税"是中国最早出现的地方税现象（邓子基，2007）。"安史之乱"后，鉴于藩镇割据的地方政治形势，唐代建立了两税三分制，地方财政税收由国家统收统支改为"上供、送使、留州"的三级划分，国家税收划分为中央直接税与中央和地方共享税两大部分，共享税在朝廷、藩镇、州府三级政府之间进行分配。北宋立国后恢复了高度的中央集权制，但税制承袭了唐后期的两税三分制，宋真宗以后朝廷加强对地方财源的挤压，经王安石变法，中央将地方收入剥夺大半，直到北宋末年才实现将一切财权收归朝廷（江晓敏，2003）。

两税三分制是唐朝田制、兵制、赋役制度相互影响，共同演进的结果。唐初实行的均田制随着经济发展、人口增长逐渐崩坏，引起军事制度的变革。唐前期推行自西魏北周以来的府兵制，所在军府对六品以下子孙及白丁无职役者实行兵役征发，三年一简点，成丁而入，六十而免。府兵制以均田制推行为基础，府兵服役期间免租调，但行装、戎具、器械、军粮等须自备。随着土地兼并日甚一日，府兵征发陷入困境，自武周开始，府兵制日渐废坏，至玄宗天宝八年，折冲诸府已无兵可交，在此形势下，朝廷不得不改行募兵制。玄宗开元十一年，京师宿卫兵士由募兵而来，开元二十五年，边镇戍兵也开始实行招募。天宝年间，边镇十节度使掌握的兵力加上其他边镇的驻军共计 49 万，而中央控制的兵力只有 8 万，而在实行府兵制的时期，中央掌握的兵力有 26 万，其他军府控制的兵力为 42 万，边镇节度使拥兵自重，引发"安史之乱"并形成藩镇割据的局面（刘玉峰，2006）。

在隋的基础上，唐朝建立了以户部为中枢，以太府、司农二寺为辅助的中央集权财政管理体制。户部"掌天下户口井田之政令，凡徭赋职贡之方、经费周给之算、藏货赢储之准，悉以咨之"（《唐六典》卷三《户部》），具体政务则交由所辖度支、户、金、仓四司处理。太府寺"掌邦国财货"，司农寺"掌邦国仓储委积之事"，分管钱帛与粮谷。刑部的比部司负责对国家财政的审计与稽核，其郎中、员外郎"以周知内外之经费而总勾之"，行使总审计之责。地方财政官吏包括县级的"司仓佐"和"司户佐"、州级的"司仓参军事"和"司户参军事"或府级的"仓曹参军事"和"户曹参军事"，分管田赋和口赋，各（府）州、县的长吏则对地方的财政事务负有全责（李志贤，2005）。

唐初在财政上实行统收统支，中央各部及各军、州、县的财政收支情况每年都须造册申报，由度支、金部、仓部等主管部门会同审查。中央严格控制制税权，税收纳入国家预算，地方州县、边军所需开支按中央户部统一规定，自税收中留拨一部分充用。中央或地方各级政府机构的各项财务收支，均须在规定的期限内送比部钩稽审核（李志贤，2005）。

"安史之乱"爆发后，中央与地方政府之间的财政分配秩序受到冲击，"有重兵处皆厚自奉养，正赋所入无几，吏之职名，随人署置，俸给厚薄，由其增损"（《唐会要》卷八十三）。为动员各路节度使投入平叛战争，玄宗颁布《幸普安郡制》，特允各节度使"应须兵马、甲仗、器械、粮赐等，并于当路自供"，结果本来是为平定叛乱制定的权宜之计，反而为各路节度使拥兵自重提供了财力保证。藩镇"户版不藉于天府，税赋不入于朝廷"，为聚敛税赋，朝廷不得不增设财经诸使督办税务，财经使名目繁多，包括领度支使、判度支使、知度支使及勾当度支使（《唐会要》卷九十五《别官判度支》）。财经使的出现及对户部的取代，标志着统收统支的财政制度已经瘫痪（李志贤，2005）。

代宗初年，"安史之乱"平定，大历年间，吐蕃威胁减轻，朝廷才开始将如何巩固中央的财政地位提上议事日程。德宗在代宗的基础上推行两税法，恢复分设政府国库与皇室私库，将财政大权重新交由中央户部统一掌管。两税法实行中央政府与使、州两级地方政府"划分收支、定额管理"的财政制度（陈明光，1990），以州为单位编制年度预算收支计划，以支定收（陈明光，1988），"量出以为入，定额以给资"（元稹：《钱货议状》），分别确定留州、送使、上供的额度。使、州没有制税权，但在"当州府应税都数"（两税法《起请条》）的范围内享有一定的配税权，超支不补，结余留用（李志贤，2005），"任于额内方圆给用，纵有余羡，亦许州、使留备水旱"（唐武宗：《加尊号赦文》）。

两税法期间并不存在"留县"一级独立预算单位（陈明光，1998），两税三分制仅代表地方的财政要求有所抬头，并不代表建立了完善的地方财政制度。两税法实施后，"自是轻重之权，始归于朝廷"，结束了"朝廷不能覆诸使，诸使不能覆诸州"的财权分割局面。但两税法没有全国统一的税额，各州对于上供、送使、留州的数量也没有划一的比例，为确定各州应纳税额，朝廷委派黜陟使分赴各道与地方长官协商，地方的政治及军事实力决定其议税能力，为规范地方税赋，朝廷规定，黜陟使定税后，地方官吏不能擅自加征，"加率一钱一物，州府长吏并同枉法计赃"。作为两税法实施的结果，"每岁天下共敛三千余万贯，其二千五十余万贯以供外费，九百五十余万贯供京师；税米麦共千六百余万石，其二百余万石供京师，千四百万石给充外费"（《通典》卷六注文）。

时下国人热议的财产税（户税）和房产税（间架税）在唐朝建中年间同时开征，这是很值得关注的现象。公元783年（建中四年），为筹集军费，德宗在户部侍郎赵赞的建议下开征间架税，但由此引发了泾原兵变，德宗出逃至咸阳，次年方平定叛乱。

伴随着地方税现象的出现，财产税和房产税在唐代同时开征，体现了先人的理财智慧，它不能被简单地视为历史的巧合，就税制设计而言即使放到今天的中国也是相当超前的。时局所迫，唐德宗仓促推出间架税，由于税收遵从程度低，结果反而被泾原兵士所利用，打着"不税尔间架"的旗号煽动民众叛变。如果唐德宗能够在户税、地税的基础上，合理设计间架税的开征程序，取得民众的支持，限制藩镇的军事权力与政治势力，大唐盛世会否改变昙花一现的历史命运？当然，历史不容假设，兵变的打击，使唐德宗不再信任宰相和武官，开始重用如家人一样从小照顾自己的宦官，阉人政治大行其道。公元907年，唐朝灭亡。

邓子基认为（2007），由于当时的行政及财政体制高度集权，两税三分制中的"留州"不能算是严格意义上的地方税，清朝末期一些地方政府征收的厘金，才是中国地方税的雏形。赵云旗（2005）也认为，中国有地方财政，始于清末民初，是随着地方自治政治的推行而产生的。在漫长的郡县制时代，只有国家财政，没有地方财政。

征收厘金是为了筹措镇压太平天国革命的军费，始于江苏。第一个厘金征收办法由湖南省制定，后来各省普遍征收，清政府并无统一规定，仅要求各省"照楚省章程，概行办理"。地方有厘金的征收自主权，主要用于地方团练的军费开支。厘金对包括农产品在内的商品征收，根据收税地点的不同，分为三种：在原产地征收的厘金、在交易市场征收的厘金以及对过境商品征收的厘金，其中以过境厘金税额最多（Wang，1973）。

经过一年的筹备，1913年11月，北洋政府正式把全国的税收划分为国家税和地方税，明确国家因筹集中央及地方政府行政经费而征收的租税为国家税，地方自治团体因处理自治事务而筹集经费所征收的租税为地方税，国家税包括田赋、盐课、关税、常关税、统捐、厘金、矿税、契税、牙税、当税、牙捐、当捐、烟税、酒税、茶税、糖税、渔业税共17种，地方税包括田赋附加税、商税、粮米捐、牲畜税、土膏税、油捐（包括酱油捐）、船捐、杂货捐、店捐、房捐、戏捐、车捐、乐户捐、茶馆捐、肉捐、饭馆捐、鱼捐、屠捐、夫行捐、其他杂税杂捐共20种，并对将来预计征收的税种进行了规划和分类。第一次分税制仅实施了半年时间，1914年6月1日，新任财长周自齐呈请取消（赵云旗，2005）。

1923年，北洋政府重新恢复分税制财政体制，宪法中将税收又划分为国家税和地方税。国家税有：所得税、矿税、营业税（烟酒牌照税、牙税、当税）、关税、盐税、烟酒税、丝茧税、茶税、糖税、出产税、销场税、印花税、继承税、运输税。地方税有：田赋、房屋税、宅地税、屠宰税、谷米税、杂谷税、契税。此次分税因曹锟下台，段祺瑞重新执政又未能实行（赵云旗，2005）。

1928 年，国民政府召开第一次全国财政会议，将全国税收划分为国家收入和地方收入，并对预期将来的收入进行了税收规划。地方财政划分为两级，即省级与市县级。国家收入包括盐税、海关税及内地税、常关税、烟酒税、卷烟税、煤油税、厘金及一切类似厘金的通过税、邮包税、印花税、交易所税、公司及商标注册税、沿海渔业税、国有财产收入、国有营业收入、中央行政收入、其他属于国家性质的现有收入共 16 种，地方收入包括田赋、契税、牙税、当税、屠宰税、内地渔业税、船捐、房捐、地方财产收入、地方营业收入、地方行政收入、其他属于地方性质的现有收入共 12 种（赵云旗，2005），省级财政地位得以确立。

1934 年，国民政府召开第二次全国财政会议，把省、县之间税种的划分作为一个重要议题进行了讨论，议定《划分省县收支原则》五项，财政体制开始从两级制走向三级制。次年，立法院公布《财政收支系统法》，将全国财政分为中央、省（市）、县（市）三级。自 1934 年土地税和田赋附加划归县级财政所有，再加上印花税三成、营业税三成的共享收入，县级财政地位得到确立。

1941 年，国民政府召开第三次全国财政会议，为配合抗战时期财政需要，将省级财政并入国家财政，集中财权和税权，实行国家和县两级财政体制。

抗战胜利后，1946 年，国民政府召开第四次全国财政会议，恢复原来国家、省、县三级分税财政体制，并对税种进行了重新划分，其中土地税在国家和地方之间进行比例分成。《财政收支系统法》规定：省市局地方土地税的 50% 留作自用，其余 30% 划归国家财政，20% 划归省财政；院辖市土地税的 60% 留作自用，其余 40% 划归国家财政；县市级土地税的 50% 留作自用，其余 30% 划归国家财政，20% 划归省财政。

1949 年新中国成立后到 1978 年改革开放前，中国实行"统收统支"高度集中的财税管理体制，在这期间税种的设定以及税收的归属屡经调整，中央与地方之间也有"总额分成"或者"分类分成"一类的税政安排，但始终没有形成稳定的地方税制度，只有城市房地产税、车船使用牌照税、契税、屠宰税、农业税、牧业税、交易税等税种在使用过程中表现出地方税的特征。

自 1978 年中国启动改革开放以来，私营、公私合营等多种所有制经济得到了发展，地方经济实力不断增强，数据表明，在这期间，政府总的收入占 GDP 的比重从 1979 年的 28.4% 降到 1993 年的 12.6%，其中中央政府占政府总收入的比重从 1984 年的 40.5% 降到了 1993 年的 22%（Shen 等，2012）。从 1980 年开始，中国中央与地方政府之间实行财政包干体制，虽然实现了"分灶吃饭"，但包干制使得地方政府有动力隐藏地方经济信息以截流财源，同时五年不变或一年一定的包干制体现的是一种讨价还价的政府间财政关系，由于政策缺乏一贯性，地方政府与中央政府相互之间的不信任与日俱增。对于中央政府而言，包干制缺乏弹性，中央政府的收入不能随着经济增长而增长，中央政府在国家财政体系中的地位受到挑战，并连年出现赤字，不得不多次向地方政府借款。因此，1994 年实施的将大量事权下放的分税制改革，是中央政府财政形势持续恶化倒逼的结果。分税制改革的初始目的是为了强化中央政府的税收汲取能力，但客观上为地方经济的繁荣与发展创造了制度空间。

第三节　分权体制下中国地方政府的经济扩张

钱颖一等（2008）将 1978 年改革开放以来中国民营经济所取得的成就解释为源于自 1958 年就存在的以区域"块块"原则为基础形成的多层次、多地区的 M 型层级制组织结构。不同于东欧和苏联以职能和专业化为原则组建的单一"条条"形式（U 型结构），中国的 M 型经济组织形式具有相对较大的自主权，基层政府与其上级政府之间虽然没有多少讨价还价的空间，但在水平层级上却拥有一定的经济自由度，同时由于中国的行政管理层次包括中央、省、地区、县、乡（以前的公社）和村（以前的大队），达 6 个之多，无形中成为地方自主权的保护伞。

每个层次上每个地区内的层级制结构均可视为是中央政府的微缩版。

大而全，小而全，企业办社会的现象也很普遍。由于 M 型层级制中地区之间的依赖度相对较弱，地方试点改革试错的制度成本较低，这使得 M 型组织在制度变迁过程中更为灵活。

M 型组织的成因则被解释为在 1949 年前中共控制地区，经济和军事力量就是用 M 型组织的。有三个因素使中共选择了 M 型组织：组织的规模与协调的复杂性、通讯与交通的落后、文化背景。而中国虽然在第一个五年计划时期（1953—1957）引入了苏联的 U 型经济组织方式，1958 年（"大跃进"）和 1967 年（"文化大革命"）两次大的行政性分权还是将中国的计划经济最终建立在 M 型组织结构之上，这种 M 型组织结构被钱颖一等（2008）称之为"中国特色的维护市场的经济联邦制"。

如果说 M 型组织可以为私营经济冲破计划经济体制的约束迅速成长提供解释，那么在国有部门，则适用不同的解释框架。

在这样的解释框架下，为打破计划经济体制下国有企业一统天下的局面，通过渐进性改革，中央政府向地方政府逐步下放对于国有经济的控制权。行政性分权的结果是地方政府拥有了对于辖区内国有资源的支配权以及地方经济决策的自主权，从而形成"中国特有的以地方行政利益为边界的市场竞争关系和经济增长方式"（王国生，2001）。地方政府产生了独立的经济利益，与中央政府之间的关系也从简单的行政隶属关系转变为带有相当程度的纵向博弈关系。

鉴于地方政府上述经济垄断地位，中国的市场经济也被研究者称之为"中国地方政府主导型市场经济"（何晓星，2003），作为准市场主体，地方政府用行政主导支持地方对外竞争，形成"诸侯经济"。

在改革开放过程中，中央政府之所以将部分经济职能下放给地方政府而不是直接下放给企业，有路径依赖的因素。计划经济留给转轨市场经济的，是大量的国有企业。在市场的冲击下，中央政府继续保留配置微观经济资源的职能，成本太高；直接下放给企业，将带来职工下岗、企业破产等一系列社会问题，成本更高。在两难困境中，折中的选择是将部分行政权力下放给地方政府，由地方政府承接原来由中央政府承担的对于国有企业的连带责任，这样制度风险较小，可以尽量降低交易成本（何晓星，

2003）。由于国家垄断了资本市场与土地市场，地方政府的准市场主体地位得到了强化。

在制度安排上，地方政府成为相对独立的经济主体，在激励机制上，地方政府也有动力进行经济扩张。

官员晋升锦标赛模型强调地方政府与上级政府之间的纵向联系，由于垂直信息挖掘成本较大，上级政府以 GDP 为标尺考核指标，以晋升作为对官员的激励，建立对于地方政府官员的治理机制。中共中央组织部 1998 年下发的《党政领导干部考核工作暂行规定》和 2006 年下发的《体现科学发展观要求的地方党政领导班子和领导干部综合考核试行办法》均要求综合采用各项经济社会指标全面考核评价地方政府领导干部（漆亮亮，2009）。中国的地方官员被类比于 M 型公司的中层经理，通过经营城市换取晋升机会。不同于公司的经理，政治劳动力市场只有一个"雇主"，地方官员别无选择，只能以最大的努力寻求晋升（周黎安等，2008）。由于晋升博弈是零和博弈，恶性竞争、重复建设等问题相当严重。

个人控制权理论则更强调地方官员晋升之外的个人效用。晋升机会是有限的，不可能做到普遍激励。从公共选择理论的角度进行分析，政府官员同企业经营者一样，都具有经济人的特性，追求个人效用最大化。除了直接的经济收益之外，个人效用还包括职务特权、公众声誉、作出决策的自由、个人成就感等非物质变量，中国模糊的产权保护现状以及对地方政府水平监督的缺失为地方官员扩大个人控制权创造了条件（何晓星，2005）。

对于地方政府的集体行为，财政收入最大化提供了一个较强的解释，在这个解释框架下，无论是转轨早期以地方政府所有企业为发展主体、地区保护主义为地区竞争主要形式的增长模式，还是 1994 年财政集权后以非地方政府所有企业为发展主体、以补贴性用地和降低环保与劳工保护标准来吸引制造业投资为主要特征的地区间"竞次"式发展模式，都得到了说明。财政收入最大化模型还可以解释何以地方政府倾向于低价出让工业用地，高价出让商住用地，因为虽然对制造业投资者以协议方式低价出让土地有损地方政府当期的财政收入，但会创造出较稳定的未来收入流，包括直接增加的增值税、制造业对服务业外溢效应带来的营业税乃至商、住用地出让金。而针对商、住用地进行的招、拍、挂土地出让给地方政府带来的回报虽然是短期的，但短期回报水平相对较高。这两种土地出让方式在时序上的交替回报使地方政府能够根据本地情况进行权衡并在一个较长时段实现财政收益最大化（陶然等，2009）。

整体而言，由于：（1）晋升的机会相对较少，只有少数地方官员能够胜出；（2）作为一个集体，地方政府能够分享税收增加带来的收益，相比个人晋升更有保障，并取决于自身的努力；（3）省级政府（含直辖市）官员由于离地方经济事务相对较远，其经济利益与政治权力挂钩，更看重晋升与否，而地方政府官员由于人员基数较大，会更关注与个人收入直接挂钩的地方经济指标，周黎安的研究虽然名义上落在地方政府层面，所用数据都是省级领导的数据；（4）晋升可以视为对地方官员发展经济的额外奖励，而地方政府发展经济首先是为了实现税收最大化，即使无法获得晋升也不会影响这一基本行为特征，由此看来，地方政府行为具有追求税收最大化的明显特征，而在被中央政府外派或异地交流的省级干部身上则表现出较为明显的晋升锦标赛特征，地方政府追求税收最大化的行为模式得到省级政府晋升锦标赛行为模式的正向反馈，其行为特征得到强化。基层政府与省级政府官员之间在政治前途上之所以会有比较大的差距，原因在于省级政府官员是中央政府的重点考察对象，在晋升序列里，由地方政府通过晋升锦标赛一步一步进入中央政府，一方面成本很高，难度很大，与分享当地经济发展的收益相比诱惑力不足，另一方面受65岁强制退休的年龄限制，成功的概率很小，相比之下省级政府官员往往有中央背景，在晋升序列里处于较高层级。如果说晋升锦标赛模式适用于对省级政府层面的政府官员行为进行分析，财政收入最大化模式则具有更为普遍的解释效力。相比个人控制权的定性分析，财政收入最大化模型更方便我们对于政府行为的定量研究，更何况，在个人控制权的所有向量里面，经济因素是最为根本也是最为持久的影响因子。

虽然财政分权促进了经济增长（林毅夫等，2000），在私营经济部门增长的同时，国有经济部门也得到了增长。区别于钱颖一的说法，目前中国的经济发展模式并非所谓"市场维护型财政联邦主义"，而应称之为"政府干预型财政联邦主义"，这种经济发展模式之所以能够形成，是因为政府掌握了包括土地、资金在内的主要生产要素，以及包括政策制定、行政许可等能够产生经济效益的多种行政手段，所以这种经济发展模式是政府主导型的经济发展模式，市场反而成为这种经济发展模式能够发挥作用的一种必要的辅助手段。

在政府主导型经济中，由于地方政府成长为准市场主体，不可避免地会出现央、地之间的博弈以及形形色色的各种机会主义。

第四节　中国不动产市场中的央地博弈与地方机会主义

在分税制改革以前，地方政府热衷于"经营企业"，通过对地方国有企业利润留成的方式获取预算外收入。1994年实行分税制改革以后，统一征收营业税、增值税和企业所得税，不再按企业隶属关系征税（具体见表6-3）。为平衡财政收支缺口，地方政府一度依赖于行政事业性收费及乡镇自筹和统筹基金等方式，造成"执法经济"及农村"三乱"（乱收费、乱罚款、乱摊派）现象盛行。但地方政府很快就发现，与这种高交易成本的资金筹集方式相比，还有一种更便捷地获取财政收入的方式，那就是以"经营城市"为特征的"土地财政"模式。

1993年，中央财政收入占全国财政总收入的比例下降到22%，为强化中央的财政汲取能力，1994年实行"上收财权，下放事权"的分税制改革，改革当年中央财政收入占全国财政总收入的比例达到55.7%，但中央支出占财政总支出的比例和以往相比变化不大，为30.3%。其后1995—2004年连续10年地方财政收入占全国财政总收入的比例平均为48%，支出占全国财政总支出的比例平均却高达70.2%（孔善广，2007）。巨大的财政收支缺口，只能通过中央政府的财政转移支付以及地方政府的预算外收入进行弥补。

表 6-3　1994 年中央与地方税收划分一览表

类别	中央固定收入	地方固定收入	中央与地方共享税收
税种	关税、海关代征的消费税和增值税、消费税、中央企业所得税、地方银行和外资银行及非银行金融企业所得税、铁道部门、各银行总行、各保险总公司等集中缴纳的营业税、所得税、利润和城乡维护建设税、中央企业上缴利润、外贸企业的出口退税	铁道部门、各银行总行、各保险总公司等集中缴纳的营业税之外的营业税部分、不含地方银行和外资银行及非银行金融企业在内的地方企业所得税、地方企业上缴利润、个人所得税、城镇土地使用税、固定资产投资方向调节税、城市维护建设税（不含铁道部门、各银行总行、各保险总公司集中缴纳的部分）、房产税、城市房地产税、土地增值税、耕地占用税、契税、国有土地有偿使用收入、车船使用税、印花税、屠宰税、筵席税、农牧业税、农业特产税	增值税（中央分享75%，地方分享25%）、资源税（海洋石油资源税归中央，其余资源税归地方）、证券交易印花税（中央分享50%，地方分享50%）
备注		原属于地方税的农业税、牧业税、农业特产税、屠宰税已经废止；车船使用税和车船使用牌照税已经合并；固定资产投资方向调节税和筵席税目前停征；城市房地产税已经废止	原属于地方税的企业所得税和个人所得税自2002年开始在中央与地方之间分享，目前为中央分享60%，地方分享40%。自 2002 年起，证券交易印花税分享比例调整为中央占97%，地方占3%

资料来源：根据《国务院关于实行分税制财政管理体制的决定》（国发［1993］85 号）及后续税收政策整理。

　　城市政府预算内主体税源主要包括营业税、增值税、企业所得税和房地产税。1994 年以后，增值税的 75% 由中央分享，2003 年以后，企业所得税的 60% 由中央分享。自 2003 年开始中国房地产进入被称之为"黄金十年"的快速发展期，这不仅是国家产业政策引导的结果，税制的改变重塑了地方政府的行为模式也是重要原因之一。

　　1994 年分税制改革后，随着增值税及企业所得税对地方财政的贡献日益减弱，地方政府藏富于企业的动力不复存在。与此同时，主要来自建筑业和第三产业的营业税对地方财政收入的贡献不断增加，土地出让金作为预算外资金在地方财政中的地位也日益得到凸显，地方政府开始从"经营企业"向"经营城市"转变，并逐渐发展出"土地财政"的地方财政模式（周飞舟，2010）。

土地财政是指地方政府以地生财进行财政收支和利益分配，中西皆实行土地财政，西方国家的土地财政主要通过向存量土地课征财产税加以实现，中国的土地财政则主要依靠增量土地带来的各种收益（辛波等，2011）。一般认为中国的土地财政收入由三部分组成：（1）土地资产收入，即土地出让金和土地租金；（2）由建筑业和房地产业带来的土地税收收入；（3）以土地为抵押物取得的土地债务收入（董再平，2008）。但也有人认为，地方政府收储土地向银行抵押融资，属于土地金融而非土地财政范畴（黄小虎，2011）。

土地出让金是土地财政收入中的主体部分，针对工业用地与商住用地，地方政府的土地出让行为截然相反。由于中国具有比较优势的中、低端制造业企业缺乏区位异质性，在全球竞争下对生产成本高度敏感，为吸引制造业企业落户，获取营业税、25%的增值税和40%的企业所得税并带动地方 GDP 增长，工业用地往往以低地价甚至"零地价"出让。不管任期内招商引资带来的未来增值税流和营业税流贴现值能否超过土地征收和整理成本，处于强大区域竞争压力下的地方政府纷纷通过提供廉价土地、补贴基础设施、减免企业所得税、放松环境政策和劳动管制等一系列政策"竞次"（race to the bottom）。与制造业不同，大部分服务业提供的非贸易品消费只能在本地完成，而本地商住用地一级市场由地方政府完全垄断，如果说工业用地因各地的投资竞争形成了"全国性买方市场"，在商住用地方面则由于地方政府的一级土地垄断形成了众多"局域性卖方市场"，这使得地方政府可以通过招拍挂方式高价出让土地，并将高地价转嫁给本地服务业的消费者（苏福兵等，2011）。低价出让工业用地造成的短期财政损失，完全可以通过高价出让商住用地得到弥补。

表6-4　土地出让金及土地纯收益相当于地方一般预算收入比例

（单位：亿元）

年份	土地出让金		土地纯收益		利润率
2003 年	5421.3	55.00%	1799.116	18.27%	33.19%
2004 年	6412.2	53.90%	2339.794	19.67%	36.49%
2005 年	5883.8	39.00%	2183.968	14.46%	37.12%
2006 年	8077.6	44.10%	2978.289	16.27%	36.87%
2007 年	12216.7	51.80%	4541.416	19.27%	37.17%
2008 年	10259.8	35.80%	3611.95	12.61%	35.20%
2009 年	17179.53	52.69%	6354.108*	19.49%*	36.99%*
2010 年	28197.7	74.14%	10509.64*	25.88%*	37.27%*

注：2010 年国有土地使用权出让总收入为 30108.93 亿元，包括地方政府土地出让金收入 28197.7
亿元，新增建设用地土地有偿使用费收入 693.45 亿元，国有土地收益基金 1025.23 亿元，
农业土地开发资金 192.55 亿元。* 为管清友等估算值。"相当于" 区别于 "占比"，特指土地
出让金不包括在地方政府一般预算收入内。
资料来源：管清友、彭薇：《土地财政：戒不掉的鸦片》，《证券市场周刊》2011 年 12 月 10
日，并经作者整理。

　　地方政府偏好低价出让工业用地、高价出让商住用地还有另外一个原因。地方政府的财政支出分为两种类型：一是用于提供辖区内公共服务的经常性支出，二是用于进行重大基础设施建设的一次性支出。由于财产税缺位，与地方政府以上两种财政支出相对应，在财政收入上地方政府主要通过两种方式，一是工商企业税收，二是土地出让金，前者由低价出让工业用地得以实现，后者由高价出让商住用地得以满足。这使得地方政府成为一个开发和服务并重而非单纯的服务型政府（赵燕菁等，2009）。

　　在特定时期中国的土地财政有其积极意义。为在招商引资的激烈竞争中获胜，地方政府以低廉的土地价格补贴工业，使中国的制造业在全球竞争中获得了超常的竞争力，中央税收因之超速增长，可以视为地租收益由地方政府向中央政府进行了转移。财产税的缺失，使得地方政府不得不通过发展工商业获得经常性收入，由于制造业的发展能同时带动第三产业的发展，地方政府在全国范围内以低价出让工业用地的方式展开面向缺乏区位异质性的制造业的招商引资竞争，使中国经济呈现出区域产业趋同的明

显特征，无法形成现代工业城市的专业化分工格局（赵燕菁等，2009）。地方政府层面的重复建设大量出现，使得国家层面的产业政策规划难以落实。

在土地使用上，中央政府与地方政府建立了不同的目标函数，中央政府致力于严守18亿亩耕地红线不动摇、保持房价稳定、为低收入者提供住房保障，地方政府致力于财政收入最大化，由此发展出"土地财政"的第二财政模式。目标函数的不一致，使得中央政府与地方政府之间博弈不断，中央政府不得不一次又一次地采取更加严厉的调控政策约束地方政府的机会主义行为。

尽管中央政府拥有较大的行政权力，在央地博弈中，地方政府并非总是处于劣势，土地出让收益在中央与地方政府间分成制度的演变过程，很能说明这一问题。

早在1981年，深圳就开始通过收取土地使用费的方式引进港资企业进行房地产开发，1982年1月1日起施行的《深圳经济特区土地管理暂行规定》，明确了不同用途不同地区每年每平方米的土地使用费标准，规定土地使用费可一次性付款，也可分年付款，按年息八厘加收利息。非沿海城市最早开征土地使用费的是辽宁抚顺，1984年1月起开征。土地使用费由地方政府支配，用于地方建设，中央政府不参与分成。1984年9月，国务院批转《财政部关于在国有企业推行利改税第二步改革的报告》，提出保留但暂缓开征土地使用税，"何时开征，另行报批。在未经正式颁发以前，除了个别地区在1983年已经试行开征的以外，各地都不得开征，也不得以收费等形式变相征收"，禁止地方开征土地使用费（张清勇，2009）。抚顺市虽然于1984年启动收取土地使用费，在停征之列，但经过抚顺市政府与建设部的协调，得以延续。1988年9月27日国务院颁布《中华人民共和国城镇土地使用税暂行条例》，该条例于同年11月1日起实施，规定"各地制定的土地使用费办法同时停止执行"，以土地使用税取代土地使用费，按年收取，中央和地方按5∶5的比例分成。

1987年深圳启动国有土地首次公开拍卖，在协议出让之外，土地批租竞价市场开始形成。顺应新形势的发展，1989年5月12日，国务院出台《关于加强国有土地使用权有偿出让收入管理的通知》，规定国有土地有偿出让收入40%上交中央财政，60%留归地方财政，专款专用，主要用于城市建设和土地开发。1989年7月1日，不到两个月，财政部发布《国有土地使用权有偿出让收入管理暂行实施办法》，规定土地使用权出让收入实行收支两条线方式管理，全部上交财政，其中人民币部分，由城市财政部门先留下20%作为城市土地开发建设费用，其余部分40%上交中央财政，60%留归取得收入的城市财政部门，即中央政府提取土地出让收入的32%；外汇部分采取不同的分成比例，60%上交中央财政，40%留给地方财政。

1990年9月26日，财政部发布《关于国有土地使用权有偿出让收入上交中央部分有关问题的通知》，规定1990年和1991年，中央提取地方土地出让收入后，根据不同地区收入上交情况，分批酌情返还，年终结算，其中大连、秦皇岛等10个城市返还比例为95%—99%，上海浦东另行规定，厦门按部（90）财综字86号文件规定，深圳、珠海、汕头、海南经济特区，返还比例为85%—90%，其他一般城市由地方逐项申报，由中央财政逐笔核定拨给。

1992年9月21日，财政部颁发《关于国有土地使用权有偿使用收入征收管理的暂行办法》，规定土地管理部门和房地产管理部门应在次月五日前将收到的土地出让金和土地收益金（或土地增值费）上缴财政部门，其中：土地出让金总额的5%应上缴中央财政，土地转让交易额和土地出租收入的5%应作为上缴中央财政的土地收益金或土地增值费；对连同地面建筑物一同转让的土地使用权，应根据房产评估价格，经财政部门核定，在交易总额中扣除合理的住房价款，其余额的5%作为土地收益金或土地增值费上缴中央财政。国有土地使用权有偿使用收入中的外汇收入按外汇额度，上缴中央财政40%，留地方财政60%。

1993年12月15日，国务院颁布《关于实行分税制财政管理体制的决定》，从1994年1月1日起，城镇土地使用税、固定资产投资方向调节税、城市维护建设税（不含铁道部门、各银行总行、各保险总公司集中交纳的部分）、房产税、印花税、耕地占用税、契税、土地增值税、国有土地有偿使用收入等划归地方固定收入。

1997年4月15日，中共中央、国务院下发《关于进一步加强土地管理切实保护耕地的通知》，明确原有建设用地的土地收益全部留给地方，专款用于城市基础设施建设和土地开发、中低产田改造；农地转为非农建设用地的土地收益，全部上缴中央，原则用于耕地开发，具体办法国务院另行规定。1998年8月29日，九届人大四次会议修订通过《中华人民共和国土地管理法》，规定自1999年1月1日起，新增建设用地的土地有偿使用费，30%上缴中央财政，70%留给有关地方人民政府，都专项用于耕地开发。

当税基无法隐藏时，中央与地方之间的纵向税收竞争会加大社会整体的税收负担，但当税基能够隐藏时，地方政府将充分利用不对称的信息优势，不显示甚至扣减税基，以尽量将税收留住。从表面上看是法律条文的修订以及分成比例的调整，隐藏在背后的则是地方政府与中央政府的长期角力。

实物地租是地方政府为截流财源而不显化土地收益的机会主义策略下的产物。实物地租是土地有偿使用的特殊形式，是指房地产开发者通过向城市政府或其职能部门提供各类基础设施和公建配套作为对价，获得开发权，进行房地产开发。驱使城市政府选择实物地租这种有偿出让形式的根本原因，是中国于1988年起征收土地使用税，土地收益开始在中央政府与地方政府之间进行比例分成。实物地租透明度低，不稳定，不规范，容易滋生腐败（王育琨，1992）。

土地收益央地分成体制安排下的"开发区热"可以理解为地方政府以零地价或者低地价换取未来的长期税收，本质上是将上缴中央的土地收益截流，以工业企业未来的税收形式回收，与实物地租类似，可以视为某种"货币地租"，只是兑现的时间要更长一些。地方政府宁愿肉烂在锅里，也不愿意无私奉献。这可以看作是对地方政府热衷招商引资的"外溢论"解释（陶然等，2009）的补充，因为这种解释与地方政府税收最大化的行为假定是一致的。当前各地的开发区热已得到缓解，中央政府的治理整顿固然功不可没，游戏规则的改变也很关键。

　　由于地方政府与中央政府的目标函数不一致，两者形成了非合作博弈关系，通过对这种博弈关系进行不完全信息动态博弈分析发现，中央政府只有降低收益分配比例，才能减少博弈过程中税收的效率损失（毕继业等，2003）。

　　于是，为便于事权下放，中央政府顺势而为，1994 年通过分税制改革，将国有土地有偿使用收入划为地方固定收入。但中央政府毕竟有不同于地方政府的目标函数，为遏制地方政府大肆征地、违规占地、强力拆迁的短期机会主义行为，确保国家粮食安全，1997 年国务院下发通知，要求由农地转为新增建设用地的土地收益全部上缴中央，原有建设用地的土地收益则仍留给地方。

　　时隔一年，第九届全国人大常委会第四次会议讨论修订《土地管理法》。在筹备会议时国务院法制局曾征求各地有关部门、单位以及法律专家的意见，在土地收益分配问题上遭到各地的普遍强烈反对，各地提出各种理由，纷纷要求降低上缴成数。原国务院法制局会同原国家土地管理局反复研究，将提交人大讨论的《中华人民共和国土地管理法（修订草案）》中新增建设用地收益的分成比例改为中央占 40%，地方占 60%。但在正式召开的人大会议上，中央再次让步，分成比例进一步修订为中央占 30%，地方占 70%（张清勇，2009）。

　　地方政府拖欠土地出让金上缴情况严重，使得中央政府有关土地出让收益分成的规定大打折扣。据统计，1992—1995 年，地方应上缴的土地出让金收入为 1857 亿元，实际上缴 87.11 亿元，仅为 4.69%。据财政部、国土资源部 2004 年不完全统计，河北、吉林和上海等 20 个省份应收缴用于农业开发的土地出让金为 108.12 亿元，实际收缴 23.75 亿元，仅为 22%（匡家在，2009）。

　　土地违法屡禁不止。国务院 2004 年发布《关于深化改革严格土地管理的决定》，利用法律、技术等多种手段，强化土地管理，土地违法有所控制，但仍呈易发多发态势。2010 年，全国违法用地 6.6 万起，面积 67.7 万亩，占用耕地 27 万亩。地方政府主导、支持或默许的违法违规供地时有发生，铁路、公路、水利等基础设施建设项目未批先建问题突出。

群体性上访事件 60% 与土地有关，土地纠纷上访占上访总量的 40%，其中征地补偿纠纷又占到土地纠纷的 84.7%，每年因征地拆迁引发的纠纷在 400 万件左右（刘守英，2012）。

土地出让收益一直以来都由地方政府自由支配，作为地方政府的预算外资金体外循环，国办发〔2006〕100 号规定："从 2007 年 1 月 1 日起，土地出让收支全额纳入地方基金预算管理。收入全部缴入地方国库，支出一律通过地方基金预算从土地出让收入中予以安排，实行彻底的'收支两条线'。"由地方国库设立专账，专门核算土地出让收入和支出情况。目前，土地出让收益的 50% 以上都由中央规定了用途，中央各部门先后下文，要求地方政府从土地出让净收益中提取 10% 用于保障房建设、10% 用于教育投入、10% 用于农田水利建设，再加上占土地出让收入 3%—5%（相当于土地出让收益 8% 左右）的专项用于土地收购储备的国有土地收益基金以及 2004 年规定计提土地出让收益的 15% 用于农业土地开发，计有超过 50% 的土地出让净收益被中央限定了用途。尽管土地出让收入纳入政府性基金预算，但由于未纳入公共预算，地方政府少报土地收入、改变支出用途等现象屡有发生，2010 年审计署对全国 11 个省区土地出让收入的审计结果显示，有 11 个市涉及改变土地出让收入用途，用于弥补工作经费、建设及购置办公楼、职工宿舍等，金额达 57 亿元（席斯，2011）。

地方政府债务规模不断增加。审计署于 2012 年 11 月至 2013 年 2 月，对 15 个省、3 个直辖市本级及其所属的 15 个省会城市本级、3 个市辖区共 36 个地方政府本级 2011 年以来的政府性债务情况进行了审计，并于 2013 年 6 月 10 日对审计结果进行了公告。公告显示，截至 2012 年底，36 个地方政府本级政府性债务余额 38475.81 亿元（政府负有偿还责任的债务 18437.10 亿元，负有担保责任的债务 9079.02 亿元，其他相关债务 10959.69 亿元），比 2010 年增加 4409.81 亿元，增长 12.94%。融资平台公司、地方政府部门和机构是主要的举借主体，举借占比分别为 45.67%、25.37%。从债务来源看，银行贷款和发行债券是债务资金的主要来源，分别占 78.07% 和 12.06%，债务资金主要投向交通运输、市政建设、土地收储以及保障性住房。地方政府债务用政府信用作担保，用国有土地作抵押，不受公共预算约束与监督，债务风险敞口不断扩大。

当土地成为利基，通过低价征地、建立土地储备，实行非饱和供地策略，地方政府财源广进，对于土地财政的依赖使得地方政府与开发商结成增长联盟，地方政府成为本地楼市的操盘者。从土地供应、规划审批，到开工办证、竣工验收，行政权力覆盖房地产开发的各个环节，为地方主管部门寻租、设租创造了条件。在房地产行业央地博弈是普遍现象，由于不对称的信息劣势，中央政府的调控屡屡沦为"空调"，不但没有能够稳住房价，反而造成房价更大的反弹，这使得中央不得不采取"限购、限价、限贷"一类极端的反市场干预政策，并频频派工作组下到各地督察。要走出困境，中央政府必须寻求一种新的制衡机制，以约束地方政府的自利行为，否则只能恢复集权，从而走回"一放就乱，一收就死"的老路。

矿业中的央地博弈表现得更为直接。矿区土地大多分布于农村，国家矿权与集体地权之间必然存在利益冲突，村集体及其成员要求通过提高地权转移价格和参与投资、解决就业等来分享矿业开发的经济利益，地方政府倾向于对此提供保护和支持。如长庆油田一度面临地方政府不予办理开发性用地及地方政府要价高且征地难等一系列问题，征地后地方村民阻挠生产作业、管道打眼、暴力抢油、破坏生产设施、盗用油田电力等违法犯罪行为不断，地方钻采公司在长庆油田报批用地上及其周围非法打井，滥采滥挖，肆意掠夺油气资源。长庆油田征用土地的实际补偿费用比规定费用要高出4.4倍（胡健等，2007）。

第五节　以公共财政约束地方政府

对中国目前地方政府经济行为的研究发现，地方政府的目标具有多重性，包括所在地区社会福利最大化、政府自身利益最大化以及中央政府的满意程度等（李军杰等，2004），以 L 代表地方政府，T 代表地方政府税收，C 代表中央政府的满意程度，E 代表地方民众的满意程度，则地方政府的效用函数可表述为：$U(L) = U\{\text{Max}(T) \mid C, E\}$，即地方政府追求税收最大化的目标，$C$ 和 E 是约束条件，由于 C 和 E 没有固定的赋值，这两个变量也同时反映出地方政府对中央政府及地方民众的机会主义特征。

目前在对地方政府的监督中，中央政府承担了太多的政治责任，这使得中央政府尽再大的努力，也难以获得社会公众的普遍好评。民众的上访是中央政府承担过多责任的反映，由于地方政府的目标函数是税收最大化而非纳税人福利最大化，地方政府偏向于以单向而非双向的思维方式采取行动，从而容易激化社会矛盾，加大中央政府维稳的压力与难度。

对于中央政府而言，在下放事权、财权的同时，必须要下放监督权，即还权于民，才能有效地约束地方政府，抵制其机会主义行为倾向，具体而言，由于地方政府倾向于实现税收最大化，必须通过公共预算对地方政府的征税行为进行硬约束，使地方财政转化为地方公共财政。让纳税人对地方政府进行横向监督，对中央政府而言是最好的维稳方式。

通过建立一个以人事权和财政权为分析变量研究央地政府间关系的分析框架，张永生（2009）认为上下级政府间有效的纵向制衡和对政府权力有效的横向制衡是一国实现国家稳定和取得良好经济绩效的根本制度保证。目前中国中央政府对地方政府的纵向制衡主要是通过自上而下的人事任免以及财政转移支付来实现，1994 年的财政集权改革使得中央政府有充足的财力对地方政府进行转移支付，中央政府应继续保持这一优势，以维护国家的统一和稳定。横向制衡则要求地方政府的人事任免权由地方纳税人通过其代议机构地方人大来实施，要求中央政府在上收财权的同时进一步下放部分事权。

从财政的角度，横向监督体制下城市居民与地方政府间的委托—代理关系见图 6-3。

通过对央地博弈的分析，容志（2010）认为以官僚控制的方式解决机会主义难题的道路已经走到尽头，解决机会主义危害的根本途径在于加强地方官员与地方之间的"共容性利益"，即加强地方政府对地方民意的敏感度，亦即加强纳税人对地方政府的横向监督。

预算民主是横向监督的主要机制，是指预算编制、审批、执行和监督的整个过程应体现公众的参与和决定权（钟晓敏等，2010）。要赋予地方

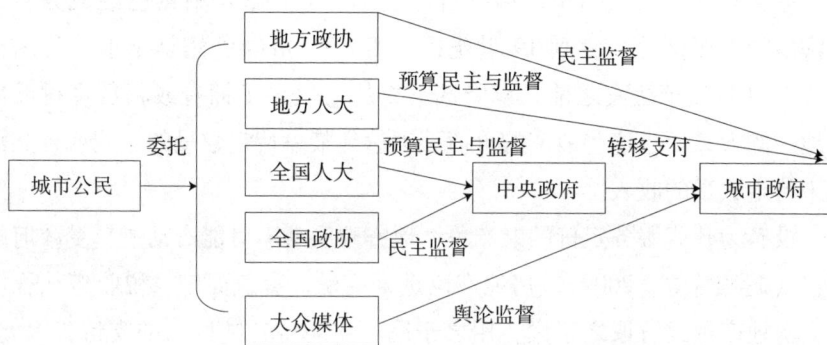

图 6-3　制度均衡条件下中国城市公民与地方政府间的委托—代理关系

政府预算自主权，同时为了避免权力滥用，纳税人及其代议机构地方人大应拥有预算审批及监督权。地方政府的预算自主权要求地方政府的预算编制能够独立于中央政府及其他上级政府的预算编制，而非像目前上级政府预算批准完之后才能批准下一级政府的预算，使得地方政府预算仅仅成为一个会计凭证，只有在地方政府具备责任感并能够满足纳税人的要求时，财政分权化的好处才能够得到体现（黄佩华，2003）。通过对美国加州地方公共财政的考察，何大春（2003）也认为应赋予地方政府充分的公共选择机制，而地方的公共选择在财政上最主要的体现就是居民对财政预算的表决。

　　理想状态是城市居民委托城市政府进行城市运营，现实情况则是城市居民委托中央政府（国务院）对各城市政府进行行政管理，由于中央政府与城市政府之间存在着相当严重的信息不对称，这使得地方政府很难受到有效监管，地方政府与中央政府之间的博弈时有发生，在过程中地方政府形成了"上有政策，下有对策"的机会主义博弈策略。事实上城市居民除了可以委托中央政府进行宏观政策调控之外，还可以委托地方人大通过审核预算、监督预算执行来解决委托—代理中的信息问题，也可以通过市场选择委托新闻媒体来对城市政府损害城市居民利益的行为进行披露。城市居民与城市政府之间应建立多渠道的委托—代理关系。

　　就公共财政的建设而言，针对不动产征收的财产税发挥着基础性作用。派普斯（2003）指出，尽管自中世纪后期，货币财富已经成为西方经济中的重要部分，直到19世纪，"财产"指的仍然是土地，英国在1867年通过改革法案之前，享受选举权的人仅限于拥有或租赁乡村或城市地产的人，而且这些地产的价值必须达到某一特定数量的金钱或者能够带来特定数量的收入。

没有为政府服务定价的财产税，地方政府就不可能有动机转变政府的角色（赵燕菁等，2009）。房地产税是直接税，覆盖面广，税收遵从程度低，房地产税只有取之于民，用之于民，才能得到纳税人的支持，因此，房地产税必须是受益税，要体现"受益原则"，房地产税改革要放在建立公共财政框架这个总体要求上进行把握。

蒂布特（1956）最早提出，消费者通过"用脚投票"，能够引起辖区间政府展开类似于私人厂商为争夺消费者而进行的竞争，从而形成有效的税收—支出组合，达到帕累托最优。奥茨对蒂布特模型进行了经验研究，发现理性消费者在选择居住地时，将对辖区内公共服务的收益和税收负担的成本进行权衡，选择收益现值减去成本现值之后剩余最大的辖区居住，因此财产税和公共服务的差别能够反应在辖区的财产价值上，两者都能资本化到财产价值中。汉密尔顿进一步完善了蒂布特—奥茨模型，通过引入分区限制（即辖区政府为防止纳税人建造低于平均水平的住房，少纳税却享受同等的公共服务，制定约束性财政分区规则，如果住房消费低于某一最低数额，将无资格在本辖区居住），解决了由消费者的"搭便车"行为导致的财产税受益论模型的不稳定性。按照"受益论"的观点，在存在多个彼此竞争的辖区、居民对辖区的税收—支出情况拥有完全信息、地方政府通过分区限制进行财政规划且消费者能够充分无成本地流动的条件下，财产税成为受益税，消费者"用脚投票"为想得到的地方公共服务买单，而不会带来资源配置的扭曲（石子印，2008）。房地产税的受益税性质，决定了必须完善公众对地方政府的"呼吁"机制，为公众的意愿表达建立正常渠道，并对响应不积极的地方政府官员进行惩处。出于"信息有效"的考虑，应将房地产税设置在低政府层级，至多延伸到县级政府（石子印，2009）。

对消费者而言，房地产是大多数人的主要财产，对辖区而言，住房资产在辖区内全部资产中的价值占比也是相对较高的。公共支出会影响房地产价值，而且退出旧辖区搬往新辖区的成本相当大，这使得房地产税成为地方政府与辖区居民之间"激励相容"的制度设计，消费者因关心物业能否升值而积极参与到以公共产品供给为对象的地方政治进程中，对地方政府的监督更为直接和有力。对于一些能准确地进行成本—收益衡量的公共产品由地方政府提供，不仅在经济上是合理的，在政治上也是合意的（胡洪曙，2007）。

中国 2011 年地方税收收入情况及地方公共财政收入构成情况分别如表 6-5 及表 6-6 所示。

表 6-5　2011 年中国地方税收收入一览表　（单位：亿元）

税种	税额	占比
国内增值税	5989.25	14.57%
营业税	13504.4	32.85%
企业所得税	6746.29	16.41%
个人所得税	2421.04	5.89%
资源税	595.87	1.45%
城市维护建设税	2609.92	6.35%
房产税	1102.39	2.68%
印花税	616.94	1.50%
城镇土地使用税	1222.26	2.97%
土地增值税	2062.61	5.02%
车船税	302	0.73%
耕地占用税	1075.46	2.62%
契税	2765.73	6.73%
烟叶税	91.38	0.22%
其他税收	1.16	0.03%
合计	41106.7	100%

资料来源：财政部官方网站。

表 6-6 2011 年中国地方公共财政收入构成　　（单位：亿元）

收入项目	数量
税收收入	41106.74
非税收入	11440.37
地方本级收入	52547.11
中央税收返还和转移支付	39921.21
地方公共财政收入	92468.32

资料来源：财政部官方网站。

　　根据表 6-5 及表 6-6，计算得出与土地相关的五种直接税（房产税、城镇土地使用税、土地增值税、耕地占用税、契税）占地方政府税收收入的 20.02%，占地方政府本级收入的 15.66%，占地方政府公共财政收入的 8.90%。表 6-4 显示，土地出让金纯收益基本在土地出让金的 35%以上，相当于地方政府本级收入的 20%左右，土地出让金及与土地相关的五种直接税合计约相当于地方政府本级收入的 36%。而经过诸多税收限制后的美国，2006 年其财产税占地方政府税收收入的 77.71%，占地方政府本级收入的 45.25%，占地方政府公共财政收入的 27.92%（石子印，2009），图 6-2 显示，弗吉尼亚州威廉王子县（Prince William County）2014 年度政府预算中，房地产税占比甚至高达 65.6%。

　　房地产税制优化的目的是将房地产税打造成为中国地方政府的主体税种，并以此构建规范的地方公共财政体制。然而，除了自下而上的房地产税收，自上而下的财政转移支付对于建立均衡的地方公共财政体制也是必不可少的。

　　图 6-1 表明，美国 2008 年财产税占地方政府一般收入的 25.9%，政府间财政转移支付占比更高，达 34.3%，根据表 6-6 计算得出，2011 年中国中央税收返还和转移支付占地方公共财政收入的比重达 43.17%。中国的转移支付体系包括税收返还、专项转移支付和财力性转移支付，中国经济发展水平区域差异较大，通过实施财政转移支付，能够促进各地区公共服务的均等化，推动横向公平。

财产税具有内生的不公平性。在蒂布特的受益论模型中，财产税被处理成使用者为享受辖区公共服务而支付的对价，即使用者付费，这是一种私人商品市场的逻辑，但众所周知，公平与效率的矛盾内生于市场之中（石子印，2008）。以美国为例，美国各州财产税主要用于公立学校教育，在独立学区，总税收入超过96%须依赖财产税，财产税要有效率须实行分区限制，但受分区限制的不同学区之间税基存在巨大差距并进而造成学区间支出的巨大差异。在美国1971年Sirrano诉Priest案件中，加利福尼亚最高法院裁定州公立学校的融资体系违反宪法。在此案例中，诉方律师证实比佛利学区在学生身上的平均支出是另一低收入学区——伯蒂文园的两倍，伯蒂文园位于洛杉矶东部，比佛利学区有更大的税基，其学区财产税率不到伯蒂文园税率的一半。后来，加州法院命令州政府建立一个不依赖于学区富裕程度即财政中性的教育体系，其他各州随之效法，增加了州政府在教育融资中的比重（Evans等，2005）。

对大国而言，财政联邦制的有效运行不仅依赖于辖区内不动产的财产税收入，同时也依赖于中央政府和省级政府的财政转移支付，前者体现的是效率原则，后者体现的是公平原则。财政联邦制需要一个相对集权的政府，它即使不是单一制的，也必须是具有联邦共和制精神的。地方自治并不意味着各地方自行其是，蒂布特模型以市场方式配置公共物品的政策建议也并不总是受到欢迎，为了实现地方公共服务尤其是公立教育的均等化，地方纳税人会寻求限制财产税征收，并转而向更高一级政府寻求帮助。在我们强调将房地产税建设成为地方政府主体税种的同时，仍然要高度重视中央政府和省级政府在房地产税建立、运行过程中财政转移支付、税制立法等方面所能发挥的作用。虽然房地产税配置在县级地方政府层面，在从地方财政向地方公共财政转型的过程中，中央政府和省级政府不是超脱的旁观者，而是全程的参与者，在房地产税规范运作以后，中央政府和省级政府仍然是该税种有效运行的支持、推动、仲裁与校正者。由此既能保持地方层面的经济活力，又能保证国家层面的政治统一。

地方政府要获得财产税，必须依赖于地方纳税人的税收遵从，从而在地方政府层面，公共选择机制不可避免地要发挥应有的作用。但与此同时，由于财产税内在的不公平，使得地方政府不得不依赖于上级政府的财政转移支付，这使得地方政府不仅是一个对地方居民负责的政府，同时又必须是一个对上级政府承担一定政治义务的实体单位。财产税内在的不公平强化了省级政府的作用，使得省级政府成为中央政府政令向下传达贯彻的重要环节。由房地产税开征所诱发的省级以下地方政府对地方居民负责的公共选择机制的引入，与中国历史传统中大致以目前的省级单位为分区形成的地域文化上的差异与认同相契合，有利于中国地域文化的继承与创新。

税制优化之后不动产占有税将成为地方政府的主体税种，与这种税制结构相适应，公共选择将在地方政府层级发挥切实作用，与县级以下地方政府将更多依赖不动产占有课税不同，省级政府以消费税为主体税种，这种超脱于不动产的财政地位使省级政府可以通过土地用途管制、宏观政策调控、财政转移支付等方式对下一级地方政府进行有效约束与管控，在中央—地方关系中发挥着纽带作用。这使得省级政府类似于中央政府的派出机构，县级以下地方政府更多地要为辖区内居民负责，省级政府则须兼顾中央与辖区两者的利益。中央政府为强化控制力，在将县级以下地方政府的某些行政职务交由辖区纳税人进行公共选择的同时，仍有必要对某些事关国家统一的关键岗位保留对上负责的选拔制度，并对有分裂言行的地方干部实施一票否决。

为提高政府能力，中央政府1994年进行分税制改革，上收财权，下放事权。地方政府由于掌握包括土地在内的国有资源，衍生出自己的地方利益，具有了与中央政府博弈的实力，这使得本来是为了增强中央政府管控能力的分税制改革反而促成了地方政府与中央政府博弈的条件与动力。1998年12月15日，全国财政工作会议提出，要积极创造条件，初步建立公共财政基本框架的改革目标，宣告中国财政体制从传统的"建设型财政"向"公共财政"转型。

随着从计划经济向"分权经济"（区别于"中国地方政府主导型市场经济"，"分权经济"认为中央政府也是市场经济的主要参与者之一，具体表现为国资委旗下的央企，控制了包括石油、电力、通讯等国家经济命脉）的转变，中央政府与地方政府之间的关系也从零和博弈转变为正和博弈。地方政府有自己相对独立的财政收入来源，面向中央政府的机会主义行为日渐频繁。在这样的政治环境下，中央政府要加强对于地方政府的管控，仅仅依靠各部委"条条"的垂直管理是远远不够的，群体事件、腐败问题层出不穷，都对执政党的权威提出了挑战，而中央政府也不得不一次又一次变本加厉地通过各种调控措施来压制地方政府的投资冲动，直至动用限购令之类的行政指令来干预微观经济活动。约束地方政府最好的行政措施还是"还政于民"，突破信息瓶颈，让地方纳税人通过地方人民代表大会加强对于地方政府的监督，让广大人民群众来分解中央政府与日俱增的政治压力。当前，村民委员会与居民委员会相继成立，以村民自治和居民自治为代表的基层民主制度在中国已初步建立起来。通过地方公共财政的建设，实行以地方人民代表大会为代议机构的人民自治，是中国基层民主制度的进一步深化与发展，符合社会主义人民民主的内在要求。

第七章　中国不动产税制优化设计

　　学者们喜欢谈论的"中国问题"不是单向度的，中国问题盘根错节，相互嵌套。不动产税改革牵一发而动全身，首先它需要赋予土地使用者以稳定的土地使用权，以取得纳税人的理解和支持。其次它要求地方政府实行预算民主，建立地方公共财政体系。不动产税顺利开征以后，户籍藩篱将被打破，因为享受地方公共服务的权利与纳税人对于地方公共财政的贡献对应了起来，缴纳的房地产税达到一定的标准，就应该享有相应的户籍待遇。消费者的购房行为也会受到影响，满足一定条件的租房者将与购房者一样享受同等的地方公共服务，户籍制度将焕然冰释，城镇化的门槛也将自动降低。

　　中国历史上形成了对房产和地产分别课税的税制传统，中国现在对房产开征房产税，对城镇土地开征城镇土地使用税，也是对房产和地产分别课税，但房产税覆盖面有限，目前处于从价计征的试点扩围阶段，城镇土地使用税针对土地不同等级设定差别税率按面积从量计征，不能发挥促进土地有效流转的作用。出于对路径依赖的考虑，房产税扩围、城镇土地使用税扩展为土地使用税以涵盖农用地从价计征，对房产和地产分别课税，是中国不动产税制优化的必然选择。

　　具体而言，对房产税，应延续目前的扩围思路，积极进行试点，对土地使用税，土地使用权期满，应明确赋予土地使用者稳定的土地使用权，同时开征土地使用税。新批租土地，可逐渐缩短批租年期，以与批租期满的土地逐渐接轨。该税制模式适用于小产权房、宅基地、农业用地以及城市政府收储的土地等各类不动产，但在税率以及免征范围上可以区别对待。房产税与土地使用税普遍开征以后，在时机成熟的情况下，可以考虑将二者合并，开征统一规范的物业税。

第一节　从开征物业税转向开征房地产税

随着住房商品化改革的推进，城市土地的价值日益得到凸显，房地产保值增值的观念逐渐深入人心，房地产市场的投机炒作蔚然成风。由于中国对个人所有非营业用的房产免征房产税，使得房产税难以发挥应有的调节财富分配的作用，在这样的经济背景下，2003 年，中共中央提出了在条件具备的情况下开征统一规范的物业税的制度构想。

然而，虽然物业税成为坊间热议的话题，很久以来，社会各界始终无法就这一议题达成共识。到了 2010 年 5 月，在《国务院批转发展改革委关于 2010 年深化经济体制改革重点工作的意见》中，"物业税"的提法消失了，取而代之的表述是"逐步推进房产税改革"。自 2003 年以来房地产市场经历过多次宏观调控，每次调控之后随之而来的反而是房价和销售额朝向更高位的反弹，这使得政府不得不推出"限购、限价、限贷"这样的反市场干预政策，并于 2011 年在上海和重庆启动房产税扩大范围开征的改革试点。

上海的试点只针对增量房征收，无论是否自住，凡上海居民在本市新购第二套及以上住房，非户籍居民新购第一套及以上住房征收房产税，以应税住房市场交易价格的 70% 为计税依据，应税住房市场交易价格低于上年度新建商品住房平均销售价格 2 倍的，税率为 0.4%，否则税率为0.6%，同时以人均居住面积 60 平方米为限，若合并住房面积不足人均 60平方米的，新购住房免税，房产税只对超出部分计征。

重庆试点则对主城九区内个人拥有的独栋商品住宅、新购高档住房以及无户籍、无企业、无工作的个人新购第二套及以上住房征收房产税，其中个人拥有的独栋商品住宅，税率为 0.5%，个人新购的高档住房（价格超过主城九区近两年新建商品房均价 2 倍的住房）分别按 3 倍以下、3—4 倍、4 倍以上实行 0.5%、1%、1.2% 的累进差别税率，无户籍、无企业、无工作的个人新购的第二套及以上普通住房，税率为 0.5%。重庆的房产税不仅面向新购住房，还针对主城区的存量独栋住宅进行征收。由于 2010、2011 两年房价上涨，2011 年重庆主城区高档住房价格标准为建面 9941 元/平米，2012 年则提高到 12152 元/平米。

西方有句格言，老的税往往是好的税（An old tax is a good tax），一则古老的税种往往有着较为深厚的公共接受度，二则一项税种越古老，取消它而代之以新税种就会越困难（Hale，1985）。物业税之所以迟迟不能启动，而且现在不得不借道房产税扩大范围开征来为物业税探路，其实正是以上原理在发挥作用的结果。

对于房产税扩大范围开征，社会上有不少反对意见，主要集中在土地归国家所有，不动产业主只拥有 40 年或 70 年不等的土地使用权，而且之前已经一次性缴纳了土地出让金，在这样的条件下每年课征物业税，从法理上讲似乎说不通。

2007 年 3 月 16 日全国人大通过的《中华人民共和国物权法》第一百四十九条规定，住宅建设用地使用权期间届满的，自动续期。非住宅建设用地使用权期间届满后的续期，依照法律规定办理。该土地上的房屋及其他不动产的归属，有约定的，按照约定；没有约定或者约定不明确的，依照法律、行政法规的规定办理。物权法的相关规定可以理解为是对物业税的顺利开征提供法理依据，但由于对如何续期（是否收费）、续多久等关键问题没有正面回答，依然存在理论上的障碍。

满燕云（2011）认为房地产税同土地出让金不冲突，中国虽然是土地公有制国家，但土地使用者拥有一定租期内的有限使用权，这种"土地使用权"本身就是一种财产性权利，从产权经济学的角度，对土地的用益物权课税是合理的。但对于有限期的土地使用权而言，随着使用期限的临近，用益物权权能是不断衰减的，这与不动产价格长期看涨，物业税相应水涨船高的长期趋势形成了矛盾。在满燕云列举的为数不多的几个实行土地公有制而实施物业税的国家和地区里，新加坡对所有住宅征收物业税，其中自住房产税率为 4%，其他房产税率为 10%，但新加坡 82% 的人口住在由政府提供的组屋里（杨沐，2011），政府承担了过多的社会保障责任。香港的差饷虽然可以视为财产税，但属于财政专项收入，而且香港在差饷之外征收的年地租费率低于差饷，在使用过程中也刻意回避"税"的字眼。以色列征收的则是年租和土地增值税，而且以色列 93% 的土地归国家或准国家机构所有，这种局面的形成与以色列的宗教以及地缘政治因素有着内在关联，在西方国家，以色列的土地制度属于特例。以色列土地合同的基本有效期为 49 年，1999 年又授权合同可以连续签订两个 49 年即 98 年，最长可以连续签订两个 98 年即 196 年，如此长的年期，已与所有权接近了。同时续签无须缴纳续签费用，但每年必须缴纳不超过当时土地价值 5% 的土地租金。为了降低收纳地租的管理费用，政府以 5% 的年租金比率和 5% 的折扣率对 49 年的土地租金进行了折现，得到 91% 的一次性支付结果。由于以色列存在私人不动产交易市场，可以方便地得到不动产市场即期价格，政府鼓励签订一次性付款合同。通过延长土地使用年期，减少租赁合同中的限制条款，以色列在制定土地政策时尽量保护私人的经济权利，使得土地租赁权与土地所有权近似相等，而市场对合同到期前的使用年限也从不敏感（雷切勒·奥尔特曼，2007）。

所以，左晓蕾（2011）认为中国目前实施的房产税不是财产税，但如果把国有土地界定为资源范畴，房产税就是对国有土地这种国有资源的使用者收税，房产税的征收就有法律依据了。张玉坤等（2009）则通过设定"户均居住用地"和"容户率"这两个技术指标，提出以"资源税"替代房产税的税制改革方案。

目前的房产税其性质可理解为资源税或营业税，当房产空置时，可理解为对占用土地资源征税，当房产出租时，可理解为对房产经营征税，当然，也可以将其视为特殊消费税或个人住房调节税，通过对不动产按差别税率选择性征收以抑制对不动产的特殊消费（胡怡建，2010；刘尚希，2012），但这都与物业税改革的财产税方向相背离。不改革土地使用制度，房产税无法作为财产税被社会公众所认可。

试点房产税在法律上的障碍仍未廓清。1985 年，六届全国人大三次会议决定：授权国务院对于有关经济体制改革和对外开放方面的问题，必要时可以根据宪法，在同有关法律和全国人大及其常委会的有关决定的基本原则不相抵触的前提下，制定暂行的规定或者条例，颁布实施，并报全国人大常委会备案。国务院本没有开征房产税的立法权，根据 1985 年全国人大授权决定，国务院制定了包括 1986 年《房产税暂行条例》在内的一系列税收暂行条例，因此，《房产税暂行条例》属于授权立法。2011 年 1 月 26 日国务院第 136 次常务会议同意在部分城市对个人住房征收房产税进行改革试点，具体征收办法由省级政府自行制定，这已超越了解释性授权的范围，进入了立法性授权的领域，重庆和上海随后制定了全新的房产税征收规则，均与《房产税暂行条例》出入甚大。2000 年生效的中国《立法法》第十条明确禁止立法转授权，这使得重庆和上海根据国务院授权制定的房产税暂行办法面临合法性问题（熊伟，2011）。

2013 年 11 月 12 日中共第十八届中央委员会第三次全体会议通过《中共中央关于全面深化改革若干重大问题的决定》，提出："财政是国家治理的基础和重要支柱，科学的财税体制是优化资源配置、维护市场统一、促进社会公平、实现国家长治久安的制度保障。必须完善立法、明确事权、改革税制、稳定税负、透明预算、提高效率，建立现代财政制度，发挥中央和地方两个积极性。"《决定》还提出，要"加快房地产税立法并适时推进改革，加快资源税改革"。从开征物业税到开征房地产税的观念转变，反映出对不动产税在认识上的不断深化，国家也更加重视"税收法定"，并开始从顶层设计的角度通盘考虑税制的优化问题。

第二节　路径依赖下中国不动产税制优化的路线选择

深圳自 1979 年改革开放后不久即开始以合资或合作的方式与外商共同开发房地产项目，进入 2000 年后，已有一些房地产的土地使用年限到期，如鸿图大酒店及盛华大酒店的土地 2001 年 2 月 25 日到期，国商大厦的土地 2001 年 12 月 31 日到期，寰宇大厦的土地 2002 年 2 月 3 日到期。为解决这一问题，深圳市政府于 2004 年 6 月发布《深圳市到期房地产续期若干规定》，规定到期房地产可申请续期，具体年期在国家法定最高使用年限减去已使用年限的范围内确定。到期房地产不办理续期或申请续期未获批准的，土地无偿收回，地上建筑物、构筑物按建造成本折旧补偿。续期土地须支付地价，有两种支付方式可供选择：一是一次性支付，支付金额为相应用途公告基准地价的 35%，并按约定年期修正；二是采用年租制，按年支付租金，具体标准由国土部门定期公布（唐在富，2008a）。显而易见，这种临时性措施只是权宜之计，并不解决根本问题。自 1987 年深圳实施第一例土地有偿出让以来，由于土地批租年期长短不同（30 年、40 年、50 年、70 年不等），已批租土地将陆续面临租期届满的问题。

　　一国政策不能只管 50 年或 70 年，作为与民生息息相关的土地政策，在制订过程中应以长治久安为目标，考虑可持续性。在土地批租制度的路径依赖下，土地批租期满中国土地使用制度及房地产税制度二者的制度组合有以下五条路线可供选择：

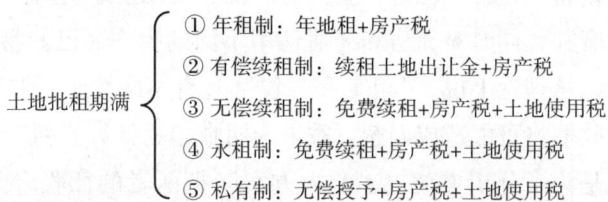

$$
土地批租期满\left\{
\begin{array}{l}
① 年租制：年地租+房产税 \\
② 有偿续租制：续租土地出让金+房产税 \\
③ 无偿续租制：免费续租+房产税+土地使用税 \\
④ 永租制：免费续租+房产税+土地使用税 \\
⑤ 私有制：无偿授予+房产税+土地使用税
\end{array}
\right.
$$

图 7-1　批租期满中国土地使用制度及房地产税制度改革的实施路线图

　　邬翊光（2011）认为，可以采用年租制续签土地使用合同，用年租代替一次缴纳 70 年、50 年或 40 年使用费，并将年租（税）纳入物业税体系。董晓岩（2010）也认为，对土地收取年租金、对房屋征收房产税，是在城镇土地国有制条件下中国保有环节房地产税制的可行选择。

　　这样的房地产税体系其实还是香港模式。香港同时收取出让金、土地年租、差饷，差饷是对物业应课差饷租值征收，税率为 5%，自 1985 年 5

月 27 日《中英关于香港问题的联合声明》生效之日起，香港土地批租届满自动续期，无须补交地价，但每年要缴纳地租，以应课差饷租值为基数，费率为 3%。除此之外香港还征收物业税，但与差饷一样，香港的物业税也是对房屋出租收入征收，税基为租金收入扣减差饷后再打 8 折，税率随纳税年度调整，标准税率为 15%，因此，香港的物业税与我们所说的物业税不是同一个概念。

参考香港模式和董晓岩的思路，年租制下的房地产税制可概括为：(1) 对已批租土地的地上建筑物征收房产税；(2) 对新批租土地一次性收取土地出让金并在房产过户后对房产业主每年课征房产税；(3) 土地批租期满后对房产业主每年收取土地年租金和房产税。

显然，如同我们在上一节中指出的，年租制下的房产税难以作为财产税而成立，而土地年租金的收取，使国家成为地主，又难以体现社会主义国家人民当家作主的民主内涵，这使得上述房地产税制虽然是目前制度框架下比较合理的制度安排，但在实际操作中将很难得到公众的认可和接受。易纲等（2007）借鉴香港经验，在坚持土地国有、政府批租供地、土地适用年租制的前提下，提出了被称之为"北大方案"的物业税改革设想，不过是将上述的土地年租金与房产税、城镇土地使用税、耕地占用税等进行了合并，同时对新房和老房适用不同的税率而已。易纲（2007）自己也认为，从理论上说，"租"和"税"具有不同性质，如果同时收取特别是合并收取将可能造成误解，香港为明晰起见就对"租""税"分开征收。仅仅是为了分析方便，"北大方案"把两者的征收合并，统称为"物业税"。

之所以出现以上理论困难，根源还在土地使用制度，本书认为，只有在土地批租期满后赋予土地使用者以稳定的土地使用权，并同时开征土地使用税，才能为房地产税的顺利开征铺平道路。

从明清时期的"永佃权"，到近代中国对西方租界实施的"永租制"，在中国近代以来的土地使用实践中确实存在一种赋予土地使用权以完整的用益物权或者说财产性权利的长期趋势，这一趋势基本是与西方社会对财产权的强调和保护相同步的。当然，对产权实施最彻底保护的是私有制，但就土地而言，现代社会的土地所有制不能简单地以公有或私有来概括，土地形式上私有，实质上可能具有公有的内涵，土地形式上公有，实质上可能具有私有的成分。中国历史上演化出了永久土地使用权制度，无论在土地公有还是土地私有的制度环境下，永久土地使用权制度都能运作良好，促进了对土地这种稀缺资源的有效利用。

为更容易达成一致，在实际实施中可以在永久土地使用权的基础上退后一步，采取图7-1中路线③所倡导的无偿续租制：免费续租，定期登记。之所以能够免费续租，是因为对业主开征了房产税和土地使用税，而业主只有在完纳房产税和土地使用税之后，不动产登记部门才对其不动产进行定期登记确权，否则其附带期限的不动产物权到期作废。登记确权间隔的期限等同于土地批租期，商业用地40年，住宅用地70年，其他用地50年。与无偿续租制相比，在有偿续租制下，业主须一次性缴清若干年限的土地租金，一次性支付金额较大，容易引发抗租行为。同时续租土地出让金不能反映未来地价的涨跌，由于一般而言地价是长期上涨的，有偿续租会造成国有土地收益的损失。

地价税（土地使用税）是比年租制更好的体现人民当家作主的方式。在实际的征收过程中，对于有年期的旧房，只收取房产税，年限到期后免费续期并收取房产税与土地使用税；对于供建新房的城市土地则可拍卖缩短批租期限的土地使用权，在颁发房屋产权证后征收房产税，在土地使用权到期后征收土地使用税；对于无限定期限的转让或划拨用地及房产，则可征收年租，不授予业主稳定的土地使用权，政府可随时收回，或征收房产税及土地使用税，赋予业主稳定的土地使用权。本书提出的方案与"北大方案"的不同在于：（1）在房地产税制优化的同时优化土地使用制度，明晰产权，赋予使用者以稳定的土地使用权；（2）房产税与土地使用税同时征收，实行差别税率，促进土地集约利用，在人多地少的中国，有其现实意义；（3）本书提出的方案接近台湾的不动产税制，"北大方案"则以香港为摹本，香港的房地产市场过度垄断，房价、地价高企，社会贫富悬殊，已为广大香港市民所诟病，潘慧娴直接斥之为"地产霸权"，认为只有在香港开征地价税才有望改变现状。潘慧娴（2011）甚至认为，如果香港早实施地价税，也许可以避免 1992 至 1997 年期间土地及物业价格飞涨，以及其后的泡沫破裂。其实香港的土地年租类似于地价税，只不过地租的费率太低，而且覆盖面有限，对土地使用效率的调节效力有限。

然而，对于某些特殊类型的不动产如仓储用地、加油站等，则仍然适用年租制的方式。无偿续租制与永租制的区别仅仅在于前者需要定期登记确权，后者不需要，此外二者没有本质区别。不过就政策连续性而言，永租制的政策连续性大于无偿续租制，无偿续租制的政策连续性大于年租制。目前物权法规定土地批租期满自动续期，无偿续租制实行免费续期，定期登记，与物权法能够进行较好的衔接。

综上，中国征收房地产税应采取对房产和地产分别课税的模式，而非在目前条件不具备的情况下征收统一的物业税，理由如下：

（1）土地是自然资源，非人力所能创造或再生产，与任何可由资本、劳力创造或再生产的其他财富，在性质上根本不同，故在土地政策及租税政策上，对于此种自然存在之财富，与后天人力创造之财富，应差别处理，或制定差别税率（苏志超，1999）。

（2）自唐建中年间实施两税法及开征间架税以来，中国一直采用的不动产税制模式是对房产与地产分别课税，有路径依赖的特征。

（3）中国城市土地所有权归国家所有，房屋所有权归私人所有，属于两种不同性质的产权类型，应予分别征收（任寿根，2000）。

（4）从世界范围来看，土地资源丰富的国家和地区倾向于将物业税和地价税结合在一起，土地资源相对紧张的国家和地区往往将物业税和土地分开处理（徐滇庆，2008），前者如美国，后者如日本、中国的香港和台湾。中国人多地少，在物业税的设计中适合将地产分立出来，充分发挥物业税对土地使用的调节作用。

（5）对地产与房产采用不同税率，可以分别促进地产与房产的有效利用。通过对地产设定较高税率乃至累进税率，可以使占有、使用较多土地的土地使用者有压力主动提高土地的使用效率，避免土地的闲置与浪费；而通过对房产设定较低的税率，可以促进房产拥有者对土地进行更高强度的改良，包括土地的使用密度、土地改良物的质量等，从而也可以提高土地的使用效率。

（6）充分保护原土地使用者对于土地的批租使用权，使税制改革循序渐进推行。

（7）上海和重庆试点的房产税扩大范围开征是从豪宅或新增成交住房开始逐步扩大课税覆盖面，土地使用税是在土地批租使用权到期后逐年开征，都不是在某一时点全面覆盖，这样每一次扩大征税范围都是针对特定纳税人进行，目标容易锁定，方便渐次推行，对于征管机构而言，则工作量不会骤然增加，工作人员可以在征收过程中不断积累经验，以图改进。

土地所有权归国家所有，这使得国家有法理依据对不动产市场进行规制，如对土地利用进行整体规划、为公共利益限定土地使用用途，或根据公共利益的需要对土地进行征用，体现土地的国有属性。通过实行"免费续期、定期登记"，赋予土地使用者以长期使用权，则有利于将土地使用过程中的各种外部性如土地闲置、抛荒、过度使用等行为内部化，有利于土地的高效利用。

土地国家所有，是为了保障公共利益，土地使用权私人所有，是为了保障私人利益。在长期土地使用权的基础之上，国家所有的城市土地与集体所有的农村土地之间的差别只是形式上的，已无本质区别，对农村土地和城市土地征收同样的土地使用税，对其上的建筑物征收同样的房产税，农村土地的使用权和城市土地的使用权受到国家同等的法律保护。

之所以在课征房产税的同时还要课征土地使用税，还因为房产税仅适用于建有地上建筑物的土地，对于未用于建筑的土地发挥不了调节作用。如果只对房屋课税，则未用于建筑的土地将闲置，囤积居奇，待价而沽，不利于土地的高效利用。如果只对土地课税，则土地的使用强度将提高，同样的土地上会有更多的建筑或其他改良物，土地使用者会通过偷面积、补交地价等或隐蔽、或公开的各种方式获取土地的附加收益。房产税虽然既对房屋课税，也对土地课税，但房产税只针对用作建筑的城市土地，没有做到对包括荒地、空地、农地等在内的所有土地的全覆盖，因此，在房产税之外，还应开征土地使用税。

第三节　中国土地物权制度与批租制度改革

蔡继明（2009）、文贯中（2009）等人主张中国应实行土地私有化，但任何土地私有化的方案，都会因为涉及土地如何分配的问题，从而发生产权的历史追索难题并进而导致社会动荡（周天勇，2004）。安希伋（1988）、唐在富（2008）等人主张中国应实行土地国有化，将集体所有的土地转变为国家所有，但农村土地国有相当于政府零成本一次性将农村土地征收为国有，由于政府垄断了土地一级出让市场，农村土地国有化后农民的土地财产权利不但没有得到加强，由于所有权的转移农民反而丧失了与地方政府的议价能力，从而处于相比土地集体所有而言更为不利的经济地位。因此，农村土地国有化更不利于耕地保护。

不重视制度演化，单纯从某种理想出发进行乌托邦式的制度设计，是当前关于中国土地问题讨论中的普遍现象。无论土地私有化还是土地国有化的主张，其着眼点均不是放在产权的实施上，而是放在产权的归属上，而一个不能实施或不能有效实施的产权等于没有产权。即使对于私有产权而言，仍有一个实施的问题，如果处理得不好，仍是一种低效的产权。如果产权实施的问题解决得好，则公有制同样可以有很高的经济效率。问题的关键不在于是公有还是私有，而在于无论公有还是私有，其产权最终是如何实施的。私有产权如果背离了公共利益，不可能是好的产权形式。只有不损害公共利益，同时又具有经济效率的产权实施才能被社会普遍接受。在产权形式上，公正和效率可能存在冲突，但在产权实施上，二者统一到一起的实施结构才有长久的生命力。

集体所有制是一种建之于村社成员共同拥有土地的村社共有制产权形式，它以村社边界作为产权边界，承担对于村社农民的生存保障功能（温铁军，2009）。由于村社与村社之间相距较远，彼此独立，村社内部各种生活设施相对匮乏，成员相互之间存在互助合作的天然需求，宗族之间的血缘关系则强化了这种纽带联系。在传统中国，农村其实就是一个靠宗法关系维系的基层自治单位，由乡绅提供调解工作，保甲提供治安服务。对于农村而言，集体所有权的存在是一件很自然的事情，集体所有权的法律规定，使得这种相互关系在制度层面得到确认，有利于农村成长为相对独立的自治组织。这使得我们能够通过集体所有权提供的社会条件发展基层民主，推动村民代表大会在乡村事务上发挥积极的作用。

集体所有制是一个制度演化框架，由于实际上各个村社的情况千差万别，很可能会形成有的村社土地使用权演化为归农民个体所有（或农户家庭共有），有的村社则演化为某种新型的合作社形式（如股份制）。在农村的人地关系匹配程度能够使农村生活水平达到一定标准（如城乡一体化）以前，农民可以拥有耕地及宅基地的长期使用权，但土地所有权仍归村集体所有，其流转仅限于在村集体内部流转，在农村生活水平达到城乡一体化标准以后，农民的宅基地同样须缴纳土地使用税，房产须缴纳房产税，达到一定年限，虽然土地所有权仍归村集体所有，但其流转可以面向村社外部成员，村社成员有退出自由。以农村不动产为课税对象的房地产税收益应优先用于建立和完善农村的社会保障体系。

在赋予农民集体所有土地长期使用权的同时，应由国家制定农村土地法，不但要为农民的土地确权，还要为农村的土地确权。要打破农村土地三级所有、队为基础的既定模式，明确行政村、建制镇各自的土地所有权，原有大队和村社的土地应合并为一个村社所有权，除此之外的土地为建制镇所有。村社所有的土地分为农用地、宅基地和经济发展用地，镇所有的土地以非农业建设用地为主，赋予土地使用者以长期稳定的土地使用权。

当集体土地非用于指定用途，如农用地非用于农业耕作，宅基地非用于农户自用住宅建设或抛荒、闲置时，土地应予收回。土地出租或流转须在村委会登记注册，在县级政府备案，即使土地使用权可对外流转，村社成员仍有优先购买权。土地所有权归村集体所有，土地的使用接受村集体的监督与统一管理。在符合城乡规划的情况下，集体建设用地可直接通过招拍挂手续进入土地一级市场，由于地价升值是城市扩张以及市政配套完善而非村民自身努力的结果，因此土地出让金不应由村民个人或村集体独享。

传统中国社会的地权关系有一大特点，即土地所有权和土地使用权自始至终处于两权分离的状态（王昉，2006），国家所有权始终处于主导地位。自宋代以后，国家开始重视土地使用权的长期稳定并向土地使用者提供产权保护，中国社会逐渐演化出"永佃权"这种永久土地使用权制度。

安希伋（1988）主张对农村土地实行国有永佃制度，土地所有权归国家，土地使用权归农民，农民使用土地不受外来干扰，完成地税以后，农民有取得经营成果及转让土地使用权的权利。高一雷（1993）主张不但要实行农地永包制（集体永佃制），还要实行单嗣继承制，以明晰和稳定农村地权，促进农业劳动力转移和土地规模化经营。邱长溶等（2004）认为，由于当前农村社会养老体系尚不完善（仍是以家庭为单位、由子女负责的养老方式），在中国家庭理性的作用下，自由放任的生育政策会使社会均衡人口规模大于社会最优人口规模，要打破这种均衡，只能依靠国家实施"相机抉择"的计划生育政策。董栓成（2006）进一步研究指出，"永佃制"的引入能够打破集体行动的困境，使个人理性与集体理性趋向一致，引导农户自觉控制生育规模，避免"公用地悲剧"的发生。

自从推行家庭承包制以来，承包期限不断延长，一开始很多地方规定年限为5年，1984年中央一号文件明确，"土地承包期一般应在十五年以上。生产周期长的和开发性的项目，如果树、林木、荒山、荒地等，承包期应当更长一些"。在第一轮土地承包面临逐步到期之际，1993年中发11号文件规定，"在原定的耕地承包期到期之后，再延长三十年不变。开垦荒地、营造林地、治沙改土等从事开发性生产的，承包期可以更长"。对于林业而言，其生产周期因林区的自然特征及经营的林木品种而异，但无论差异多大，至少得以18年为一个周期，最长如小兴安岭的红松林，达50年之久（罗康隆，2008）。对于草地，承包期太短会导致使用者的短期行为和掠夺式经营，考虑到沙漠化问题、植被恢复时间、投资收益周期等因素，30年承包期仍嫌过短。

1963年中共中央颁布《关于各地对社员宅基地问题作一些补充规定的通知》，明确社员的宅基地，"归各户长期使用，长期不变"，尽管法律上从来没有对"长期"作出界定，农户对于宅基地实际上享有永久使用权，虽然不能转让、抵押，但可以继承。1981 年中共中央、国务院颁布《关于保护森林发展林业若干问题的决定》，指出"社员在房前屋后、自留山和生产队指定的其他地方种植的树木，永远归社员个人所有，允许继承"，实际上也暗含了村社成员对于某些类型林地的永久使用权。就建设用地而言，通过有偿出让获得的土地使用权是附有期限的，通过无偿划拨获得的土地使用权却是无期限的。实际上目前中国对于某些类型的土地已经赋予了永久使用权，只是法律未对其作出明确规定而已。由此可见，永久土地使用权完全可能成为中国未来土地物权制度改革的一个政策选项。

在罗马法影响下，西方也有国家采用永久土地使用权制度。如在波兰，土地承租人拥有传统的永久租赁权，1945 年，第二次世界大战结束时，政府颁布法令，将首都华沙的土地"市有化"（实际上大部分土地在战争中被破坏），并选择用永久租赁权代替建筑权（即地上权）。1961 年，城市和社区土地管理法颁布，这部法律引入了有关永久使用权的制度，并废除了其他有关公有土地的权利。永久土地使用权可转让、继承，也可以授予建筑所有权。同时，这个权利是财产权的一种，可以用于抵押贷款（戴维·戴尔-约翰逊等，2007）。俄罗斯历史上也曾经采用过永久土地使用权制度。

虽然永久土地使用权可能代表中国土地物权制度演化的未来方向，为了更易于为社会各界所接受同时能够更好地与目前的土地批租制度相衔接，本书仍然建议采用免费续期、定期登记的长期土地使用权制度，农地 30 年一登记，商业用地 40 年一登记，草地、林地、旅游及教育用地 50 年一登记，荒地及住宅用地 70 年一登记，条件具备的情况下，再转变为永久土地使用权。

中国的城市土地归国家所有，农村土地归集体所有，而林地和草原有的归国家所有，有的归集体所有，土地产权结构复杂，所有权主体"虚位"，何·皮特（2008）将其称之为"有意的制度模糊"，政府有意不对土地所有权作出明确的法律定义。一方面，这种制度的模糊性造成了土地权属的混乱；另一方面，它也给予政府一定的自由度，使得他们可以在适当的时候灵活变通，并为政府主导中国的转型发展提供相机抉择的操作空间（靳相木，2007）。

"有意的制度模糊"体现了政府和习惯法之间的较量。中国的绝大部分森林、草原和荒地都位于边疆地区，由那里的少数民族在不成文的习俗惯例下共同占有并使用。历史上中原人口多次向边疆地区迁移，形成大量由汉族移民组成的村落。1954 年《宪法》规定，森林、草原和荒地都属于国家所有，1982 年《宪法》修正案规定，自然资源的所有权可以归集体所有，但这并不等于使用者因此而获得国家承认的合法所有权（何·皮特，2008）。不明晰的产权结构使得过度放牧和滥采滥挖中草药材在草原上极为盛行，导致草原严重退化和荒漠化。

通过实行免费续租、定期登记的土地使用制度，使土地使用权长期化、固定化、物权化，可以将不同性质的土地统一到一个完整的物权体系中来，实现国有土地和集体土地"同地、同权、同价"，解决国家和集体所有土地所有者虚位的问题，促进对于土地的有效、合理利用。高富平（2001）认为，通过使中国的土地使用权发挥其他国家土地所有权的功能和作用，我们可以建立起有中国特色的不动产物权体系，只有创设了土地使用权，土地权利才能真正成为财产权，中国的土地使用权虽然是由国家和集体的所有权派生出来的，但在民法上将发挥所有权的功能，土地使用权才是中国不动产的"自物权"。

通过构建以土地使用权为核心的中国特色土地用益物权制度，"两权分离，同权同价"，国家和集体的所有权就经济意义而言被虚置，但这并不意味着所有权是可有可无的，恰恰相反，所有权的重要性反而真正体现了出来。

中国当代的土地国有化源于近代中国被列强侵略面临丧失主权的政治危机以及军阀连年混战使得中国面临国家分裂的内部矛盾这样一种内外交困处境下的民族自觉，当代中国的土地国有化是民族自觉的结果。相比苏联，现代中国大规模的农村合作社运动将农民刚分配不久的私有土地集体化，之所以能够遇到较少阻力顺利推行并成为现实，正是这种民族自觉在背后发挥作用。因此，对于国家所有的城市土地以及集体所有的农村土地，就经济意义而言其所有权是虚的，就政治意义而言其所有权却是实的。城市土地的国家所有以及农村土地的集体所有，使得所谓的民族自决在中国没有用武之地，因为土地不归私人所有，任何局限于某种狭隘意识的个人和组织都没有权利对土地所有权进行分割。

由于所有者只顾个人利益而不惜毁损社会生存及公众利益的现象不断发生，近代西方国家开始对私人所有权的绝对性进行反思，"社会所有权"思想开始流行。耶林在《法律的目的论》一书中首次提出，所有权行使的目的，不应仅仅为"个人利益"，还要为"社会利益"，应以"社会的所有权"取代"个人的所有权"。1919年德国魏玛宪法规定："所有权负有义务，其行使应同时有益于公共福利。"20世纪以来，西方国家在立法上也开始更加注重对土地使用者租赁权等权益的保护，呈现出从注重产权归属到注重土地利用的发展趋势（林善浪，2000）。

在"两权分离，同权同价"的土地物权制度体系下，集体建设用地可以直接入市，农用地转为建设用地则涉及发展权问题。

土地发展权是变更土地用途的权利，是一个经济法概念，设立土地发展权的目的在于合理利用土地，保护耕地和生态环境，维护社会公共利益。英国于1947年首创土地发展权制度，英国土地发展权归国家所有，私人土地开发须申请开发许可，并须向中央政府缴纳100%的开发金。20世纪60年代，随着空中权的形成与发展，美国也设立了与空中权相区别的由私人土地所有者拥有的土地发展权。法国于1975年制定了法定上限建筑密度限制，规定附属于土地所有权的建筑权有上限限制，超过限度的建筑，须向地方政府支付对价，购买相应的建筑权（刘国臻，2005）。

中国对土地进行用途管制，实行最严格的耕地保护制度。在实际的房地产开发中，中国在通过招拍挂有偿出让国有土地的同时，限定建筑的容积率指标，房地产企业在竣工验收时实测建筑面积超过土地出让合同约定的容积率要求时，需补缴超出部分的土地价款。中国的土地发展权实际上归国家所有，应通过立法程序对其作出明确规定，进一步强化集体所有土地的公共属性。

农用地转为集体建设用地，须向国家购买发展权，在实际操作中，可采取土地出让金分成的方式，目前中央政府对新增建设用地出让金参与分成30%，实际上采用的就是这种模式，应予沿袭。集体建设用地通过招拍挂直接进入市场流通的，因所有权归集体所有，国家不应参与土地出让金分成，但可以通过征收土地增值税分享土地增值收益。政府对土地的征收征用仅限于公共目的，应通过立法对公共利益进行明确界定。

中国实行土地的社会主义公有制，城市土地归国家所有，由国务院代表国家行使所有权，农村土地归农民集体所有。土地公有制有很多优点，如利于城乡统一规划，基础设施建设高效，能够保证公共物品的有效供给，实现社会公平。高富平认为，中国人地比例严重失衡，不可能实行土地私有；中国实行社会主义制度，也不允许土地等重要生产资料私有（高富平，2005）。土地公有（表现为城市土地全民所有和农村土地集体所有两种形式）是我们讨论不动产税制改革的基本前提。

土地储备制度是中国为解决国有土地所有权虚位而建立的一种制度安排。为增强政府对土地市场的调控能力，国务院于2001年颁布《关于加强国有土地资产管理的通知》，要求"有条件的地方政府要对建设用地试行收购储备。市、县人民政府可划出部分土地收益用于收购土地，金融机构要依法提供信贷支持"。现有的地方政府经营土地市场的制度是由中央政府、地方政府和土地使用者三方之间博弈内生形成的政策均衡，中央政府借此进行宏观调控和耕地保护，地方政府借此获得财政收入和对区域市场的控制能力，土地使用者借此获得土地，三方均在这个政策均衡中获益（容志，2010）。

不同于荷兰、瑞典等国家实行土地储备是用于住房保障等公益目的，中国建立土地储备制度最初源于"国有企业三年脱困"目标，是为了完善土地市场，促进城市产业结构调整和基础设施建设（杨遴杰等，2002）。国外通过土地储备制度来弥补土地投机地价上涨造成的市场缺陷，中国地方政府则通过土地储备制度垄断一级土地市场供应，成为房地产市场不可或缺的参与方。土地储备中心及城投公司以实现地方政府土地收益最大化为目的，通过以政府信用为担保，以储备土地作抵押，土地储备机构实质上已成为地方政府重要的融资平台。鉴于土地储备机构的这种完全市场地位，其所储备的土地同样应受不动产保有税的调节。

　　对于仓储、加油站、矿业以及铁路等特殊用地形式，可适用年租制，对于工商及住宅用地，仍应采用批租制。房地产税是政府凭借政治权力，依靠立法强制、无偿、固定地取得的一部分国民收入，属于公共分配范畴；土地出让金是政府以土地所有者身份，在出让土地使用权时收取的土地价款，属于市场经济范畴，两者在社会再生产中的作用完全不同，不能也不应相互替代（何振一，2004）。通过"招拍挂"进行建设用地出让，既显化了土地的市场价值，又将土地配置到最能高效利用土地的使用者手中。取消有偿出让只会退回到划拨制的老路，由政府批租等于为政府设租，土地由谁获得将成为问题。

　　就房地产税实施而言，为逐步实现与已批租土地的并轨，有必要对土地批租制进行改革，具体措施为不断缩短批租土地的使用年期，可以先减为 50 年，再减为 30 年（赵燕菁，2013），直至最后减为 0 年，以永租制取代批租制，赋予土地使用者以永久或长期土地使用权。

　　设 P 为土地价格，批租土地每年的收益恒为 a，土地使用年期为 N，r 为折扣率（还原利率、资本化率），利用收益还原法计算批租土地不同年期的价格，公式如下：

$$P = \frac{a}{r}\left[1 - \frac{1}{(1+r)^N}\right]$$

　　N 越大，对应的 P 值越大，即土地批租年期越长，对应的批租土地价格越高，取 $r = 5\%$，无限年期土地价格（即土地所有权价格）为 100，则土地价格 3 年期为 13.62，30 年期为 76.86，50 年期为 91.28，70 年期为 96.71，在还原利率为 5% 的情况下，70 年期的批租土地价格已接近土地所有权价格。

　　缩短土地的批租年期，会导致土地出让金下降，但由于实行免费续期、定期登记制度，若干年后可以对房地产课征完整的财产税，又可以弥补地方政府因此而造成的财政收入损失。建议最终土地批租期限缩减至 3 年，这是因为房地产项目从获得土地到竣工验收、业主办理产权证一般需要 3 年左右的时间，在这 3 年可以对房地产企业免予征收不动产税。

　　赵燕菁等（2009）认为，一次性土地出让金收益和长期性财产税收益应在一段时间内同时并存，前者用于一次性基础设施投资，后者用于长期性公共服务。根据以上我们所设想的土地批租制度与房地产税制度，随着城市化渐趋完成，土地出让金收益将逐渐减少，而房地产税收益将不断增加。某城市批租土地的使用年限稳定在 3 年左右的时间，将标志着该城市的城市化进程业已完成。

房地产税制度要解决的是按土地分配财富的问题，土地物权制度要解决的是按权力分配土地的问题。在中国，与土地征收相伴的是两种极端现象，一种极端现象表现为城中村以及城郊结合部的房地产拥有者获得巨额补偿，此为按土地分配财富；另一种极端现象则表现为农村土地征收过程中农民被强拆的悲惨遭遇，此为按权力分配土地。赋予农民长期稳定的土地使用权可以保护处于弱势的农民，有利于国家 18 亿亩耕地红线目标的达成。

中国的老年保障实际上是建立在家庭保障和土地保障的基础之上（鲁思来等，2004）。稳定的地权制度将带来更为突出的人地不均，因此，农村土地（含农地和集体建设用地）的流转收益应优先用于建立农村社会保障制度及养老金制度。这相当于中央政府通过放弃对土地一级市场的垄断，换取农村集体对村社成员的社会保障责任，之前由政府推动的"化地不化人"（文贯中，2013）的外生型城市化将转变为由村社集体成员自主发动的内生型城市化模式。时至今日，中国的改革已不再是某一方面的单兵突破，而是土地制度、不动产财税制度、户籍制度、农村社会保障制度等各项制度的联动改革。而这种联动改革也不是对于现状的全面颠覆，就单方面而言，它仅仅是在已有改革成果基础之上的小幅推进，然后再将几方面的改革成果予以关联，相互强化。

土地发展权归国家所有，符合城乡总体规划的农地转为建设用地的，出让金应由国家参与分成。获得建筑发展权的农地及集体建设用地入市的，地方政府可以土地增值税的形式参与分享土地收益，土地收益的其余部分应在乡镇政府、村集体、村社成员之间进行合理分配。城投公司、开发区、土储中心等各类土地储备机构有偿出让土地，同样须缴纳土地增值税。

第四节　中国房地产税及资源税税制优化设计

财产税是对纳税人所拥有或支配的财产课征的税种，根据课征环节不同，财产税可分为在财产保有环节课征的静态财产税和在产权变动环节课征的动态财产税（刘植才，2006）。目前中国直接与房地产相关的税种中属于静态财产税的有房产税和城镇土地使用税，属于动态财产税的有契税和土地增值税。

本书所讨论的房地产税专指针对房地产保有环节课征的税收，本书所设计的中国房地产税制包括三个税种：房地财产税、土地使用税、闲置土地税，其中房地财产税和土地使用税为财产税，闲置土地税为资源税。房地产税与财产税、资源税三者间的关系见图 7-2。

无论就 1986 年国务院颁布的《房产税暂行条例》还是就重庆、上海的房产税改革试点而言，中国房产税的计税依据都不限于房屋，而是包含土地在内。实行免费续期、定期登记的土地物权制度以后，土地使用权成为完整的财产权，根据"房地一致"原则，"房产税"实至名归，实际上就是"房地财产税"。

房地财产税的课税对象是建筑及其附带的土地使用权，已建成的房地产，无论存量还是增量，位于城市还是乡村，均须缴纳房地财产税。房地财产税以评估价值为计税依据，采用市价法，考虑房屋折旧。为鼓励居者有其屋，房地财产税有一定的免征额，但需纳税人主动申请并正常报税，以利于纳税意识的培养。

一般而言，低收入人群的住房地段较差，面积不一定小，但价值相对较低。房地财产税如果以面积为计税依据，会加剧税收累退，本来低收入人群的收入就主要用于住房消费，税负占其家庭财产总额的比重大于高收入人群，再以居住面积作为计税依据，只会加剧低收入人群的不利处境。另一方面，由于地价不断攀升，开发企业为了保证利润，采用"偷面积"的方法，创造居住的"灰空间"，使得住宅的产权面积不能反映业主实际的使用面积，而多出的面积部分在房地产的市场价值中反而会体现出来，

```
                   ┌─ 针对其他财产征收的财产税
                   │
                   │                              ┌─ 契税
                   │   ┌─ 交易环节征收的不动产税 ─┤
                   │   │                          └─ 土地增值税
          ┌─ 财产税 ─┤   │
          │        │   │                                   ┌─ 房地财产税
          │        │   ├─ 保有环节征收的不动产税（房地产税）─┤
          │        │   │                                   └─ 土地使用税
          │        │   │
          │        └─ 让与环节征收的不动产税 ─┬─ 遗产税
          │                                  │
          │                                  └─ 赠予税
          │                                       ┌─ 印花税
不动产税 ─┤            交易环节征收的不动产税 ─────┤── 所得税
          │                                       └─ 营业税
          │
          │        ┌─ 保有环节征收的不动产税（房地产税）：闲置土地税
          └─ 资源税 ─┤
                   └─ 针对其他自然资源征收的资源税
```

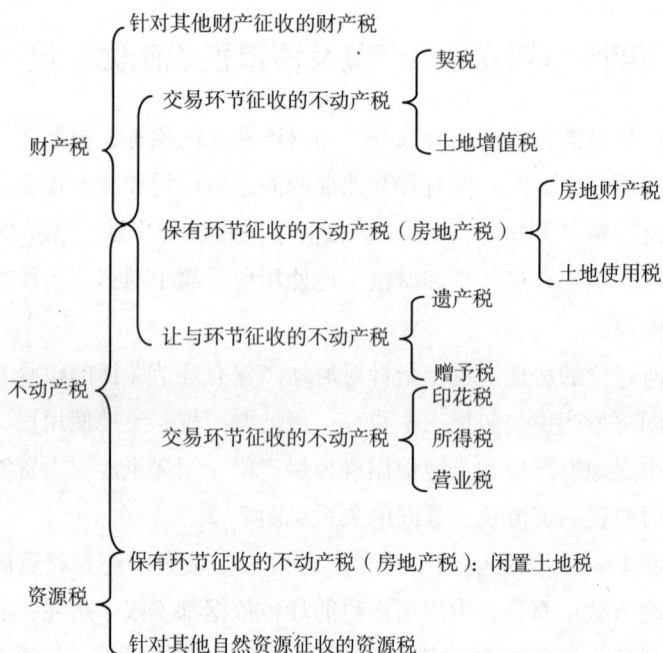

图 7-2　中国未来房地产税、不动产税与财产税、资源税之间的关系

注：不动产税与财产税、资源税并不是并列的税种，只是为了便于刻画税制优化后中国房地产税
　　与财产税、资源税三者间的关系才作如此处理。

以房地产评估价值为计税依据，才能尽量做到客观、公正。

中国家庭金融调查与研究中心（2012）的调查表明，中国自有住房拥有率为 89.68%，其中城市为 85.39%，农村为 92.60%，而世界平均住房拥有率为 63%，美国为 65%，日本为 60%。中国城市户均拥有住房 1.22 套，在城市，69.05% 的家庭拥有一套住房，15.44% 的家庭拥有两套住房，3.63% 的家庭拥有三套及以上住房；农村户均拥有住房 1.15 套，在农村，80.42% 的家庭拥有一套住房，12.20% 的家庭拥有两套住房，2.10% 的家庭拥有三套住房。城市人均建筑面积为 38.89 平方米，中位数为 30 平方米/人，农村人均建筑面积为 49.04 平方米，中位数为 36 平方米/人。

2006 年《国务院办公厅转发建设部等部门关于调整住房供应结构稳

定住房价格意见的通知》，要求"自2006年6月1日起，凡新审批、新开工的商品住房建设，套型建筑面积90平方米以下住房（含经济适用住房）面积所占比重，必须达到开发建设总面积的70%以上"，可见在中国的住房供应结构中，90平方米是一家三口普通家庭的基本住房面积，这与上引中国家庭金融调查与研究中心的城市人均建筑面积中位数为30平方米的调查结果高度吻合。

由于一家三口需要的基本住房面积为90平方米，房地财产税的起征点应不小于90平方米/户，18周岁以下的未成年人不得单独立户。具体起征点可设为90—120平方米/户，免征额为基准时点城市平均房屋单价乘以起征点建筑面积后的房价总额，低于此一额度的房屋，免予征收房地财产税。[①]

黄贤金等（2005）研究认为，在以房价为计税依据的情况下，设定不动产财产税税率为0.8%时，来自不动产财产税的收入与之前来自土地出让金等相关税费的收入基本持平，当前政府的财政收入不会受到影响，家庭也可以承受。曲卫东等（2008）以北京市为例，从公共需求、家庭剩余、国际税负水平三个方面探讨物业税的适宜税负范围，以市场价值的70%作为应税价值，采用动态分析法测算北京市中等收入家庭在不同税负比例下相应的税率变化，认为物业税开征时，税率可取0.45%，推行20年后，税率为1.0%，税负达到最适税负。姜吉坤等（2008）研究认为，中国物业税的平均税率应该在1%左右。

房地产税是直接税，征收成本高，税率定得过低会影响征收效率，目前世界各国的财产税实际税率基本在1%左右。同时税率也不能定得过高，过高的税率会引起纳税人反感甚至抵制，美国历次税收革命均由财产税负担加重引起，目前美国财产税税率最高的辖区在纽约州，实际税率达3.1%。

房地财产税税率为差别比例税率，假定中国房地财产税的计税依据不低于房地产市场价值的70%，税率可设定在1%—3%之间，别墅、营业用房等非住宅用房地产税率应高于住宅用房地产，具体是通过地方人大决

---

① 为避免出现"假离婚"现象，可对55岁以下的单亲家庭及有婚史的单身家庭适用较低的起征点，如设为60平方米/户，弱化乃至消除假离婚的"收益"。生活确有困难的，可依法申请政府救济，但该缴纳的房地产税不予免除。

定，引入了公共选择机制。中国各地城市化发展的阶段不同，北京、上海等发达城市可以考虑设定较高的房地财产税税率，以缓解相对紧张的人地关系。对于未在本地落户的外地及外籍购房者，由地方人大根据本地实际情况决定是否提高房地财产税税率。新加坡对国外购房者征收 10% 的财产税附加税，台湾对非本县的不动产所有者征收不在地主税，税率为应纳地价税的 2 倍。人地关系相对紧张的地区可以对非本地购房者课征较高的房地财产税，税率可设为一般房地财产税的 1.1—2 倍，待业主转为本地户籍后，恢复为按一般房地财产税税率征收。

目前中国城镇土地使用税课税范围仅限于城市、县城、建制镇和工矿区，对城中村、城乡结合部的土地不能发挥调节作用。建议取消从量计征的"城镇土地使用税"，在土地批租期满赋予使用者长期（或永久）土地使用权的同时开征从价计征的"土地使用税"，覆盖城乡，全面征收。

1988 年国务院颁布的《城镇土地使用税暂行条例》规定，"在城市、县城、建制镇、工矿区范围内使用土地的单位和个人，为城镇土地使用税的纳税人，应当按照本条例的规定缴纳土地使用税"。《国家税务总局关于受让土地使用权者应征收土地使用税问题的批复》（国税函发〔1993〕501 号）再次明确，凡在土地使用税开征区范围内使用土地的单位和个人，不论通过出让方式还是转让方式取得的土地使用权，都应依法缴纳土地使用税。但实际上，地方在执行过程中只对单位征收城镇土地使用税，对个人住房则免征此税。

对一切投入开发、使用的土地，包括住宅用地、建设用地、工商用地、农地、草原、林地等各类经营用地均应征收土地使用税，国家和集体的储备土地属于公共资产，不应视为闲置土地，但国家和集体储备土地的行为属于市场行为，因此同样应予征收土地使用税。个人住宅用地尚处于批租期内的，不征收土地使用税，免费续期以后方予开征。[1]

---

[1]　对个人住宅用地，实行一定的税收减免。如房地财产税的起征点是 90—120m²×平均房价/户，个人住宅土地使用税的起征点可设为 30—40m²×平均地价/户，其换算的依据在于将普通高层的建筑容积率设定为 3。

房地财产税已对土地课税，记其税率为 r_H，土地使用税税率记为 r_L，则对土地开征的财产税实际税率 $r_R = r_H + r_L$，因此，住宅用地的土地使用税税率不宜过高，可定为 0.3%—1%。土地使用税税率设为高、低两档，低档税率在 0.3%—0.5%，适用于住宅用地、农地、草地、林地，高档税率在 0.5%—3.5%，适用于建设用地、工商用地及国家和集体的储备土地。理论上土地税的高档税率应大于 $r_H + r_L$，未经改良的土地税率应大于经过改良的土地。由于均经过改良后使用，建筑用途用于工商业的土地税率应等同于用于居住的土地，但允许地方政府出于发展经济的考虑对工商业用地进行一定程度的税收减免。

房地财产税及土地使用税的同时设立使得土地保有税的实际税率高于房屋保有税的实际税率，是符合公平和效率原则的。相对而言，土地供给无弹性，房屋供给有弹性，对土地保有税实行高税率对资源配置带来的扭曲较少，符合效率原则。土地供给无弹性，对保有土地课征的税收将资本化进土地价值中，使土地价值降低，房屋供应增多，对低收入阶层有利，符合公平原则（石子印，2011）。实际上在普遍实行一般财产税的美国也有例外，像匹兹堡，对土地财产税的税率是对房屋财产税税率的 5 倍多。对土地和房屋设定差别税率的上述经济及社会效应，使得对房地财产税和土地使用税存在重复征税的指责不再成立。

国土资源部 2012 年修订的《闲置土地处置办法》（国土资源部第 53 号令）界定闲置土地为国有建设用地使用权人超过国有建设用地使用权有偿使用合同或者划拨决定书约定、规定的动工开发日期满一年未动工开发的国有建设用地以及已动工开发但开发建设用地面积占应动工开发建设用地总面积不足三分之一或者已投资额占总投资额不足 25%，中止开发建设满一年的国有建设用地，未动工开发满一年的，须按照土地出让或者划拨价款的 20% 缴纳土地闲置费，未动工开发满两年的，由政府无偿收回。

《闲置土地处置办法》1999 年即已通过，实施效果不是很理想。1994 年通过的《中华人民共和国城市房地产管理法》第二十五条与上述规定类似，但同时宣称，"因不可抗力或者政府、政府有关部门的行为或者动工开发所必需的前期工作造成动工开发迟延的除外"，2007 年《城市房地产管理法》进行了修订，上述条款依然保留。

这样的规定其实是给地方政府创造了一定的自由裁量权，地方政府可以决定是何种原因造成动工开发延迟，因此而拥有对开发企业征收土地闲置费的豁免权。开发企业也想出了诸多理由申请延期，通过争取地方政府官员的支持推迟土地开发时点坐等升值。为打破这种官商同盟，应将土地闲置费改为闲置土地税，仿效台湾的空地税，税率设定为土地使用税的3—10 倍，以促进土地资源的有效合理利用。

房地财产税与土地使用税分立，背后有路径依赖的因素在发挥作用。诺思（2008）认为，如果我们没有很好地理解我们曾经经历的状态，我们就不能很好地理解我们以后将会遇到的情况，路径依赖与其说是一种"惯性"，还不如说是过去的历史经验施加给现在的选择集的约束。

在漫长的历史时期，中国形成了对房产与地产分别课税的悠久传统，这样的路径依赖特征是我们今天进行不动产税制设计的约束条件，是我们无法回避的客观现实。然而，这并不意味着我们只能被动地接受历史的既定安排，我们仍然可以充分发挥人类的主观意向性，征收统一规范的物业税就是我们对于税制设计的一个理想愿景。

在房地财产税与土地使用税普遍开征，批租土地普遍获得免费续期、定期登记的长期使用权以后，存在将房地财产税与土地使用税合并为统一规范的物业税的制度条件，届时有可能将不动产与动产合并到同一个财产税体系中来，实现类似今天美国一般财产税那样的税制模式。但如果真的会有那么一天，那也将是一个长期的渐进过程，更何况税制的演进未必一定要像美国那样以一般财产税的形式来完成，德国、法国和中国台湾的不动产税制也是一个运行良好，并且对不动产市场发挥了积极作用的共时性税制形式。以中国之大，应该允许各地有制度差异，相互之间有竞争和比较，通过零碎社会工程的试错与纠偏，我们能够以较小的制度成本取得较大的社会进步。

本书提出的房地产税方案在赋予使用者长期、稳定的土地使用权的同时，对房产和地产在保有环节分别课税，在房地产税的名义之下，设立房地财产税、土地使用税及闲置土地税三项税种。由于城市土地与农村土地在长期使用权的基础上获得了统一，房地产税对二者同等适用，但为使用者基本生活考虑，按评估价值设定免税额度，由于农地的价值远远低于城市用地，农民和城市低收入者的切身利益是受到保护的。在本书设计的房地产税方案之下，各类不动产所对应的土地使用权以及是否须缴纳出让金、房地财产税、土地使用税情况如表 7-1 所示。

表 7-1　税制优化后各类不动产土地使用权及出让金、
房地财产税、土地使用税缴纳情况

不动产类型	土地使用权类型	土地出让金	房地财产税	土地使用税
批租期满的自住城市房产	长期土地使用权	之前已缴	×	×
批租期满的城市投资房地产	长期土地使用权	之前已缴	√	√
批租期未满的自住城市房产	批租土地使用权	之前已缴	×	×
批租期未满的城市投资房地产	批租土地使用权	之前已缴	√	×
新出让批租使用权城市土地	批租土地使用权	竞价缴纳	√	×
经适房及小产权房	长期土地使用权	补缴历史地价	√	√
城中村、城郊结合部等非自住房产	长期土地使用权	无	√	√
农村自住房产	长期土地使用权	无	×	×
自用林业及农业用地	长期土地使用权	初始平均分配	×	×
投资林业及农业用地	长期土地使用权	竞价缴纳	×	√
加油站、仓储用地等特殊用地	年租土地使用权	缴纳年租金	×	×
工商用地、建设用地等经营用地	长期土地使用权	竞价缴纳	×	√
国家及集体储备土地	长期土地使用权	无	×	√

注：√表示征收，×表示不征收。不动产仅为土地不涉及房屋的，不征收房地财产税，自住城市房产仅限 90m² 建筑面积，超出部分视为投资。不补缴土地出让金并按时缴纳房地财产税、土地使用税的经适房及小产权房，由政府通过法律程序收回，农村自住房产、自用林业及农业用地评估价值等值于 90m² 建筑面积城市房产对应的平均评估价值，以体现城乡一致原则。

对优化后的房地产税进行归纳概括，如表7-2所示：

表7-2　税制优化后的房产税、土地使用税与闲置土地税

税种	税目	起征时点	税率
房产税	房屋及附着于其上的土地	获得房屋产权	1%—3%，别墅、营业房屋税率高于住宅，对异地购房可加征10%—100%
土地使用税	建有房屋的土地	批租土地于期满之时，永租土地于确权之时	0.3%—0.5%
	农地、草地、林地	批租土地于期满之时，永租土地于确权之时	0.3—0.5%
	未经改良的土地	批租土地于期满之时，永租土地于确权之时	0.5—3.5%
闲置土地税	闲置土地	法律规定的时点	土地使用税的3—5倍

受益税和直接税的特征决定了房地产税在小辖区内更能发挥作用。美国地方政府包括县级政府、市级政府、镇政府、特别管辖区和学区五大类，2012年美国地方政府共有90056个，包括3031个县级政府，19519个市级政府，16360个镇政府（Jianan，2013），每个地方政府都有充分的行政和财政自主权。美国的地方政府规模相当于中国的乡镇级政府，但在中国，由乡镇级政府组织房地产税的征管与使用显得层级过低，法律地位和征管能力上都存在问题，因此，中国的房地产税应配置在县级政府。对于消费税而言，其税收效率的实现需要建立在规模经济的基础之上，适合作为省级政府的主体税种。鉴于省级政府对于房地产税的这种超脱地位，房地产税的评估、仲裁以及一定范围内的创制立法权反而适合由省级政府组织实施，这也符合中国未来财政分权的政策走向。

闲置土地税是一种资源税，自然资源不仅包括土地，还包括矿产资源、海洋资源等，在中国，自然资源的规划、管理、保护与开发利用等政府职责，均归属于国土资源部。资源税和房地产税在征税对象上交叉重

叠，具有明显的共性特征，适合共同作为地方税种进行管理和发挥调节作用（李晖等，2010）。虽然自然资源多数不可再生，资源税具有不稳定和不可预见的特征，对于新疆等城市化水平不高的中国西部地区，因矿产富集，资源税的收益在一定程度上可以弥补地方政府房地产税的不足。

中国现行资源税征收范围较窄，只包括原油、天然气、煤炭、其他非金属矿原矿、黑色金属矿原矿、有色金属矿原矿 6 种矿产品和盐，仅对石油和天然气的资源税从价计征，其他品目仍从量计征。应不断扩大资源税的征收范围，包括将一些城市自发征收的水资源税推广为全面开征的水资源税，已开征的资源税要由从量计征转变为从价计征，以更好地发挥对自然资源的调节作用。

第五节　沪渝房产税试点的经济效应

2011 年 1 月 27 日，上海市政府发布了《上海市开展对部分个人住房征收房产税试点的暂行办法》的通知。同一时间，重庆市政府也发布了《重庆市人民政府关于进行对部分个人住房征收房产税改革试点的暂行办法》和《重庆市个人住房房产税征收管理实施细则》。自 2011 年 1 月 28 日起，上海市和重庆市正式启动对个人住房征收房产税的试点工作，将房地产税改革推进到实质性阶段。

上海的试点只针对增量房征收，无论是否自住，凡上海居民在本市新购第二套及以上住房，非户籍居民新购第一套及以上住房征收房产税，以应税住房市场交易价格的 70% 为计税依据，应税住房市场交易价格低于上年度新建商品住房平均销售价格 2 倍的，税率为 0.4%，否则税率为 0.6%，同时以人均居住面积 60 平方米为限，若合并住房面积不足人均 60 平方米的，新购住房免税，房产税只对超出部分计征。

重庆试点则对主城九区内个人拥有的独栋商品住宅、新购高档住房以及无户籍、无企业、无工作的个人新购第二套及以上住房征收房产税，其中个人拥有的独栋商品住宅，税率为 0.5%，个人新购的高档住房（价格超过主城九区近两年新建商品房均价 2 倍的住房）分别按 3 倍以下、3—4

倍、4倍以上实行0.5%、1%、1.2%的累进差别税率，无户籍、无企业、无工作的个人新购的第二套及以上普通住房，税率为0.5%。重庆的房产税不仅面向新购住房，还针对主城区的存量独栋住宅进行征收。由于房价连年上涨，2011年重庆主城区高档住房价格标准为建面9941元/平方米，2012年则提高到12152元/平方米，自2013年1月1日起，应税价格起点再次提高至12779元/平方米。

沪渝个人房产税征收方案的区别主要体现在四个方面：

其一，就征税对象而言，上海的方案针对本地户籍第二套及以上住房和外地户籍的新购住房征收，而重庆方案的征收对象包括独栋商品住宅、个人新购的高档住房以及无户籍、无企业、无工作的个人新购的第二套（含）以上的普通住房，所有存量的高端住宅都被征收房产税。

其二，就税率而言，上海方案采取了0.6%和0.4%两档税率，应税住房每平方米市场交易价格低于本市上年度新建商品住房平均销售价格2倍（含）的，税率暂减为0.4%。而重庆方案采取了多档累进税率，对于房价达到当地均价3倍以下的房产，将按房产价值的0.5%征税；对于房价达到当地均价3—4倍的房产，将按房产价值的1%征税；房价达到当地物价4倍以上的房产，按房产价值的1.2%征税。

其三，就税基而言，两地的试点方案都以房屋市值作为征税依据，由于房价逐年上涨，计量的标准也在不断变化，连带着税率的分界线也产生了变化。2013年，在新建商品住宅平均销售价格联动机制下，上海试点的税率分界线有所提高，从2011年的26896元/平方米提高到2013年的27740元/平方米，根据新的分界线，高于该数值的，才会按照0.6%来征税。同样的，由于重庆主城区新建商品住房成交价上涨，高档住房应税价格起点也从2012年的12152元/平方米提高到12779元/平方米。

其四，就起征点而言，上海方案以人为单位，对免税范围的设定为人均不超过60平方米，重庆方案以户为单位，对存量独栋商品住宅给予180平方米的免税面积，新购高档住房则给予100平方米的免税面积。

沪渝个人房产税试点在争议中前行。统计显示，截至2012年12月31日，重庆个人房产税应税房产11027套，其中包括存量独栋商品住宅

3605 套、新购高档住房 7352 套、"三无人员"普通住房 70 套。2011 年重庆个人房产税税入约 1 亿元，考虑到 2012 年、2013 年每年新增应税住房数量，重庆三年累计征收房产税不会超过 4 亿元。上海 2011 年认定应税房屋约 2 万套，2012 年认定应税房屋约 5.7 万套，目前应税住房在 7 万套左右。2011 年上海征收个人房产税超过 1 亿元，2012 年、2013 年该项税收收入分别在 2 亿元和 3 亿元左右。

本书设计的房地产税包含房产税，沪渝房产税试点是朝正确的方向迈进了一步。沪渝房产税试点效果如何，对中国的房地产税改革有何启示，以下基于上海、杭州、重庆、成都 2008—2013 年区级数据，利用双重差分法进行实证考察。

（一）文献回顾

一项政策或外部环境的变化对房价有直接影响。例如，Wang 等（2011）通过分析 1998—2006 年 35 个大中城市数据发现，城市开放度每提升 1%，当地房价显著上涨 0.282%，城市开放度大约解释房价上涨的15.9%。Dong 等（2013）则利用 1998—2008 年度 35 个大中城市宏观数据研究土地配套费对房价的影响，发现征收土地配套费会推高房价。

早期有关房产税影响的研究集中在发达国家。如 Rosen（1982）通过美国加利福尼亚减税这一外生政策变化，研究发现房产税每降低 1 元，住房价值大约上升 7 元。况伟大、朱勇、刘江涛（2012）则使用 OECD 国家 1980—2009 年住房市场数据研究发现，房产税对房价具有显著抑制作用。

中国属于发展中国家，前几年房产税征收尚不完善，2011 年才开始试点，故开征房产税的影响相关研究处于数据测算或理论分析阶段。如郑思齐、孙伟增、满燕云（2012）通过 2010 年在北京、上海、深圳和成都开展的一项民意调查数据，从总体上看，有 40% 左右的家庭支持房产税的征收，并且如果房产税的用途能够给人们带来切身福利，或者符合人们的利益，赞成的人数也越来越多。他们随后的测算发现，房产税与住房面积、所在城市均有密切联系，故兼顾住房价值的复合征收法可能更为合适（郑思齐、孙伟增、满燕云，2013）。

理论上讲，土地出让金和房产税各有优劣，开征房产税能够避免利率扭曲，还能解决地方政府财政收入问题（Cho Sung Chan 等，2014）。通过中国35个大中城市数据的实证测算发现，开征物业税会形成地方财政新的税源，在短期供给缺乏弹性情形下，开征物业税必然导致房价下跌（韦志超、易纲，2006）。况伟大、马一鸣（2010）进一步从理论上推导出住房供需价格弹性和物业税开征与房价息息相关。此外，刘蓉等（2014）基于中国家庭金融调查微观数据测算得出，房产税征收税额能够占到地方政府财政收入的31%，故可替代土地出让金作为新的政府财源。

除了上述开征房产税前期调研和对财政收入影响研究外，国内还有一些文献着重分析房产税征收对房价的影响。况伟大（2009）的理论推导表明，无论是消费者还是投资者，政府实施物业税均能够有效抑制房价上涨，随后还用35个大中城市数据验证了全国和东部地区符合这一推断。骆永民、伍文中（2012）将房产税和住房价格引入动态随机一般均衡模型（DSGE）框架中，通过校准和贝叶斯估计方法得出房产税实施在长期内降低房价，还可以发挥其自动稳定器功能。高云龙、李春丽（2011）分析房产税改革对经济影响的逻辑，认为出台房产税主要目的是调整住房市场结构并增加财政收入，间接起到抑制房价的作用。Bai 等（2014）利用1998—2012年31个城市数据和HCW方法测算发现，房产税试点降低上海房价11%—15%，但增加重庆房价10%—12%，具体还发现，重庆征收具有从高到低的扩散作用。

（二）理论分析

公共财政理论认为，只要房产税部分资本化到房价当中，开征房产税就会降低房价。直观上讲，房产税可看作附加在消费者身上的额外的使用成本，故可降低住房价值。事实上，住房市场价值相当于扣除房产税后的日后若干年住房价值流量（住房服务）的折算值之和。现假定 P_t 是第 t 年住房价值，Y_s 是第 s 年住房价值流量，τ 为房产税率，i 为折现率，我们有如下等式成立：

$$P_t = \sum_{s=t}^{n} \frac{Y_s - \tau P_s}{(1 + i)^{s-t}} \tag{1}$$

因此，房产税率对住房市值的影响可以推导为负向的：

$$\frac{\partial P_t}{\partial \tau} = -\sum_{s=t}^{n} \frac{P_s}{(1+i)^{s-t}} < 0 \qquad (2)$$

值得指出的是，这里的理论分析没有考虑外生条件，也没有考虑房产税作为政府财政支出所带来的经济效应，而是仅指出房产税征收单方面对房价的影响，因此它不能告诉我们房产税开征对住房价值在时间上的影响具体如何表现，即开征前几年是否上涨，后续影响是否减弱直至变为负向，这需要借助如图7-3的分析及事件研究（event study）的方法进一步分析。

a 征税对住房市场的影响　　　　　　b 征税对土地市场的影响

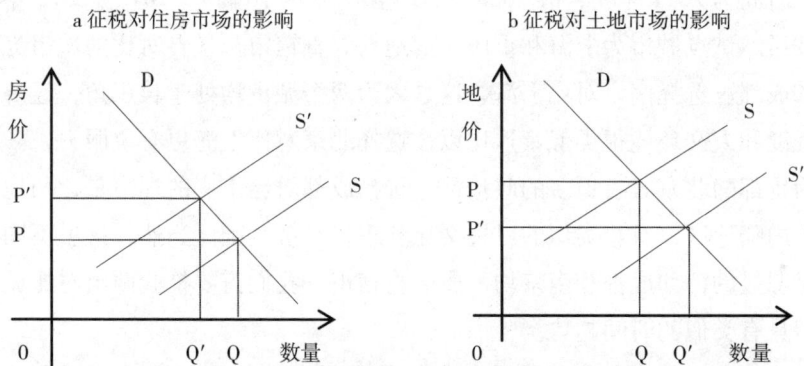

图7-3　征税对住房市场和土地市场的影响

如图7-3所示，开征房产税首先会抬高住房供给成本，使得住房供给曲线向上移动，在保持住房需求曲线不变的情形下，均衡房价上升，住房均衡数量下降；其次，均衡房价的上涨吸引土地供给增加，表现为土地供给曲线下移，在保持土地需求曲线不变的情形下，均衡地价下跌，土地均衡数量增加；住房市场与土地市场同时变化，直至达到新的均衡。至于土地出让金收入（＝土地价格×土地均衡数量）的变动，取决于土地价格下跌的程度和土地均衡数量上涨的程度对比，很大程度上属于实证的问题。

综上所述，以往文献对房产税征收的影响做了很好的理论分析与数据测算，为本书研究奠定了坚实的文献基础，然而囿于数据原因，他们并未使用中国开征房产税后的真实数据分析房价和财政收入变化，也未细致分析这种影响的时间效应（如 Bai 等，2014）。本书基于中指院等提供的中观数据实证考察 2011 年重庆、上海两试点城市开征房产税的经济影响。

（三）数据及模型

研究数据来源于搜房网中国指数研究院（http：//fdc. soufun. com/creisdata/）、克而瑞信息集团（www. cric. com）、中国房地产杂志社。主要数据来自中指院，其他两个数据源作为补充。

我们整理出 2008—2013 年区级的住房和土地市场交易汇总数据。之所以选择这一时间段，是与开征房产税时点相关的。由于中国房产税试点开征时间为 2011 年初，故 2008—2010 年为开征前阶段，2012—2013 年为开征后。试点城市为上海和重庆，两地均为直辖市。各自对比的城市为南京和成都。选择南京对比上海，这是因为两个城市均处于长三角，经济发展程度和人文环境很类似，这比以往选择北京对比上海更有说服力，毕竟作为首都的北京具有更多的政治性；选择成都对比重庆的理由是，两地均处于内陆地区，有着类似的巴蜀文化和现代经济基础。当然，这里不同点也是明显的，如成都和南京均不属于直辖市。我们需要检验两组对比城市是否具有类似的时间趋势。

住房市场数据包括住房单价和均衡数量，土地市场数据包括土地单价、均衡数量及土地出让金。根据征税范围，我们选择商品住宅（上海样本不含保障性住房）信息，住房单价对应"销售价格"，住房均衡数量对应"销售面积"；土地信息方面选择"土地招拍挂"的住宅用地栏目，土地单价对应"成交土地均价"，土地均衡数量对应"建设用地面积"，二者乘积为土地出让金。

计量模型为经典的双重差分（difference in difference，DID）模型：

$$\ln(outcome_{it}) = \alpha_0 + \alpha_1 \cdot District_i + \alpha_2 \cdot Year_t + \alpha_3 \cdot Treat_i \cdot Period_t + \beta \cdot Z_{it} + \varepsilon_{it} \tag{3}$$

i 为第 i 个区 $District$，t 为年份 $Year$。$outcome$ 为单位房价或单位地价或均衡销售量，$Treat$ 为房产税政策影响地区的虚拟变量，1 代表重庆或上海某区，0 为成都或南京，$Period$ 为房产税实施虚拟变量，2011 年实施后

为 1，实施前为 0，具体实施时间为 2011 年。*Treat* 和 *Period* 交叉项系数
α_3 就是感兴趣的系数，若其显著为负，则表明房产税实施后显著抑制房
价或地价。*Z* 是控制变量，这里考察住房市场主要控制户籍城镇人口和常
住城镇人口的影响，以便捕捉人口流动影响的房产税政策差异，考察土地
市场主要控制当地当年 GDP 增长率，用于捕捉地方政府"土地财政"的
动机及影响。值得指出的是，这里的 *i* 还可以是住房指数、楼盘项目或者
街道办等单位。一个单位对应一个样本，地方越小越细，才能样本多，才
能用上面的模型做实证分析，效果越好。

Bertrand 等（2004）指出，由于同一样本不同时期可能存在序列相关
性，上述模型中的处理变量（treatment variable）的标准误可能被低估，
故建议使用传统的 DID 模型更为合适。作为稳健性检验，我们列出以往
文献模型：

$$\ln(outcome_{it}) = \alpha_0 + \alpha_1 \cdot Treat_i + \alpha_2 \cdot Period_t + \alpha_3 \cdot Treat_i \cdot Period_t + \beta \cdot Z_{it} + \varepsilon_{it} \tag{4}$$

这里仅使用了政策变量 *Treat* 和时间变量 *Period*，我们关心系数 α_3 的
正负及显著性。

模型（3）和模型（4）是 DID 模型的两种常见形式，它们成立的隐
含条件是，房产税政策出台前，房价等结果变量（outcome variable）要保
持类似的趋势，这可由事件研究方法来检验，具体如模型（5）所示：

$$\ln(outcome_{it}) = \alpha_0 + \alpha_1 \cdot District_i + \alpha_2 \cdot Year_t + \sum_{k=-3}^{2} \alpha_k \cdot Treat_i \cdot 1\{Yr_t = k\} + \beta \cdot Z_{it} + \varepsilon_{it} \tag{5}$$

这里 $1\{Yr_t = k\}$ 是指示变量，对应年份取值为 1，否则为 0。*k* 取值
为 -3、-2、-1、0、1、2，分别对应 Yr_{2008}、Yr_{2009}、Yr_{2010}、Yr_{2011}、Yr_{2012}、
Yr_{2013} 年，也就是说，政策推出前 *k* 年为负数，推出时的 2011 年为 0，推
出后为正数。根据上述模型，我们很容易获得事件研究的估计系数 α_k，
将其描绘在图上能够直观地看出政策发生前控制组（control group）和实
验组（treatment group）的结果变量是否具备类似的特征。具体见下面的
分析。

（四）实证分析

表7-3列出本研究主要变量的描述性统计特征。可以看出，不论住房市场还是土地市场，价格和均衡数量的均值都很大，均值与中位数差距较大，标准差很大，表明这两个市场处于急剧转型、蓬勃发展的时期。土地出让金为土地单价与土地均衡数量的乘积，亦表现出可观的政府财政收入。

表7-3　主要变量描述性统计

变量	单位	均值	中位数	标准差	最小值	最大值	样本数
住房单价	元/平方米	15431.332	9606	14751.385	2774	73479	245
住房均衡数量	万平方米	111.681	76.610	109.765	1.04	547.726	245
户籍城镇人口/常住城镇人口	—	0.725	0.724	0.103	0.598	0.926	245
土地单价	元/平方米	12162.640	7652.565	13628.511	540	91566.64	200
土地均衡数量	万平方米	60.532	43.326	70.553	0.556	630.279	200
土地出让金	百亿元	0.464	0.315	0.505	0.007	2.796	200
GDP增长率	%	11.617	11.700	2.669	7.5	17.1	200

开征房产税能否起到抑制房价、扩大地方财源的作用需要实证考察。表7-4列出经典的双重差分模型的回归结果。我们发现，在控制户籍城镇人口/常住城镇人口比例前提下，上海开征房产税对房价具有显著的正向影响，但重庆显著为负，根据第1行系数，重庆 vs 成都为 -0.109，上海 vs 南京为 0.128，计算出受房产税影响，重庆房价下降 10.33%（$e^{-0.109} - 1$），上海房价上涨 13.66%（$e^{0.128} - 1$）。对于住房销售量，在上海房产税开征降低了均衡数量，在重庆则反过来提升了均衡数量。在土地市场，控制 GDP 增长率后，土地单价有下跌倾向，土地均衡数量增加，这主要是住房价格高涨导致土地供给增加所致，土地出让金是土地单价和土地均衡数量的综合作用结果，上海样本数据反应为负，重庆数据不明

显。也就是说，开征房产税一定程度上会抑制原来的土地出让金财源，转变为地方政府新的财政收入。

表 7-4　经典 DID 回归结果

	总体	重庆 vs 成都	上海 vs 南京
住房单价			
交叉项	0.143^{***}	-0.109^{*}	0.128^{**}
	(0.040)	(0.065)	(0.049)
R^2	0.976	0.895	0.976
住房均衡数量			
交叉项	-0.257^{**}	0.627^{***}	-0.354^{**}
	(0.123)	(0.215)	(0.174)
R^2	0.905	0.891	0.892
观测值	245	95	150
土地单价			
交叉项	-0.334^{***}	-0.095	-0.756^{***}
	(0.115)	(0.144)	(0.267)
R^2	0.876	0.862	0.871
土地均衡数量			
交叉项	0.198	0.399	-0.112
	(0.224)	(0.311)	(0.440)
R^2	0.684	0.663	0.692
土地出让金			
交叉项	-0.136	0.304	-0.868^{**}
	(0.223)	(0.316)	(0.404)
R^2	0.666	0.710	0.677
观测值	200	92	108

注：各列括号里的数是其对应稳健性标准误。第 3 行汇报发生比。上标"＊"、"＊＊"及"＊＊＊"分别表示 10%、5% 和 1% 统计水平上显著。

为了确保上述回归结果的正确性，我们根据模型（5）的事件研究方法来检验房产税改革前住房价格的特征对于控制组和实验组是否是类似的，结果如图 7-4 所示，子图（a）、（b）、（c）分别描绘全部、重庆与成都、上海与南京的情形。各子图中间连线为各年点估计的时间趋势，上下虚线为 95% 区间估计区域，当然上面为（系数 +1.97 ∗ 标准误）结果，下面为（系数 −1.97 ∗ 标准误）结果。这里 $Yr_{2010} = -1$ 为参照组或称基准年（baseline year），故省去并不反映在事件研究图表内。不难发现，对于全体样本或者上海样本，房产税出台前房价呈现类似的趋势，系数的 95% 区间估计包括水平线 0，即系数均不显著，表明控制组和实验组增长趋势是类似的；政策发生时和发生后有明显跳跃，这和上述回归估计结果是一致的；随着时间的推移，政策效果在减弱，甚至在未来更长时间内将减小为负值，符合直觉观察。观察（a）、（b）图我们发现，政策发生前重庆、成都的房价共同趋势并不明显，这也导致全部样本结果较为混杂。

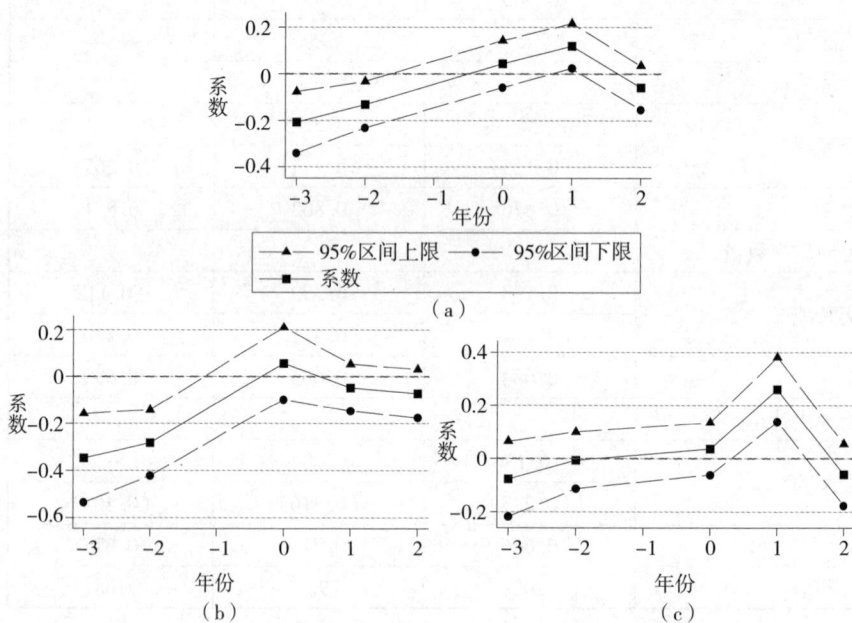

图 7-4　房产税试点对住房价格的影响的事件研究分析

注：子图 a、b、c 分别描绘全部、重庆与成都、上海与南京的情形。图 7-6、图 7-8 同。

图 7-5 表明，开征房产税前总体上对住房均衡数量并无类似趋势，

即控制组和实验组无法比较，同样符合上述估计结果。对于土地市场而言，房产税征收前后 y=0 这条水平线均处于95%估计区间以内，即两组样本虽征收前增长趋势类似，但对土地价格、均衡数量或土地出让金的影响并无明显规律可循，具体可观察图7-6至图7-8。综上，在征收房产税前，住房市场的房价很好地符合 DID 模型潜在假定，但均衡数量及土地市场变量并无类似增长规律，开征房产税首先会提高房价，随着时间推移会减弱影响，但能否抑制土地出让金这一传统的财源尚需时间考察。

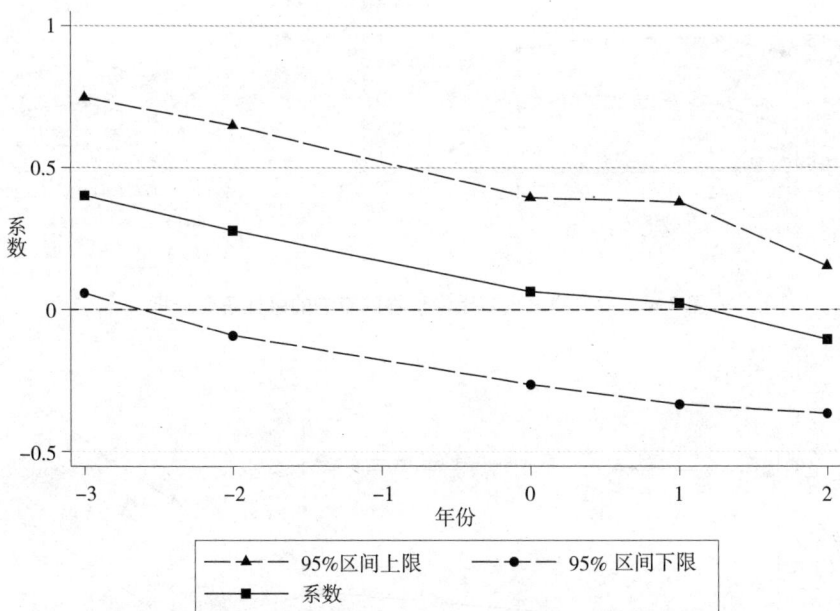

图7-5　房产税试点对住房数量的影响的事件研究分析（全部）

（五）结论与政策启示

房产税试点开征以来，上海新建商品房销售价格2011年同比上涨1.5%，2012年同比上涨3.1%，2013年同比上涨14.2%。重庆房产税试点的效果主要体现在对高端市场的调节上，2011年重庆主城区高档商品房成交面积约75万平米，同比下降48.5%，成交均价同比下降7.1%，高档住房成交面积在商品住房总成交面积中的占比由试点前的9.2%降至2.2%。

（a）

（b）

（c）

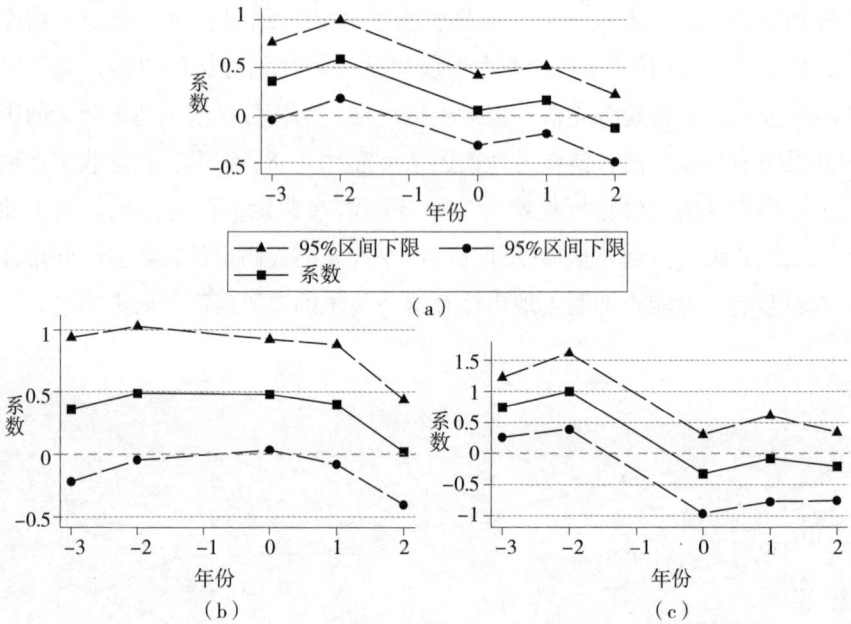

图 7-6　房产税试点对土地价格的影响的事件研究分析

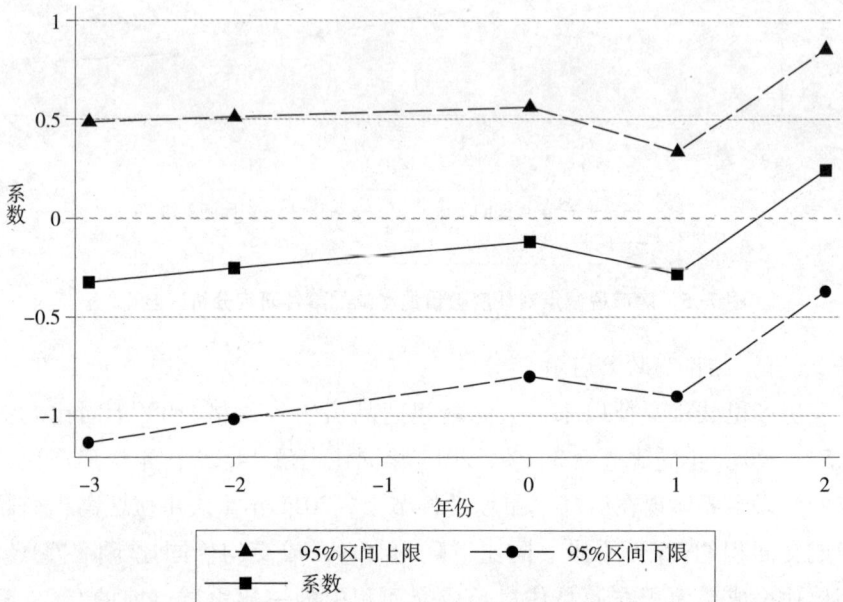

图 7-7　房产税试点对土地均衡数量的影响的事件研究分析（全部）

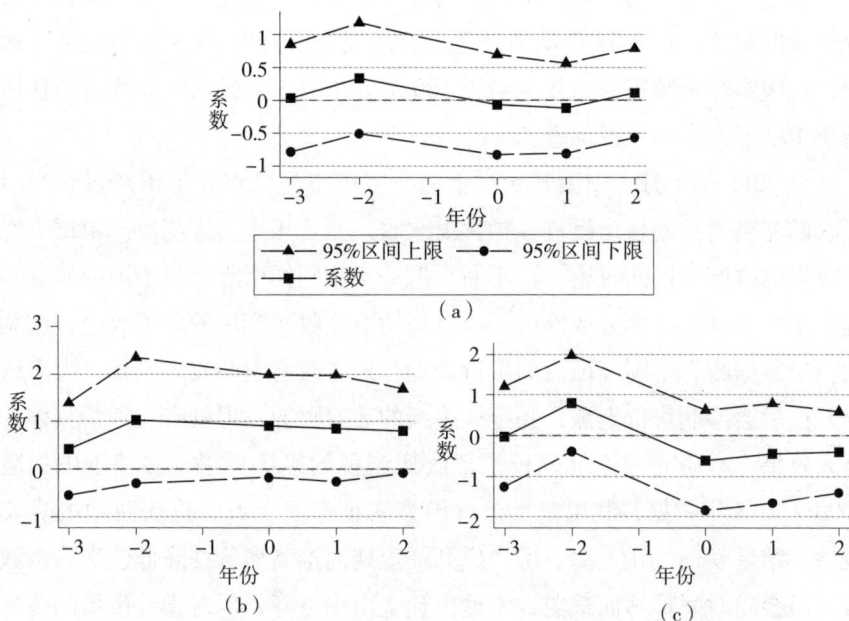

图7-8 房产税试点对土地出让金的影响的事件研究分析

就对地方财政的贡献而言，房产税还有潜力可挖。重庆市2011年征收个人住房房产税1亿元，而当年重庆国有土地使用权出让收入为801.5亿元，地方本级财政收入为2908.8亿元，个人房产税仅占同期地方财政收入的0.03%。不区分法人财产税和个人财产税，上海2011年、2012年房产税税收分别为22.1亿元和24.6亿元，分别占当年上海市本级财政收入的0.64%和0.66%。

沪渝房产税试点是对中国房地产税改革的有益探索，在试点过程中存在一些问题是难免的。主要问题包括：（1）税基偏窄。重庆仅对高档住宅征收，上海侧重于增量，虽然增量在第二年会转变为存量，覆盖面仍然有限。（2）税率偏低且不统一。上海的实际有效税率只有0.4%，重庆实际执行的税率以0.5%为主，均低于1%的国际平均有效税率。沪版房产税实行0.4%、0.6%两档税率，渝版房产税实行0.5%、1%、1.2%三档税率，差别税率降低了纳税人的税收遵从度。（3）计税依据不科学。两市均采用交易价格而非评估价值作为计税依据，税基逐年变化，增加了税收征管的难度。（4）减免范围过宽。上海规定了人均 60 平方米的免税面积，重庆对存量独栋商品住宅给予 180 平方米的免税优惠，新购高档住房给予 100 平方米的免税优惠。

自 2011 年 1 月，中国开始在上海、重庆率先试点开征房产税，当时征收的初衷为抑制住房投资、扩大财政收入。几年来，围绕房产税试点经济效果的政府和民间讨论一直不断，这一实验同样引起学界浓厚的研究兴趣。不少文献回顾西方成熟市场经济环境下征收房产税的政策效应，或利用历史数据测算中国开征后的房价变动和地方政府财政收入变化，大多认为开征后会抑制房价上涨，甚至成为新的政府财源，但鲜有人考察具体的时间效果。本研究理论上分析了征收房产税的经济后果，并基于中指院 2008—2013 年数据，利用双重差分模型实证考察上海、重庆两地的真实效果。结果发现，在上海，房产税开征短期内推高房价并降低住房均衡数量，但会随时间推移而减弱，土地出让金出现下降，但对土地市场的传导影响较弱；在重庆，房产税开征降低了房价并提高了住房均衡数量，对土地市场的影响则不明显。

本研究的结论具有重要的政策含义。首先，开征房产税需要考察具体的时间效应。上海征收前几年会推高房价，后几年会减弱甚至起到抑制房价的作用。其次，不同的征收策略可能导致不同的政策效果。上海倾向于征收增量房房产税，并且以增量换存量①，重庆则侧重存量房，本研究的实证分析表明，由于上海房产税征收范围相对较大，其对房价的影响也更明显，在房价影响方向上区别于以往文献（如 Bai 等，2014）。最后，房产税征收不仅会影响到住房市场，还会传导到土地市场。尽管本研究发现开征房产税仅对住房市场影响明显，但土地市场的经济效果日后仍需更多实证考量。整体而言，不论重庆还是上海，开征房产税对成交土地均价、土地均衡数量和土地出让金影响均不显著。

---

① 上海的房产税试点名义上是针对增量房产，实际上今年是纳税的增量房产，到了第二年就成了存量的纳税房产，所以上海房产税的税基是逐年递增的，纳税房产的范围逐年扩大，可以称之为"以增量换存量"。

值得指出的是，本研究的不足之处也是明显的。如尽管我们利用 DID 模型去除共同的时间趋势，但受数据所限，我们尚无法找到外生的工具变量去除选择试点城市导致的估计偏误，相对而言，Bai 等（2014）借鉴的 HCW 方法对模型假定要求较弱。此外，虚构控制方法（Synthetic Control Methods）对两城市构成的实验组情形更为合适（Abadie 等，2010），我们期待做更多实证检验。

第六节　总　结

本章针对中国不动产物权制度与税收制度的协同改革设计了可实施方案，具体概括如下：

第一，为确保房地产税顺利开征，应建立以土地使用权为核心的不动产用益物权体系，使土地使用权成为完整的财产权。具体而言，应将《物权法》第 149 条"住宅建设用地使用权期间届满的，自动续期"，进一步明确为"住宅建设用地使用权期间届满的，免费续期，定期登记"，赋予土地使用者长期、稳定的土地使用权。以不同性质土地的批租期限为登记期限，如住宅用地 70 年、商业用地 40 年，定期登记，免费续租，使土地使用权长期化、物权化，实现国有土地和集体土地"同地、同权、同价"。国家拥有城市土地的所有权及农村土地的发展权，通过构建以土地使用权为核心的中国特色土地用益物权制度，所有权与使用权"两权分离"，国有土地与集体土地"同权同价"，符合城乡规划和用途管制的集体建设用地可与国有建设用地同等入市。地方政府对集体建设用地入市征课土地增值税，中央政府对农业用地转为集体建设用地入市取得的土地出让金参与分成。

第二，根据个别财产税对房产和地产分别课税的原则，在长期土地使用权制度的基础上对现行房地产税制进行优化，优化后的房地产税包括三个税种：房产税、土地使用税与闲置土地税。房产税为"房地财产税"，课税对象是建筑及其附带的土地使用权，已建成的房地产，无论存量还是增量，位于城市还是乡村，均须缴纳房产税。房产税按户征收，免征额为基准时点城市平均房屋单价乘以 90—120 平方米建筑面积后的房价总额，低于此一额度的房屋，免予征收房产税。税率采用差别比例税率，税率可设定在 1%—3% 之间，别墅、营业用房等非住宅用房产税率应高于住宅用房产，北京、上海等发达城市可以考虑设定较高的房产税税率，以缓解相对紧张的人地关系。对于未在本地落户的外地及外籍购房者，由地方人大根据本地实际情况决定是否提高房产税税率，税率可设为一般房产税的1.1—2 倍，待业主转为本地户籍后，恢复为按一般房产税税率征收。取消"城镇土地使用税"，在土地批租期满获得长期或永久使用权的同时开征"土地使用税"，覆盖城乡，并由从量计征改为从价计征。各类经营用地均应征收土地使用税，国家和集体储备土地的行为属于市场行为，同样应予征收土地使用税。个人住宅用地尚处于批租期内的，不征收土地使用税，免费续期以后方予开征，但可享有 30—40 平方米/户的税收减免。土地使用税税率不宜过高，可设为 0.3%—3.5%。税率分高、低两档，低档税率在 0.3%—0.5%，适用于住宅用地、农地、草地、林地，高档税率在0.5%—3.5%，适用于建设用地、工商用地及国家和集体的储备土地等未经改良的裸地。将土地闲置费改为闲置土地税，仿效台湾的空地税，税率设定为土地使用税的 3—10 倍，以促进对土地资源的有效合理利用。

本章利用双重差分法，基于上海、南京、重庆、成都 2008—2013 年区级数据，对沪渝房产税试点进行了实证检验，研究发现，上海房产税试点对当地的房价有提升作用，能够降低住房均衡数量，但影响的程度呈逐年递减趋势，同时对成交土地均价和土地出让金有负的影响。重庆房产税试点降低了当地房价，提高了住房均衡数量，对当地土地出让金的影响则不显著。

第八章　中国不动产税功能定位及引导机制设计

社会各界对不动产税开征寄予了不同的期望，有些人希望不动产税能够降低房价，有些人希望不动产税能够为地方政府带来稳定的财政收入来源，还有些人认为开征不动产税的目的在于调节贫富差距。有些人认为不动产税开征是单目标的，有些人认为不动产税开征是多目标的。不动产税开征不仅仅是一个技术问题，认识如此之分歧，加大了不动产税开征的难度，开征不动产税，首先要解决不动产税的功能定位问题。

明确了功能定位，还要探讨方案的可操作性。不动产税开征涉及各方利益调整，不但要凝聚共识，还要有引导机制。如何使个人利益与社会利益兼容，如何提高税收遵从度，如何推进试点，都需要巧妙的制度设计。

第一节　房地产税与房地产市场

不同于一般的商品，房地产兼有消费品、投资品、公共品多重属性，既是实物资产，又是虚拟资产。房地产的虚拟性主要体现为土地资产的虚拟性，与金融资产相同，土地采用资本化定价方式，通过对未来收益的折现确定价格，而房屋的定价方式则与普通商品相同，按照生产成本定价。

房地产存在一个基本价值，即其用于实际生产和消费所能创造的价值，房地产价格不可能长期偏离其基本价值（郭金兴，2007）。在人类社会中，兼具金融资产与实物资产双重特性的只有黄金和地产（杨朝军等，2005）。

西方教科书将房地产市场区分为物业市场和资产市场两个市场，物业市场中的房地产用于自住，资产市场中的房地产用于投资（迪帕斯奎尔等，2001）。物业市场和资产市场并不是两个完全独立的市场，而是用于描述同一个房地产市场的两个"理想类型"。因房地产区域性、耐久性、异质性、资金密集性、供给缺乏弹性等特征，房地产市场容易形成寡头垄断，会自发地从物业市场演化为资产市场。

我们将房地产市场抽象为两个虚拟的市场，消费品市场（物业市场）和投资品市场（资产市场）。在房地产消费品市场中，购房者置业的唯一目的是自住，像能够自动实现供需均衡的其他商品市场一样，房地产边际效用递减，其需求弹性记为 e_1，其需求曲线标记为 D_1。在房地产投资品市场中，购房者置业的唯一目的是投资，其需求弹性记为 e_2，其需求曲线标记为 D_2。相比投资者而言，消费者对房价变动更加敏感，因此 $e_1 > e_2$，消费需求曲线 D_1 比投资需求曲线 D_2 更平坦，其在供求曲线中的关系如图8-1所示：

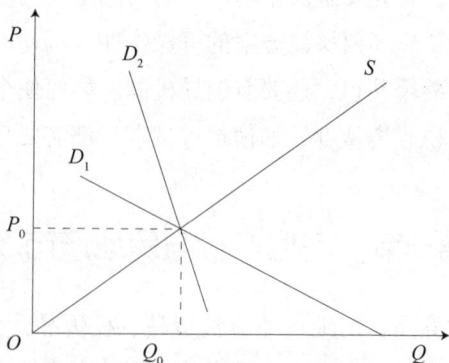

图8-1 房地产消费品市场与投资品市场供求曲线

房地产供给弹性较小，短期内保持不变，房价主要取决于需求方。如图 8-2 所示，在房地产消费品市场中需求曲线由 D_1 移动至 D_1'，房价由 P_1 上涨至 P_2，在房地产投资品市场中需求曲线由 D_2 移动至 D_2'，房价由 P_1 上涨至 P_3。

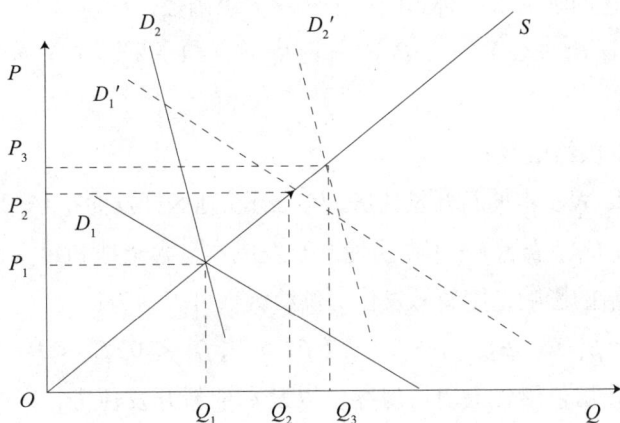

图 8-2　房地产消费品市场与投资品市场的短期均衡

在需求变动幅度相同（D_1 与 D_1' 的间距、D_2 与 D_2' 的间距相同代表需求变动幅度相同）的情况下，因 D_2 比 D_1 更陡峭，$P_3 > P_2$，投资品市场中的房地产价格大于消费品市场中的房地产价格，其价差 $\Delta P = P_3 - P_2$。

长期而言，因建筑时滞及土地约束的影响减弱，房地产的供给弹性变大，与短期均衡相比，表现为长期供给曲线 S 的斜率减小，由此形成的房地产长期均衡价格小于短期均衡价格，但房地产投资品市场中的价格仍大于消费品市场中的价格，从而出现市场失灵。

况伟大等（2012）在区分消费性需求及投资性需求的基础上，构建了一个房地产市场局部均衡模型，有助于说明房地产税对房地产市场的影响。

（一）需求函数

以 i 表示抵押贷款利率，τ 表示房地产税税率，m 表示维修率，d 表示住房资本折旧，g^e 表示房价预期增长率，CD_t 表示消费性需求，ID_t 表示投资性需求，P_{it}、Y_{it} 和 PoP_{it} 分别表示 i 地区 t 期房价、收入水平和人口，R 表示房租，ΔP_{it+1}^{e} 表示预期房价增长，则消费性和投资性需求函数可分别表示为：

$$CD_{it} = \alpha_1 P_{it} + \alpha_2 Y_{it} + \alpha_3 PoP_{it} \ (\ \alpha_1 < 0, \ \alpha_2 > 0, \ \alpha_3 > 0)$$

$$ID_{it} = \alpha_4 R_{it} + \alpha_5 (1 - \tau_{it} - i_{it} - m_{it} - d_{it}) \Delta P_{it+1}^{e} \ (\ \alpha_4 > 0, \ \alpha_5 > 0)$$

将上述两种需求综合到同一个住房需求函数，可得：

$$D_{it} = \alpha_1 P_{it} + \alpha_2 Y_{it} + \alpha_3 PoP_{it} + \alpha_4 R_{it} + \alpha_5 (1 - \tau_{it} - i_{it} - m_{it} - d_{it}) \Delta P_{it+1}^{e}$$

$$(8-1)$$

（二）供给函数

以 ND_t 表示本期新开发住房，P_{it}^{e} 表示 i 地区开发商在 $t-1$ 期对 t 期房价的预期，C_{it-1} 表示 $t-1$ 期房地产开发成本，含土地和建安，i 表示利率对住房供给的影响，则新开发住房供给函数可表示为：

$$ND_{it} = \beta_1 P_{it}^{e} + \beta_2 C_{it-1} + \beta_3 i_{it-1} \ (\ \beta_1 > 0, \ \beta_2 < 0, \ \beta_3 < 0)$$

本期住房供给含上期住房存量以及本期新开发住房，以 S_t 表示本期住房总供给，v 表示住房空置率，则住房供给函数可表示为：

$$S_{it} = (1 - v_{it-1}) S_{it-1} + ND_{it} = (1 - v_{it-1}) S_{it-1} + \beta_1 P_{it}^{e} + \beta_2 C_{it-1} + \beta_3 i_{it-1}$$

$$(8-2)$$

（三）市场均衡

假定需求者和供给者均为理性预期，且预期仅为一期，则有：$P_{it}^{e} = P_{it}$，$\Delta P_{it+1}^{e} = P_{it+1}^{e} - P_{it} = P_{it+1} - P_{it}$。市场均衡时，$D_{it} = S_{it}$，由此可推导出长期均衡房价：

$$P_{it}^{*} = \frac{\alpha_2 Y_{it} + \alpha_3 PoP_{it} + \alpha_4 R_{it} + \alpha_5 B P_{it+1} - (1 - v_{it-1}) S_{it-1} - \beta_2 C_{it-1} - \beta_3 i_{it-1}}{\beta_1 + \alpha_5 B - \alpha_1}$$

$$(8-3)$$

其中，$B = 1 - \tau_{it} - i_{it} - m_{it} - d_{it}$。

若上述假设成立，则有 $\dfrac{\partial P_t^{*}}{\partial \tau_t} < 0$，由此可得命题 1。

命题 1：不考虑房地产市场的投机程度及房地产税的财政支出效应，在一个房地产既是消费品又是资本品的房地产市场中，开征房地产税有利于降低房价，使房地产市场回归消费品市场。税率越高，房价降幅越大。

命题1的经济学含义是，在不考虑房地产市场的投机程度及房地产税的财政支出效应的情况下，因房地产税能够资本化到房价当中，开征房地产税能够降低房价。在一个房地产既是消费品又是资本品的市场中，房地产税开征有利于挤压房地产泡沫，降低房地产的资本品成分。开征房地产税有利于房地产市场从资本品市场回归消费品市场，在这个过程中，房地产税的消费税成分会逐渐提高，资本所得税（利润税）成分则会不断降低。

房地产税开征降低房价有其成立的前提，首先是不考虑房地产市场的投机程度，实际上房地产税开征所处的市场环境不同，会带来对房价的影响也不同。在房地产消费品市场中，开征房地产税会降低房价，在房地产资本品市场中，情况要复杂一些。一方面开征房地产税本身是政府向市场传递的一个信号，即政府有意控制房价，如果这个信号是坚定的，将降低投资者的市场预期，从而有利于降低房价;[①] 另一方面，如果税率低于房地产投资收益率，在需求旺盛到房地产投资可以不计成本，房地产泡沫持续放大的市场环境下，房地产税可以转嫁，反而进一步推高了房价。在房地产资本品市场中，开征房地产税是降低还是推高房价，要看上述两方面力量的对比。

其次是不考虑房地产税的财政支出效应。房地产税资本化能降低房地产价值，同时政府将房地产税用于地方基础设施建设以及公立教育，房地产税能够以财政支出的形式资本化到房地产价值中，起到推高房价的作用。考虑房地产税的财政支出效应，房地产税是降低还是推高房价，还要看房地产税资本化的负效应与房地产税财政支出资本化的正效应二者之间的力量对比。一般而言，在房地产税试点之初，或者税率偏低，或者税收覆盖面偏窄，房地产税整体规模不大，通过财政支出推高房价的作用也有限，同时刚开始将房地产税用作提供地方公共服务，房地产税财政支出资本化正效应的显现会出现一定的时滞，在这种情况下，短期内房地产税对房地产价格的影响效果主要取决于外生条件，即房地产税开征时所处的外

---

① 如果这个信号是不明确的或不可置信的，效果将适得其反，反而给投机者的反向操作创造了空间。

部市场环境。

由此房产税试点对沪渝两地房价的实证检验结果将不难理解。多年来中国将房地产业作为支柱产业进行扶持，房地产税缺位，投机现象普遍，房地产市场成为消费品与资本品的混合市场，多数城市房地产价格不断偏离其基本价值，房地产的资本品成分不断增加，在这种环境下开征房产税，由于税率偏低（上海的基准税率为0.4%），税收的覆盖面偏窄，房产税开征根本不足以打击市场的投资热情，反而因税负转嫁推高了房价。之所以房产税推高房价的影响会出现逐年递减的趋势，是因为房产税本身传递的信号以及政府限购等相关政策所释放的信号改变了投资者对市场的预期，房地产的投资需求持续得到抑制。多年来重庆采取"低端有保障、中端有市场、高端有遏制"的差别化房地产调控政策，房地产市场更接近消费品市场，在这种情况下房产税会因资本化入房价中而降低房价。

第二节　房地产税的税负归宿

根据来源的不同，税收可以分为消费税、劳动所得税和资本所得税。虽然税法对于纳税人有明确界定，但由于税收能够通过对经济的调整而引起税负转嫁，因此税负最终由谁负担仍然是个问题，这个问题在经济学中有个专门的术语，称之为"税负归宿"（tax incidence）。关于房地产税的税负归宿，有三种不同的观点，分别是"传统观点"（traditional view）、"受益论"（benefit view）以及"新论"（new view）。

一、传统观点

传统观点认为房地产税是一种课征于土地及其建筑物的消费税（excise tax[①]），以局部均衡分析的方法研究房地产税的税负归宿。传统观

[①] excise tax 又称 specific tax，中文译为"货物税"，是对特定商品如烟、酒、汽油等的征税，按其税收来源，应归为消费税。

点的代表人物有 Netzer（1966）与 Simon（1973）。下面以租赁市场的课税为例说明房地产税税负归宿的"传统观点"。

（1）对土地的课税

传统观点假设土地供给固定，完全没有弹性，以横轴代表土地供给，纵轴代表土地租金率，土地的供给曲线是一条垂直于横轴的直线。

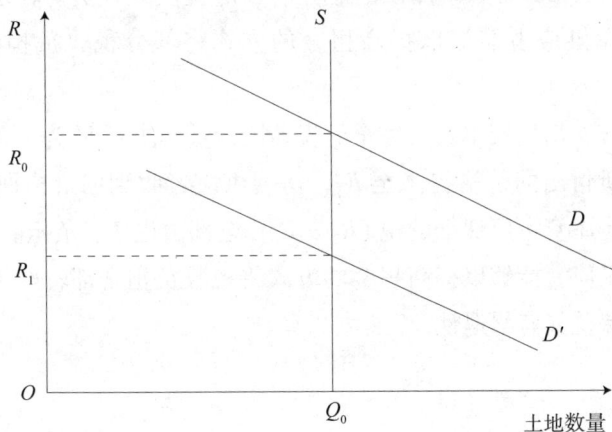

图 8-3　对土地课税的经济效果

D 为税前的需求曲线，R_0 为税前的均衡租金率。对土地课税后，需求曲线由 D 移动到 D'，土地使用者支付的租金率仍为 R_0，土地供给者获得的租金率则降低为 R_1，其中的差额部分（$R_0 - R_1$）是政府对每单位土地所课征的税收。

对土地课税，税收通过资本化降低了土地的市场价值，税负无法以提高价格的方式转嫁给土地使用者，而是完全由土地供给者承担。在传统观点看来，对土地课税不会造成经济扭曲，具有税收中性及累进性。

（2）对房屋的课税

房屋是对土地的后天投资改良物，在传统观点看来，不同于土地，建筑房屋本质上是一种资本，具有流动性。长期而言，能够以市场价格取得任意数量的资本，房屋资本的供给具有完全弹性。

如图 8-4 所示，短期时，房屋资本的供给曲线为 S，课税前房屋的

均衡租金为 R_0，课税后房屋的需求曲线由 D 下移到 D'，此时房客支付的房租为 R_1，负担的税金为 $(R_2 - R_0)$，房东负担的税金为 $(R_0 - R_1)$，政府每单位房屋资本所课征的税金总额为 $(R_2 - R_0) + (R_0 - R_1) = (R_2 - R_1)$，$R_2$ 为房东和房客实际支付租、税的合计。具体的税负归宿由相对的供需弹性决定，当 |供给弹性| > |需求弹性| 时，租房者负担较多的税负，当 |供给弹性| < |需求弹性| 时，房屋供应者负担较多的税负。在短期，房屋供应者能够以提高租金的方式将部分税收负担转嫁给租房者。

长期而言，房屋资本具有完全的流动性，供给曲线 S' 为一条水平线。此时租房者所付出的价格提高至 R_3，房屋供应者收到的价格回升至 R_0，政府每单位房屋资本所课征的税 $(R_3 - R_0)$ 全部由租房者负担。因此，在长期，房屋供应者能够以提高租金的方式将税收负担全部转嫁给租房者，对房屋资本课税具有累退性。

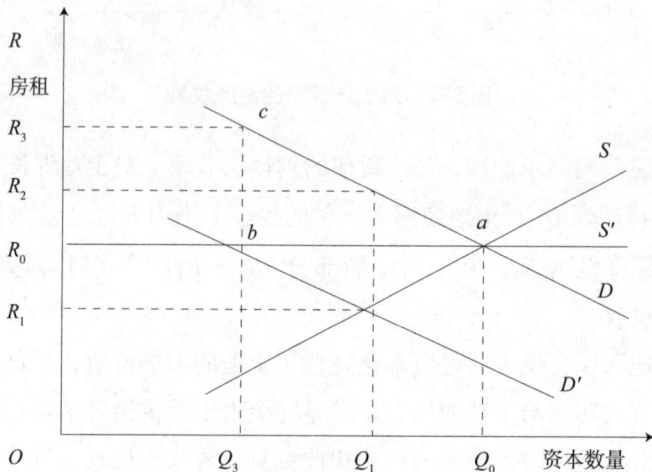

图8-4 对房屋课税的经济效果

无论长期还是短期，对房屋课税均减少了资本使用量（$Q_3 < Q_0$，$Q_1 < Q_0$），从而造成经济效率损失。如图8-4所示，长期而言，对房屋课税造成的经济损失为 $\triangle abc$。

受益论从财政支出的角度分析房地产税的税负归宿，将房地产税视为有偿、自愿的"使用者付费"（user charge），其收入用于为辖区的纳税人提供地方公共服务，不会对经济带来扭曲，具有效率性。

二、受益论

受益论由蒂布特（1956）公共支出理论模型发展而来，蒂布特模型基于一些很强的假设，具体包括：

● 参与者拥有完全信息。

● 消费者是完全可流动的，通过"用脚投票"，消费者能够搬到自己所偏好的社区。

● 存在足够多的社区可供选择，以满足消费者对地方公共服务的所有偏好组合。

● 消费者的收入完全来自于红利，不须考虑就业机会的限制。

● 不存在社区间的溢出效应，提供的公共服务在社区间没有外部性。

● 社区可以达到并保持最优规模，由每一个迁入者支付服务的边际成本。

● 社区内的消费者对公共服务的偏好趋同，从而不存在公共选择问题。

● 通过一次性总赋税为社区公共服务融资。

奥茨（1969）将蒂布特模型用于解释房地产税，阐明了税收和支出已经被资本化入房地产的价值中，从而表明社区的消费者们完全了解蒂布特模型中潜在的关于地方公共服务的差别。汉密尔顿（1975）进一步完善了该模型，他将分区制（zoning）加入，以保证新开发的社区为自身发展承担费用。受益论由蒂布特奠定理论基础，奥茨对其进行验证，汉密尔顿对其进行了完善，因此，受益论又被称为蒂布特—奥茨—汉密尔顿模型。

从受益论的观点看（Fischel, 2005），地方政府实质上是一个地方政府企业，广大房地产业主是地方政府企业的股东，承担风险并分享盈余。

房地产业主民主选举确定企业的董事会（地方政府机构），通过呼吁和退出机制督促作为企业管理者的地方政府官员在市政支出、税收和土地使用等方面选择最佳方案，以使其房地产价值最大化。因此，房地产税实际上是地方政府企业的收入，是对其提供地方公共服务所支付的对价。同时，由于地方政府企业的股东们无法像商业企业的股东那样分散资产，居民们必须更积极地参与政治过程以保护他们最主要的财产——房地产。

三、新论

区别于传统观点的局部均衡分析，新论用一般均衡分析方法研究房地产税的税负归宿，认为房地产税是对地方资本使用所征收的扭曲性税种，本质上是资本税。新论由米斯克斯基（Mieszkowski，1972）提出，并由泽德罗（Zodrow）和米斯克斯基（1983、1986）进行了拓展。

对土地课税如果仅仅存在地区差别，由于土地不能流动，业主不能通过将土地"转移"到低税率地区规避税负，在这种情况下，传统观点的局部均衡分析与新论的一般均衡分析结果是一样的，对土地课税的税负均由业主方承担。对土地课税如果实行用途差别，税负将不完全由业主方承担，而是类似于对房屋占有课税的分析，由业主方和使用方共同负担。新论将房屋看作是提供"住房服务"（housing services）或生产工业商品的资本，集中分析对房屋占有课税的经济效果。

（1）实行单一税率的情形

新论假设全国的资本存量固定不变，由于新论将房屋视为资本品，在这种情况下，如果政府对包括房屋在内的所有资本品课征单一税率的保有税，则在国内改变资本的形态或地区均无法规避税负，全部税负由全国所有资本所有者负担，税负不能转嫁。

记全国资本品数量固定为 Q_0，政府对所有资本品课征单一税率 t。如图 8-5 所示，当供给量固定时，供给曲线 S 为一条垂直线。课税前资本品的租用价格为 R_0，课税后资本品的需求曲线由 D 下移到 D'，此时房屋租赁方（资本用户）付出的租金仍为 R_0，而房屋出租方（资本所有者）所能收到的租金则降低为 R'，其中 $(R_0 - R')$ 为政府对每单位房屋资本所课征的税收，税负 tR_0 完全由资本所有者——出租方负担。

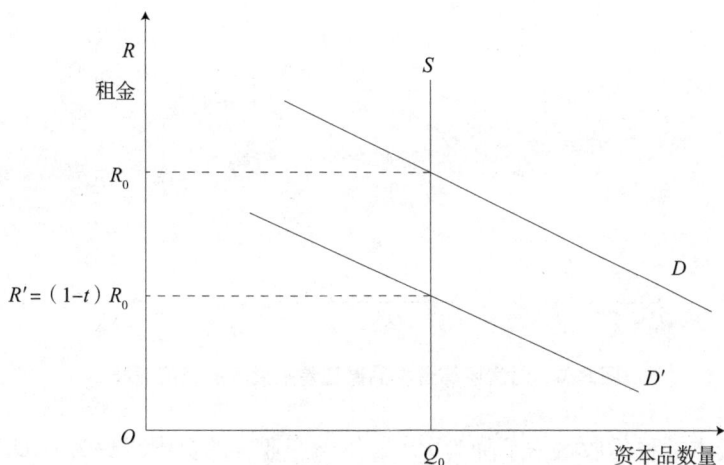

图 8-5　对房屋等资本品课征单一税率的经济效果

（2）实行差别税率的情形

在现实中，不同类型或不同地区的资本之间面临的财产税税率并不完全相同，如果包括房屋资本在内的各类资本在整个经济中是可以自由流动的，资本将从高税负区流向低税负区，从而使税后收益率发生变化，直到高税负区和低税负区的税后收益率完全相等为止。

如图 8-6 所示，以横轴表示资本数量，O_1O_2 为资本供给总量，从左到右表示用于产业 1（或地区 1）的资本，从右到左表示用于产业 2（或地区 2）的资本。纵轴表示资本收益率，其中 O_1R 表示用于产业 1 的资本收益率，O_2R 表示用于产业 2 的资本收益率。D_1 和 D_2 分别为用于产业 1 和产业 2 的资本的边际收益率曲线，边际收益率曲线向下倾斜，代表资本的边际生产率递减。

课税前，D_1 和 D_2 相交于点 E，均衡收益率为 R_0^*，产业 1 使用的资本量为 O_1Q_1，产业 2 使用的资本量为 Q_1O_2。假设对产业 1 的资本课以较重的财产税，则课税后，产业 1 资本的边际收益率曲线将旋转移动至 D_1'，产业 2 资本的边际收益率曲线将旋转移动至 D_2'，从而形成新的均衡点

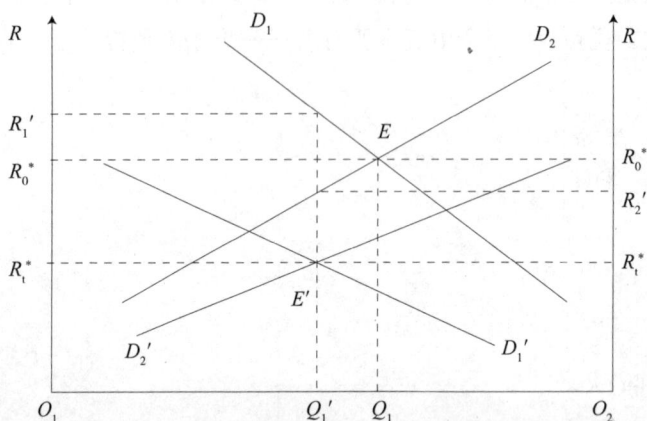

图 8-6 对房屋等资本品课征差别税率的经济效果

E'，资本的税后收益率下降为 R_t^*，用于产业 1 的资本减少为 O_1Q_1'，有资本量 $Q_1'Q_1$ 从产业 1 流出至产业 2。

地区间税率差异带来的资本变化情况与产业间税率差异带来的资本变化情况类似。新论认为财产税税率的地区差异使资本从高税率地区流向低税率地区，从而导致全国资本存量的无效率配置。而地方政府由于担心财产税税率过高会导致资本流出，往往倾向于选择较低的公共服务水平。

新论把财产税视为对资本所征的税，假定全国的资本存量固定不变，在一般均衡框架下分析财产税的税负归宿。在新论的分析框架下，资本从高税负地区流向低税负地区，直至高税负地区和低税负地区的税后收益率相同为止，资本所有者作为整体承担了全国财产税负的平均负担，米斯克斯基（1972）把这一特征称之为财产税税负归宿的利润税成分，并强调该结果表明财产税是累进税。

在新论的米斯克斯基模型中，资本从税率高的地区流出，导致当地的其他生产要素（土地和劳动力）的生产力及其回报降低，房屋和商品的价格反而提高了。资本被吸引到的低税率地区情况刚好相反，工资和土地价格上升，房屋和商品的价格下降。这种效应类似于对消费征税，被称为财产税税负归宿的消费税成分。在新论看来，对整体经济而言，消费税效果基本为零，利润税成分是决定财产税税负归宿的主要因素，消费税效果虽然只起到次要作用，却扭曲了整个经济中的资本配置，在高税收地区，消费者通过支付较高的商品价格承担了消费税效果带来的税收差额负担。

在传统观点的局部均衡分析框架下，房地产税是消费税（货物税），在新论的一般均衡分析框架下，房地产税既有消费税成分，又有资本所得税（利润税）成分，但整体而言体现为资本所得税①。相比传统观点，受益论再进一步，将房地产税视为使用者付费。在前提假定上，受益论假定房屋资本固定，新论假定房屋资本完全流动。新论站在整个国家（或联邦、州）的角度，认为房地产税既扭曲了资本（含房屋资本）配置，又扭曲了地方公共服务提供水平，是一种福利损失；受益论则从地方的角度出发，认为房地产税是一种有效的人头税，没有任何再分配作用，不会带来新论所说的扭曲效应。

就实证研究而言，新论适用于对联邦、州一级政府层面的整体分析，受益论适用于对地方政府层面的区域分析。同时，相比住宅资本，商业资本更具流动性，新论适用于对商业不动产的分析，受益论适用于对居住不动产的分析。

第三节　房地产税与经济内生增长

经济增长一直是经济学家关心的重要问题，在古典经济学时期，斯密将一国经济增长的动力归因于劳动分工、资本积累和技术进步。进入新古典经济学时期，熊彼特指出，经济增长由生产要素和生产条件这些内生因素引起，追求利润最大化的企业家通过推动创新在经济增长过程中发挥了重要作用。

哈罗德（Harrod，1939）和多马（Domar，1946）将数理经济方法应

---

① 就经济整体而言，消费税效应相互抵消，因此新论认为房地产税整体体现为资本所得税。就地方层面而言，新论认为房地产税以消费税成分为主，这一点与传统观点和受益论有类似之处。

用于经济增长理论的研究中，根据哈罗德—多马模型，影响一国经济增长水平的因素主要有两个：（1）决定全社会投资水平的储蓄率；（2）反映生产效率的资本—产出比率。后来斯旺（Swan，1956）和索洛（Solow，1956）建立了新古典经济增长模型，强调资本和劳动对经济增长的促进作用，但其生产函数的主要特征体现为投入要素的边际收益递减，因此在缺乏技术进步的情况下，长期人均经济增长率趋于零。在新古典经济增长模型中，决定长期经济增长的技术进步是外生给定的。

进入 20 世纪下半叶，美国经济中出现的新事实驱使经济学家用技术进步解释经济增长，技术进步被内生化进经济增长模型中，内生增长理论开始形成。该理论最早由罗默（1986）和卢卡斯（1988）提出，格罗斯曼和巴罗等人对其进行了完善。

查姆利（1986）采用次优分析框架，在古典增长模型中得出均衡资本所得税率为零的结论，具体而言，在有限的时期内（T 期之前），最优资本所得税率为 100%，随后（T 期之后）最优资本所得税率为零。长期而言，资本所得税降低了未来投资和储蓄的边际回报率，对经济增长带来抑制。巴罗（1990）率先采用内生经济增长模型探讨政府公共开支对经济增长的影响，Devarajan，Swaroop 和 Zou（1998）以及 Scully（2003）等人对其分析方法进行了推广应用，给出政府的生产性支出（用于基础设施、公共卫生、学校教育、财产和契约保护等方面的支出）能够通过提高生产要素的边际生产力促进经济增长，而政府的消费性支出则不利于经济增长的结论。

刘溶沧和马拴友（2002）区分了生产商品和物质资本的市场部门和生产人力资本的非市场部门，让闲暇以原始时间形式进入效用函数，在内生增长框架下建立了一个两部门模型，有助于我们理解三大税收的经济增长效应。

记产出为 Y，人力资本投入为 H，物质资本投入为 K，在柯布—道格拉斯生产技术条件下，有：

$$Y_t = A(v_t K_t)^{\alpha}(u_t H_t)^{1-\alpha} \tag{8-4}$$

其中 v 和 u 分别代表 K 和 H 用于生产货物的投入比例。设物质和人力

资本的折旧率为 δ，人力资本的生产是一种非市场性免税活动，同样采用柯布—道格拉斯生产函数，有：

$$\dot{H}_t = B\left[(1 - v_t)\, K_t\right]^{\beta} (z_t H_t)^{1-\beta} - \delta H_t \tag{8-5}$$

其中，$\dot{H}_t$ 表示时间 t 内 H 的变化量，$1-v$ 和 z 分别代表 K 和 H 中用于积累人力资本的比例。企业分别按工资率 R^H 和利率 R^K 租用劳动和资本，在利润最大化时，劳动和资本的边际产出等于其边际成本，即：

$$R_t^K = \alpha A\left[v_t K_t / (u_t H_t)\right]^{\alpha-1} \tag{8-6}$$

$$R_t^H = (1 - \alpha) A\left[v_t K_t / (u_t H_t)\right]^{\alpha} \tag{8-7}$$

假定家庭同质，并且永远存续，其终生效用以下列效用函数表示：

$$U = \int_0^{\infty} e^{-\rho t} u(C_t,\ l_t)\,\mathrm{d}t \tag{8-8}$$

其中，ρ 是时间偏好率，C 为消费，l 为闲暇时间，即时效用函数采取固定跨期替代弹性形式：

$$u(C_t,\ l_t) = \left[(C_t l_t^{\eta})^{1-\theta} - 1\right] / (1 - \theta)\ ,\ \theta \neq 1 \tag{8-9a}$$

$$u(C_t,\ l_t) = \log C_t + \eta \log l_t\ ,\ \theta = 1 \tag{8-9b}$$

其中 θ 是跨期替代弹性的倒数。家庭视各个时期的工资、利率、政府转移支出和税率为给定的，选择 C、K、H、u、v、z，在人力资本积累技术约束（8-5）式和预算约束（8-10）式下使其效用（8-8）式最大化：

$$R_t^K(1 - \tau_t^K)\, v_t K_t + R_t^H(1 - \tau_t^H)\, u_t H_t + S_t - C_t(1 - \tau_t^C) - \dot{K}_t - \delta K_t \geqslant 0 \tag{8-10}$$

其中，τ^K 为资本所得税税率，τ^H 为劳动所得税税率，τ^C 为消费税税率，S 是政府的转移支出。每个人的时间禀赋标准化为 1，则 $l_t + u_t + z_t = 1$。

政府为外生的购买支出和转移支出路径筹集财政收入，并假定预算平衡：

$$G_t + S_t = T_t$$

其中，G_t 为购买支出，T_t 为税收收入，$T = \tau^K R^K v^K + \tau^H R^H u^H + \tau^C C$。

整个经济的资源约束是：

$$\dot{K}_t = Y_t - \delta K_t - C_t - G_t$$

即总产出扣除折旧、私人消费和政府购买以后用于资本积累。

考虑长期平衡增长竞争均衡的情况，这时 K、H 和 C 都按相同的速度 γ 增长，要素配置 u、v 和 z 保持不变。令 r 为物质资本的税后净收益率，则：

$$r \equiv R^K (1 - \tau^K) - \delta \, 。$$

在平衡增长路径上，有以下条件成立：

$$\gamma = (r - \rho) / \theta \tag{8-11}$$

$$r = (1 - \tau^K) \alpha A \left[vK/(uH) \right]^{\alpha - 1} - \delta \tag{8-12}$$

$$r = (1 - \beta) B \left[(1 - v) K/(zH) \right]^{\beta} (u + z) - \delta \tag{8-13}$$

$$v/u = \left[\alpha/(1 - \alpha) \right] \left[(1 - \beta)/\beta \right] \left[(1 - \tau^K)/(1 - \tau^H) \right] \left[(1 - v)/z \right] \tag{8-14}$$

$$\gamma = Bz \left[(1 - v) K/(zH) \right]^{\beta} - \delta \tag{8-15}$$

$$C/H = \left[(1 - \tau^H)/(1 + \tau^C) \right] \eta^{-1} (1 - u - z)(1 - \alpha) A \left[vK/(uH) \right]^{\alpha} \tag{8-16}$$

$$A \left[vK/(uH) \right]^{\alpha - 1}/v - (C/H)(H/K) - G/K = \gamma + \delta \tag{8-17}$$

其中，（8-11）式是基本增长方程，表示经济增长率等于按跨期替代弹性调整后的资本收益率与时间偏好率之差；（8-12）式表示资本的收益率即为资本的税后边际净产出；（8-13）式和（8-14）式反映套利条件，（8-13）式指生产货物和生产人力资本的两个部门的资本收益率相等，（8-14）式指两个部门的物质资本和人力资本的收益率相等；（8-15）式表示平衡增长均衡，即消费和物质资本的增长率等于人力资本的增长率；（8-16）式指消费和闲暇的边际替代率等于人力资本的真实收益率；（8-17）式是总资源约束。

由（8-11）式—（8-17）式组成的方程组，决定了 γ、r、K/H、C/H、u、v 和 z，是固定参数、税收外生变量和 G/K 的函数。由（8-12）式—（8-14）式先消去 v，再把 r 代入（8-11）式可以求得经济增长率：

$$\gamma = \left\{ \left[D (1 - \tau^K)^{\alpha\beta} (1 - \tau^H)^{\beta(1-\alpha)} (u + z)^{1-\alpha} \right]^{1/(1-\alpha+\beta)} - \rho - \delta \right\} / \theta \tag{8-18}$$

其中，$D = (\alpha A)^{\beta} \left[B(1 - \beta) \right]^{1-\alpha} \left\{ (1 - \alpha) \beta / \left[\alpha(1 - \beta) \right] \right\}^{\beta(1-\alpha)}$，是

A、B、α 和 β 的函数。

由（8-18）式可以看出，在只考虑税收而不考虑财政支出的情况下，资本所得税和劳动所得税均降低了经济增长率。由于 ρ 和 θ 是偏好参数，根据基本增长率方程（8-11），税率只有通过直接或间接影响资本的净收益率 r 才能影响经济增长速度。资本所得税税率 τ^K 能够直接影响 r，劳动所得税税率 τ^H 能够通过影响劳动供给间接影响 r，而消费税税率 τ^C 对 r 没有显性影响。

综合考虑税收和财政支出，会得出不同的结论。在一个内生增长框架下，巴罗（1990）将政府生产性公共支出引入生产函数，假设政府通过征收所得税为公共支出融资，发现所得税税率与经济增长率二者之间存在如图 8-7 所示的倒 U 型关系。所得税一方面通过降低资本的边际回报率，对经济内生增长产生抑制作用；另一方面又通过提高生产性公共支出规模，提高资本的边际回报率，对经济内生增长带来促进作用。在一定的税率范围之内，上述两种作用叠加的结果是促进经济内生增长，超出特定的税率范围，税收对劳动供给和投资带来的扭曲效应大过对经济内生增长的促进作用，结果是阻碍了经济内生增长。

Lucas（1990），King 和 Rebelo（1990），Jones 等（1993）在标准的增长框架下引入政府财政政策，通过参数化和数值模拟估算消费税、劳动所得税、资本所得税的经济增长效应和社会福利损失，现有的税收定量分析文献也开始在内生增长框架下分析不同类型税收的经济效应，无论适用何种框架，结论基本上是相同的，即用消费税或劳动所得税替代资本所得税有利于促进经济增长，提高社会福利。

由此可得命题 2。

命题 2：相比资本所得税，消费税更有利于经济内生增长。

在房地产市场投机程度不高的情况下，房地产市场更接近于消费品市场，房地产税的消费税成分大过其资本所得税成分。同时本书中的房地产税特指房地产保有税，房地产交易环节的税收还包括土地增值税、营业税、所得税等，按照其来源，这几项税收应归为资本所得税。目前中国房地产交易环节税负重，保有环节税负轻，开征房地产税以后，交易环节的

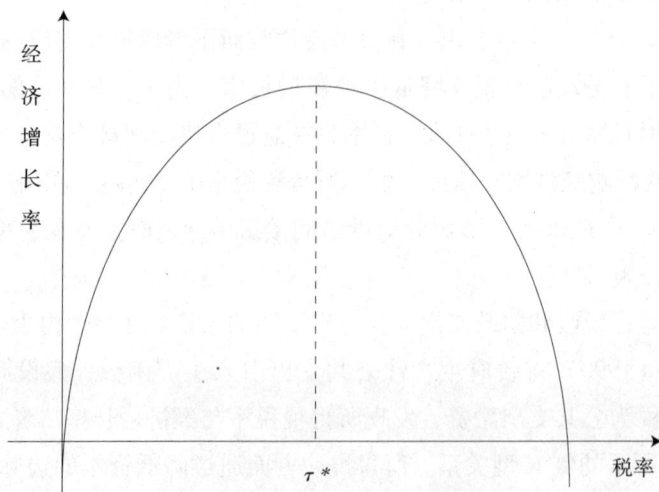

图 8-7 巴罗（1990）的最优税收理论

税收将进行适当调减，因基数整体降低，资本所得税对经济内生增长的抑制作用将有所减弱，有利于经济的长期稳定增长。由此可得：

推论 1：不考虑房地产市场的投机程度，在一定的税率范围内，开征房地产税有利于经济内生增长。

推论 1 有其现实意义。多年来中国将房地产当作支柱产业进行扶持，房地产税缺位，房地产市场长期处于"买到即赚到"的状态，市场投机严重。由于房地产市场赚钱快，风险小，大量资金从实体经济部门流向房地产市场，制造业在国际分工中长期处于低水平竞争状态，核心技术发展缓慢。实际上以房地产作为引擎拉动经济增长是不可持续的，一方面土地资源有限，根据罗默（2001）的研究，由于受土地及其他自然资源约束，实际的经济增长存在因自然资源消耗引起的经济"尾效"①。薛俊波等（2004）根据索洛模型和罗默（2001）假说，计算得出中国经济的"增长尾效"大约为每年 1.75%。另一方面对于经济增长而言，房屋资本也不

---

① 罗默（2001）将存在资源约束情况下的经济增长速度与不存在资源约束情况下的经济增长速度相比所降低的程度，定义为经济增长的"尾效"（drag）。

是越多越好，Xu 等（2006）将房屋既作为家庭的一项消费又作为生产的一个要素，通过建立一个随机内生增长模型，得出在稳定状态下，内生增长率依赖于房屋偏好参数，且存在最优房屋投资比的结论。

是要暂时的虚假繁荣还是持续的内生增长？答案显然是后者。以土地和资本作为生产要素持续投入的结果是边际效益不断递减，经济增长难以为继。一方面作为消费税，房地产税不会像资本所得税那样通过降低资本的净收益阻碍经济增长，另一方面房地产税主要用于地方基础设施建设以及教育等生产性支出，能够促进经济增长。开征房地产税有利于从土地要素投入型经济增长转向人力资本投入型经济增长，使经济增长从依赖要素投入转向依赖技术进步。房地产税开征与调整经济结构、转变经济增长方式紧密相关。

第四节　中国不动产税的功能定位

世界各国普遍对房地产开征了保有税，其基本功能主要有两个：为地方政府提供稳定的税源以及促进对于土地的有效利用（Bird 等，2002），因此，开征房地产税不仅基于财政目的，还有土地政策目的。在中国，开征房地产税除了上述作用之外，还有特殊的含义，就产业政策而言，开征房地产税有助于纠正房地产市场失灵，促进经济内生增长，就国家治理而言，有助于形成以公共财政约束地方政府的治理机制，利于国家长治久安。

有些人寄希望于通过开征房地产税降低房价，这种想法值得商榷。从供给和需求分析的角度，无论对于房产还是地产，其供给曲线基本上是垂直的，因此房价或地价由需求曲线的位置决定。开征房地产税以后，业主每年要额外缴纳一定的税收，使得需求曲线下降，因此，开征房地产税将使房价及地价下降（易纲等，2007）。从资本总量分析的角度，对房地产征税相当于对资本征税，如果在全国范围内征收房地产税，资本的净利润是下降的，如果净利润下降，其他一切不变，即如果市场是完全竞争市场，房地产价格应该也是下降的（满燕云，2011b）。无论供给需求的分析，还是资本总量的分析，房地产价格下降的前提均为市场有效，税负无法转嫁，但实际上在需求旺盛的情况下，特别是在预期房地产价格不断上涨的情况下，所有的成本包括税收都可以转嫁出去，从而将房价和地价推向更高。只要对房地产价格有较高的上涨预期，房地产税并不能有效控制投机和炒作，以美国为例，美国各州财产税实际税率差别较大，从0.65%—3%不等，研究表明，美国各州房价的历史涨幅与财产税税率并没有直接的线性关系（陈杰，2010）。

没有任何地方政府希望房价和地价下降。地方政府要想获得更多的房地产税，只能寄希望于房地产价格上涨。当"土地财政"以土地出让金为主体时，地方政府倾向于控制土地供给，推动房价上涨以带动地价上涨。当"土地财政"以房地产税为主体时，在税收最大化的利益驱动下，地方政府会致力于提供良好的公共服务提高辖区内房地产的市场价值以扩大税基。房地产税开征改变的只是对地方政府税收行为的约束机制，并不能改变地方政府对税收最大化的利益追求。基于财产税的受益税性质，财产税的资本化和房地产价值负相关，地方公共支出和房地产价值正相关，房地产价值到底是升高还是降低，取决于正、负两方面哪方面的作用更大一些（胡洪曙，2007），不能一概而论。

房地产税能否降低房价，要根据具体问题具体分析。对于房地产市场，开征房地产税的意义不在于能否降低房价，而在于房地产税缺位的市场是一个不完美的市场，房地产税通过对房地产市场的"去虚拟化"，能够消除房地产行业的市场失灵。

与普通商品相比，房地产具有一些特殊属性，使其难以满足完全竞争市场的基本条件，主要包括：（1）供给与需求的区域性明显，行业资金密集度高，供给方在区域内形成寡头垄断，产品缺乏供给弹性和替代弹性；（2）区位的固定性和产品的异质性，导致交易信息不对称，需要通过经济人一类的特殊制度安排降低信息成本，不满足完全竞争市场的信息充分性假设；（3）耐久性，土地是不需要计提折旧的资产，房地产的耐久性使其成为适于投资的对象。

周京奎（2005）对中国14个城市住宅价格的历史数据进行了实证分

析，发现价格极大地偏离了长期均衡值。郑思齐（2007）选取北京、上海、广州和深圳四个城市住房租金与售价指数的季度数据进行市场有效性研究，发现这几个城市并不满足弱有效性要求，其信息不完备程度明显高于参考城市加拿大温哥华。王阿忠（2007）认为中国的住宅市场是个不完全竞争市场，存在广泛的市场失灵，由于市场失灵阻碍资源自由流动和降低生产效率，市场价格机制无法有效地自动调节社会资源合理配置，价格不能真实反映市场的供求关系，形成"价格失效"。

受土地资源的约束，房地产作为商品其供给是有限的。房地产是人类生活的必需品，作为安家立业的基本条件，自住需求是刚性的。同时房地产又可以是投资品，作为投资工具，其需求可以是无限的（刘尚希，2010）。市场失灵下的价格不能反映"应然"的市场供求关系，但却仍然反映"实然"的市场供求关系。当房地产被作为投资品进行市场操作时，在有限的供给和无限的需求的作用下，房地产市场成了只能做多的股票市场，其价格的上升具有自我实现（Self-fulfillment）的功能。长期偏离基本价值的房地产市场是不可持续的。

住宅资产价格既决定于住宅的资产收益（出租收益），也决定于住宅的预期增值（出售收益），对住宅未来价格的预期影响其现期价格，而房地产税既能改变住宅资产的收益流量，也能改变投资者的价格预期，开征房地产税能够实现对房地产市场的"去虚拟化"。秦虹等（2007）认为，税收政策不宜相机抉择，应注重稳定价格、鼓励交易的出发点，从长远来看，房地产税体系应成为房地产市场的长效调节机制，使税收能够真正发挥其自发稳定经济的作用。

赵燕菁（2013）认为，中国的"土地财政"本质就是融资，土地乃至住宅的本质就是投资品，居民购买城市不动产，相当于购买城市的"股票"，除了居住，还可以分红。如果把城市政府视为企业，国外城市是通过发行债券融资，中国城市则是通过发行"股票"融资，房价的本质就是"股价"。

中国针对房地产市场的宏观调控是为纠正市场失灵而采取的政府行政手段，由于各部委之间的利益冲突以及缺乏协同一致、目标明确且具有连续性的政策设计，长达十年之久的宏观调控虽然阶段性地抑制了房价的过快上涨，但就政策设计的有效性而言是不理想的，因此最后不得不采取限购这种反市场的方式。纠正市场失灵，需要科学有效的机制设计，而房地产税是必选项。房地产市场是一个天然不完美的市场，公共政策的制定，应着眼于"去虚拟化"，使房地产市场从资本品市场回归消费品市场。房地产税税率偏低不能有效抑制房地产市场投机，偏高不利于经济增长，没有房地产税，房地产市场会内生演化出自我实现的房地产投机。单靠房地产税不能保证房地产市场有效，但房地产税缺席的房地产市场必然趋于失效。

在市场充分发育（完全自由竞争）的条件下，房价决定地价（丁成日，2006）。开征房地产税，就是要创造房价决定地价的完全竞争的市场环境，这样即使地方政府垄断土地一级市场，政府能够获得的也只是市场平均利润，市场机制对包括地方政府、土地使用者在内的市场主体均能发挥基础性作用。反之，地价决定房价的房地产市场环境肯定是不均衡的，从而肯定是非完全竞争的。

王智波（2008a，2008b）指出，由于税基评估的滞后效应，物业税是"追涨杀跌"的泡沫放大器，而不会成为房地产市场的自动稳定器。在需求旺盛、房地产泡沫持续放大的市场环境下，所得税、土地增值税、房地产税都可以转嫁。由于房地产供给弹性小，房地产的市场价值主要决定于需求，房地产税提高了保有成本，可以抑制房地产投资需求，但当需求旺盛到房地产投资可以不计成本，房地产税不但不能抑制需求，反而会通过"追涨"进一步推高价格。尽管有这样的缺陷，房地产税仍须开征，房地产税缺位使房地产投机零成本，只会助长市场投机，加剧经济波动。中国香港和日本在房地产泡沫出现之前都开征了房地产税，但香港的差饷实际税率只有 0.2%—0.3%（陈杰，2010），1980—2003 年，日本固定资产税实际税率只有 0.11%—0.37%（森信茂树，2006），与西方国家1%—3%的税率相比明显偏低。

在自由市场经济中供给与需求之所以能形成均衡，是因为对供给方而言，出于对利润的追求，可以应市增加或减少生产，对需求方而言，存在边际效用递减。在不动产保有税缺位的情况下，市场经济中边际效用递减原则失效，因为买房越多，供给越紧张，房价越高，边际效用不但没有递减，反而因拉升了之前所购物业的价值而递增。在这种情况下，房地产成为金融资产，房地产市场成为允许地方政府、房地产商、金融机构、投机者囤积、炒作、内部交易且缺乏有效监管的不规范的金融市场。房地产市场成为金融市场的延伸，而且有效逃避了对金融市场的监管。西方国家通过征收不动产保有税（甚至采取超额累进税率），降低持有不动产的边际收益，可以预期的是，在不动产的边际收益率不高于社会最低投资收益率（银行普通利息率）的情况下，不动产投机将得到有效抑制。西方国家还通过租住同权，保护租房者的利益，并在受教育方面提供同等的公共服务，避免目前国内的"学区房"现象，进一步降低不动产的金融资产属性。

房地产税的开征要选择好时机，如果像日本那样在泡沫即将见顶才考虑开征则为时已晚，只能加速泡沫的破裂。目前中国房地产的"限价"政策为房地产税开征创造了条件，应在保持限价政策不退出的情况下积极试点，稳步推进。

中国当前不动产税制的问题在于，因为土地资源是有限的，以土地出让金来为地方政府提供公共服务融资不可持续，不动产保有税缺位的制度安排鼓励了投资者的投资购房需求，恶化了房地产市场的供需关系。同时地方政府对上负责的行政体制安排使得短期行为盛行，地方政府在土地财政问题上普遍奉行机会主义。房价上涨有利于开发商、投资者，有利于地方政府出让土地、商业银行提供开发及按揭贷款。作为高关联度产业，房地产业繁荣使得大量上、下游产业受益，而买不起房的往往是社会的弱势群体。不动产保有税缺位下的中国房地产市场价格上涨具有自我强化（或说自我实施）的特征，如果没有中央政府的宏观调控政策介入，泡沫会不断膨胀，直至最终破裂。无须改革的后果可想而知，肯定会出现经济危机以及社会动荡。好的不动产税制设计不应该着眼于让房价下降，如果能够控制住房价上涨趋势中的投资性购房需求，消除房价上涨因素中不正常预期的影响，就应该是成功的。价格上涨自我实施机制的存在表明中国房地产市场是存在问题的，只能通过外力（宏观调控）来进行干预。如果房地产市场价格上涨是由外生因素推动（如城市化、货币超发导致通货膨胀等），而非内生于市场之中，则这样的价格上涨是可以接受的；如果房地产价格上涨内生于市场结构之中，则这样的价格上涨肯定不可持续，这样的市场结构肯定存在问题，这就需要分析问题是出在供给方（如是否由政府垄断土地一级市场造成），还是需求方（如是否由投资预期引起需求过度造成）。解决供给问题，可以通过赋予农村集体土地以长期使用权，从而可以在符合城乡规划的情况下进入市场流转来加以改善（如此则一级土地市场出现两个供应主体：农村集体与城市政府，形成土地供给的多元化）。解决需求问题，可以通过引入房地产保有税，增加持有成本，消除房价只涨不跌的非理性预期。这里的前提假定建立在这样一种市场理论的基础之上，即对于正常的市场，供需是内在均衡的，一个正常的市场通过供给与需求的双向运动能够实现价格均衡，如果一个市场的供需是内在不均衡的，总是处于供不应求的状态（即处于市场失灵的状态），这样的市场肯定是不正常的。因此，中国开征房地产税的目标应确定为：（1）完善地方政府财政结构，优化地方公共财政体系；（2）消除房地产行业中的市场失灵。

包括土地在内的自然资源是人类的共有资源，因其公共属性，往往被经济个体过度使用而造成"公地悲剧"（tragedy of the commons）。就代际而言，当代人先于后代人使用自然资源，当代人过度使用自然资源对后代人产生代际外部性，导致资源代际配置上的市场失灵。宋冬林等（2007）将资源税引入世代交叠模型，从代际的角度研究政府资源政策的跨期效果，认为由代际外部性导致的资源代际配置时的市场失灵，需要通过引入政府行为——征收资源税来消除。

开征房地产税是优化地方财政税收结构，规范地方公共财政体系的需要。

中国目前的不动产租税费体系足以满足地方政府的财政需要，但极不规范，短期行为盛行，机会主义色彩浓厚。中国目前地方财政依赖于营业税、土地出让金以及上级政府的转移支付，税源充足，但税收结构不合理，开征房地产税，虽然没有取消土地出让金，但可以降低地方政府对土地出让金的依赖，优化地方政府的财政结构，并推动地方财政向地方公共财政转型。

地方政府开征房地产税以后仍须依赖上级政府的转移支付，在本级政府的财政收入方面，土地出让金仍将占据一定的比重。消除房地产行业的市场失灵并不意味着市场万能，除了是商品和投资品，房地产还是公共品，低收入人群的居住问题要由政府通过保障房政策予以解决。均贫富不是房地产税的主要目标，因为房地产税只能影响保有阶段的不动产，充其量只能算是实现财富再分配的局部目标，对其他类型的财富如有价证券等虚拟资产的调节还需要通过更为完善的财产税体系来实现。解决市场失灵要从完善市场机制出发，而不是像现在这样通过限购、限贷、限价，以政府的行政命令来取代市场的自动配置。

如果说按土地分配是封建主义，按资本分配是资本主义，按劳动分配才是社会主义。由于在中国持有不动产不需要额外支付成本，通过炒房以及拆迁补偿，一批新型地主正在悄然形成。《2013 胡润财富报告》显示，全国有 105 万个千万富豪，其中 15% 是靠炒房发家。深圳岗厦村改造一夜之间成就了近 10 个亿万富翁及二十来个亿万家庭，大冲村改造造就了 10 个亿万户和 400 户千万富翁家庭（黄树辉，2012）。虽然只有 70 年的土地使用权，巨额增值收益被使用者无偿占有，严重侵害了社会公正。在西方，由土地独占而产生的社会问题在古典经济学家那里已经得到了解决，从配第、斯密、李嘉图、穆勒到乔治、马歇尔，都深入探讨了地租的性质以及对土地课税的问题，其中有些人具有明显的社会主义倾向，如穆勒和乔治，都主张只有个人的劳动成果才能据为己有，地租作为不劳而获的收入应为社会所共享。亨利·乔治自认为他的理论是把斯密和李嘉图学派发现的真理与普鲁东和拉萨尔学派发现的真理统一起来，并直言他的目的是通过放任主义实现社会主义的崇高理想。目前世界各国普遍对保有不动产课税，其土地虽然为私有制，但通过征收房地产税，将因人口增加、公共配套设施改善而产生的土地收益公有化，在土地问题上，走的是一条社会主义道路。

开征房地产税是社会主义的内在要求，是社会共和精神的试金石，也与美国进步时期追求公平正义的时代精神有相通之处。受美国进步思想家亨利·乔治影响，孙中山先生主张节制资本，以消除中国经济中的资本主义，主张平均地权，涨价归公，以消除中国经济中的封建主义。Hudson（2013）指出，从法国重农主义者到斯密、穆勒再到后来进步时期（Progressive Era）改革家们倡导的经济民主思想主张将政府财政建立在不动产、自然资源以及社会共同财富的基础之上，但自 20 世纪 80 年代以来，西方的财政政策开始出现"亲资本"（pro-financial）的倾向，将税收的重心转向劳动所得而非土地、矿产资源和公共设施，并将这些部门的利益拱手相让，无偿交给银行家，封建世袭的地主和钱主再度出现。金融和房地产泡沫已将美国、英国等国家挤出国际出口市场，中国应吸取这些国家的教训，对土地征收赋税。

开征房地产税，本意不是为了降低房价，而是为了构建一个合理的房价形成机制，消除市场失灵，同时规范地方公共财政，避免土地资源的过度集中与垄断。

第五节　房地产税开征引导机制设计及政策建议

制度变迁是在制度的边际发生的，新的制度变迁之所以会出现，在于它能够被原有的制度框架所接纳，否则的话就会出现制度的"排异"。被接纳的制度变迁带来新的制度不均衡，从而启动了制度变迁的进化程序。

西方的房地产税是在经济尚不发达、政府税收来源渠道相对单一的情况下开征的，当时的西方国家有开征房地产税的足够动力，再加上进步思想家对劳动创造价值、土地涨价归公观念的倡导，社会民众对公平正义的追求，配合民主机制的建立与完善，房地产税开征是水到渠成的事情。区别于西方房地产税开征时的社会环境，中国经济目前已高度虚拟化，土地财政使得地方政府没有开征房地产税的动力与压力，先富一族在享受经济虚拟化带来的财富效应的同时，抵制开征房地产税导致的卡尔多改进（Kaldo Improvement），这使得在中国开征房地产税阻力巨大。在西方社会进入后现代、国家进入福利国家的现阶段，中国问题体现为"现代性"能否实现的问题，不仅中国社会有现代性问题，中国的经济与财税制度也同样面临现代性问题。

制度设计是有目的的制度变迁，如果它是帕累托改进的，则制度变迁没有阻力，如1979年后启动的改革开放，因为是帕累托改进的，社会每位成员的福利基本上都得到了改善，所以当时的制度设计不过是顺水推舟。相比之下，房地产税的推行成了逆水行舟，因为只有对于刚需购房者而言，开征房地产税才是帕累托改进的，而对于有房一族、开发企业及地方政府来说，则可能利益受损。

为保障房地产税改革顺利推行，必须设立与房地产税开征激励相容的引导机制，使因改革而受损的群体能够在其他方面得到补偿。可以设立的引导机制包括：结构性减税、对房地产税纳税人放开户籍、小产权房有条件合法化、建立不动产统一登记制度及社会信用体系、推行预算民主等。

目前中国房地产税收结构不合理，流转环节税负重，保有环节税负轻。房屋转让，转让人需缴纳营业税及教育费附加、个人所得税、印花税、土地增值税，受让人需缴纳契税、印花税。房屋出租，出租人需缴纳营业税及附加、房产税、个人所得税、印花税、城市维护建设税等。税种多，名义税率高，营业税及附加5.65%，土地增值税30%—60%，交易所得税33%，出租所得税20%，房产税12%。房地产税开征以后，从功能来看，耕地占用税与土地使用税重复，城市维护建设税与房地财产税重复，二者均可取消。房地财产税的主要用途是教育，待税制逐渐完善，税入已成规模，可以考虑取消教育费附加。

土地增值税的情况相对复杂一些。伊利等（1982）反对征收土地增值税，认为它妨碍了土地自由转让，且其土地政策目标已由财产税完成。美国对土地转让征收所得税，不征收增值税。苏志超（1999）强调土地自然增值不是私人财产，不得建立财产权，土地增值税是政府回收公有财富，不应列为财产税，就土地政策而言，不应放弃增值税而改采所得税。在台湾，土地增值税是县级政府收入，在包括房屋税、地价税在内的台湾全省房地产税收入中，土地增值税占比达67.2%（陈晓莹等，2002）。对个人不动产交易，台湾只征收土地增值税，对企业不动产交易，则同时征收所得税和土地增值税。

中国对个人和企业的不动产流转既征收所得税，又征收土地增值税，中国的土地增值税是在 1993 年为抑制房地产投机而开征的。农用地获得发展权入市及集体建设用地直接入市以后，地方政府以土地增值税的方式参与土地出让收益的分享。为利于不动产流转，建议对个人不动产交易取消土地增值税，只征收所得税，对企业不动产交易，保留征收所得税和土地增值税，但可以降低土地增值税的边际税率至50%以下。

为鼓励自住消费并提高税收遵从，西方一些国家对个人所得税实行房屋抵押贷款利息的税前扣除，实施这项政策需要谨慎。一方面这项政策会鼓励套利性住房抵押贷款，如美国 2007 年房屋抵押率高达 75.2%，而家庭债务/家庭总资产仅为 15.0%（王智波，2008b），"税收套利"加剧了经济的虚拟化程度，放大了金融风险。另一方面这项政策相当于中央政府对地方政府的转移支付，需要中央政府有足够的财税收入。

房地产税开征为户籍制度改革提供了新思路。户籍制度是为界定谁有资格享受地方公共服务而设，房地产税则是为提供地方公共服务而设，道理再浅显不过了，谁为地方公共服务提供资金，谁就有资格享受地方公共服务，因此，户籍应向房地产税的纳税人放开。

党国英（2006，2010）提出了一套通过采用"居住地人口登记"改革中国目前户籍制度的方案，一个人登记为哪个城市和地区的居民，主要标准要看他的常住地在哪里，具体而言，只要一个人在某城市享有住房（不论租住还是拥有产权），且住房的建设符合政府规划，住房的结构和面积等质量因素符合政府标准，那么这个人就应该被登记为该城市的居民，享有和其他居民一样的权利。标准住房可以分类，特别要有最低标准住房的规定。实行一套标准住房登记一户居民（可以是一人）的制度。"居住地人口登记制度"实施的关键在于全国"纳税与社会保障账户"的建立以及住房普查和对"标准住房"的确定。人口登记分为户籍登记和暂住登记两种类型，公民只能在一个社区进行户籍登记或暂住登记。

党国英的户籍改革方案与房地产税开征是激励相容的，就实施而言其方案还可以进一步细化。一套标准住房同时只能用于对限定数量的人口进行登记，如 90m² 建筑面积的住房仅限于三口人。租住或自住标准住房的公民只有按规定缴纳房地产税及办理社保，才能享受户籍福利。具体而言，一名外地人想落户本地，应先购买或租住本地标准住房，达一定年限（可限定 1 年以上）后，向当地公安机关提出申请，证明自己已办理社保，购买或租住的房地产已按规定如期足额缴纳房地产税，经审核无误后，可准予落户。

一年以上的落户时间限定是为了让购买住房者显示自己有缴纳房地产税的信用，租住标准住房者只需提供房地产纳税证明即可办理落户申请是因为房东已按规定缴纳了房地产税，根据房地产税受益税的性质以及一个人只能在一个社区进行户籍登记的规定，租住房屋人应为房地产税的受益人。如此，实际上是实现了"租买同权"之前我们过多地强调中国人安土重迁，喜欢买房，不喜欢租房，其实这只是一个机制设计的问题，当实现了"租买同权"，租房者同样可以落户，一定会有一批人喜欢租房而不喜欢买房，一则可以享受本地户籍待遇，二则随时可以离开，体验其他城市的精彩。实行"租买同权"，降低了城市化的成本，有利于中国城市化进程的平稳推进。此外，为实现"租买同权"，出于吸引房客的考虑，房东会积极主动地缴纳房地产税及租赁涉及的相关税收，从而提高其税收遵从程度，有利于解决房屋租赁一直以来存在的税收征管难的问题。

小产权房是违法建筑，这是我们探讨小产权房有条件合法化的前提。政府应加大对在建小产权房的打击力度，对组织小产权房开发建设的经济单位依法惩处，对带头的村集体领导干部进行党纪处分。违法建筑同样要依法纳税，纳税凭证不作为违法建筑的合法证明，参照新加坡和越南的经验，对违法的小产权房应课征房地产税。不违背城乡总体规划的存量小产权房可以有条件合法化，前提是按规定缴纳房地产税及补缴土地出让金。由于近几年地价快速上涨，按当前地价补缴土地出让金负担过重，建议以小产权房购买时的地价为准，参照历史地价补缴，既符合公平原则，又照顾了购买人的支付能力。对合法化的小产权房进行确权，正式转为普通商品房。

建立不动产登记制度及社会信用体系。整合不动产登记职责，建立不动产统一登记制度，由国土资源部负责全国房屋、土地、草原、林地、海域等不动产的统一登记，按国务院要求做到登记机构、登记簿册、登记依据和信息平台"四统一"，建立不动产登记信息管理基础平台和依法公开查询系统，实现信息共享。逐步建立社会信用体系，国土、住房、税务、银行各部门密切配合，未完税的不动产不得转让。

推行预算民主。通过地方人民代表大会推行预算民主，赋予地方居民参与地方政治过程的民主权利。完纳房地产税的合法公民享有被选举权，未按规定缴纳房地产税的任何个人不得出任公职。

房地产税改革，立法须先行。2000年开始实施的《中华人民共和国立法法》规定，全国人民代表大会常务委员会行使国家立法权，按规定，只有全国人大常委会拥有立法权。1985年，六届全国人大三次会议决定：授权国务院对于有关经济体制改革和对外开放方面的问题，必要时可以根据宪法，在同有关法律和全国人大及其常委会的有关决定的基本原则不相抵触的前提下，制定暂行的规定或者条例，颁布实施，并报全国人大常委会备案。因此，在实际的立法过程中，国务院可以接受人大常委会的授权，制定一些实施细则。针对房地产税改革，应由全国人大常委会组织制定《房地产税法》，对房地产税的税种、税目、税率、免税范围等作出规定，完整的房地产税应包括房地财产税、土地使用税以及闲置土地税，"房产税"名称可沿用，也可更名为"房地财产税"，"城镇土地使用税"更名为"土地使用税"，"土地闲置费"调整为"闲置土地税"，具体税制设计如本章第四节所述。全国人大常委会可授权国务院，就房地产税的试点制定实施细则。将《物权法》第149条"住宅建设用地使用权期间届满的，自动续期"，进一步明确为"住宅建设用地使用权期间届满的，免费续期，定期登记"，赋予土地使用者长期、稳定的土地使用权。逐渐缩短土地的批租年期，先50年，后30年，直至最后3年或一次性赋予永久土地使用权。此外，应通过立法，确立土地发展权归国家所有的原则。

在对房地产税进行立法的同时，应组织发行房地产税手册，向社会宣传房地产税的计算方式、征收程序、免税范围、社会意义等相关内容，增进公众对房地产税的了解和认同。

在房地产税的实际征收过程中，可以采取窗口缴纳、银行扣缴、居委会或物业公司代收等多种方式，节约征收成本。出于对税收征管难易程度的考虑，对法人房地产税的征收可早于对个人房地产税的征收。

在试点城市的选择上，应优选外来人口占比高、土地批租时间早的城市，在这方面深圳具有明显的优势。

1987 年深圳通过拍卖出让了全国第一块国有土地的使用权，根据中国房地产指数系统数据库提供的土地出让数据，截至 2013 年深圳已有 6 块出让土地批租期满，面积为 6.7 万平方米，未来年份批租土地期满状况如表 8-1 所示。由于出让金额是按照土地出让时的原价进行统计，各年度期满土地的实际总价值要远远大于表中的统计数据。

表 8-1　深圳未来年份批租期满土地状况

土地期满年份	面积（万平方米）	块数	出让金额（万）
2013	6.7208	6	143254
2020	17.8982	10	144902
2030	25.5605	32	220649.05
2040	98.6948	59	358627.95
2050	218.1807	105	1148850.72
2060	1258.3977	365	4551796.55
2070	1506.6244	432	5751999.21
2080	2469.3366	599	10084934.83

数据来源：中国房地产指数系统数据库，http：//fdc.soufun.com/。

2010 年末深圳包括流动人口在内的总人口数为 1322 万人，其中常住人口为 1035.79 万人，户籍人口 251.03 万人，户籍人口仅占常住人口的 1/4。媒体报道，截至 2011 年底，深圳小产权房违法建筑达到 37.94 万栋，建筑面积达 4.05 亿平方米，是深圳市总建筑面积的 49.27%（黄树辉，2012）。

深圳辖区面积 1991 平方公里，仅相当于北京的 1/9、上海的 1/3，经过 30 年的高速发展，截至 2008 年，深圳已开发土地 46%，而北京和上海分别只有 20% 和 30%（陈中，2011）。2010 年深圳土地出让金收入 115 亿元，而同期北京为 1636.7 亿元，上海为 1523.7 亿元。从图 8-8 可以看出，深圳市土地出让金相当于地方财政收入的比重较低，自 2007 年以后不足 15%，如果按土地收益相当于出让收入的 35% 计算，不足 5.25%。深圳已面临无地可卖的窘境，过于依赖土地的财政模式不得不寻求转型，目前高新技术产业、总部经济和战略性新兴产业已成为深圳税收增长的重要来源，在资源约束下，深圳推行房地产税改革正当其时，而包括人口结构、产业结构在内的其他因素也使得深圳在探索新税制方面具有一定的优势。

（单位：%）

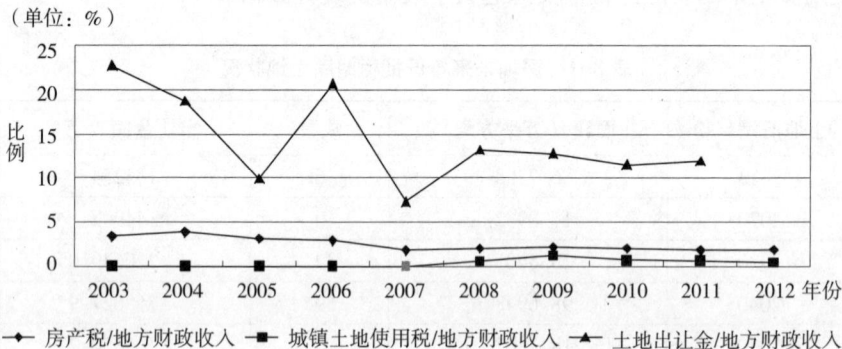

图 8-8　深圳历年房产税、城镇土地使用税及土地出让金对地方财政收入的比重

注：房产税、城镇土地使用税与地方财政收入是占比关系，土地出让金与地方财政收入是"相当于"关系。

资料来源：深圳统计年鉴（2004—2013）、深圳地方税务局官方网站。

在房地产税评估方面，深圳走在全国前列。深圳于 2005 年开始房地产税模拟试点，在机构、数据和系统方面具备了开征条件。深圳市由规划和国土资源委员会统一负责城市规划、土地资源和房地产管理，实现了土地数据、规划数据及房屋数据的整合。深圳市 2007 年成立了直属规划和国土资源委员会的国土房产评估发展中心，建立了包括宗地信息、房屋信息以及权利人信息在内的房地产税评估数据库，并且开发了房地产批量评估系统（CAMA 系统）（满燕云，2011）。

对于房地产税改革而言，中央政府是推动者。中央应尽快启动试点，成立跨部委工作领导小组对试点城市提供技术支持与部门协调。试点应选择适宜的城市，中央政府应通过财政转移支付和税收返还等渠道建立激励机制，协助试点城市完成制度转型。

述　评

　　2013 年 11 月 12 日十八届三中全会通过《中共中央关于全面深化改革若干重大问题的决定》，指出："财政是国家治理的基础和重要支柱，科学的财税体制是优化资源配置、维护市场统一、促进社会公平、实现国家长治久安的制度保障。必须完善立法、明确事权、改革税制、稳定税负、透明预算、提高效率，建立现代财政制度，发挥中央和地方两个积极性。"《决定》还提出，要"加快房地产税立法并适时推进改革，加快资源税改革"。在不动产税的开征上，国家强调"税收法定"原则，并开始从顶层设计的角度通盘考虑税制的优化问题。十八届三中全会的《决定》精神，是本书进行我国不动产税优化设计的指导原则与理论起点。

　　本书将不动产税分为房地产税和资源税两个税种，优化后的房地产税包括房产税（或称"房地财产税"）、土地使用税以及闲置土地税。房产税是财产税，土地本身也是自然资源，因此土地使用税既可被视为财产税，也可被视为资源税，闲置土地税是对浪费土地资源的行为征税，因此属于资源税。

　　通过历史分析和国别比较，本书从时间和空间两个维度，对中国当前的不动产税进行了时空定位。历史分析表明，中国自古以来实行的是所有权和使用权"两权分离"的土地制度以及对房产和地产分别课税的不动产税制度。国别比较表明，当今世界各国采用的土地制度是混合所有制，"公有制"和"私有制"的二元对立制度模式并不适用于对各国土地制度现状的描述，越是土地私有为主的国家，越强调通过不动产税对土地溢价进行回收，将其用于提供地方公共服务。世界各国的房地产税可分为对房屋和土地合并课税的一般财产税模式，如美国，以及至少对土地单独课税的个别财产税模式，如德国。个别财产税模式又可分为两种，一种对房屋和土地分别课税，如韩国，一种对房产和地产分别课税，如澳大利亚。

无论何种模式，均强调对土地的课税，而且课税的土地不限于建设用地，包括农地、空地在内的所有土地均为不动产税的课税对象，目前中国房产税扩围尚面临较大阻力，对所有土地的课税仍然没有提到议事日程上来。

本书提出一个针对中国不动产税制的优化方案。"优化"不是全面的颠覆，而是在已有制度的基础上进行完善和引导。由于土地制度与不动产税制度相互咬合，在优化不动产税制之前，须对土地制度进行相应的优化，本书提出改批租制为永租制，修订《物权法》第149条"住宅建设用地使用权期间届满的，自动续期"，将其调整为"住宅建设用地使用权期间届满的，免费续期，定期登记"，建立有中国特色的不动产用益物权制度，赋予土地使用者长期、稳定的土地使用权。长期土地使用权不是凭空创设的用益物权，中国的宅基地使用权就是一项长期土地使用权，1963年3月20日中共中央下发《关于对社员宅基地问题作一些补充规定的通知》规定："社员的宅基地，包括有建筑物和没有建筑物的空白宅基地，都归生产队集体所有，一律不准出租和买卖。但仍归各户长期使用，长期不变，生产队应保护社员的使用权，不能想收就收，想调剂就调剂。"与宅基地使用权相比，本书提出的长期土地使用权可用于抵押、交易，是完整的财产权。在长期土地使用权的基础上，房产成为完整的财产，房产税成为完整的财产税。对现有的《房产税暂行条例》进行调整完善，设定以 90—120m^2 为标准的户均免征额度，房产税实行从价扩围征收。同样，土地使用税是在城镇土地使用税的基础上从价计征，覆盖城乡，闲置土地税是对土地闲置费的调整完善，都不是重新创立税种，而是在已有税制的基础上进行优化引导。

实行上述对房产和地产分别课税的个别财产税模式是由中国土地制度及不动产税制历史形成的路径依赖因素决定的。从秦汉到明清，中国土地制度的演进表现为土地使用权越来越独立，直至最终发展出永佃权，就对物权的保护而言，本书提出的长期（或永久）土地使用权是与永佃权等价的一个概念，二者的唯一区别仅在于长期土地使用权须进行定期登记，以体现国家与集体的所有权，这对于中国这样的大国而言，还是有其必要性的。为遏制分裂势力，本书强调不但要坚持城市土地国家所有与农村土地集体所有，还应该通过立法，将所有土地的发展权明确为国家所有。

新制度经济学发展起来的制度变迁及路径依赖理论能够为当前的改革实践提供启示。唐建中年间颁行两税法，同时开征户税和地税，户税的课税对象既包括动产，也包括含房屋、土地在内的不动产，可以认为，唐中叶的户税可类比于澳大利亚的市政税或者中国实行长期土地使用权制度后的房产税，地税可类比于澳大利亚的土地税或者中国实行长期土地使用权制度后的土地使用税，甚至可以认为，当前中国要建立的房地产税制度就是类似于唐德宗时期两税法的制度。为筹集军费，唐德宗一度在户税的基础上开征间架税，税上加税，引发"泾原兵变"，有唐一代在不动产税制设计上相对超前，但却未能建立有效约束各地藩镇的地方财政体系，藩镇割据终致唐朝覆亡。

大国治理有其内在的规律。本书从人口数量、疆域面积、经济总量三项指标出发对世界各国进行排名，界定了中国、美国、俄罗斯、澳大利亚、加拿大、日本、巴西、印度、印度尼西亚9个大国，发现这几个国家目前均实行财政分权，除中国外，其他8个大国均实行财政联邦制，开征不动产税，并将其主要配置在地方政府层级。中国地方政府在财政收入上过于依赖土地出让金，这种具有中国特色的"土地财政"模式"寅吃卯粮"，难以持续，广为国人诟病。地方政府由于掌握土地资源这种重要的生产要素，能够参与乃至主导当地的经济建设，由此成长为独立的利益主体，面向中央政府的机会主义行为不断，使得中央政府只能通过"限购"这样极端的反市场政策约束地方政府的税收最大化行为。不动产税的引入，可以打破央地博弈的囚徒困境，通过地方人大的预算民主以及纳税人的预算监督，以公共财政约束地方政府，使地方政府与地方纳税人利益相容，突破信息瓶颈，让广大人民群众分担中央政府与日俱增的政治压力。

开征不动产税的意义在于消除坐地生财，实现涨价归公，体现社会公平，同时为地方政府提供稳定的财政收入来源，规范地方公共财政体系，完善国家治理机制，是社会主义的内在要求。除此之外，房地产税还有消除市场失灵，促进经济内生增长以及对土地有效利用的功能。中国香港和日本都开征了房地产税，但香港差饷的实际税率只有 0.2%—0.3%，日本 1980—2003 年固定资产税实际税率只有 0.11%—0.37%，税率偏低，不能发挥房地产税对经济的调节作用，历史上两地的房价均处于高位，房地产泡沫破裂后对当地的经济带来长期的负面影响。美国财产税的实际税率在 1%—3% 之间，但美国将住房抵押贷款设计成次级债在证券市场流通，鼓励房地产市场由物业市场发展为金融市场，在国家产业政策的引导下，美国的次级债危机不断酝酿，终于在 2007 年全面爆发。开征房地产税并不能保证房地产市场不出现泡沫，开征房地产税的本意也不在于抑制房价，但房地产税缺位的市场必然导致房地产投资需求自我实现，从而不可避免地带来房地产市场失灵，最后只能求助于国家的行政干预，以"限购"这种极端的反市场手段抑制需求。

房地产税是双向反馈机制，既是对地方政府提供公共服务的定价机制，也是对确定哪些人应该拥有享受地方公共服务权利的筛选机制，因此房地产税为户籍制度改革提供了一条新思路，而户籍福利向纳税人放开又为房地产税的顺利推行清除了部分障碍。房地产税开征还有利于解决存量小产权房的有条件合法化问题，有利于预算民主的推行。房地产税开征使得炒房无利可图，但房屋租赁的市场空间反而会增加，由于无须买房，租赁标准以上的住房同样能够享受户籍福利，实现了"租买同权"，选择租房而非买房的人数将增加，房主获得社会平均利润，房客则以较低的成本获得享有城市户籍福利的权利，因此房地产税开征因降低了城市化的成本而有利于中国的城市化进程。

本书的特色体现为研究的综合性。历史研究者不一定关心现实问题，现实问题研究者对历史往往不感兴趣，然而，探讨中国不动产税制优化方案离不开对税制历史的研究。土地制度研究者不一定关心不动产税制问题，不动产税制研究者往往忽视土地制度的相关研究成果，然而，土地制度与不动产税制是同一枚硬币的两面，两者相互渗透，相互影响。本书既探讨了中国土地制度与不动产税制的历史变迁，又对国际典型国家的土地制度与不动产税制进行了国别比较，不但重视理论的逻辑自洽，而且重视方案的实际可操作性。在研究方法上本书运用新制度经济学与机制设计理论的相关研究成果，分别进行了历史分析、逻辑分析以及实证分析。

受数据所限，本书针对沪渝房产税试点的实证研究尚存在改进的空间，作者希望以后在有微观数据支持的基础上对其进行补充完善。不动产税制优化涉及对地方政府、开发企业、消费者的影响等相关课题，有待进一步研究。就历史分析而言，虽然从宏观上对中国不动产物权制度与不动产税制度进行了梳理，囿于时间与精力，实际上也仅仅是对夏商周三代、唐德宗两税法期间以及清租界时期的分析较为深入，今后仍可以分若干专题进行专项研究。

附　录

城市房地产税暂行条例

（财字［1951］第 133 号）

第一条　城市房地产税，除另行规定者外，均依本例之规定，由税务机关征收之。

第二条　开征房地产税之城市，由中央人民政府财政部核定，未经核定者，不得开征。

第三条　房地产税由产权所有人交纳，产权出典者，由承典人交纳；产权所有人、承典人不在当地或产权未确定及租典纠纷未解决者，均由代管人或使用人代为报交。

第四条　下列房地产免纳房地产税：

一、军政机关及人民团体自有自用之房地。

二、公立及已立案之私立学校自有自用之房地。

三、公园、名胜、古迹及公共使用之房地。

四、清真寺、喇嘛庙本身使用之房地。

五、省（市）以上人民政府核准免税之其他宗教寺庙本身使用之房地。

第五条　下列房地产得减纳或免纳房地产税：

一、新建房屋自落成之月份起，免纳三年房地产税。

二、翻修房屋超过新建费用二分之一者，自竣工月份起，免纳二年房地产税。

三、其他有特殊情况之房地，经省（市）以上人民政府核准者，减纳或免纳房地产税。

第六条　房地产税依下列标准及税率，分别计征：

一、房产税依标准房价按年计征，税率为百分之一。

二、地产税依标准地价按年计征，税率为百分之一点五。

三、标准房价与标准地价不易划分之城市，得暂依标准房地价合并按年计征，税率为百分之一点五。

四、标准房地价不易求得之城市，得暂依标准房地租价按年计征，税率为百分之十五。

第七条　前条各种标准价格，依下列方法评定：

一、标准房价，应按当地一般买卖价格并参酌当地现时房屋建筑价格分类、分级评定之。

二、标准地价，应按土地位置及当地繁荣程度、交通情形等条件，并参酌当地一般买卖价格分区、分级评定之。

三、标准房地价，应按房地坐落地区、房屋建筑情况并参酌当地一般房地混合买卖价格分区、分类、分级评定之。

四、标准房地租价，应按当地一般房地混合租赁价格分区、分类、分级评定之。

第八条　房地产税得按季或按半年分期交纳，由当地税务机关决定之。

第九条　凡开征房地产税之城市，均须组织房地产评价委员会，由当地各界人民代表会议及财政、税务、地政、工务（建设）、工商、公安等部门所派之代表共同组成，受当地人民政府领导，负责进行评价工作。

第十条　房地产评价工作，每年进行一次。如原评价格在下年度经房地产评价委员会审查，认为无重评必要时，得提请当地人民政府批准延长评价有效期限。

前项评价结果或延长有效期限，均由当地人民政府审定公告之。

第十一条　纳税义务人应于房地产评价公告后一个月内将房地坐落、房屋建筑情况及间数、面积等，向当地税务机关申报。如产权人住址变更、产权转移或房屋添建、改装，因而变更房地价格者，并应于变更、转移或工竣后十日内申报之。

免税之房地产，亦须依照前项规定，办理申报。

第十二条　税务机关应设置房地产税查征底册，绘制土地分级地图，根据评价委员会之评价结果及纳税义务人之申报，分别进行调查、登记、核税，并开发交款通知书，限期交库。

纳税义务人对房地产评价结果，如有异议时，得一面交纳税款，一面向评价委员会申请复议。

第十三条　纳税义务人不依第十一条规定期限申报者，处以五十万元以下之罚金。

第十四条　纳税义务人隐匿房地产不报或申报不实，企图偷漏税款者，除责令补交外，并处以应纳税额五倍以下之罚金。

第十五条　前两条所列违章行为，任何人均得举发，经查实处理后，得以罚金百分之二十至三十奖给举发人，并为其保守秘密。

第十六条　不按期交纳税款者，除限日追缴外，并按日处以应纳税额百分之一的滞纳金。

逾限三十日以上不交税款，税务机关认为无正当理由者，得移送人民法院处理。

第十七条　房地产税稽征办法由省（市）税务机关依本条例拟定，报请省（市）人民政府核准实施，并层报中央人民政府财政部税务总局备案。

第十八条　本条例公布后，各地有关房地产税之单行办法一律废止。

第十九条　本条例自公布之日施行。

注：本条例 1951 年 8 月 8 日由原政务院公布。

参考文献

外文部分

[1] Alberto Abadie, Alexis Diamond, and Jens Hainmueller, "Synthetic Control Methods for Comparative Case Studies: Estimating the Effect of California's Tobacco Control Program", *Journal of the American Statistical Association*, June 2010, pp. 493-505.

[2] A. F. Pollard, *The Evolution of Parliament*, 1926, London.

[3] Armen A. Alchian, and Harold Demsetz, "Production, Information Costs, and Economic Organization", *The American Economic Review*, Dec., 1972, Vol. 62, No. 5, pp. 777-795.

[4] ChongEn Bai, Li Qi, Ouyang Min, "Property Taxes and Home Prices: A Tale of Two Cities", *Journal of Econometrics*, 2014, Vol. 180, pp. 1-15.

[5] Barro, Robert J., "Government Spending in a Simple Model of Endogenous Growth", *Journal of Political Economy*, 1990, Vol. 98, pp. 103-125.

[6] Bertrand, M., E. Duflo, and S. Mullainathan, "How Much should

We Trust Direrences-in-Direrences Estimates?" *The Quarterly Journal of Economics*, 2004, Vol. 119, pp. 249-275.

[7] Benjamin H. Harris, and Brian David Moore, "Residential Property Taxes in the United States", 2013, http: //www. urban. org/publications/412959. html.

[8] Bird, R. M., and E. Slack, "Land and Property Taxation around the World: A Review", Paper presented at the World Bank Land Workshop, 2002, April 3, Budapest, Hungary.

[9] Chamley, Christophe, "Optimal Taxation of Capital Income in General Equilibrium with Infinite Lives", *Econometrica*, 1986, Vol. 54, pp. 607-622.

[10] Cho SungChan, Philip PilSoo Choi, "Introducing Property Tax in China as an Alternative Financing Source", *Land Use Policy*, 2014, Vol. 38, pp. 580-586.

[11] Chunli Shen, Jing Jin and Heng-fu Zou, "Fiscal Decentralization in China: History, Impact, Challenges and Step Forward", *Annals of Economics and Finance*, 2012.

[12] Davis, Lance E., and Douglass C. North, "Institutional Change and American Economic Growth: A First Step Towards a Theory of Institutional Innovation", *Journal of Economic Histiry*, 1970, Vol. 30, pp. 131-149.

[13] Dennis Hale, "The Evolution of the Property Tax: A Study of the Relation between Public Finance and Political Theory", *The Journal of Politics*, 1985, Vol. 47, No. 2, pp. 382-404.

[14] Devarajan, S., V. Swaroop, and H. Zou, "The Composition of Government Expenditure and Economic Growth", *Journal of Monetary Economics*, 1998, Vol. 37, pp. 313-344.

[15] Domer, Evsey D., "Capital Expansion, Rate of Growth, and Employment", *Econometrica*, 1946, Vol. 14, pp. 137-147.

[16] Dong, Xiaofang, Yufei Yuan, and Shihe Fu, "Impact Fees and Re-

al Estate Prices: Evidence from 35 Chinese Cities", *Frontiers of Economics in China*, 2013, Issue 2, pp. 207-219.

[17] Gabriella Montinola, Yingyi Qian, and Barry R. Weingast, "Federalism, Chinese Style: The Political Basis for Economic Success", *World Politics*, 1996, Vol. 48.

[18] Georgeff, M. P., Pell, B., Pollack, M. E., Tambe, M., and M. Wooldridge, "The Belief-Desire-Intention Model of Agency", *Intelligent Agents*, 1999, Vol. 5, pp. 1-10.

[19] Hamilton, Bruce W., "Capitalization of Intrajurisdictional Differences in Local Tax Prices", *American Economic Review*, 1976, Vol. 66, No. 5, pp. 743-753.

[20] Harrod, Roy F., "An Essay in Dynamic Theory", *Economic Journal*, 1939, Vol. 49, pp. 14-33.

[21] Hayami, Y., A. R. Quisumbing, and L. Adriano, *Toward an Alternative Land Reform Paradigm: A Philippine Perspective*, Manila: Ateneo de Manila University Press, 1990.

[22] Jane H. Malme, and Joan M. Youngman, "The Development of Property Taxation in Economies in Transition: Case Studies from Central and Eastern Europe", The World Bank, Washington, D. C., 2001.

[23] Jones, L., Manuelli, R., and R. E. Rossi, "Optimal Taxation in Models of Endogenous Growth", *Journal of Political Economy*, 1993, Vol. 101, pp. 485-517.

[24] King, R., and S. Rebelo, "Public Policy and Economic Growth: Developing Neoclassical Implications", *Journal of Political Economy*, 1990, Vol. 98, pp. 126-150.

[25] Lucas, R., "On the Mechanism of Economic Development", *Journal of Monetary Economics*, 1988, Vol. 22, pp. 3-22.

[26] Lucas, R., "Supply Side Economies: An Analytic Review", *Oxford Economic Papers*, 1990, Vol. 42, pp. 293-316.

［27］ Mieszkowski, Peter, "The Property Tax: An Excise Tax or a Profits Tax?" *Journal of Public Economics*, 1972, Vol. 1, pp. 73-96.

［28］ Michael Hudson, "China—Avoid the West's Debt Overhead: A Land Tax is Needed to Hold down Housing Prices", http://michael-hudson. com/2013/07/china-avoid-the-wests-debt-overhead-a-land-tax-is-needed-to-hold-down-housing-prices/, 22 July, 2013.

［29］ Netzer, Dick, *Economics of the Property Tax*, Washington, D. C.: Brookings Institution.

［30］ North, Douglass C., and Robert Paul Thomas, "An Economic Theory of the Growth of the Western World", *Economic History Review*, 1966, Vol. 23, pp. 1-17.

［31］ Oates, Wallace E., "The Effects of Property Taxes and Local Public Spending on Property Values: An Empirical Study of Tax Capitalization and the Tiebout Hypothesis", *Journal of Political Economy*, 1969, Vol. 77, No. 6, pp. 957-971.

［32］ Romer, David H., *Advanced Macroeconomics* (second edition), The McGraw-Hill Company, 2001, pp. 35-43.

［33］ Romer, Paul M., "Increasing Return and Long-Run Growth", *Journal of Political Economy*, 1986, Vol. 94, pp. 1002-1037.

［34］ Rosen, K. T., "The Impact of Proposition 13 on House Prices in Northern California: A Test of the Interjurisdictional Capitalization Hypothesis", *Journal of Political Economy*, 1982, Vol. 90, No. 1, pp. 191-200.

［35］ Ruttan, Vernon W., and Yujiro Hayami, "Toward a Theory of Induced Institutional Innovation", *Journal of Development Studies*, 1984, Vol. 20, pp. 203-223.

［36］ Scully, Gerald W., "Optimal Taxation, Economic Growth and Income Inequality", *Public Choice*, 2003, Vol. 115.

［37］ Simon, Herbert A., "The Incidence of a Tax on Urban Real Property", *Quarterly Journal of Economics*, 1973, Vol. 59, No. 3, pp. 398-420.

［38］ Solow, Robert M., "A Contribution to the Theory of Economic Growth", *Quarterly Journal of Economics*, 1956, Vol. 70, pp. 65-94.

［39］ Stephen A. Ross, "The Economic Theory of Agency: The Principal's Problem", *The American Economic Review*, 1973, Vol. 63, No. 2., pp. 134-139.

［40］ Swan, Trevor W., "Economic Growth and Capital Accumulation", *Economic Record*, 1956, Vol. 32, pp. 334-361.

［41］ Tian, G., "On Uniqueness of Informational Efficiency of the Competitive Mechanism in Production Economies", Mimeo, 2000a.

［42］ Tian, G., "A Unique Informationally Efficient Allocation Mechanism in Economies with Public Goods", Mimeo, 2000b.

［43］ Tiebout, Charles M., "A Pure Theory of Local Expenditures", *Journal of Political Economy*, 1956, Vol. 64, pp. 416-424.

［44］ Xu Yong, Tang Cang-xin, Zhu Song, Lin Jia-bao, "Housing and Stochastic Endogenous Growth", *Mathematica Applicata*, 2006, Vol. 19, pp. 43-46.

［45］ Yeh-chien Wang, *Land Taxation in Imperial China, 1750-1911*, Cambridge, Massachusetts: Harvard University Press, 1973.

［46］ Yingyi Qian, and Barry R. Weingast, "Federalism as a Commitment to Preserving Market Incentives", *Journal of Economic Perspectives*, 1997, Vol. 11, No. 4.

［47］ Zodrow, George R., and Peter Mieszkowski, "The Incidence of the Property Tax: The Benefit View vs. the New View", in *Local Provision of Public Services: The Tiebout Model after Twenty-five Years*, George R. Zodrow, ed., New York: Academic Press, 1983, pp. 109-129.

［48］ Zodrow, George R., and Peter Mieszkowski, "The New View of the Property Tax: A Reformulation", *Regional Science and Urban Economics*, 1986, Vol. 16, No. 3, pp. 309-327.

中文部分

[1] George R. Zodrow：《对财产税新论和受益论的反思》，Wallace E. Oates 编著：《财产税与地方政府财政》，丁成日译，中国税务出版社 2005 年版。

[2] Jeffrey S. Banks：《制度设计：代理理论的角度》，戴维·L. 韦默主编：《制度设计》，费方域、朱宝钦译，上海财经大学出版社 2004 年版。

[3] Jianan：《美国地方政府财政（一）：县政府征收的地方税》，http：//blogs. america. gov/mgck/，2013 年。

[4] Thomas J. Nechyba：《受益论和新论：25 年争论之后，我们支持哪一个》，Wallace E. Oates 编著：《财产税与地方政府财政》，丁成日译，中国税务出版社 2005 年版。

[5] William A. Fischel：《地方政府企业、房屋业主和财产税的受益论》，Wallace E. Oates 编著：《财产税与地方政府财政》，丁成日译，中国税务出版社 2005 年版。

[6] William N. Evans、Sheila E. Murray、Robert M. Schwab：《财产税与教育财政》，Wallace E. Oates 编著：《财产税与地方政府财政》，丁成日译，中国税务出版社 2005 年版。

[7] 埃里克·弗鲁博顿、鲁道夫·芮切特：《新制度经济学——一个交易费用分析范式》，上海三联书店、上海人民出版社 2007 年版。

[8] 埃莉诺·奥斯特罗姆：《制度安排和公用地两难处境》，V. 奥斯特罗姆、D. 菲尼、H. 皮希特编：《制度分析与发展的反思——问题与抉择》，商务印书馆 2001 年版。

[9] 巴里·尼达姆：《荷兰一百年的公有土地租赁制度》，史蒂文·C. 布拉萨、康宇雄编：《公有土地租赁制度——国际经验》，商务印书馆 2007 年版。

[10] 达马熙克：《土地改革论》，建国出版社 1947 年版。

[11] 大卫·N. 海曼：《财政学——理论在政策中的当代应用》，北京大学出版社 2009 年版。

[12] 戴维·菲尼：《制度安排的需求与供给》，V. 奥斯特罗姆、D. 菲尼、H. 皮希特编：《制度分析与发展的反思——问题与抉择》，商务印书馆2001年版。

[13] 戴维·戴尔-约翰逊、W. 简·布热斯基：《波兰的长期公有租赁制度：鼓励性契约的含义》，史蒂文·C. 布拉萨、康宇雄编：《公有土地租赁制度——国际经验》，商务印书馆2007年版。

[14] 道格拉斯·诺思、罗伯特·托马斯：《西方世界的兴起》，华夏出版社1989年版。

[15] 道格拉斯·C. 诺思：《经济史上的结构和变革》，商务印书馆2007年版。

[16] 道格拉斯·C. 诺思：《制度、制度变迁与经济绩效》，格致出版社、上海三联书店、上海人民出版社2008年版。

[17] 道格拉斯·诺思：《理解经济变迁过程》，中国人民大学出版社2008年版。

[18] 丹尼尔·W. 布罗姆利：《经济利益与经济制度——公共政策的理论基础》，上海三联书店、上海人民出版社2006年版。

[19] 丹尼斯·迪帕斯奎尔、威廉·C. 惠顿：《城市经济学与房地产市场》，经济科学出版社2001年版。

[20] 登姆塞茨：《关于产权的理论》，R. 科斯、A. 阿尔钦、D. 诺斯等：《财产权利与制度变迁——产权学派与新制度学派译文集》，上海三联书店、上海人民出版社2005年版。

[21] 蒂姆·汉斯达德、李平：《中国农村土地制度改革：荒地使用权拍卖》，《中国农村经济》1996年第4期。

[22] 菲吕博腾、配杰威齐：《产权与经济理论：近期文献的一个综述》，[美] R. 科斯、A. 阿尔钦、D. 诺斯等：《财产权利与制度变迁——产权学派与新制度学派译文集》，上海三联书店、上海人民出版社2005年版。

[23] 费雪：《州和地方财政学》，中国人民大学出版社2000年版。

[24] 何·皮特：《谁是中国土地的拥有者》，社会科学文献出版社

2008 年版。

[25] 亨利·乔治：《进步与贫困》，商务印书馆 2010 年版。

[26] 华莱士·E. 奥茨：《财政联邦主义》，译林出版社 2012 年版。

[27] 科斯、A. 阿尔钦、D. 诺斯等：《财产权利与制度变迁——产权学派与新制度学派译文集》，上海三联书店、上海人民出版社 2005 年版。

[28] 柯武刚、史漫飞：《制度经济学——社会秩序与公共政策》，商务印书馆 2002 年版。

[29] 雷切勒·奥尔特曼：《土地租赁制：在以色列私有化时期广泛的公有土地的所有制》，史蒂文·C. 布拉萨、康宇雄编：《公有土地租赁制度——国际经验》，商务印书馆 2007 年版。

[30] 理查德·派普斯：《财产论》，经济科学出版社 2003 年版。

[31] 李嘉图：《政治经济学及赋税原理》，商务印书馆 1962 年版。

[32] 利奥尼德·赫维茨、斯坦利·瑞特：《经济机制设计》，格致出版社、上海三联书店、上海人民出版社 2009 年版。

[33] 马歇尔：《经济学原理（下卷）》，商务印书馆 2005 年版。

[34] 潘万黄：《维护越南土地改革过程中的平等》，《农村土地制度改革：国际比较研究》，社会科学文献出版社 2009 年版。

[35] 青木昌彦：《比较制度分析》，上海远东出版社 2006 年版。

[36] 森信茂树：《日本土地神话的形成和破灭》，《新金融》2006 年第 6 期。

[37] 斯韦托扎尔·平乔维奇：《产权经济学——一种关于比较体制的理论》，经济科学出版社 2004 年版。

[38] 亚当·斯密：《国民财富的性质和原因的研究（下卷）》，商务印书馆 1974 年版。

[39] 伊利、莫尔豪斯：《土地经济学原理》，滕维藻译，商务印书馆 1982 年版。

[40] 约翰·穆勒：《政治经济学原理》，商务印书馆 1991 年版。

[41] 约瑟夫·E. 斯蒂格利茨：《公共部门经济学》，中国人民大学出版社 2008 年版。

［42］约瑟夫·孔比：《法国四十年的土地政策》，农业出版社 1991 年版。

［43］威廉·配第：《赋税论》，中国社会科学出版社 2010 年版。

［44］周腾利一：《日本土地开发利益返还制度概况》，《国土资源情报》2005 年第 2 期。

［45］艾建国：《中国城市土地制度经济问题研究》，华中师范大学出版社 2001 年版。

［46］白云：《西方典型发达国家物业税发展情况比较研究》，《河北法学》2006 年第 5 期。

［47］安希伋：《论土地国有永佃制》，《中国农村经济》1988 年第 11 期。

［48］北京大学中国经济研究中心宏观组：《物业税改革与地方公共财政》，《经济研究》2006 年第 3 期。

［49］北京房地产估价师和土地估价师协会：《2008'北京市房地产税费》，地质出版社 2009 年版。

［50］毕继业、朱道林、邹晓云：《政府内部土地收益分配的博弈分析》，《中国土地科学》2003 年第 2 期。

［51］财政部财政科学研究所课题组：《我国房产税税制改革研究》，《财贸经济》2002 年第 6 期。

［52］蔡继明：《中国土地私有的分步改革方案》，《论中国土地制度改革》，中国财政经济出版社 2009 年版。

［53］蔡松柏、何峰、钟蓉、李双双：《荷兰土地整理的特点及对我国土地整理工作的借鉴》，《高等教育与学术研究》2008 年第 2 期。

［54］曹晓凡、程伯仕、周黎：《矿业权制度的历史沿革》，《资源环境与工程》2006 年 8 月。

［55］岑仲勉：《贡、助、彻的涵义及怎样施行》，《中山大学学报（社会科学）》1955 年第 1 期。

［56］陈登原：《中国田赋史》，商务印书馆 1936 年版。

［57］陈多长：《土地税制的实践：国际比较与中国的借鉴》，《中州

学刊》2002年第1期。

[58] 陈海秋：《台湾地区50年来土地政策的三次大变革》，《中国地质矿产经济》2002年第11期。

[59] 陈纪瑜：《中国封建社会土地及其赋役制度变迁的探讨》，《扬州大学学报（人文社会科学版）》1998年第3期。

[60] 陈杰：《关于房产税的若干思考——兼论土地增值收益分配与公共财政》，复旦大学住房政策研究中心第4期住房政策专题研讨会报告，2010年12月。

[61] 陈雳、张松：《单威廉的土地政策与近代青岛城市发展》，《建筑学报》2009年第2期。

[62] 陈梦家：《西周铜器断代》，中华书局2004年版。

[63] 陈明光：《唐朝两税三分制的财政内涵试析》，《中国社会经济史研究》1988年第4期。

[64] 陈明光：《唐朝推行两税法改革的财政前提》，《中国社会经济史研究》1990年第2期。

[65] 陈伟：《瑞典土地银行经验对上海土地储备管理的启示》，《国外城市规划》2005年第6期。

[66] 陈晓莹、何东波：《台湾地区以土地税作为地方主要财源之探讨》，《台湾省住宅学会第十一届年会论文集》，2002年。

[67] 陈学文：《明代一次市民意识的新觉醒——万历十年杭州兵变和民变研究》，《浙江社会科学》1992年第2期。

[68] 陈正书：《近代上海城市土地永租制度考源》，《史林》1996年第2期。

[69] 陈志勇、陈莉莉：《"土地财政"：缘由与出路》，《财政研究》2010年第1期。

[70] 陈中：《"土地财政"提前转型，深圳财收首超千亿》，http://www.nbd.com.cn/articles/2011-01-14/435168.html，2011年1月14日。

[71] 崔建远、晓坤：《矿业权基本问题探讨》，《法学研究》1998年

第 4 期。

[72] 党国英:《户籍制度：改革的路怎么走》,《中国改革》2006 年第 4 期。

[73] 党国英:《一位经济学家的户籍制度改革方案》,《华夏时报》2010 年 3 月 6 日。

[74] 邓宏乾:《基于税收目的的物业税改革分析——兼评物业税改革方案》,《华中师范大学学报（人文社会科学版）》2006 年 5 月。

[75] 邓宏乾:《中国城市主体财源问题研究》,商务印书馆 2008 年版。

[76] 邓子基:《地方税系研究》,经济科学出版社 2007 年版。

[77] 丁成日:《房价祸根：扭曲的融资机制》,《21 世纪经济报道》2006 年 12 月 4 日。

[78] 丁成日:《美国土地开发权转让制度及其对中国耕地保护的启示》,《中国土地科学》2008 年第 3 期。

[79] 董栓成:《从"放水养鱼"到"无水可放"的经济学思考》,《生产力研究》2006 年第 4 期。

[80] 董晓岩:《中国房地产保有环节的税制建设》,《经济与管理》2010 年第 8 期。

[81] 董裕平、宣晓影:《日本的房地产税收制度与调控效应及其启示》,《金融评论》2011 年第 3 期。

[82] 董再平:《地方政府"土地财政"的现状、成因和治理》,《理论导刊》2008 年第 12 期。

[83] 冯兴元:《地方政府竞争》,凤凰出版传媒集团、译林出版社 2010 年版。

[84] 傅晨:《俄罗斯农地制度改革及其对我国的启示》,《学术研究》2006 年第 1 期。

[85] 傅文:《从贡、助、彻看夏、商、西周的赋税制度》,《浙江财经学院学报》1990 年第 2 期。

[86] 高富平:《土地使用权和用益物权——我国不动产物权体系研

究》，法律出版社 2001 年版。

[87] 高富平：《中国物权法：制度设计和创新》，中国人民大学出版社 2005 年版。

[88] 高海燕：《20 世纪中国土地制度百年变迁的历史考察》，《浙江大学学报（人文社会科学版）》2007 年 9 月。

[89] 高培勇：《奔向公共化的中国财税改革》，《中国财税改革 30 年：回顾与展望》，中国财政经济出版社 2009 年版。

[90] 高培勇：《房产税：到了真正较劲的时候》，《中国财经报》2011 年 10 月 18 日。

[91] 高寿仙：《明代北京的房号税——兼及明代其他城市的几种房屋税》，《中国史研究》2012 年第 3 期。

[92] 高一雷：《谈土地永包制、独子继承与土地使用权流转市场》，《农业经济问题》1993 年第 4 期。

[93] 高云龙、李春丽：《房产税征收及其对房价的抑制作用研究》，《价格月刊》2011 年第 7 期。

[94] 顾銮斋：《中西中古社会赋税结构演变的比较研究》，《世界历史》2003 年第 4 期。

[95] 管清友、彭薇：《土地财政：戒不掉的鸦片》，《证券市场周刊》2011 年 12 月 10 日。

[96] 郭金兴：《房地产的虚拟性及其波动研究》，南开大学出版社 2007 年版。

[97] 郭沫若主编：《甲骨文合集》，中华书局 1978—1982 年版。

[98] 郭文华：《巴西的土地问题与土地审批》，《国土资源情报》2006 年第 7 期。

[99] 国务院发展研究中心课题组：《不动产税的税种、税率设计和税收归属的探讨与建议》，《中国发展观察》2006 年第 8 期。

[100] 韩东育：《宣王"不籍千亩"刍议》，《松辽学刊》1988 年第 4 期。

[101] 韩南生、周寅康、陈勇：《论城镇国有土地年租制》，《南京大

学学报（自然科学）》2000 年 11 月。

[102] 何大春：《美国加州财政考察与建立我国地方公共财政（中）》，《湖北财税（理论版）》2003 年第 2 期。

[103] 何晓星：《论中国地方政府主导型市场经济》，《社会科学研究》2003 年第 5 期。

[104] 何晓星：《再论中国地方政府主导型市场经济》，《中国工业经济》2005 年第 1 期。

[105] 何兆龙：《三代时的赋役制度》，《浙江财税与会计》1988 年第 2 期。

[106] 何振一：《物业税与土地出让金不可替代性简论》，《中国国土资源经济》2004 年第 7 期。

[107] 侯宁、顾凯平、朱学群、王曼、李钰瑾：《中俄林地物权比较研究》，《北京林业大学学报（社会科学版）》2009 年 3 月。

[108] 胡洪曙：《财产税、地方公共支出与房产价值的关联分析》，《当代财经》2007 年第 6 期。

[109] 胡健、吴文洁：《油气资源矿权与土地产权的冲突——以陕北油气资源开发为例的分析》，《资源科学》2007 年 5 月。

[110] 胡怡建：《从物业税到特别房产消费税——不动产持有税收的比较和选择》，《西部论丛》2010 年第 5 期。

[111] 黄安余：《台湾土地改革及对农民就业的影响》，《台湾农业探索》2008 年第 2 期。

[112] 黄建兴：《美国财产税制之研究》，《财税研究》2001 年第 2 期。

[113] 黄良升：《香港官地拍卖如何运作》，《沪港经济》2004 年第 12 期。

[114] 黄佩华、迪帕克等：《中国：国家发展与地方财政》，中信出版社 2003 年版。

[115] 黄树辉：《深圳土改剑指 300 平方公里违规用地》，《第一财经日报》2012 年 6 月 8 日。

［116］黄思骏：《印度独立后国大党的土地改革》，《世界历史》1986年第2期。

［117］黄贤金、章波：《大陆不动产财产税设置：目标取向、税负分析及保障政策》，《不动产开发与投资和不动产金融——2005年海峡两岸土地学术研讨会论文集》，2005年。

［118］黄小虎：《土地财政剖析》，《上海国土资源》2011年第3期。

［119］惠彦、陈雯：《英国土地增值管理制度的演变及借鉴》，《中国土地科学》2008年第7期。

［120］贾康：《关于房地产税费改革思路与要点的认识》，《上海财经大学学报》2005年8月。

［121］贾康：《姑娘出嫁与土地所有权改革》，《上海证券报》2009年9月23日。

［122］贾康：《每户80平方米可作物业税优惠门槛》，《中国证券报》2010年5月5日。

［123］贾康：《房地产税的作用、机理及改革方向、路径、要领的探讨》，《北京工商大学学报（社会科学版）》2012年3月。

［124］姜吉坤、张贵华、黄樟友：《关于物业税开征的方案设计与模拟测算》，《财经论丛》2008年第4期。

［125］江晓敏：《唐宋时期的中央与地方财政关系》，《南开学报（哲学社会科学版）》2003年第5期。

［126］蒋晓蕙：《财产税制国际比较》，中国财政经济出版社1996年版。

［127］焦建国：《英国公共财政制度变迁分析》，经济科学出版社2009年版。

［128］金观涛、刘青峰：《兴盛与危机》，湖南人民出版社1986年版。

［129］金景芳：《井田制的发生和发展》，《历史研究》1965年第4期。

［130］金维生：《加拿大房地产税的征管及特点》，《涉外税收》2004

年第 9 期。

[131] 靳相木：《地根经济：一个研究范式及其对土地宏观调控的初步应用》，浙江大学出版社 2007 年版。

[132] 康宇雄、黄国平：《向非私有土地征收房地产税是否矛盾》，《财贸经济》2005 年第 7 期。

[133] 孔善广：《"土地财政"：地方政府增收的理性行为与相关制度的缺陷》，《学习与实践》2007 年第 5 期。

[134] 况伟大：《住房特性、物业税与房价》，《经济研究》2009 年第 4 期。

[135] 况伟大、马一鸣：《物业税、供求弹性与房价》，《中国软科学》2010 年第 12 期。

[136] 况伟大、朱勇、刘江涛：《房产税对房价的影响：来自 OECD 国家的证据》，《财贸经济》2012 年第 5 期。

[137] 匡家在：《土地出让金制度变迁与地方政府行为》，《中共中央党校学报》2009 年 4 月。

[138] 李晖、荣耀康：《以资源税和房地产税为地方税主体税种的可行性探析》，《中央财经大学学报》2010 年第 10 期。

[139] 李晶：《香港的房地产税收政策》，《辽宁财税》2003 年第 8 期。

[140] 李晶：《中国房地产税收制度改革研究》，东北财经大学出版社 2012 年版。

[141] 李军杰、钟君：《中国地方政府经济行为分析——基于公共选择视角》，《中国工业经济》2004 年第 4 期。

[142] 李连祺、魏双：《大国背景下俄罗斯土地使用制度变革述评》，《黑龙江省政法管理干部学院学报》2008 年第 5 期。

[143] 李连祺：《俄罗斯土地使用制度的新变化及启示》，《学术交流》2008 年第 11 期。

[144] 李茂：《美国土地审批制度》，《国土资源情报》2006 年第 6 期。

［145］李炜光：《物业税征收前提》，《财经》2009 年 6 月 22 日。

［146］李晓鹏：《印尼财产税改革及对我国的启示》，《财会月刊》2011 年 7 月下旬刊。

［147］李志贤：《安史之乱后唐朝中央财政集权的演变与消长》，姜锡东编：《中国经济发展史上的政府职能与作用》，中国城市出版社 2005 年版。

［148］梁方仲：《中国历代户口、田地、田赋统计》，上海人民出版社 1980 年版。

［149］梁振英：《香港政府开发及批租土地的政策和经验》，《中国地产市场》2004 年 11、12 月号。

［150］廖俊平、任作风：《香港差饷税征收管理系统介绍》，《涉外税务》2004 年第 8 期。

［151］林鹏：《晋作爰田考略》，《晋阳学刊》1982 年第 3 期。

［152］林善浪：《国外土地产权的发展趋势及其对我国农地制度改革的启示》，《福建师范大学学报（哲学社会科学版）》2000 年第 1 期。

［153］林毅夫、刘志强：《中国的财政分权与经济增长》，《北京大学学报（哲学社会科学版）》2000 年第 4 期。

［154］林毅夫：《关于制度变迁的经济学理论：诱致性变迁与强制性变迁》，［美］R. 科斯、A. 阿尔钦、D. 诺斯等：《财产权利与制度变迁——产权学派与新制度学派译文集》，上海三联书店、上海人民出版社 2005 年版。

［155］刘晨、林建杨：《香港人住什么房》，《人民日报·海外版》2011 年 10 月 19 日。

［156］刘成璧、张晓蕴：《法国住宅类税收及其对中国的借鉴》，《北京工商大学学报》2007 年第 2 期。

［157］刘国臻：《中国土地发展权论纲》，《学术研究》2005 年第 10 期。

［158］刘国臻：《论美国的土地发展权制度及其对我国的启示》，《法学评论》2007 年第 3 期。

［159］刘洪玉：《房产税改革的国际经验与启示》，《改革》2011 年第 2 期。

［160］刘丽：《印度的土地审批制度及其相关问题》，《国土资源情报》2006 年第 11 期。

［161］刘蓉、张巍、陈凌霜：《房地产税收入测算与地方财政收入可持续增长——基于中国家庭金融调查数据》，西南财经大学"房地产论坛"会议论文，2014 年。

［162］刘溶沧、马拴友：《论税收与经济增长——对中国劳动、资本和消费征税的效应分析》，《中国社会科学》2002 年第 1 期。

［163］刘尚希：《物业税抑制房价不现实——关于物业税的种种误解》，《人民论坛》2010 年 5 月。

［164］刘尚希等：《加拿大和美国矿业资源税费制度及对我国的启示》，《地方财政研究》2012 年第 2 期。

［165］刘尚希：《丢掉对房产税的幻想》，《经济参考报》2012 年 5 月 21 日。

［166］刘守刚：《传统中国帝国制度的财政基础探究》，《浙江学刊》2008 年第 3 期。

［167］刘守英：《中国的二元土地权利制度与土地市场残缺——对现行政策、法律与地方创新的回顾与评论》，《经济研究参考》2008 年第 31 期。

［168］刘守英：《以地谋发展模式的风险与改革》，《国际经济评论》2012 年第 2 期。

［169］刘维新：《我国城市房地产租税费体系研究》，《现代财经》1993 年第 5 期。

［170］刘维新、谢经荣：《中国土地租税费体系研究》，中国大地出版社 1994 年版。

［171］刘维新：《开征物业税提出的背景及对房地产开发与消费的影响》，《中国房地产金融》2004 年第 5 期。

［172］刘维新：《土地制度"三归并"与开征物业税》，《城市开发》

2004 年第 7 期。

　　［173］刘维新：《我提出"三个归并"的背景与依据——回答文一刀提出的疑问》，《中国土地》2004 年第 11 期。

　　［174］刘晓凤：《"金砖四国"物业税比较与借鉴》，《地方财政研究》2010 年第 4 期。

　　［175］刘骁男：《略论矿业权和土地使用权的关系》，《西安石油大学学报（社会科学版）》2008 年第 4 期。

　　［176］刘玉峰：《唐代土地所有权状况及结构的演变》，《山东大学学报（哲学社会科学版）》2006 年第 2 期。

　　［177］刘植才：《我国财产税制度存在的缺陷及其改革构想》，《现代财经》2006 年第 1 期。

　　［178］龙登高：《地权市场与资源配置》，海峡出版发行集团、福建人民出版社 2012 年版。

　　［179］鲁思来、贡森、亚瑟·侯赛因：《中国农村老年保障：从土改中的土地到全球化的养老基金》，《经济社会体制比较》2004 年第 4 期。

　　［180］路冬玲：《日本房地产税制改革对我国的启示》，《太原城市职业技术学院学报》2010 年第 9 期。

　　［181］栾雪飞、刘颖：《20 世纪 50 年代初大陆与台湾土地改革比较》，《东北师大学报（哲学社会科学版）》2001 年第 6 期。

　　［182］罗康隆：《五十年来土地制度的变迁与人工营林业的兴替——以贵州锦平林区为例》，《贵州民族研究》2008 年第 1 期。

　　［183］骆永民、伍文中：《房产税改革与房价变动的宏观经济效应——基于 DSGE 模型的数值模拟分析》，《金融研究》2012 年第 5 期。

　　［184］马骏：《中国公共预算改革：理性化与民主化》，中央编译出版社 2005 年版。

　　［185］马克伟、张巧玲：《认清土地国情　珍惜有限土地》，《中国农业资源与区划》2001 年 6 月。

　　［186］马学强：《从传统到近代——江南城镇土地产权制度研究》，上海社会科学院出版社 2002 年版。

［187］满燕云：《房地产税同土地出让金不冲突》，《第一财经日报》2011 年 1 月 31 日。

［188］满燕云：《房产税的国际经验与中国问题》，http：//view.news. qq. com/a/20110328/000043. htm。

［189］满燕云：《房地产税开征已具备技术条件》，《第一财经日报》2011 年 2 月 21 日。

［190］蒙文通：《中国历代农产量的扩大和赋役制度及学术思想的演变》，《四川大学学报》1957 年第 2 期。

［191］孟祥舟、吴桐：《法国房地产税制》，《国土资源》2002 年第 11 期。

［192］孟祥舟：《韩国土地税制遏制投机》，《河南国土资源》2005 年第 6 期。

［193］聂鑫：《传统中国的土地产权分立制度探析》，《浙江社会科学》2009 年第 9 期。

［194］牛淑萍：《1927 至 1937 年南京国民政府田赋整理述评》，《民国档案》1999 年 3 月。

［195］欧海若、吴次芳：《韩国的土地征收制度及其借鉴》，《国土经济》1999 年第 4 期。

［196］潘慧娴：《地产霸权》，天窗出版社有限公司、信报财经新闻有限公司 2011 年版。

［197］潘士远、史晋川：《内生经济增长理论：一个文献综述》，《经济学（季刊）》2002 年第 4 期。

［198］彭方思：《试论矿业权与土地使用权的关系》，《中国地质》1999 年第 6 期。

［199］彭赞荣：《香港差饷税收历史》，香港特别行政区政府差饷物业估价署 2005 年版。

［200］漆亮亮：《房产税的历史沿革》，《涉外税务》2002 年第 4 期。

［201］漆亮亮：《地方政府"土地财政"模式的危害、成因及其治理——以厦门市为例》，《公共管理与地方政府创新研讨会论文》，2009 年。

［202］綦好东：《新中国农地产权结构的历史变迁》，《经济学家》1998 年第 1 期。

［203］钱颖一、许成钢：《中国的经济改革为什么与众不同——M 型的层级制和非国有部门的进入与扩张》，张军、周黎安编：《为增长而竞争》，格致出版社、上海人民出版社 2008 年版。

［204］钱颖一、B. R. Weingast：《中国特色的维护市场的经济联邦制》，张军、周黎安编：《为增长而竞争》，格致出版社、上海人民出版社 2008 年版。

［205］乔志敏：《韩国土地增值的税收政策》，《中国土地》1998 年第 2 期。

［206］秦虹、李晓炜：《我国房地产税收政策研究》，《中国房地产研究》2007 年第 1 期。

［207］邱长溶、董栓成：《家庭理性的社会均衡人口规模与社会最优人口规模的博弈分析》，《数量经济技术经济研究》2004 年第 4 期。

［208］曲卫东、延扬帆：《物业税内涵研究及税负测算分析——以北京市为例》，《华中师范大学学报（人文社会科学版）》2008 年 11 月。

［209］任寿根：《房产税制度模式选择及征税范围的确定》，《江西社会科学》2000 年第 1 期。

［210］任婷婷、王光宇：《荷兰水资源税制对我国开征水资源税的启示》，《现代商业》2010 年第 12 期。

［211］任志强：《从开征物业税说起》，《税务研究》2004 年第 4 期。

［212］任志强：《中国能实行物业税吗?》，《现代营销》2010 年第 2 期。

［213］容志：《土地调控中的中央与地方博弈》，中国社会科学出版社 2010 年版。

［214］邵锋：《印度尼西亚的财产税改革及启示》，《涉外税务》2004 年第 5 期。

［215］沈汉：《英国土地制度史》，学林出版社 2005 年版。

［216］沈世培：《两税向田亩税的转变及其原因初探》，《中国社会经

济史研究》1990 年第 1 期。

[217] 沈世培：《论唐代建中定税的因循性》，《中国农史》2001 年第 2 期。

[218] 石子印：《财产税效率的作用机制考察》，《改革》2008 年第 2 期。

[219] 石子印：《Tiebout 模型与美国财产税限制的悖论及解释》，《山东经济》2008 年 5 月。

[220] 石子印：《论财产税的基本逻辑》，《财经理论与实践》2009 年 3 月。

[221] 石子印：《物业税功用及风险规避：观照美国与韩国》，《改革》2010 年第 4 期。

[222] 石子印：《最适财产税研究的逻辑起点与制度标准》，《商业时代》2010 年第 24 期。

[223] 石子印：《我国不动产保有税研究》，中国社会科学出版社 2011 年版。

[224] 束世澂：《两税法与建中税制改革》，《历史教学问题》1958 年第 2 期。

[225] 宋冬林、赵新宇：《引入资源税的世代交叠模型及其改进》，《吉林大学社会科学学报》2007 年第 2 期。

[226] 宋建国：《中国封建社会赋役制度演变趋势及其动因探析》，《理论探索》1987 年第 1 期。

[227] 苏福兵、陶然：《房地产政治经济学》，《第一财经日报》2011 年 5 月 9 日。

[228] 苏志超：《比较土地政策》，五南图书出版公司 1999 年版。

[229] 唐明：《日本房地产税制改革及其启示》，《涉外税务》2007 年第 7 期。

[230] 唐在富：《中国土地制度创新与土地财税体制重构》，经济科学出版社 2008 年版。

[231] 唐在富：《统筹解决我国土地相关问题的对策建议》，《地方财

政研究》2008 年第 10 期。

[232] 陶然、陆曦、苏福兵、汪晖：《地区竞争格局演变下的中国转轨：财政激励和发展模式反思》，《经济研究》2009 年第 7 期。

[233] 田昌五：《中国农民战争的阶段性及相关诸问题》，《文史哲》1994 年第 5 期。

[234] 田莉：《土地有偿使用改革与中国的城市发展——来自香港特别行政区公共土地批租制度的启示》，《中国土地科学》2004 年第 12 期。

[235] 田莉：《有偿使用制度下的土地增值与城市发展——土地产权的视角分析》，中国建筑工业出版社 2008 年版。

[236] 田雪杨、朱道林：《从"使用费"到"年租金"——抚顺市实行国有土地租赁制的发展历程》，《中国土地》2004 年第 6 期。

[237]《土地制度研究》课题组：《土地制度研究》，武汉出版社1993 年版。

[238] 王阿忠：《中国住宅市场的价格博弈与政府规制研究》，中国社会科学出版社 2007 年版。

[239] 王道树、詹宏毅：《澳大利亚的财产税》，《中国税务报》2002年 12 月 3 日。

[240] 王昉：《中国古代农村土地所有权和使用权关系的演变及其现实意义》，《中国社会科学院研究生院学报》2006 年第 2 期。

[241] 王国生：《过渡时期地方政府与中央政府的纵向博弈及其经济效应》，《南京大学学报（哲学·人文科学·社会科学）》2001 年第 1 期。

[242] 王海勇：《房地产税收的一般经济分析》，《税务与经济》2004年第 6 期。

[243] 王洪卫、陈歆、戴扬等：《房地产租费税改革研究》，上海财经大学出版社 2005 年版。

[244] 王侃：《略论 1949—1953 年的台湾土地改革》，《中共浙江省委党校学报》2005 年第 3 期。

[245] 王威：《巴西国土资源管理概况》，http：//www. mlr. gov. cn/tdsc/lltt/200912/t20091211_ 129283. htm，2009 年。

［246］王文革：《我国城市土地供应年期的合理确定》，《法治论丛》2005 年 5 月。

［247］王晓明：《香港土地出让制度的启示与建议》，《中国经济时报》2005 年 7 月 22 日。

［248］王小乔：《买小产权房的城里人》，《南方周末》2007 年 7 月 12 日。

［249］王永钦、张晏、章元、陈钊、陆铭：《十字路口的中国经济：基于经济学文献的分析》，《世界经济》2006 年第 10 期。

［250］王永钦、张晏、章元、陈钊、陆铭： 《中国的大国发展道路——论分权式改革的得失》，张军、周黎安编：《为增长而竞争》，格致出版社、上海人民出版社 2008 年版。

［251］王玉波、唐莹：《地方土地财政与国家财政体制关系》，《财经论丛》2011 年 9 月。

［252］王育琨：《我国城市土地开发过程中的实物地租》，《经济研究》1992 年第 10 期。

［253］王智波：《物业税可行吗？——一个否定的判定》，《税务研究》2008 年第 4 期。

［254］王智波：《房地产税制中的国际惯例与物业税的经济学分析》，《经济科学》2008 年第 5 期。

［255］王中茂：《甲午之后清政府对外出租土地的价税政策及特点》，《史学月刊》2001 年第 4 期。

［256］汪亭友：《朝鲜能否全面推行家庭承包制？》，《当代世界社会主义问题》2006 年第 1 期。

［257］汪先平：《当代日本农村土地制度变迁及其启示》，《中国农村经济》2008 年第 10 期。

［258］韦志超、易纲：《物业税改革与地方公共财政》，《经济研究》2006 年第 3 期。

［259］魏盛礼、罗卫国：《现行费税体制下开征物业税不具有法律正当性》，《南昌大学学报（人文社会科学版）》2007 年 11 月。

［260］魏涛：《法国个人房地产税体系透视》，《涉外税务》2008年第12期。

［261］温铁军：《"三农"问题与制度变迁》，中国经济出版社2009年版。

［262］文贯中：《要兑现自由进退，就要预设退出机制》，《论中国土地制度改革》，中国财政经济出版社2009年版。

［263］文贯中：《城市化——从外生型到内生型的转变》，《新产经》2013年第1期。

［264］邬翊光：《关于城镇住宅用地七十年使用期满后的政策建议》，《北京土地》2011年第1期。

［265］席斯：《土地收益近半被控　分配新规酝酿中》，《经济观察报》2011年11月4日。

［266］向青、尹润生：《美国、加拿大林地产权制度及森林经营管理》，《林业经济》2006年第7期。

［267］谢冬水：《永佃制的结构、演化及对现实的启示》，《中国农业大学学报（社会科学版）》2010年第9期。

［268］谢伏瞻、隆国强、丁成日：《中国不动产税制设计》，中国发展出版社2006年版。

［269］谢群松：《论中国不动产占有课税的改革》，《经济研究参考》2002年第90期。

［270］谢群松：《公共财政框架下的不动产税制改革》，中国金融出版社2010年版。

［271］谢文心、熊利：《中俄土地制度比较研究》，《经济问题》2005年第10期。

［272］辛波、孙腾云：《对中国经济的一个乱象——土地财政的剖析》，《山东工商学院学报》2011年4月。

［273］熊伟：《房产税改革的财政动因与法治约束》，《法治蓝皮书：中国法治发展报告2012》，社会科学文献出版社2012年版。

［274］熊伟：《关于提请对房产税改革试点进行合法性审查的建议》，

《税法解释与判例评注（第2卷）》，法律出版社2011年版。

[275] 徐婷、周寅康：《再论"年租制"》，《中国自然资源学会2004年学术年会论文集》，2005年。

[276] 徐中舒：《试论周代田制及其社会性质——并批判胡适井田辨观点和方法的错误》，《四川大学学报（社会科学版）》1955年第2期。

[277] 薛俊波、王铮、朱建武、吴兵：《中国经济增长的"尾效"分析》，《财经研究》2004年第9期。

[278] 严成樑、龚六堂：《我国税收的经济增长效应与社会福利损失分析》，《经济科学》2010年第2期。

[279] 颜畅：《英国开征住宅税的经验及启示》，《金融与经济》2010年第11期。

[280] 杨朝军、廖士光：《"批租制"下中国地产投资价值研究》，《经济研究》2005年第9期。

[281] 杨际平：《唐宋土地制度的承继与变化》，《文史哲》2005年第1期。

[282] 杨静、马耀峰、陈志钢：《我国风景名胜区土地管理评述》，《江西农业学报》2008年第6期。

[283] 杨俊锋：《现行城市土地制度的来龙去脉》，《南方周末》2012年7月13日。

[284] 杨宽：《试论中国古代的井田制度和村社组织》，《古史新探》，中华书局1965年版。

[285] 杨丽涛：《物业税在各国的发展状况及对房地产的影响》，《中国房地产估价师》2004年第5期。

[286] 杨立新：《论我国土地承包经营权的缺陷及其对策——兼论建立地上权和永佃权的必要性和紧迫性》，《河北法学》2000年第1期。

[287] 杨遴杰、林坚、李昕、高永：《国外土地储备制度及借鉴》，《中国土地》2002年第5期。

[288] 杨沐：《新加坡组屋制度和房地产市场》，http：//view. news. qq. com/a/20110311/000038. htm，2011年。

［289］杨善群：《井田制的原生、次生和再次生形态》，《青海师范大学学报（哲学社会科学版）》1983 年第 2 期。

［290］杨兴华：《印度尼西亚独立后的土地问题》，《河南大学学报（社会科学版）》1984 年第 4 期。

［291］叶少群：《海峡两岸税收制度比较》，中国财政经济出版社2008 年版。

［292］北京大学中国经济研究中心宏观组：《中国物业税研究：理论、政策与可行性》，北京大学出版社 2007 年版。

［293］尹中立：《用税收手段遏制房地产投机——日韩税收政策的经验与借鉴》，《新财经》2006 年第 11 期。

［294］于琨奇：《论春秋战国时期土地所有制关系的变化》，《北京师范大学学报（人文社会科学版）》2001 年第 5 期。

［295］于宗先、王金利：《台湾土地问题——社会问题的根源》，联经出版事业股份有限公司 2003 年版。

［296］余英：《财产税税基选择的国际比较》，《地方财政研究》2008年第 4 期。

［297］张国敏：《房地产一致原则质疑》，《河北法学》2004 年第7 期。

［298］张进昌：《论新世纪英国地方税制的结构与特色》，《现代财经》2003 年第 8 期。

［299］张青、薛钢、李波、蔡红英：《物业税研究》，中国财政经济出版社 2006 年版。

［300］张清勇：《纵向财政竞争、讨价还价与中央—地方的土地收入分成——对 20 世纪 80 年代以来土地收入的考察》，《制度经济学研究》2009 年第 1 期。

［301］张胜文：《财产税之租税归宿》，《财政经济评论》2010 年第2 期。

［302］张曙光：《博弈：地权的细分、实施和保护》，社会科学文献出版社 2011 年版。

[303] 张维华：《对于两税法的考释》，《山东大学学报》1963 年第 4 期。

[304] 张五常：《佃农理论——应用于亚洲的农业和台湾的土地改革》，商务印书馆 2000 年版。

[305] 张馨：《财政 30 年公共化变革：回顾与展望》，《中国财税改革 30 年：回顾与展望》，中国财政经济出版社 2009 年版。

[306] 张学诞：《中国财产税研究》，中国市场出版社 2007 年版。

[307] 张永生：《中央与地方的政府间关系：一个理论框架及其应用》，《新华文摘》2009 年第 11 期。

[308] 张玉坤、王琳峰：《户均居住用地、容户率、资源税——基于社会公平与可持续发展的城市住宅建设用地控制策略》，《建筑学报》2009 年第 8 期。

[309] 张泽咸：《论田亩税在唐五代两税法中的地位》，《中国经济史研究》1986 年第 1 期。

[310] 赵冈：《从另一个角度看明清时期的土地租佃》，《中国农史》2000 年第 2 期。

[311] 赵冈：《永佃制的经济功能》，《中国经济史研究》2006 年第 3 期。

[312] 赵津：《中国城市房地产业史论（1840—1949）》，南开大学出版社 1994 年版。

[313] 赵俪生：《有关井田制的一些辨析》，《历史研究》1980 年第 4 期。

[314] 赵俪生：《从亚细亚生产方式看中国古史上的井田制度》，《社会科学战线》1982 年第 3 期。

[315] 赵俪生：《试论明代土地、赋役问题症结之所在》，《天津社会科学》1983 年第 6 期。

[316] 赵尚朴：《城市土地使用制度研究》，中国城市出版社 1996 年版。

[317] 赵淑德：《中国土地制度史》，三民书局 1988 年版。

［318］赵效民、杨冬松：《瑞典城市土地管理与住宅建设考察》，《财贸经济资料》1991 年第 8 期。

［319］赵小明：《经营城市的理论与实践》，中国人民大学出版社 2006 年版。

［320］赵燕菁、刘昭吟、庄淑亭：《税收制度与城市分工》，《城市规划学刊》2009 年第 6 期。

［321］赵燕菁：《重新研判"土地财政"》，《第一财经日报》2013 年 5 月 13 日。

［322］赵云旗：《中国分税制财政体制研究》，经济科学出版社 2005 年版。

［323］郑思齐：《住房需求的微观经济分析——理论与实证》，中国建筑工业出版社 2007 年版。

［324］郑思齐、孙伟增、满燕云：《征收房产税的民意调查——对四个重点城市的调研数据分析》，北京大学林肯研究中心工作论文，2012 年第 110 期。

［325］郑思齐、孙伟增、满燕云：《房产税征税条件和税收收入的模拟测算与分析》，《广东社会科学》2013 年第 4 期。

［326］中国家庭金融调查与研究中心：《中国家庭金融调查报告》，西南财经大学出版社 2012 年版。

［327］中国土地勘测规划院：《赴澳大利亚、新西兰土地登记培训报告》，http：//www. clspi. org. cn/news/2958. html，2007 年。

［328］中国指数研究院：《房产税改革相关政策评估报告》，2011 年 1 月 17 日。

［329］钟伟、冯维江：《物业税征收的国际经验及借鉴研究》，《税务研究》2004 年第 4 期。

［330］钟晓敏、叶宁：《中国地方财政体制改革研究》，中国财政经济出版社 2010 年版。

［331］周飞舟：《大兴土木：地方财政与地方政府行为》，《经济社会体制比较》2010 年第 3 期。

[332] 周建成：《路径选择、私有化与土地市场的演进——俄罗斯土地制度转型十五年的历程与进展》，《上海经济研究》2007 年第 3 期。

[333] 周京奎：《房地产价格波动与投机行为——对中国 14 城市的实证研究》，《当代经济科学》2005 年第 7 期。

[334] 周黎安、李宏彬、陈烨：《相对绩效考核：中国地方官员晋升机制的一项经验研究》，张军、周黎安编：《为增长而竞争》，格致出版社、上海人民出版社 2008 年版。

[335] 周其仁：《小产权，大机会——农村建设用地转让权的制度变迁》，《经济观察报》2007 年 8 月 27 日。

[336] 周天勇：《农村土地制度改革的模式比较和方案选择》，《山东经济战略研究》2004 年第 10 期。

[337] 朱红伟：《从唐代两税法看土地制度变迁》，《河南商业高等专科学校学报》2011 年 10 月。

[338] 朱秋霞：《中国土地财政制度改革研究》，立信会计出版社 2007 年版。

[339] 朱丘祥：《分税与宪政——中央与地方财政分权的价值与逻辑》，知识产权出版社 2008 年版。

[340] 朱新方、贾开芳：《对日本、韩国、俄罗斯农用土地制度改革的点评与思考》，《调研世界》2005 年第 1 期。

[341] 邹昌林：《"作爰田"和小土地占有制的兴起》，《史林》1988 年第 3 期。

[342] 邹兆平：《外国与港台土地管理制度》，中国国际广播出版社 1990 年版。

[343] 左晓蕾：《房产税不是"财产税"》，《中国经济信息》2011 第 5 期。

后　记

威廉·配第在其所著《赋税论》前言中说，"我编著此书的目的是为了清除脑海中如此繁多的令人心烦的想法，而不是为任何特定的人提供参考或解决任何特定问题。"配第所言，与孔子提倡的"为己之学"有相通之处。我自2003年进入房地产行业，一直被包括房地价格、批租期限、宏观调控、土地财政等与房地产相关的诸多问题所困扰，本书是在我的博士论文的基础上修改而成，可以看作是对于自己内心困惑的一种自我解答。

当然，整个过程并不轻松。由于是在职读博，要一边工作，一边准备论文，思维很难保持连续，为了保证质量，我也将论文完成时间一拖再拖。

在这里首先要感谢我的指导老师张永岳教授，他帮我确定选题，不催进度，却时常叮嘱我要完成一篇高质量的文章。由于我在外地工作，回上海只能利用节假日或周末时间，张老师主动放弃休息，耐心地听我介绍，指出不足，给出建议。可以说，没有张老师的帮助和鼓励，这篇论文可能现在还不会成型。

感谢北京大学—林肯研究院，我参加了2010年研究院组织的"土地经济学与地方公共财政"培训班，弥补了专业上的不足，并有机会了解到房地产税与地方公共财政的前沿研究成果。感谢陶然、陈杰、熊伟三位教授，他们给我提供了自己的相关研究成果，让我受益匪浅。感谢尹伯成、叶德磊、郭晓合、李巍、施建刚五位教授以及盲审专家的评议，他们让我认识到规范和严谨对于一篇博士论文是多么重要。

感谢国家发改委国际合作中心的曹文炼主任，我于2012年、2013年连续两年参加了由曹主任主持的莫干山"中青年改革开放论坛"，从而有机会在大会上阐述自己的观点，与贾康、华生、高世楫等多位参会专家的讨论让我很受启发。后来我参与了由曹主任担任课题组长的中国国际经济交流中心关于房地产税的一项基金课题，曹主任务实的研究态度促使我对论文中的个别观点进行了修正，从而使其更具有可操作性。

感谢柴国俊博士在实证分析方面给予的帮助，感谢丁祖昱、马志刚、金峰在数据搜集方面提供的支持，感谢张传勇、李浩、邢哲、王建光、贾桂云几位博士对我的鼓励。

感谢保利房地产（集团）股份有限公司宋广菊董事长，当年她面试我进入保利地产，使我有机会参与房地产开发的一线实践。

我考入华东师范大学商学院时女儿刚出生不久，现在女儿已读小学，成长过程多亏太太梁敏悉心照顾，为我创造了不受干扰的研究环境。作为丈夫和父亲，我深感愧疚，陪妻女的时间太少，希望书稿完成后能有时间多陪陪她们。

本书出版得到国家发改委国际合作中心的资助。在文炼主任带领下，国合中心已快速成长为有影响力的国家级智库。在参与中心课题的过程中，研究总监刘建兴、学术秘书盛思鑫等人为我提供了很多帮助，王然、张国福老师则为本书的出版做了大量沟通协调工作。在此，我要向国合中心的各位师友表示衷心的感谢。

由人民出版社出版本书是我的荣幸，感谢郑海燕副主任，她的精心编辑为本书增色不少，没有她的帮助，本书不会这么快顺利面世。

我的母亲三年前离开了我，她生前一直关心我的学业，谨将此书献给她。

王希岩

2015 年 5 月 20 日